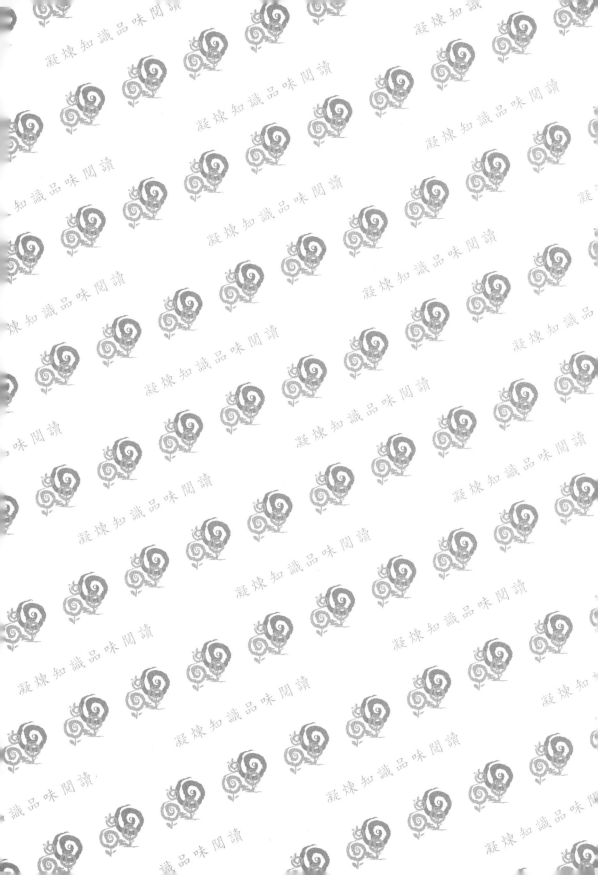

哲學概論

沈　清　松 主編

比利時魯汶大學哲學博士
多倫多大學中國思想與文化講座教授

沈清松　孫效智

關永中　苑舉正

汪文聖　楊世雄

陳文團　劉千美

陸達誠
合著

五南圖書出版公司 印行

一般而言，國內外各大學皆開設有「哲學概論」的課程。不但哲學系本科生需要專業的入門課，其他科系的學生為了認識哲學或培養哲思，也需要哲學概論課程。這可以說是大學教育中不可或缺的一環。無可諱言，哲學應該是任何一位大學生都應該認識的學問。簡單說，哲學是百學之源，也是百學之冠。無論從歷史上或從義理上看來，學問的演進都好像是採取了一開一收的傘形發展。其中，傘形之開，宛如由哲學產生出其他學科，像是物理學、政治學、經濟學、詩學、修辭學、心理學……等等的歷程；傘形之收，則有如各種學問發展愈趨成熟、愈為深入，也會開始追問哲學問題，再向哲學思索聚攏。其實，任何一門學問中都含有哲學，指向哲學，也都值得做哲學思索。人類的智性活動中，少不了哲學打破沙鍋問到底的精神。也因此，一個人若沒有想過哲學問題，不算做了學問；若沒有讀過哲學，不算是大學生。每一位大學生，無論讀的是哪一科系，無論是就讀大學部或在研究所階段，都應該接觸哲學，修哲學課或至少閱讀哲學書籍。

須知，哲學在近幾十年來有不少嶄新的進展，不但各種哲學

思潮不斷推陳出新，而且哲學與其他學科的互動也越來越密切。除了先前已有的各哲學傳統以外，在二十世紀紛紛出現了各種哲學思潮，例如現象學、詮釋學、存在主義、結構主義、批判理論、新馬克思主義、分析哲學、新儒家、後現代主義……等等。在與其他學科互動方面，哲學理論的影響已然擴散到文學、藝術學、文化研究、政治學、社會學、經濟學、物理學、化學、數學、宇宙論及其他自然科學領域，而且這些學科內部也都會追問哲學問題，甚至發表關於哲學方面的見解。

當然，哲學不但與學問的發展息息相關，而且與人生的榮枯密不可分。對此，古代哲人早有體會。古羅馬著名的政治家、哲人西塞羅(Cicero)便嘗說：「哲學！人生之導師，至善之良友，罪惡之勁敵，假使沒有你，人生又值得什麼！」其實，生活的目的究竟為何？生命的意義究竟何在？這是每一個人一生中最少會追問一次的問題。至少，一個人在忙碌半生之後，處夜深人靜之時，或半夜驚醒之際，總難免會追問自己，如此奔波忙碌，汲汲營營，到底是為了什麼？我常見許多青年，大學讀的是熱門的實用科系，畢業後便開始忙著賺錢，忙著生活。畢竟，年輕與活力本身尚可支撐生命的創進。然而，到了年近四十，小有成就，錢也有了，卻不知道自己是為了什麼而活著，甚至從此墮落或輕生。如果在大學時期，多修讀一些哲學、文學、藝術、宗教……等等人文方面的知識與智慧，多對人生的意義有所省思，多懂得用人文素養滋潤人生，定可突破生命中出現的難關，走出人生的康莊大道。

本書的編輯，特別考慮到當前哲學的嶄新發展。一方面，有所謂「實踐的轉向」，當前哲學轉向對實踐問題的關注，其中倫理學、政治哲學、經濟哲學可謂實踐哲學最重要的三大領域。也因此，對於倫理學、政治哲學、經濟哲學的基本概念和論點的熟

悉，便成為哲學概論的必要內容。另方面，由於科學發展，進步神速，已然宰制著整個世界文明的發展。哲學若要在其中繼續扮演批判與奠基的角色，無論是科學哲學或自然科學的哲學基礎，都變得非常重要，也必須在哲學概論中加以呈現。

針對第一個趨勢，本書在第一章導論之後，優先討論倫理學，並在第七章處理對經濟問題的哲學探討，第八章則討論政治哲學。後兩章也可以視為是對社會科學的哲學基礎的哲學探討。針對第二大趨勢，本書在第三章討論了知識論的內容之後，便立刻在第四章中繼之以對科學哲學的討論，與第五章對自然科學的哲學基礎的討論。本書不但注意新的趨勢，對於哲學本身的基礎科目，諸如形上學、知識論、倫理學等三大基礎領域，都有專章討論。此外，對於美學與藝術哲學、宗教哲學等也都有專章處理。

在本書教學的順序方面，授課老師可以按照本書的安排，逐章講授；學生也可以逐章學習；各章若有不足處，再依參考書目中的建議，視自己的興趣進一步閱讀、進修。不過，授課老師也可以按照科系的旨趣或教學的方便，改變授課順序。例如，對於哲學本科生，授課老師可以在講授第一章導論之後，按照倫理學、知識論、形上學、美學與藝術哲學、宗教哲學的順序講授，之後再及於其他各章。自然科學的科系，則可以按照需要，在討論完知識論之後，先行講授科學哲學、自然科學的哲學基礎，再依序講授其他各章。至於社會科學的科系，則可在講授倫理學之後，先行講授經濟哲學和政治哲學，再依序講授其他各章。如此這般，都只作為參考。無論如何，授課老師可依自己最順心的方式講授。

總之，本書是當前中文學界最新的一本哲學概論教科書。這本哲學概論兼顧了長遠的哲學傳統與其最新發展，對哲學的專業

性與相關性並重，平衡地看待哲學知識的累積與人生智慧的薰陶，並留意自然科學與社會科學的哲學基礎。本書既適合哲學本科學生專業入門之用，也適合其他科系學生修習哲學之用，一般讀者更可從閱讀本書獲益。本書得以問世，要感謝五南出版社發行人楊榮川先生和曾服務於五南出版社的張超雄主編的邀約；其後在由本人規劃與推動之時，更要感謝關永中、陳文團、楊世雄、陸達誠、汪文聖、苑舉正、孫效智、劉千美……等各位作者們的配合撰稿；後來張超雄先生另有高就，離開五南，特別要感謝繼任的王秀珍小姐細心續成其事。這本《哲學概論》的出版，是眾人心力共作的結果；至於哲學慧命之承啟，則是人類文明之共業。本人特別在此表示感謝與紀念之誠。是為序。

主編

多倫多大學中國思想與文化講座教授　　沈清松

目　錄

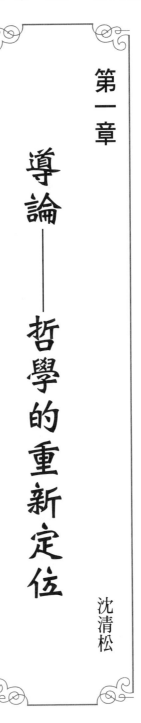

第一章

導論──哲學的重新定位

沈清松

哲學的定義與功能

無論在中國或西方，哲學都是具有非常久遠傳統的學問。中國傳統上有深刻的哲學思想，有偉大的哲學家，有光輝的哲學傳統，然而哲學並未立為專門的學科。哲理是與文學、歷史、政治、個人修養……等，融而治之。

相形之下，西方溯自古希臘開始，哲學的自主發展有其長遠的傳統。目前學界所用的「哲學」一詞，是從希臘的 philosophia 翻譯過來的，其中 philos 是「愛」的意思，sophia 則是「智慧」之意，所以「哲學」本來的意思是「愛好智慧」。也因此，當西方哲學最初由天主教傳教士利瑪竇（Matteo Ricci）等人在明末引進中國之時，由傅汎濟（F. Furdato）口譯、李之藻達辭的《名理探》一書，便將philosophia一詞譯為「愛知之學」，意即愛智之學也。❶而當時最先也最完整地介紹各種西方學術的《西學凡》一書，也將哲學稱為「理科」或「義理之學」，又音譯之，為「斐祿所費亞」。❷愛好智慧，假定了人本身並不擁有智慧，只是在追求智慧，成為智慧的愛好者。

由於中國人一向愛好智慧，也因此，「愛智之學」應該是中西雙方都能有共識的譯名。至於「哲學」這個語詞，原是日本人西周翻譯 philosophia 這個字時所採用的譯名，現在也被中國的學術界普遍採用，用這一語詞來代表 philosophia 的中文意思。不過，「哲」的概念在中國十分久遠，它的原意是「明智」。《尚書‧皋陶謨》曰：「知人則哲」。《詩經‧大雅》謂：「其維哲人，告之話語」。如今，「哲」與「學」合為「哲學」一名，指稱學術中一門追求智慧的學問，而且不僅僅作為一門學問，也包含了身體力行以獲取智慧之意。中國自先秦以來便有非常深刻、非常久遠的哲學傳統，為世人所重視。按照當代中國哲學家唐君毅的說法，「《莊子‧天下篇》所謂道術，魏晉所謂玄學、宋元明所謂理學、道學、義理之學與西方 Philosophy 之名略相當。」❸由此可見，「哲學」這個語詞雖然是近代學術界才採用的譯名，但是類似的思想傳統在中國來講也是相當久遠的。

無論就字義而言，或就其意義而言，哲學最可以雅俗共賞的定義便是「愛智之學」。不過，由於對智慧的了解隨人而異，也

---

❶「愛知學者，西言斐錄所費亞，乃窮理諸學之總名。」傅汎濟著、李之藻譯，《名理探》（臺北：臺灣商務印書館，1975），頁 1。

❷艾儒略著，《西學凡》，收入李之藻輯，《天學初函》，第一冊（臺北，學生書局，1965），頁 31。

❸唐君毅，《哲學概論》，上冊（臺北：學生書局，1980），頁 2。

隨著哲學派別的不同而有別。大體上，我們可以把哲學定義為：
「對於存在界和人所進行的整體性、基礎性和批判性的探究。」
哲學是對智慧的愛好與追求，這一點注定了哲學的意義在於做為
一種探究的方式，而不只是做為智慧本身，或僅是一種特定的、
專門的知識的體系。哲學最重要的精神是在於「打破砂鍋問到
底」，對整個存在界或是對人本身來進行探究，而這種探究首先
須具有「整體性」，而不是枝枝節節的，因為哲學必須面對整體
存在界和人的整體來做探究。哲學所研究的並不像物理學、化
學、生物學或社會學、政治學，它們只針對某一個領域來做研
究，哲學本身是就整體來思考。例如，哲學研究到底什麼是真
理，「真理」不能說只在生物學中為真，或只在物理學或數學中
為真，而是對全體人類的知識而言為真。真理的概念，涉及人類
全體的知識，不能只是對某個部門的知識而言為真。

　　哲學所追問的問題也是最為「基礎性」的。就好像針對爬山
一事，我們誠然也可以探問有關爬山的工具和技術，何種山應如
何爬等等，不過，當我們問「為什麼要爬山？」時，便是在問一
個基礎性的問題。同樣的，在其他的科學與技術可以探求人所能
獲取的種種局部性的知識和工具性技術，然而，像德國哲學家康
德（I.Kant）所問的：「人能知道什麼？」、「人應該做什
麼？」、「人能希望什麼？」、「人是什麼？」等，這些問題都
是非常基本的，不是其他專門性的學科所能回答的。這種基礎的
問題只有在哲學裡才試圖得到解答。

　　再者，哲學也是一種「批判性」的研究。所謂「批判」，並
不是隨意的批評或謾罵。批判一詞可有好幾層意思。首先，一般
而言，批判是根據所指向的理想狀態而對現實狀態有所不滿和指
正。其次，如康德所言，批判是追問所研究對象的「可能性條
件」，換言之，追問到底這些研究對象是因為什麼先在條件而成

為可能的。此外，批判的意思亦有如黑格爾所講的否定、保存與發揚，或所謂「棄劣揚優」，把壞的、有缺陷的加以揚棄，把好的、有優點的加以保留，並加以發揮，成為更高系統中的成分。所以，批判也有「棄劣揚優」的意思。

大體上，哲學所具備的特性，就是以上所提到的整體性、基礎性與批判性。從古希臘哲學開始，就區分意見或信念（doxa）與真知（episteme）。真知必須對一般的意見加以批判和反省，而不能停留在一般常識所接受的意見，就這點而言，哲學的批判精神可以說是最為重要的。

此外，由於哲學研究的是整體的、基礎的和批判的觀念，後者往往可說是人類文化裡最具普遍的觀念，如「真理」、「美」、「善」、「自由」、「平等」、「正義」、「仁愛」……等等。阿德勒（M. Adler）認為，這些是「對於了解自我、我們的社會，和我們生活其中的世界，最為基本和不可或缺的觀念。」❹也因此，阿德勒認為研究大觀念是哲學的任務。至於其他學科，雖也涉及這些觀念，比如政治學、社會學也必須談「自由」、「正義」，但都沒專門處理什麼是「自由」、什麼是「正義」。這些普遍觀念是在哲學裡討論的。就此而言，哲學也可以說是對普遍觀念的研究與實踐的學問。❺

根據前面對於哲學的意義與特性的描述，可知哲學的功用是在對存在界與人生做一個徹底的檢查。蘇格拉底（Socrates）嘗

---

❹M. Adler., *Six Great Ideas*,（New York: Macmillan Publishing Company, 1986），p.3

❺阿德勒認為哲學就是研究大概念（great ideas）之學，參見 M. Adler, *Six Great Ideas*, pp.3-6。然而，哲學不僅有理論面，而且有其實踐面，為此，總括起來，就普遍概念而言，也可將哲學視為對普遍概念的研究與實踐的學問。

說：「一個未經檢視的生命，是不值得活的。」哲學最徹底的功能，就是在對人生、對知識、對價值做最徹底的檢查，也因為這個緣故，羅馬的哲人西塞羅（Cicero）說：「哲學！人生之導師，至善之良友，罪惡之勁敵，假使沒有你，人生又值得什麼！」就這點而言，哲學的功能就是透過整體性、基礎性的反省與批判，對於現存的信念、知識與價值做最徹底的檢查。也因為這樣的一個徹底檢查，它可以使我們的人生、知識或行為有更為深刻的基礎。而且在這個基礎上，能夠兼顧整體，做整體性的考量，以便去妄返真，達致真實。

第二節

哲學思索的方法

一個哲學的初學者，一方面必須學習哲學概論，對於哲學的重要內容有一初步的了解。此外，他也必須學習邏輯或理則學，無論是傳統邏輯或數理邏輯，以便訓練自己更為嚴密的推理以及語言使用的嚴格程度。此外，還要學習哲學史，包含西方哲學史、中國哲學史和印度哲學史，以便對三大傳統的哲學發展了然於心，知道有哪些重要的哲學派別、哲學家、學說、概念以及它們的歷史發展。進一步，還可以進入哲學的系統科目逐一學習，其中最為基本的是形上學、知識論和倫理學，除此以外，還有語言哲學、美學與藝術哲學、社會哲學、政治哲學……等等其他科目。作為一門學問，哲學也有知識的一面，必須要知道歷史的發展和系統的科目，知道有哪些哲學家、學派、理論、概念與術語。越清楚知道這些，便越有哲學的學養。不過，從事哲學更重要的是進行哲學思索（philosophizing）。沒有哲學知識，哲學思索會缺乏材料，顯得空洞；沒有哲學思索，哲學知識便失去了靈魂，成為記憶的負擔。

大體上，在進行哲學思索的時候，我們宜沉靜心思，回到內心底層，不急著去干擾甚或操控所思考的對象，卻要退後一步，

在內心讓出空間，讓事物呈現它自己，開顯出它自己的本來面貌。與事物的本然接觸，以及讓真理本身開顯的經驗，是哲學思索最重要的基礎。

不過，若要進行哲學思索，也要有方法。既然哲學具有整體性、基礎性和批判性的特性，我們進行哲學思索之時，便需要一套較為完整的思維方法。哲學思索並不是一種空洞的思緒，卻需要有一個整體、基礎和批判的方法架構。一個較為完整的思想方法，宜考慮以下幾個步驟。

一、結構與動態

首先，當我們探究某一問題或研究對象時，第一個步驟是讓事物本身呈現其本身的結構，也就是提出其中因素與因素之間最基本的可理解的關係（intelligible relation），以及其在時間中最基本的變化與發展的動力與趨勢。就哲學言，基本結構不止於數理的結構；動態發展也不止於因果的決定。數學與邏輯學的研究，可以呈現出言說或論述的數理結構，也因此我們學習理則學或邏輯，無論是傳統邏輯或數理邏輯，會有益於嚴格管制論述中的推論過程與表述方式。自然科學研究某一局部的自然現象的因果關係，可以呈現所研究的自然物的形態結構與動態關係。值得注意的是，當前的自然科學大量使用數理結構，顯得數理結構有凌駕因果解釋之勢，即使是自然科學中的因果關係也透過數理化的論述來表達。以上數理結構與因果關係雖然都很重要，但仍無法提供我們具有整體性、基礎性的可理解結構與動態發展。

在哲學上，我們應設法提出事物整體的、基本的可理解的結構與動態。當代的結構主義與系統理論對我們的啟發就是：我們不能停留於數理結構或因果關係，卻必須分析出所探討對象的基

本可理解的結構，比如說分析自然物群的基本結構，社會的基本結構……等等。所謂「結構」是所研究對象的組成因素彼此之間的可理解關係。

不過，我們不能只停留在結構主義或系統理論所謂的結構。卻必須思考最具有整體性、基礎性的基本結構與動態關係。我們可以說，所有的事物及其中的因素在最基本的結構上都是既差異又互補的，而在動態發展上則都是既連續又斷裂的，這便是最基本的可理解的結構與動態關係。例如，按照中國哲學的啟發，以「太極」為整體，其最基本的便是陰陽的結構。太極圖提供了一個對比的思考的典範，一方面陰與陽是既差異又互補，另一方面其在變化時間中的變化，陰陽消長是既斷裂又連續的。

在太極中陰與陽是相互對立且又互補的，所以它們能夠形成一個有機的整體。所謂的有機體，基本上是由互補的對立因素構成的，而不是處於分散的狀態。不只是在結構對比中的因素是如此，在動態對比中的因素，諸如傳統與現代、採取距離和共同隸屬……等等，也都是彼此既相關又有別，既連續又斷裂。「互補性」的概念也適用於多元或多極因素的情況，因為多元因素也可以是彼此互補的。在太極圖中，陰和陽在既對立且互補的關係中，形成了一個變動不居的整體。例如兩性關係中的男與女，家庭中的夫與妻，勞資關係裡的勞與資，雖然對立，但也形成一個整體。所以，在分析任何對象時，絕不可以予以孤立，以致忽視整體的向度。在此所謂的整體，不是一個封閉的整體，例如家庭是向社會開放的，不可能自我封閉；一個生產體系也不是封閉的，而是向整個社會開放的。所以，此處所言的整體，可稱之為「開放的整體」。

二、意義與理解

　　讓事物的結構與動態呈現之後，還要進一步進行理解其意義。理解的對象，就是意義，此時我們不得不指向當事人的主體意向、其所處在的生活世界及其歷史與文化，以及更豐富的存在的可能性。

　　當代西方哲學中的現象學、詮釋學，或傳統的中國哲學，都比較重視意義的問題。中國哲學尤其重視人性與其整全意義的開展。對人的現象的分析，就中國哲學觀之，有必要加入意義方面的思考。意義的問題必須從人出發。換言之，所謂的理解，就是理解人的意義。理解一個社會，必須理解這個社會裡的人對意義的追求，他們的意向性，他們的生活世界和存在的可能性。

　　當代現象學的奠基者胡賽爾（E. Husserl）認為，意義的形成與主體的意向性（intentionality）有密切的關係，而純粹意義的形成需經由現象學的還原法，返回經驗自我形成之前的先驗自我（transcendental ego），後者有其非世界性（worldlessness）。❻其後，海德格（M.Heidegger）則認為，理解意義並不是理解個人的意向，因為意向也是人存在（existence），也就是走出自己、走向世界的一種方式。對海德格而言，理解意義就是理解人存在的可能性。❼不過，無論是主體的意向或存在的可能性，應都可以呈現在我們游處其中的生活世界（Life-world），其在歷

---

❻關於胡賽爾意向性的討論，參見 Burt C. Hopkins, *Intentionality in Husserl and Heidegger*,（Dordrecht: Kluwer Academic Publishers, 1993）.

❼參見海德格在《存有與時間》中的討論 。M. Heidegger, *Being and Time*, translated by J. Macquarrie and E. Robinson,（New York: SCM Press Ltd., 1962）, p. 182

史、文化、社會中的開展。人若顧念生活世界，便可以整體把握意義。❽

　　中國哲學特別強調人性的全面展開與實現，並以之為人生命的整體意義之所在，除了個人本有善性的卓越化以外，亦需致力於群體良好關係的滿全。所以，意義既涉及主體性，也涉及互為主體性。你我都是主體，我們互為主體，必須能形成一個良好的關係，在其中來達致彼此充分的發展。如果社會的發展不顧念人本有善性的卓越化和良好關係的滿全，則無法在社會中實現意義的層面。

三、反省與批判

　　最後，對某個對象的分析，尤其是針對人與社會的分析，還得透過反省，進行批判。所謂「批判」基本上是一種透過反省（reflection）作用，藉以達成自覺，擺脫無意識（unconsciousness）中扭曲意義的力量的決定的過程。無論是在個人的行為或在社會裡，都有很多行為與現象的產生，受到意義的扭曲，例如個人的心理疾病，社會的病態現象，權力關係的扭曲以後所產生的種種社會亂象，皆有其無意識或意識形態上的原因，必須對此進行反省與批判。換言之，我們必須反省個體中的無意識（欲望），或群體的無意識（意識型態）。由於此個體與群體的潛意識可能是該社會在其過去的歷史中形成的，所以，一方面必須注意決定社會現象產生的無意識因素，另一方面必須注意無意識因

---

❽「生活世界」概念胡塞爾提出，其分析與意義參見沈清松，〈胡塞爾論生活世界與理性〉，收入《現代哲學論衡》（臺北：黎明，1985），頁211-231（第八章）。

素是如何在時間中、歷史中形成的。茲以圖式如下：

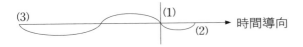

在此圖中，(2)對(1)有結構性的決定，(3)對(1)有生發性的決定。例如，在個體層次，(1)代表個體現在的行為；(2)代表其無意識中的欲望被扭曲的情形；(3)代表其兒時不幸的經驗或自傳式歷史中的不幸事件。又如在群體的層次，(1)代表當前社會現象，(2)代表該社會的價值觀或權力關係，(3)代表該社會的歷史文化傳統。一般而言，個體的欲望對個人行為的產生有結構性的決定，其過去（尤其是兒時）經驗對其當前欲望的衝突有生發性的決定。社會中的價值觀與社會關係（包含權力關係）對於社會現象有結構性的決定，其歷史文化傳統對這些價值觀與社會關係的形成則有生發性的決定。

批判的反省揭露了這些結構性與生發性的決定力量，以便達到有自覺的轉變。雖然這並不能將該決定力量取消，但至少可以經由達到自覺，而不再受其決定。換言之，批判的作用可使個人或社會擺脫扭曲意義力量的控制，得到自由解脫，雖然說此一解脫只是針對某一扭曲意義的力量，而不是絕對的解脫。

第三節

哲學重新定位的必要

　　當前世界的哲學潮流，面對二十一世紀的挑戰，整體說來有三點特別值得注意：㈠科技的突飛猛進，尤其是資訊科技，已到了帶動人類歷史的地步，哲學必須加以面對、深思和整合，使得科技可以更為深刻，而不是更為膚淺的發展。像中庸所謂「盡己之性」、「盡人之性」、「盡物之性」便可分別作為人文科學、社會科學、自然科學與技術的理想。科技也可以提供人文與社會理想的實踐之方，像哈伯瑪斯便主張在科技發達，傳訊快速的現代社會中，應進行有組織的啟蒙。❾㈡二十世紀無論中、西哲學都太過以人為中心，反而造成人性出路的瓶頸。像現象學、存在主義、詮釋學、結構主義、批判理論、馬克思主義、及一些後現代思潮多只關切人或與人有關的事物。然而，當前由於環保、生態、天文、生物與微粒物理的發展，今後人必須更重視自然，並在自然中來重新定位人。㈢多元文化的視野與胸襟和文化際交談的必要，排除了過去歐洲中心、漢文化中心……等單一文化中心的哲學觀，邁向多元文化的哲學。換言之，哲學必須針對科技社

----

❾ J. Habermas, *Theory and Practice*,（London：Heineman.1974），pp. 28-31。

會、人在自然中的地位、多元文化等新的脈絡，重新定位自己。

此外，我們注意當前世界哲學界發展的趨勢，也有以下三點值得注意：㈠越來越嚴格的專業化，無論是英美哲學或是歐陸哲學，都有各自一套專業的語言，分析或論述的技術和視野，有專門的研究學群、專門的出版刊物和論述場域。哲學專業化仍然是一個不可避免的趨勢。這一點對我們也有非常重要的意義。因為如果不至少熟悉一種國際性的哲學趨勢，嫻熟其歷史、語言、方法，並能做精良的分析，就非常難以和國際學界相互溝通。專業化是目前我國哲學界急需加強的重要素養，也是一個非常重要的學術要求。為此，學習一個或數個哲學方法、語言與歷史，將是與國際哲學界對話不可免的條件之一。

㈡哲學與哲學內部和外部的互動越來越密切。當前的分析哲學與其他科學有越來越密切的關係，哲學與其他學門的思考越來越有密切互動或整合的傾向。歐陸哲學也是一樣，現象學被廣泛的運用到人文和社會科學甚至自然科學的思考中；詮釋學對經典與藝術的詮釋也與各人文學科，無論文學、藝術、文化研究，皆有越來越密切的互動關係。就整個國際視野而言，哲學不能停留在本學科的領域當中，卻必須與其他學科保持越來越多的互動。哲學不能只關心自己的歷史、語言、技巧和方法，卻必須進一步關切其他學科，對其他學科關心的問題密切注意。這一點表示哲學工作者必須對一方面打破藩籬，更求擴大，另一方面越形專精，尋求特色的對比張力，要有更深刻的把握。

㈢哲學本身有著自我批判、質疑、否定，甚至越來越非學院化的趨勢。哲學的自我批判和質疑，一直是哲學本身所含有的基本動力，在當前的分析哲學裡表現為懷疑主義（skepticism）的探討，在歐陸哲學中，現象學、詮釋學、批判理論、結構主義、後現代主義……等等，也不斷對哲學自身進行更徹底的反省、質

疑和批判。這並不是說哲學要動搖自己的根本或哲學有自毀的癖好，而是說哲學要尋求更大的徹底性；只有更為徹底，才會帶給人類更大的希望和更多的可能性。

另外，在後現代主義的推波助瀾下，哲學也越來越從學院派的研究走出，走進各種行動、文化或社會的脈動之中。哲學的學院化在近代西方哲學可說是從康德哲學開始，其後哲學基本上納入大學，成為大學的哲學（philosophies of universities），也因著制度化和學術分工而更專業化、學院化，變成一種專業的技能。

傳統中國哲學多是自主、本真的思想事業，沒有制度化的問題。自從清末民初西式大學設立，哲學研究多與大學與研究機構有關，但前此仍多自發性、非學院派的哲學思索與寫作。像蔡元培、熊十力、梁漱溟……等人雖多少與大學有關，但他們的哲學思想卻是自主的事業。如今，制度化、學院化現象更為明顯，成為歷代中國哲學之最。目前幾乎所有的哲學工作者皆在大專院校或研究機構工作。這一特質使中國哲學的發展納入了現代教育制度與學術分工之中，一方面有其專業化貢獻，另方面在活潑性、參與性、前瞻性上亦有其限制。

簡言之，哲學的專業化有逐漸使其失去和生活世界的接觸，失去它本有的動力的危機。後現代主義所質疑的因素正包含這一點，其目是要返回更深刻的與生活世界的連繫。也因此，在後現代主義的推波助瀾下，哲學非學院化的趨勢日愈明顯。這一點是十分值得注意的現象，因為在哲學界逐漸越來越學院化、大學化、專業化的情況下，往往忽略與學院外和與生活世界的連繫，而忽視了對社會更多投入的需要。在整個國際哲學界言，這種趨勢也是與日俱增，越趨明顯的走向。這對中國哲學界而言，應該帶來更大的反省和刺激。

　　由於以上種種狀況，哲學必須重新定位。在專業化之中，仍保持與生活世界的內在牽繫；在大學的教育與研究制度中，仍保自由與本真思想的趣味；在加強哲學本科的專門訓練之時，保持與其他學科更密切的互動關係。哲學應使科學與技術深刻化，而不使其膚淺化；哲學應在自然中重新定位人，而不在框限於人的自我中心；哲學應更注意他者，包含其他人、自然與神明，向多元文化開放，也向宗教開放，才能可大可久。

第四節

哲學研究的範圍與本書的章節區分

傳統上，關於哲學研究的範圍，希臘哲人亞里斯多德曾按照人的心智作用，分為三個方面來加以分類。他區分了三種心智活動，一是理論（theoria）；二是實踐（praxis）；三是創作（poiesis）。亞里斯多德根據這三方面的心靈功能，區分出三種主要的哲學部門：「理論哲學」包涵了自然哲學、數理哲學以及形上學。其次，在實踐的部分，包涵了倫理學、政治學與經濟學。最後，創作的部分，則涉及詩學、修辭學和生產技術方面的哲學討論。[10]茲圖列如下：

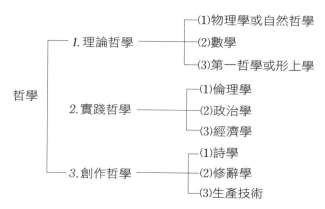

```
                              ┌─ (1)物理學或自然哲學
              1.理論哲學 ──────┼─ (2)數學
              │                └─ (3)第一哲學或形上學
              │
              │               ┌─ (1)倫理學
   哲學 ──────┤ 2.實踐哲學 ────┼─ (2)政治學
              │               └─ (3)經濟學
              │
              │               ┌─ (1)詩學
              └─ 3.創作哲學 ───┼─ (2)修辭學
                              └─ (3)生產技術
```

---

[10] F. Copleston, *A History of Philosophy*, Vol. I .Part 2,（New York: Image Books, 1948）, p.20

　　以上由亞里斯多德所勾勒的哲學架構與範圍，在今天仍被許多學者所接受。不過，事實上，在今天哲學研究的範圍已有不少的更動。一方面，有一些學科已經獨立出於哲學之外，成為個別的科學，例如數學、政治學、經濟學、詩學、修辭學……等等。而另一方面，哲學本身也已經增加了很多的學科，例如知識論、科學哲學、語言哲學、法律哲學、美學、藝術哲學、宗教哲學……等等。

　　較為極端的變化，是發生在科學知識的突飛猛進，與哲學和世界的關係的調整上。首先，人類心靈漸由對抽象的理論的關注，轉向對實踐問題的關注。由於科技進步造成人與人的互動日益頻繁，且人類愈來愈有能力運用有效的工具來實現其目的，因此其行為能力與行為責任也愈來愈大，也因此倫理問題的日益重要。然而，科學雖致力於知識，但並不專注於倫理問題。於是，思考並討論倫理問題的責任，便落在哲學的身上，倫理問題便成哲學最重要的問題。所謂「第一哲學」，不再是形上學，而是倫理學。其次，經濟與政治的問題成為人類心智與生活最重要的關切點，需要哲學加以省思，加以批判，加以奠基。於是，政治哲學和經濟哲學便也成為最重要的哲學活動之一。總之，就實踐哲學而論，倫理學、政治哲學、經濟哲學成為最重要的三大領域。人在生活世界中進行哲學思索，更需要結合倫理、政治與經濟的實際脈絡，使哲學更為落實於現實世界，也因此，對於倫理學、政治哲學、經濟哲學的基本概念和論點的熟悉，也成為哲學概論的必要內容。

　　再者，由於科技的進步神速，知識雖然不等於科學，但如今人類知識的領域大部分是由科學所佔領和發展，尤其是自然科學和社會科學。哲學必須在科學的領域中繼續扮演其批判與奠基的角色。也因此，無論是科學哲學或自然科學的哲學基礎，都變得

非常重要，必須在哲學概論中加以呈現。

考慮到上述種種因素，本書在本章導論對於哲學意義、哲學思考的方法，以及哲學的重新定位略加討論之後，將進行以下各章節的內容。既然倫理學已然成為第一哲學，我們將優先加以討論。由於當前的思考主軸，已由對「主體」的強調轉向以「他者」為優位，倫理是人與他者的關係，人心中若無他者，便毫無倫理可言。也因此，第二章倫理學的討論便以「與他者的關係」為題。該章是由臺灣大學哲學系教授孫效智執筆。

由於倫理學、知識論、形上學是哲學中的基本科目，我們在處理了倫理學問題之後，便立刻繼之以第三章對人的認知結構與運作的討論，目的是在從哲學的角度，呈現人的知識所遵循的法則，以及認知的心路歷程。該章是由臺灣大學哲學系教授關永中執筆。不過，由於當前人類的知識，有相當大的部分是經由科學的方法獲得的，也經由科學來進行累積。科學的範圍雖不等於全體知識，但無可諱言的，如今科學知識已成為人類知識的主流。在現代社會中，任何形態的知識都沒有比科學知識更受人尊重，後者幾乎成為「真理」的代名詞。也因此，在討論完一般的知識論問題之後，我們便在第四章中繼之以科學哲學的討論。該章是由東海大學哲學系教授苑舉正執筆。

由於在西方近代科學的發展過程中，自然科學一直是扮演近代科學的典範；而且到了二十世紀下半葉與二十一世紀初，人與自然的關係變得更為重要。由於這雙重理由，我們認為有必要在討論完科學哲學之後，立刻繼之以第五章對自然科學的哲學基礎的討論。本章是由政治大學哲學系教授汪文聖執筆。汪教授一方面對於前章科學哲學的討論加以承接，另一方面也深入闡明哲學如何作為自然科學的基礎，尤其是透過現象學的探討，來奠立自然科學的哲學基礎。

在討論完知識論、科學哲學與自然科學的哲學基礎之後，我們便進入形上學的問題。在第六章中，我們將選擇一些基本的形上學問題進行討論，有關自然的形上問題，我們選論因果關係（causality）；有關人的形上問題，我們選論心靈與身體（body and mind）、自我（self identity）；有關存有學，我們選論存有與存有者（Being and beings）。本章是由沈清松教授執筆。

前面說過，亞里斯多德的實踐哲學包含了倫理學、政治學與經濟學，這一區分大體上是可以接受的。前面第二章已經討論了倫理學，我們必須進一步討論其他的實踐哲學。如今政治學與經濟學都已然是獨立的社會科學學門，我們在此討論的是有關政治與經濟的哲學基礎與其中的哲學問題。第七章關於經濟問題的哲學探討，是由政治大學哲學系教授楊世雄執筆，第八章關於政治問題的哲學探討則是由臺灣大學哲學系教授陳文團執筆。值得注意的是，關於科學的部分，我們前面已經討論了科學哲學與自然科學的哲學基礎，也因此第七章、第八章可以視為社會科學的哲學基礎的哲學探討。

人的心智活動不能停止於形上默觀、科學知識與倫理實踐，人之所以為人，還會以超然的態度，任憑萬物成其自由，並因而產生美感。美感的生活與藝術的創造是表現人之所以為人的重要活動。欣賞美的事物，欣賞藝術作品，度一個富有美感和藝術逸趣的生活，是文明人最重要的一種素養，而且這些都需要哲學的省思使其更為深刻。也因此我們在第九章討論美感與藝術哲學。該章是由東吳大學哲學系教授劉千美撰稿。

然而，人的心靈仍不能安止於美感。誠如叔本華（A. Schopenhauer）所說的，美感所給人的安慰似乎是暫時的。人心仍然企求著終極的實在、絕對存有、一位最後可以與之對話的終極他者，無論他的名字是天主、阿拉、佛、菩薩……等等，或不

知名的神。我們從世俗出發逐漸向神聖接近，或許是朝向內心之旅，或許是逐步超越之路。為了安慰這莫可止息的宗教情懷，接近神聖的顯現，釐定吾人與終極他者的關係，我們將在第十章「向神聖接近」來討論一些宗教哲學的問題。

最後，為了讓讀者對於中、西哲學的現況有一整體了解，並對於今後哲學的發展有一宏觀的展望，我們將在第十一章討論當前西方哲學，無論是分析哲學或是歐陸哲學，以及中國哲學，無論是大陸或臺灣的一些重要發展加以闡述，並藉此勾勒今後哲學發展的遠景，作為本書的結論。本章是由沈清松教授執筆。

方東美，《科學哲學與人生》，臺北：黎明文化，1978。

沈清松，《現代哲學論衡》，臺北：黎明文化，1985。

阿德勒（Adler M.J），蔡坤鴻譯：《六大觀念》，臺北：聯經出版，1986。

唐君毅，《哲學概論》上、下冊，臺北：學生書局，1980。

項退結，《中國哲學之路》，臺北：東大圖書，1991。

M. Adler., *Six Great Ideas,* New York: Macmillan Publishing Company, 1986.

F. Copleston, *A History of Philosophy*, Vols. I-VIII, New York : Image Books, 1948-1956.

G. Deleuze and F. Guattari, *What is Philosophy*? Translated by G.Burchell and H. Tomlinson, London: Verso, 1994.

T. Fang, *Chinese Philosophy* : *It's Spirit and It's Development*, Taipei : Linking Publishing Co., 1981.

P. Ricoeur P., *Hermeneutics and the Human Sciences*, London : Cambridge University Press, 1981.

V. Shen, *Confucianism, Taoism and Constructive Realism*, Vienna : Vienna University Press, 1994.

第二章

與他者的關係──倫理學

孫效智

何謂倫理？何謂道德？

　　簡單地說，倫理學就是研究「倫理」與「道德」的「學問」。這節先說明「倫理」與「道德」，下節再談「學問」。有關「倫理」與「道德」的異同，學者們有許多不同的看法。有認為「倫理」意涵比「道德」廣者；❶有持相反意見，認為「道德可以包倫理，倫理不可以盡道德」者；❷還有指出兩者之間層次不同，

❶ 例如朱建民將「倫理」定義為某種規範系統或對該規範系統的研究，「道德」則僅指某種規範系統。在這個理解下，「倫理」一詞實包含了「倫理學」的意涵在內，故比「道德」的意涵廣泛。參閱：朱建民，1996。

❷ 此看法見於高力克對梁啟超「新民論」的詮釋。依此詮釋，倫理大致上指與時俱變的社會規範或人倫禮教，道德則指

「道德」涉及個人，「倫理」涉及群體，故無所謂何者較廣，何者較窄者。❸這些看法都對也都不對，關鍵在於定義，而且在於「唯名定義」。先解釋一下什麼是「定義」。粗略地說，定義分兩種，一種是唯名定義（nominal definition），一種是實質定義（real definition）。前者的目的是賦予字詞以特定意義，後者的目的則在於探究字詞之特定意義所指涉的觀念或事物的客觀本質。此處有關「倫理」與「道德」的不同看法，源於唯名定義的差異。一個人在唯名定義上如何理解「倫理」與「道德」，自然就決定了他對這兩個概念的關係的看法。❹唯名定義本身是無對錯可言的，只有符不符合「約定俗成」的用法或「訓詁考古」的問題。而就學術討論而言，重點不在於它是否符合「約定俗成」或「訓詁考古」，而在於它是否清楚界定所要討論的對象。有效的學術討論必須以精確的「唯名定義」為前提，才能避免各說各話的窘境。❺

放諸四海皆準的原則，具互古不變的普泛價值。例如君臣倫理適用於古代，卻不適合於今日社會。但今日社會仍應從普遍的道德原則來談忠於國或忠於事。參閱：高力克，1999。

❸沈清松指出：從中國哲學的觀點來看，儒家所言「正心、誠意、修身」屬於道德，「齊家、治國、平天下」則屬於倫理。參閱：沈清松，1996。

❹講的更仔細一些，唯名定義賦予字詞意義，實質定義則探究（透過唯名定義）被賦予特定意義的字詞所指涉的事物的本質。有關唯名定義與實質定義的區別及其關係，請參考：孫效智，1999，109-113。

❺H. Newman, G. E. Moore, R. M. Hare 等學者都曾提到定義精確為學術討論的重要性。Moore 在《倫理學原理》一書的開端便指出，定義不清是許多倫理學討論流於空談的重要原因之一（Moore, G. E., *Principia Ethica*, 序言）。Hare 也認為：「在語言達成一致之前，不可能有實質上的不一致」（"no substantial disagreement without verbal agreement"）（Hare, 1981, 69）。

　　「唯名定義」可以說就是一種「操作型定義」，目的在於確定語詞所指涉的事物。確定「倫理」與「道德」的唯名定義，才能掌握倫理學研究的對象，也才能進一步去建構「倫理」與「道德」的實質定義，探究它們的本質。❻在操作型定義上，本文將「倫理」與「道德」視為同義詞。理由有四。其一，在中文語源上兩者之間雖確有細微差異，例如「倫理」原指人我之間的規範次序，「道德」則指主體內在的價值態度。然而，現代日常語言似乎早已通用兩者，而不再做如此精密的區別。好比「合不合乎倫理」既可以用來評價一個人的內在態度（仇恨的動機不合乎倫理），也可以來評斷人我關係中的外在行為（童叟無欺的買賣合乎商業倫理）。「合不合乎道德」也是如此。其次，做為評價用語，兩者的意思是相通的。說一個行為「合乎倫理」也就是說它「合乎道德」；說一個動機「不合乎倫理」也就是說它「不道德」。其三，當代中文倫理學者多半也已不再區別「倫理」與「道德」。❼最後，「倫理」與「道德」對應到的兩個西方語詞在含意上也沒有太大差異，這點後文還會論及。總之，本文以下將兩詞視為同義詞。行文脈絡中兩詞交替輪用純係文字考慮，而並非義理上有何區別。

　　「倫理」何所指呢？蘇格拉底在柏拉圖的《理想國》一書中論及這個問題時說：「我們現在討論的可不是芝麻綠豆的小事，而是應該如何生活的大事」（"We are discussing no small matter, but how we ought to live."）。❽要了解這個大事，可以將攸關

---

❻並非所有倫理學家都認為「倫理」與「道德」指涉某種實在（reality），因此能如同既存（given）的事物那般被探索其本質。相關議題即倫理學中有關實在論（realism）的爭論。

❼「倫理」與「道德」在語源上的區別以及當代彼此通用的習慣，請參閱：羅秉祥，1992，222-223 的討論。

❽ Plato, *Republic*, 344e.

「如何生活」或「如何做人」的倫理原則與其他實踐原則加以比較。這樣的比較一方面可以讓人清楚「倫理」所指為何，另一方面也更讓人明瞭，何以倫理問題遠比其他實踐問題都要優先而重要。

實踐原則有很多種類，除了倫理原則外，還有各種遊戲規則，傳統習俗，法律規章以及宗教誡命。倫理原則之所以最為優先，是因為「做人」涵蓋並超越人生每一個層面以及我們所扮演的每一個角色。其他規範原則則無此普遍涵蓋性。以遊戲來說，遊戲規則只對參與遊戲的人有規範意義，它告訴人在遊戲時該做什麼，可以做什麼，或者不可以做什麼。然而它不能超越它自身去告訴人是否此時此刻適宜參與遊戲。能告訴人此時此刻是否適宜參與某項遊戲的是「做人」的原則。做人原則會告訴工作狂，現在該放下手邊的工作，去打一場球。做人原則也會要求為人父母，現在不該繼續沈迷於牌桌，而疏忽了子女的陪伴。此外，即使進入遊戲之後，「做人」原則並不終止其規範力量。「做人」原則要求遊戲者應遵守遊戲規則，不可為了獲勝而任意違規。

傳統習俗對人的約束往往是無形的，而且，只要一個人屬於某個文化或社會，便很難完全「免俗」而擺脫傳統習俗的限制。當然，從道德的觀點來看，很多習俗都是無可厚非的，不同社會的不同禮俗之間也無一定之高下區別。例如握手、鞠躬、吻頰等不同的打招呼方式或吃飯時用手抓或用筷子刀叉等。然而，有些習俗從道德觀點來看，可以說是「不良」風俗，例如鋪張的拜拜或喜宴文化、深夜擾人安寧的宗教儀式等。此時便應該透過道德反省（也就是應該如何生活或做人的反省）來「移風易俗」。此外，還有一些社會價值觀來自根深蒂固的傳統「倫理」觀念，例如男尊女卑的「三從四德」、「君子遠庖廚」等。這類觀念雖仍被冠以「倫理」之名，然而，從更完整的對於「人之所以為人」

的反省來看，它們很可能已變成不適於今日社會的「吃人禮教」。今日社會應從理想的「做人原則」（應然倫理）來批判與修正傳統的倫理觀念（實然倫理）。這是倫理學很重要的一項功能，在面對傳統倫理思想時，有所紹承，亦有所批判。

　　法律的約束性高於習俗，內容則與道德有所重疊，這是因為兩者都追求「公平」與「正義」，兩者也都以人群福祉的提升，利益衝突的解決為宗旨。然而，法律與道德在很多地方有所不同，例如法律約束範圍往往侷限一國一地，不像道德那般普遍。再者，法律只能就執法層面可行的議題訂定律則，而不能要求國民在內心保持某種態度，例如忠誠或善意等。道德則不然，道德可以談「君子慎獨」，談人生由內而外的各種規範與理想。❾此外，發展快速的今日社會還有一個現象是，有些課題例如網路「犯罪」或未經充分風險評估的基因轉殖作物等，在道德上的不正義無庸置疑，但在法律上卻不一定有法可管。這是因為成文法的立法與修法受很多因素影響其進程，不像不成文的道德判斷那樣在每個人的良心反省中進行。最後，當法律與道德相衝突的時候，道德的要求往往高於法律，特別是當法律受到政治力量的干擾，而違背公平正義的時候。此時，法律已成為道德觀點下的「惡法」。惡法應受到道德的反抗。反抗的形式可以是體制內的民主修法，在極端情形下，也能夠是體制外的公民不服從（civil disobedience）。❿

---

❾法律與道德的關係是一個非常複雜而重要的課題，十九世紀以來受到法學家以及倫理學家的高度重視。早在士林哲學時期，聖多瑪斯就認為，並非一切不合道德者，法律都能加以制裁；也並非一切法律制裁者，皆不符道德。參考：Thomas Aquinas, *Summa Theologiae*, 1-2 q.96 a.2。

❿「公民不服從」最著名的倡導者大概是 Henry David Thoreau，他於 1845 年所寫的《論公民不服從的義務》（*On the Duty of Civil Disobedi-ence*）成為此一概念的經典著作。「公民不服從」的理念與蘇格拉底的 *Crito* 大

宗教與道德的關係比法律與道德的關係還要密切。首先，宗教涉及人生的終極安頓，賦予道德超越的意義。其次，世界各大宗教莫不「勸人為善」，例如猶太基督宗教的十誡、佛教的律藏（Vinaya）等都明白禁止濫殺無辜、欺騙、偷竊、姦淫等，也都要求人尊敬父母與愛護孩童。不過，從某種角度講，道德原則比宗教誡命優先。首先，宗教誡命的對象只限於宗教徒，道德原則則能約束所有的人。其次，宗教誡命不可違背道德原則，反之則不然。道德原則可以超越宗教規範。比較宗教學者孔漢斯（Hans Küng）甚至指出，雖然從形上往形下的角度來看，宗教的意涵既內存又超越於現實人生，應作為道德的基礎與依歸，但從形下往形上的觀點來看，道德良心反倒是鑑別宗教的操作型判準。認同活人祭，鼓勵恐怖主義的宗教不符合道德，因此也不能是人們所該認同的宗教。不符合道德的宗教誡命不但不該遵守，這樣的宗教本身大概也很成問題。⓫

綜合上述討論，倫理是有關「應該如何做人或生活」的一切理想、原則、或實踐。在眾多規範體系中，倫理規範可以說是最重要的規範。人生所扮演的各種角色幾乎都有窮盡的時候，但「做人」卻永遠沒有終了。人有選擇很多角色的自由，例如要不要與某人結為夫妻或要不要生孩子以為人父母，但人卻沒有選擇要不要做人的自由。⓬當然，人能選擇要做一個怎樣的人。道德

相逕庭。蘇格拉底認為「惡法亦法」，人在任何情形下都應該服從法律。「公民不服從」則認為反抗傷害人民的惡法屬於民主政治不容或缺的一環。

⓫ H. Küng, *Projekt Weltethos*（München; Zürich: Taschenbuch, 1990）。另，關於宗教與道德的關係可以參考：孫效智，2002。

⓬這段論述大概通於康德區別假言令式（hypothetical imperative）與定言令式（categorical imperative）的思想。對康德而言，道德應然以外的應然都是假言令式，例如一個人想當醫師，那麼，他就「應該」進醫學

原則就是指出怎樣做人才能活的像人，活的把自己當人看，也把別人當人看。而道德的理想就是活出人性光輝與精彩的理想。

　　在給倫理做完初步的操作型定義及與其他規範比較研究之後，稍微提一下在西方語言方面，相應於倫理與道德的概念。有趣的是，西方語言也有兩個與「倫理」、「道德」相關的字眼。一個是希臘文的 ethos；一個是拉丁文的 mores。中文作者通常以「倫理」來翻譯 ethos，以「道德」來翻譯 mores。實則，ethos 與 mores 在語源上並沒有中文的「倫理」與「道德」那種較為複雜的異同，它們都指與實踐相關的倫理規範或風俗習慣。因此，當拉丁文化接替希臘文化為西方主流文化時，人們正是用 mores 來翻譯 ethos。

院。反過來看，如果他不想當醫師，那麼，原本命題的前提就不再成立，自然也就無所謂「應不應該」進醫學院了。任何角色的扮演幾乎都是這種假言令式，人有選擇的自由。道德則不然。道德應然是定言令式，是不待任何前提而成立的，例如不可以只為了好玩而放火燒死一個無辜的小孩（這個例子引自 Kagan, 1998, 1，用以說明有些行為本身的不道德性非常清楚自明，幾乎無人能加以否認）。不過，嚴格說來，康德的定言令式並非完全沒有任何前提的，它的前提就是：「只要是人，就應該做人該做的事」。這個前提之所以可以被忽略，是因為人無法「擺脫」做人的事實。

何謂倫理學？

　　上一節給「倫理」做了一個操作型定義，亦即有關「應該如何做人或生活的一切理想、原則、或實踐」。接下來的問題是，什麼是「倫理學」？前節曾指出，「倫理學」就是研究「倫理」的「學問」。這個定義其實太過抽象空泛，因為它可以指研究倫理的各種學科或觀點。例如人類學家或社會學家關心的是特定族群或社會具有怎樣的倫理觀念，而歷史學家則對於倫理思想在歷史過程中的演變發展感到興趣。這兩類學者的共同點在於：他們都致力於描述特定社會或歷史在倫理方面有怎樣的觀念或實踐，並在社會學或史學的觀點下進行倫理觀念的成因說明或內容分析。這樣的倫理學稱為描述倫理學（descriptive ethics），其研究對象稱為實然倫理（positive morality），⓭亦即人類社會實際上的倫理觀念或實踐。例如禮記中所談的「父慈、子孝、兄良、弟悌；夫義、婦聽；長惠、幼順」等，所代表的就是中國儒家傳統的實然倫理。又如「十誡」則代表希伯來以及基督宗教傳統的實

⓭ Positive morality 這個詞指的就是特定族群或文化在特定時空中的倫理觀念或實踐。參考：Pojman, 1998, xi。

然倫理。不同社會或文化的倫理觀能有很多共通處，有時也能南轅北轍，而令不同社會的人們十分訝異。例如西拉德特斯（Herodotus）在《歷史》一書中提到印度的一個部落視「吃掉父親遺體」為理所當然，並視火葬為不可思議；同一歷史時期的古希臘人則視火葬為理所當然，而把「吃食遺體」視為野蠻行徑。❹

　　除描述倫理學外，心理學家也對倫理課題感興趣，例如道德心理學（moral psychology）或道德發展理論（theory of moral development）的研究，它們關切的主要課題包含了道德的各種心理現象，例如良心、道德情感，以及道德心理的發展階段等。❺最後，各宗教的宗教學者或神學家也關切倫理議題，並從各自的宗教信仰或神學觀點開展出具特色的宗教倫理學（religious ethics）或神學倫理學（theological ethics or moral theology）。

　　本文所謂的「倫理學」不同於上述各種有關倫理的學科，而是所謂的「哲學倫理學」或「道德哲學」，亦即從哲學觀點來探究倫理課題的學問。不過在實務上，除非是在與「描述倫理學」或「神學倫理學」對照的時候，「哲學倫理學」一詞並不通用，多半學者仍以較簡約的「倫理學」代之。至於「道德哲學」則是「倫理學」的同義詞。這兩者在名相上的些微區別（後者只用「學」一個字，前者則用「哲學」兩字）大概可以溯源到翻譯問題。原來，亞理斯多德用 ethike 來表示研究 ethos 的學問；西塞羅（Cicero）則創 philosophia moralis 一詞來翻譯希臘文的 ethike。此二詞彙是今日西方語言表達倫理學或道德哲學的來源。以英文為例，亦即 ethics 或 moral philosophy。「倫理學」

---

❹參考：*Rachels*, 1999, 20-21。

❺例如 Jean Piagett, Lawrence Kohlberg 等所發展出來的道德心理學與道德發展理論。

這個中文概念是從 ethics 的翻譯來，「道德哲學」則譯自 moral philosophy，這就是為何兩者之中文譯名在名相上會有冠以哲學與否的差異，但實質上，兩者都指以哲學方式來研究倫理議題的學問，因此，兩者都不同於描述倫理學，也不同於道德心理學，更不同於從特定宗教或神學而建構的宗教倫理學或神學倫理學。值得一提的是，不同學者對這些名詞仍能有不同的定義，探討倫理學時必須注意其間差異，才不致張冠李戴。❻無論如何，在學術界的討論裡，「倫理學」指「哲學倫理學」，更指「道德哲學」，則是殆無疑義的共識。

　　什麼是哲學倫理學呢？❼簡單地說，哲學倫理學就是從理性觀點出發來㈠批判反省「實然倫理」，㈡並建構「應然倫理」的一種理論探索工作。先談㈠。基本上，描述倫理學的工作是描述或揭示「實然倫理」的內涵並分析「實然倫理」的歷史成因或社會背景；哲學倫理學的工作則在於透過「是非」、「對錯」、「善惡」、「正義」等倫理概念的本質來批判反省「實然倫理」。「批判」二字並不意味著哲學倫理學對「實然倫理」都抱持著懷疑或否定的態度。事實正好相反，大部分倫理學家都肯定，愈經得起時間考驗的「實然倫理」，愈具有普遍與雋永的意義，也愈可能屬於人人都會接受的共通倫理（common mo-

----

❻例如 Louis Pojman 對於這些名詞的定義便與我在此處所做的定義略有不同。原因也很容易理解。原來，英文中可以用來表述倫理與道德二概念的大概只剩下 morality 一詞。Ethos 這個希臘字雖仍保留在英文中，但意義已與 morality（mores）有所不同。英文 ethos 指風俗文化、時尚習慣等。因此，Pojman 的 ethics 指研究 morality 的學問。另外，ethics 在他的定義中又泛指 morality 整體而言。參考：Pojman, 1998, xi。

❼現在我們暫時還採用「哲學倫理學」一詞，因為在本段的討論中，我們還要跟描述倫理學進行一種對照比較的說明。

rality）。**⓲** 如果人們任意否定「實然倫理」或甚至「共通倫理」，恐怕必須付出慘痛的代價。例如「不可任意殺人」或「不可欺騙」大概是許多社會都接受的「實然倫理」，倘若這些實然倫理被個人或社會否定，其後果將是不堪設想的。再者，對於古老文化的傳統價值觀缺乏敬意，就意味著凡事必須依靠自己的感覺或經驗去嘗試錯誤。問題是，同樣的錯誤前人很可能已經嚐過，不尊重傳統智慧的結果也就是重蹈覆轍。因此，批判反省並不一定要懷疑否定一切，而是代表一種追根究底的精神，一種不只滿足於「實然倫理」的「然」，更要探索其「所以然」、並反省其終極理據（rationale）的一種「愛智」態度。

　　當然，「批判」二字還是意味著，哲學倫理學並不排除反省的結果能是發掘「實然倫理」的缺失或問題，而有必要加以修正或轉化。例如奴隸制度在西方社會雖然有很長的時間被視為理所當然，但一旦人們逐漸體認到它不符合「做人」或「對人」的道理，這個制度便開始受到倫理思考的理性批判。時至今日，蓄奴違反人權大概已不只是個別社會的「實然倫理」，而更成為全體人類的「共通倫理」。再如前文提到的男尊女卑的思想，則是中國或其他父系社會必須受到批判的傳統倫理觀念。至於「忠君」

⓲ Tom Beauchamp/James Childress 運用 common morality 這個概念來指涉所有正直的人都會接受的倫理原則。近年來在學術論述中典型的 common morality 代表大概是所謂的「人權」概念。在當代社會中，不一定每一個國家都符合「人權」的理想，但大概沒有什麼國家（至少口頭上）不接受人權的道德理念。在這個意義上，「人權」概念所涉及的倫理原則（例如生存權對應到「不能任意剝奪他人生命」的倫理原則）是許多社會的「實然倫理」，也是所有正直人們都認同的「共通倫理」。不過，雖然所有正直人們所認同的「共通倫理」必然也是所有社會都接受的「實然倫理」，然而，個別社會所認同的實然倫理並不必然屬於「共通倫理」。參考：Beauchamp/Childress, 2001, 2-3。

或將「忠黨」置於「愛國」之上的政治觀念，也都不符合今日社會應有的政治倫理，因為它們看重個人或政黨的利益，遠勝於國家或人民的福祉。

哲學倫理學的一個更根本任務是建構「應然倫理」的理論體系，事實上，這個工作如果做不好，連批判「實然倫理」的工作也不可能進行。簡單地說，「實然倫理」是一個人或一個社會所「實際」相信的「應該如何做人或生活」的道理，❶「應然倫理」則是一個人或社會「應該」相信的有關「應該如何做人或生活」的各種理想或原則。這兩者不必然是對立的，正如前面已肯定「實然倫理」也能符合批判反省而有其雋永價值。從某種觀點來說，「實然倫理」與「應然倫理」之間有著相互依存的辯證關係。前者的批判以後者的建構為基礎，後者的建構也往往在批判前者中進行。例如當我們批判反省傳統道德觀時會問：為什麼要接受或拒絕某一套「實然倫理」，好比《禮記》中的「婦聽」（也就是「妻子要服從丈夫」）？要回答這個問題就必須指出接受或拒絕的道德理由（moral rationale）。而什麼是道德理由？什麼又是充分的道德理由？這些問題已不再屬於描述倫理學的範疇，而屬於哲學倫理學對「應然倫理」的探索。再者，前文曾指出批判「實然倫理」時，必須借助倫理的「是非善惡」等概念。我們會去問：婦聽在倫理上「好不好」或「對不對」。而回答這些問題之前必須回答更基本的概念問題：什麼是倫理上的「好

---

❶個人或社會有怎樣的「實然倫理」觀與他們是否做得到他們自己所接受的「實然倫理」理想是不同的兩回事。做不做得到的問題並不妨礙他們實際上有怎樣的倫理理念。例如一個人可以相信「自私是不對的」，不過，這個信念並不保證他時時刻刻能都做到「無私」。但反過來看，他無法做到「無私」，也並不妨礙在他的「實然倫理」中包含了對於「無私」的肯定。

壞」、「對錯」等？這些概念「應」有怎樣的內涵？又「該」有
怎樣的本質？它們是普遍的嗎（倫理普遍主義）？抑或它們與流
行的時尚一樣，隨著不同的歷史文化而不斷改變（倫理相對主
義）？這些問題的回答都是「應然倫理」的重要課題。由此可
知，「應然倫理」的建構是批判「實然倫理」的前提，而對「實
然倫理」的批判往往又引人進入更深層的有關道德本質的「應然
倫理」探問。

　　最後，我們可以再借用尼爾森（Kai Nielsen）的兩個例子來
說明描述倫理學與哲學倫理學的異同。「大部分年輕天主教徒都
不相信人工避孕是錯的，他們希望官方教會改變相關立場」。這
句話就是一句描述倫理學的論述，它的真偽有待社會學者透過某
種形式的田野調查來求證。至於「道德語句都是有關個人好惡的
語句」，這句話的真假就無法透過描述倫理學來探討，而是哲學
倫理學的工作。要證明這句話的錯誤，就必須透過理性去指出，
「我不想做某件事」與「我應該做它」之間並無矛盾。❷⓿

　　以下行文將回歸「倫理學」一詞，以替代「哲學倫理學」這
個冗長的名稱。

　　釐清了倫理學的意涵，接下來的目標是要對倫理學進行一種
導論工作（introduction to ethics），亦即有系統地勾勒出倫理學
的內容。這個目標十分龐大，幾乎不太可能在一篇文章的篇幅內
完成。唯一可行的作法便是略過許多重要的細節存而不論，而專
注於整個輪廓的素描。這正是本文將採取的作法。誠然，見樹見
林固然兩全最好，但當無法兩全其美的時候，以「見林」為優

---

❷⓿ 參考 Nielsen, 1967, 118-119。關於「道德語句是否是有關好惡的語句」
　　這個問題，前文註解中提到 Shelly Kagan 的「火燒小孩」例也足以說
　　明，道德並非好惡，無論一個人有怎樣的好惡，大概都不能改變「火燒
　　小孩」的不道德性。

先，既符合「導論」的旨趣，也符合這個時代的需要。我們所處的時代，各個學門分科日漸細密，倫理學也不例外，此一現象不僅導致不同學門之間「隔行如隔山」，就連同一學門的次學科之間，也愈來愈有密閉化（compartmentalization）的現象。依此，鳥瞰式的導論具有一種整合意義，可以幫助讀者掌握倫理學的大致結構，從而以更整體的眼光來理解倫理學內部各種理論的角色與價值。

為達成此一目標，本文以下將採取系統分析的方式來討論，而不採取倫理學史的進路。箇中原因也很容易明白。首先，從希臘哲學開始的倫理學，歷經數千年的發展累積，資料的眾多浩瀚大概無法在一篇文章內加以「鳥瞰」。事實上，即使專治倫理學史的學者專家大概也很難完全掌握每一經典時期或重要倫理學家的全部思想。其次，即使掌握倫理學的發展脈動，也不等於掌握倫理學的全貌。倫理學史隨著時代的推演而有其辯證性的發展，不同時期有不同時期的問題意識與理論取向，例如中世紀側重道德真理的客觀基礎，康德之哥白尼革命又引領時代思潮轉而注意道德自律的主體條件，當代英美分析哲學則專注於道德語詞或概念的後設分析。因此，探究倫理學史大概只能提供倫理學思想變遷的時代軌跡，而無法讓讀者窺見倫理學理論大廈的骨架。最後，事實上已有不少哲學百科全書或辭典的「倫理學」詞條正是以倫理學史的方式來展現倫理學的意涵，有興趣的讀者可以自行參考。㉑

採取系統而非歷史的進路絕非表示歷史意識不重要。事實上，沒有任何倫理學家不是活在歷史的當下，紹承傳統並展望未來；也沒有任何系統可以擺脫歷史的前提而單獨建構；更沒有任

㉑例如 Clarke, 1996; Abelson/Nielsen, 1967.

何時代的問題，不與過去及未來息息相關。因此，有系統地描繪倫理學的問題與取向，並非是要抽離任何歷史因素的意思。相反地，缺乏歷史縱深，很難掌握當代各種理論的深層根源及可能出路。舉例來說，一九八〇年代以來，西方倫理學在規範倫理學（normative ethics）的基本理論（foundational theory）上出現很多新思潮，例如基礎主義（foundationalism）與調和主義（co-herentism）的爭論、德行倫理學（virtue ethics）與關懷倫理學（ethics of caring）的發展等。這些新思潮的出現背景都或多或少與目的論（teleology）及義務論（deontology）之間長達百年以上的論戰有關。因此，要了解這些新思潮的基本精神與問題，不能不了解它們形成的歷史背景，亦即目的論與義務論的爭議。不過，話說回來，以上這個例子正好也可以用來說明歷史進路的一個弱點：倫理學的個別議題或理論當然有它們的歷史意義與時代價值，然而它們本身並不直接表明他們在整個倫理學體系上的位置。更何況，不熟悉當代倫理學討論的讀者很可能會因為這一連串未加解說的專門術語而對倫理學（或任何哲學議題）望而生畏。總之，要了解個別理論的理論位置，就必須先對整個倫理學的座標系統有所掌握。

倫理學的座標系統

一般人認為哲學深奧，其實，好的哲學應該要能把複雜的問題以簡單而不簡化的方式表達出來，或至少不能把本身已經夠複雜的問題更加以複雜化。我認為要掌握倫理學整個座標系統，英文的六個「W」大概已經足夠了，它們分別是：(1)「誰」（who）、(2)「何時」（when）、(3)「何地」（where）、(4)「什麼」（what）、(5)「為什麼」（why）以及(6)「如何」（how）。這六個 W 中的前三者答案很清楚，因此理論意義不大，後三者則是十分複雜的問題，也是倫理學必須著力與關注的地方。㉒以下先談前三個 W。

第一個問題是：誰應該培養道德情操、遵守道德原則並追求道德理想？答案是「每一個人」。初步理由在於，道德所關切的就是做人的原則與理想，沒有人能自外於如何做人的問題，因此，每一個人都應該追求道德或至少不違背道德。當然，也許有

㉒ Kai Nielsen 為 *The Encyclopedia of Philosophy*, edited by Paul Edwards 所撰寫的"Problems of Ethics"，便是集中在後三個問題的說明。參考：Nielsen, 1967。

人還不滿意這個初步的回答，而要進一步去探討：為什麼每一個人都應該符合道德或追求道德的理想？然而，這個問題已不再是單純的「誰」問題，而是「為什麼」的問題。無論如何，第一個問題的答覆很簡單，那就是每一個人都應該道德，因為道德是有關每一個人應該如何做人與處事的課題。

　　第二與第三個問題可以放在一起討論，那就是：何時與何地該符合道德原則，追求道德理想？這個問題的答覆也不困難。消極地說，無論何時何地，人都不該違背道德。積極而言，從內在「慎獨」或「正心、誠意、修身」到外在「齊家、治國、平天下」的各種關係與場合，都是人該盡力實踐道德的時間與空間。

　　四、五、六三組問題是環環相扣並以第四個問題為基礎的。第四個問題包含很多不同的子問題，下節會詳細討論。簡單地說就是有關「道德是什麼」的各種問題。這個問題之所以是五、六兩個問題的基礎，是因為不知道「道德是什麼」就很難回答「為何應該道德」或「如何達到道德」這兩個問題。由於「什麼」這個問題最為根本，歷代倫理學家莫不在這個問題上全力以赴。當然，這不是說，五、六兩個問題不重要，事實上，「為何道德」的答覆與道德動機的培養密切相關。倘若一個人僅知道道德要求他不可以說謊騙人，卻不知他為何應該遵循道德的要求，這樣的人很難期待他堅持「不騙人」的道德原則。至於「如何道德」更是關係到道德落實的問題。道德觀念不能只是一種理論的知識，它必須內化為人生的態度，並落實為具體的實踐。倘若道德只停留在知識層次，而不能「誠於中，形於外」，這樣的知識便失去了應有的實踐意義。知道自私不對卻在生活裡面自私自利，這樣的知與不知又有什麼差別呢？因此，五、六兩個問題也都是倫理學所應該關懷的對象。觀諸倫理學史，倫理學家從來不輕忽它們。值得一提的是，第六個問題「如何道德」除了倫理學者關心

外，也是教育學者的研究對象，屬於「德育理論」（亦即「道德教育理論」）的範疇。由於四、五、六三組問題密切相關，倫理學者與教育學者自然應該密切合作，以俾科際整合。本文以下循序說明這三組問題的理論意涵。

第四節

「What」問題的不同向度

一、道德判斷與道德語句

「What」問題可以說是倫理學最複雜的部分。為方便起見，以下從道德判斷開始說明。在日常生活中，人對自己及他人的內在態度或外在行為都不斷在進行各種道德判斷。對自己的判斷例如「不應該」自私自利，「應該」見義勇為。具體一點的例子則如當超市收銀員多找了錢，我「應該」把錢退還給他。總之，「我」應該或不應該有怎樣的心態或行為是我對我自己內在外在所進行的各種道德判斷。同樣的，對於別人我們也進行類似的道德判斷，雖然判斷別人時，可能由於認識不足而比較容易犯錯。不過，大抵上我們能對別人進行道德判斷，而且，也經常有此必要。例如在新聞報導中看到歹徒當街斷人手足以遂搶劫目的，我們會認為這不僅嚴重違法，更是「天理不容」。再如當某人為了滿足一己私欲而不惜玩弄異性感情，我們會說他是花花公子。「花花公子」這個判斷是內外兼具的，它不僅指出某人的行為不檢點，也指出他的心態缺乏某種正直與真誠。

道德判斷大概具有以下三種形式：

㈠某某心態或行為是道德上不應該的或不允許的，例如嫉妒的心態或行為、歧視窮人或壓迫少數民族等。

㈡某某心態或行為是道德上應該的或值得稱許的，例如誠懇的態度、熱心的服務或盡力幫助遭遇危難的人。

㈢某某心態或行為是道德上兩可的，例如在不妨礙1.與2.所包含的道德義務的前提下，集郵、收藏火柴盒或從事其他休閒娛樂等。

將道德判斷表述出來的語句稱為道德語句（moral statement）。上述三種道德語句基本上是以「應然」概念為樞紐來界定道德義務的內容，也就是界定人「應該」或「不應該」有什麼心態或做什麼行為等。基本上，同樣的道德語句還可以用「是非、善惡、對錯、好壞」等道德評價語詞（morally evaluative terms）來表述，例如：

1. 某某心態或行為是不道德的、道德上邪惡或錯誤的。

2. 某某心態或行為是合乎道德的、道德上善良正確或理想的。

3. 某某心態或行為是道德上中性的。

㈠與1.是同樣的道德語句的不同表述方式。「不應該」做的行為也就是不道德的或道德上邪惡的行為。同理，㈡與2.也是相同的道德語句。道德上「應該」做的行為就是合乎道德的善良行為。當然，㈡或2.還可以細分為表達嚴格道德義務（moral duty）的道德語句以及表達超義務或道德理想（moral supererogation or ideal）的道德語句。當遇到別人有生命危險的時候，人應該伸出援手，而不可以「見死不救」。急難中伸出援手的行為是道德上正確的行為，也是道德義務之所在。然而，放棄高薪工作與物質享受去投入社會服務的義工行列則不是每個人非如此做

不可的義務，雖然這樣做的人很值得推崇。具道德理想價值而非道德義務的行為倫理學上稱之為「超義務」。最後，三、與3.也是相對應的。道德上兩可的行為就是道德上中性的行為。人有選擇做或不做這些行為的自由（dispositive freedom），沒有非做不可的義務，也沒有不可以做的義務。

　　道德判斷或語句能以具體情境中的特定心態或行為為對象，例如：「那天某甲不由分說的亂發脾氣，是很不應該的行為」；也能指涉較為一般的行為種類，例如：「不可以說謊」或「殺人是不對的」。事實上，這類較為一般的道德判斷就是所謂的道德原則或道德規範（moral principles or moral norms），因為它們約束所有屬於同一類別的行為，例如「說謊」或「殺人」。道德原則或規範在具體或抽象的程度上也能有所區別。「不可以說謊或殺人」是比較具體的道德原則，它們規範的行為種類是特定的。至於「己所不欲，勿施於人」則比較抽象，因為這樣的原則並不限定人可以或不可以做任何特定的行為，而只是抽象的指出，任何「己所不欲」的行為，都應該將心比心地不強加在別人身上。❷同樣的，「兩惡相權取其輕」也是相當廣泛而一般的道德原則，這個原則在倫理學上稱為較小惡原則（principle of lesser evil）。它只抽象地要求人選擇會帶來較小惡的作法，但並沒有

❷此處所談到的就是倫理學上所謂的黃金律（the golden rule）。黃金律有消極與積極兩種形式，前者如正文提到的「己所不欲，勿施於人」《論語·顏淵篇》，或耶穌所言：「你們不要判斷人，免得你們受判斷」（《新約福音》：瑪7, 1）。此外，猶太經師Rabbi Hillel（60 BC-AD10）也有類似的說法。積極的黃金律則如「你願意別人對你怎麼作，也照樣對別人作」（《新約福音》：瑪7, 12；路6, 31）。或者如「仁者，己欲立而立人，己欲達而達人」《論語·雍也篇》。無論哪種形式，黃金律基本上都是指「推己及人」、「將心比心」的態度或行為。

具體指出哪種作法是「較小惡」。事實上，它也不可能指出哪種惡是較小惡，因為大小是相對的概念，在某情境中某作法是大惡，但換了另一個情境，同樣的作法則可能變成小惡了。

二、規範倫理學與後設倫理學

不論是最具體的道德判斷也好，最抽象的道德原則也罷，它們共同構成了所有的「道德語句」。針對道德語句，倫理學典型的問題是，道德語句是怎麼得出來的？在「應然倫理」的意義下，怎樣的道德語句具有充分的道德理由？換言之，怎樣的道德語句表達出正確的、在理性上站得住腳的道德判斷或道德原則？用「what」問題的觀點來看，上述問題可以被轉化為：「什麼」心態或行為是合乎道德或不合乎道德的？判斷一個心態或行為合不合乎道德的道德理由是「什麼」？「什麼」樣的道德理由才能被視為是充分的道德理由？當代分析哲學（contemporary analytic philosophy）稱有系統的對這類問題的探索為規範倫理學（normative ethics）。❷簡言之，規範倫理學就是在「應然倫理」的意義下去建構並證成道德語句的體系的學問。

與之相對的，分析哲學稱有系統的探究道德語句或道德評價語詞（前文提到的「是非善惡」之類）的性質或意義的學問為後設倫理學（metaethics）。為說明規範倫理學與後設倫理學的區別，以下再以「殺人」為例來解釋。規範倫理學關心的是：殺人是不是不對的行為？為什麼它是不對的行為？它不對的道德理由何在？又，它是否在任何情形下都是不對的行為，因此我們可以建構一個「絕對不可以殺人」的道德原則？抑或它在某些情形下

❷ Nielsen, 1967, 118。

是道德上許可的，例如必要的自衛，因此，有關殺人的道德禁令必需從「絕對不可以」改成「在大部分情形下不可以」？後設倫理學所關心的不是道德語句的建構與證成。它關心：「殺人是不對的」這個道德語句是什麼意思？什麼是道德上的「是非」、「善惡」、「對」與「不對」？「是非善惡」這些概念有沒有客觀的真理意義？抑或這些觀念是純主觀的，每一個人都可以有不同的見解？從這個簡短的說明可以發現，後設倫理學涉及的問題是更抽象層次的「what」問題，它們包含了：「什麼」是「是非善惡」等道德評價語詞的意義？道德評價語詞能不能被定義？若能被定義，該如何定義？又，道德語句具有「什麼」樣的性質？它們是主觀的情感發抒抑或具有客觀的真理價值？換言之，道德語句所表述的道德性質是實在而可被認知的？抑或並非實在，亦不可認知？

　　從倫理學史來看，規範倫理學的各項課題都是倫理學最傳統而典型的「what」問題，至於後設倫理學則是分析哲學興起之後才有的發展。不過，後設倫理學的緣起可以遠推到笛卡爾方法論的懷疑以及康德的主體轉向。方法論的懷疑要尋找不容置疑的知識基礎，要懷疑一切不夠嚴密或確切的知識前提。主體轉向則從關心知識的客觀意涵轉而關懷知識的主體條件。放到倫理學來說，傳統的規範倫理學基本上預設而不懷疑道德真理的客觀價值，因此，傳統規範倫理學家問的問題不是道德原則有沒有客觀基礎或有無支持道德原則的充分理由，而是問支持道德原則的客觀基礎或充分理由是什麼。對他們而言，前一類問題是無庸置疑的，懷疑這些問題就根本否定了道德原則的知識意義，更無法解釋實然倫理中為何會有放諸四海皆準的「共通倫理」（例如Kagan所提出的火燒小孩，大概沒有人能否認此一行為的不道德性）。另一方面，傳統規範倫理學家對客觀性的預設也顯露某種

客觀主義（objectivism）傾向，這種傾向導致他們易於忽略道德真理的主觀意義。

　　笛卡爾的懷疑方法之後，倫理學家即使不懷疑道德知識的客觀意義，亦不再把它視為理所當然，而要追根究底地去探討人們肯定此一客觀意義的理由是什麼、這些理由站不站得住腳。康德倫理之後，倫理學家更開始嘗試調和道德真理的主觀與客觀意涵。而語言分析哲學的興起提供了另一種進路，來幫助倫理學家探討這些問題。這個進路的特色就是對「善惡」、「應然」等道德語詞以及由之形成的道德語句進行意義的分析與特質的探索。從今日觀點來看，後設倫理學可以說是規範倫理學的一種前置性的基礎理論工作，這也是它為何被稱為「後設」倫理學的原因。換言之，後設倫理學並非只是破壞性地去懷疑道德價值的客觀基礎，而是要更嚴謹地去思考道德價值有沒有客觀基礎或有怎樣的客觀基礎。當然，對於那些具獨斷色彩的規範倫理學來說，後設倫理學具有某種顛覆意義。這也就是為什麼許多傳統倫理學家視後設倫理學為毒蛇猛獸的原因。事實上，規範倫理學對道德原則或判斷的證成（justification）工作最終必須依賴後設倫理學的結論才能進行，❷❺因為所謂「證成」就是要去說明某個道德判斷或原則是否有支持它們的「充分道德理由」，而這也就是要去說明「我們有何理由認定某個行為是對的或錯的」。而這個問題則必需預設某種有關「對錯」的理解才能答覆。一個人如果不知道如何界定「好壞對錯」等概念的內涵，他很難在規範倫理學的意義上「證成」自己關於某個道德判斷或原則的主張。而界定「好壞對錯」這些道德語詞內涵的正是後設倫理學的基本課題之一。當

---

❷❺ Nielsen 指出，後設倫理學的問題不弄清楚，根本不可能進行規範倫理學。參考：Nielsen, 1967, 119。

然，反過來看，提供規範倫理學「證成」基礎的後設倫理學也的確有可能顛覆規範倫理學的討論前提，因為方法的懷疑並不排除走上結論的懷疑主義。後設倫理學的懷疑論（meta-ethical scepticism）與主觀主義（meta-ethical subjectivism）者，例如魏斯特麥克（Edward Westermarck）便主張，道德價值根本不是一種客觀的知識，而只是某種主觀的發抒。即使人人都接受的道德原則也沒有任何客觀的基礎。㉖顯然，這樣的後設主張如果是正確的，規範倫理學將完全不可能。道德將如同主觀的偏好一樣，每個人都可以有不同的想法，沒有對錯真假可言。當然，後設倫理學並不必然要支持懷疑論或主觀主義。不過，這正是當代後設倫理學有關實在論（realism）或反實在論（anti-realsm）、認知主義（cognitivism）或非認知主義（non-cognitivism）等正在激烈進行中的各種論辯之一。

三、基本倫理學的發展與僵局

前文曾抽象指出，規範倫理學就是在「應然倫理」的意義下去建構並證成道德語句的體系的學問。講的具體一些，規範倫理學應提出並證成有關「人應該如何生活、如何實踐、如何做人或該成為怎樣的人」的完整理論系統。㉗進一步言，完整的規範倫理學體系可以概分為兩部分，第一個部分稱為基本倫理學（fundamental ethics），探討的是規範倫理學的基本理論（foundational theories），也就是有關「如何做人或實踐」的基本原則的理論。第二個部分則稱為應用倫理學（applied ethics），目標是

㉖ Nielsen, 1967, 117。

㉗ 此係 Shelly Kagan 對規範倫理學的定義，參見：Kagan, 1998, 2。

將基本倫理學所探討的基本道德原則運用在人生的不同實踐領域中。㉘此節先論基本倫理學。

基本倫理學關切基本的道德原則或規範。道德原則分兩類，一類規範行為者的態度或動機，另一類規範行為。前者要求行為者做好人、有好的動機或好的意圖；也要求人不可以做壞人或心存歹念。後者則指出什麼是好或不好的行為、什麼是該做或不該做的事情。一個很弔詭的現象是，道德生活最重要的是人的內在態度或動機，而不是外在的行為，然而，基本倫理學的關懷重心卻是有關行為的道德原則，而不是有關行為者態度的道德規範。這個弔詭的現象其實很容易解釋。誠然，真正的道德價值決定於人是否具有道德善意，而不是決定於我們做出怎樣的行為。一個行為即使是正確的，例如施捨助人，但倘若這麼做的動機不是出於善意，而是出於沽名釣譽，那麼，這樣做是沒有任何道德價值的。然而，肯定善意的關鍵地位，並不等於說行為的對錯是無關緊要的。事實上，一個人是否真具有善意，主要的判斷標準便在於他是否為了道德的緣故而真心誠意追求並實踐道德上正確的行為。因此，如何決定行為正確性並建構規範行為的道德原則便成為基本倫理學以及應用倫理學的注意焦點。

關於規範行為的道德原則，基本倫理學家探索的根本課題是，有沒有一個第一原則可以說明或證成其他一切（規範行為的）道德原則或判斷？傳統的基本倫理學家多半肯定應該有這樣的第一原則，而且第一原則應該是單數，而不能是複數，否則解釋並證立一切道德語句的最終基礎就會是分裂的。不幸的是，從

㉘其實，倫理學家對於規範倫理學的內涵並沒有統一的定義。有的倫理學家把應用倫理學除外，只把討論及證成基本道德原則的部分視為規範倫理學。讀者在閱讀不同作者的著作時，必須留意。

倫理學史的角度來看，有關第一原則的討論，數百年來始終爭議不斷，至今還無法達成人人接受的共識。對立的主張主要分兩大陣營：一為目的論（teleology）；一為義務論（deontology）❷。

　　目的論的典型代表是效益主義（utilitarianism）。❸效益主義的主張可以用積極與消極兩種方式來表述。積極方式就是：為最大多數人謀最大福利便是道德善的內涵與第一原則。❸消極表述則是前文提過的「較小惡原則」。行為者在大惡與小惡之間必須選擇小惡，道德上善的抉擇就是兩惡相權取其輕的抉擇。效益主義從古典期的邊沁（J. Bentham）、彌爾（J. S. Mill）及希德威克（H. Sidgwick）到當代的赫爾（R. M. Hare），不斷受到各種批判，然而它的思想活力卻綿延不絕。主要原因是它的主張雖然在許多方面需要修正或深化，但其目的論的基本洞識卻有某種理性說服力。這個洞識認為，行為的對錯必須由行為所帶來的正價值或反價值來理解。道德原則之所以肯定某個行為是當做的善

---

❷目的論與義務論二詞係 C. D. Broad 所提出〔參閱 C. D. Broad, *Five Types of Ethical Theory*（New York: Humanity Press, 1944）, 206-216〕，而為哲學倫理學界所採用。七十年代時 B. Schüller 並將此二詞彙引入歐美倫理神學之討論中〔B. Schüller, "Typen der Begründung sittlicher Normen," in: *Concilium* 12 (1976), 648-654〕。

❸不少中文學者將 utilitarianism 翻譯為「功利主義」。這個翻譯十分不恰當，因為在中國思想史中，功利思想指「拔一毛以利天下而不為」的楊朱思想，這個思想與西方的 utilitarianism 不僅毫無關係，甚至互相對反。在當代中文討論中，部分學者已揚棄「功利主義」此一譯名，而改採「效益主義」或「功效主義」等詞。

❸如此表述的效益主義同時具有後設倫理學與規範倫理學的意義。「為最大多數人謀最大福利是道德善的內涵」這句話是一句後設倫理學的命題；「為最大多數人謀最大福利是道德的第一原則」則是規範倫理學的最終證成基礎。前一句話規定了善的意義，後一句話則運用如此理解的善概念作為證成一切道德原則的第一原則。

行，乃是因為該行為會促進正面的價值，相反的，不道德的惡行則是指會帶來不必要的傷害或反價值的行為。再以「較小惡原則」來說明，若一個人只能在大惡（或大的反價值）與小惡（或小的反價值）之間做選擇，顯然他該選擇小惡。選擇大惡是理性所無法了解的。理性只能敦促人在惡劣環境中盡力做最佳的選擇，儘管這樣的選擇仍可能包含某些惡，但因為這已是「最佳」的選擇，因此理性仍承認它是在該環境中善的抉擇。此外，從目的論的基本洞識亦可得知，目的論在倫理學行為理論（ethical theory of act）上所採取的是一種結果主義（consequentialism）的立場。結果主義主張行為的道德正誤取決於行為所帶來的一切可預見的結果。

義務論的定義在倫理學上較無一致的共識，大體上，不少倫理學家將義務論定義為目的論的反論，依此，義務論泛指一切反對目的論或結果主義的主張。本文亦在這個意義上理解義務論。

談到義務論，最受矚目的大概是康德倫理學。康德的自律倫理不從行為的結果出發，而從行為者的動機、意願來反省道德問題，因此在理論的開端便似乎與目的論背道而馳。按照康德觀點，行為的倫理價值不在於行為的效果，也不在於由效果而導出的任何原則，而只在於行為者善意志。[32]所謂善意志則是指樂於服從良心無上命令（categorical imperative）的意志。無上命令要求人考查自己所遵循的行為準則（Handlungsmaxime）是否符合可普遍化原則（Prinzip der Universalisierbarkeit），也就是說，行為者應當問，自己所採行的行為準則是否具有一種「為一切人均適用的普遍性」。[33]依康德看法，具這種普遍性的行為準則，

---

[32] 參閱 I., Kant,. *Grundlegung zur Metaphysik der Sitten*, in: W. Weischedel, （Hrsg.）, *Werkausgabe*, Bd. VII, 27。

[33] 參閱 F. Ricken, *Allgemeine Ethik*（Stuttgart: Kohlhammer, 1989）, 27； Kant, *Grundlegung zur Metaphysik der Sitten*, 28-30。

才是真正的道德法則，而符合道德法則的行為，就是道德上正確的行為。

　　然而，康德倫理學真的是與目的論不相容的義務論嗎？赫爾與卡彌斯基（David Cummiskey）都曾以專文指出，將康對倫理與效益主義對立起來，恐怕只是一種人云亦云，似是而非的論調。❸首先，無論目的論或義務論者，沒有人反對善意志的首要地位。正是因為善意志重要，而且善意志要求人追求符合道德的行為實踐，因此規範倫理學才將注意力放在有關行為的道德原則的討論上。目的論者重視行為結果乃是因為他們相信行為結果決定行為的對錯，正如康德相信「可普遍化原則」決定行為的對錯一樣。結果主義是否是決定行為對錯的正確理論固然可以討論，正如「可普遍化原則」是否正確也是可以討論的，然而，目的論者重視結果並不否定善意志的根本重要性。這兩者不能混為一談，彷彿重視結果必然導致忽視善意志。其次，「可普遍化原則」是一個抽象的形式原則，這與目的論尋求價值最大化的實質原則在理論上非但沒有必然衝突之理，反倒有相合相容的可能性。以殺人為例。殺人為何是錯誤的？從康德來說，這是因為「不可殺人」這個法則具有「為一切人均適用的普遍性」，但從目的論來看，這個法則具普遍性何嘗不是因為生命對每個人而言都是極其珍貴的基本價值，因此違反他人意願地奪去他人生命具有一種普遍的傷害意義？

　　話說回來，康德倫理在某些方面的確表現出某種反結果主義的性格。他曾指出不道德的行為即使會帶來很大的好處仍是不道

---

❸為處理康德倫理與效益主義的整合問題，赫爾寫過一篇文章，篇名是〈康德是一個效益主義者嗎？〉（"Could Kant Have Been a Utilitarian?"）。而卡彌斯基則寫了一本專書，書名為《康德式結果主義》（Kantian Conse-quentialism）。參閱：Hare, 1997, 147-165; Cummiskey, 1996。

德的。對於拉丁諺語「即使地球會毀滅，也應堅持正義」（Fiat iustitia, pereat mundus），康德也持認同的態度。❸最著名的例子是康德對於「說謊」的觀點。康德不承認有所謂「善意的謊言」。對他而言，在任何情形下說謊都是不道德的。至於目的論者則認為，「說謊」是否不道德，要看它會帶來什麼結果。兩惡相權取其輕的必要謊言是可以接受的。

除康德外，當代義務論者對目的論還提出許多批評。本文限於篇幅不能逐一說明，只能條列出其中較重要者以及目的論者的回應：

㈠羅斯（John Rawls）《正義論》（*A Theory of Justice*）主張，道德並非只要求效益最大化而已，也要求權利義務之公平分配。關於這一點，其實早在古典效益主義時期，彌爾便已注意到這個問題。❸當代目的論者如威琴（D. Witschen）、沃爾貝特（W. Wolbert）及敘勒（B. Schüller）更進一步嘗試將正義原則與效益主義加以整合。

㈡從「以行為者為中心的行惡限制」（agent-centered constraints of evil-doing）來反對目的論的較小惡原則：所謂「行惡限制」是說，日常道德（ordinary, commonsense morality）禁止人從事某些行為（例如「傷害無辜者」），即使這樣做能避免更大的惡。但目的論的較小惡原則卻將任何道德惡行無限上綱，只要該惡行在某個情境中是較小惡。由此可見目的論違反日常道

---

❸有關 Fiat iustitia, pereat mundus 之討論，可參考 D. Witschen, *"Fiat Iustitia, Pereat Mundus,"* in: *Theologie und Glaube* 82 (1992), 439-456。

❸彌爾明白承認「正義」概念是效益主義最嚴厲的挑戰。他曾說：「在任何時代中，阻止人接受效益或幸福作為對錯判準的最大障礙就是正義的理念」。參閱 J. S. Mill, *Utilitarianism*（London: Longmas, 1972）.第五章專章討論「正義」與「效益」的關連。

德。

㈢從「以行為者為中心的行善自由」（agent-centered options of doing good）來反對目的論追求效益最大化的原則：目的論或效益主義「要求」人追求最大多數人的最大福祉，這個原則甚至可能要求人無限犧牲小我，以完成大我。然而，日常道德並不對人做如此嚴苛的道德要求。日常道德區別「義務」與「超義務」。目的論的效益最大化原則似乎陳義過高，而排除了此一區別。

「行惡限制」與「行善自由」的問題，是當代基本倫理學的熱門課題，本文無法在此詳述。謝福勒（Samuel Scheffler）與科根（Shelly Kagan）等人分別有專著討論相關問題。**❸❼**

㈣結果主義忽視了意圖在決定行為對錯時的道德相關性。支持此一觀點的人包含了認同雙果律（principle of double-effect）的學者，其中考夫曼（Whitley Kaufman）更相信，意圖的道德相關性是批判結果主義最有力的證據。**❸❽**然而，對結果主義者而

---

❸❼ 例如 Shelly Kagan, *The Limits of Morality*（Oxford: Clarendon Press, 1989）以及 Samuel Scheffler, *The Rejection of Consequentialism*（Oxford: Clarendon Press, 1994）.

❸❽「雙果律」源出天主教倫理傳統，主張「意圖」（intending）與「預見」（foreseeing）之間或「直接意圖」（direct intention）與「間接意圖」（indirect intention）之間有倫理上的區別。從今日觀點來看，並非每一位天主教學者都接受雙果律。基本上，義務論學派如 German Grisez, Joseph Boyle 與 John Finnis 等傾向接受雙果律，用它來解決道德兩難的問題。目的論者如 Richard McCormick, Josef Fuchs, Bruno Schüeller 等則反對雙果律。哲學倫理學界支持與反對雙果律的人也都很多。當代最重要的效益主義者如 R. M. Hare 很明確地反對雙果律〔*Objective Prescriptions and Other Essays*.（Oxford: Clarendon Press, 1999）,164-167〕。但 Whitley Kaufman 在 1998 年所完成的博士論文中則主張，雙果律是反對結果主義並建立義務論倫理學所無可取代的基礎：*Intending versus Fore-*

言，意圖在決定行為道德對錯上是否扮演任何角色或究竟扮演什麼角色是很值得商榷的。❸

　　這些新的批判與討論豐富且深化了當代基本倫理學的內涵。不過，對立的雙方仍陷在複雜而難以突破的理論僵局中。

四、「基本主義」與「調和主義」的對立

　　目的論與義務論的相持不下激發了倫理學家有關第一原則問題的新思考。第一原則真的是一元的碼？抑或是多元的，例如「效益」與「正義」的並立？基本倫理學是否能夠撇開第一原則的爭議而另闢蹊徑？堅持第一原則的一元論並堅持「第一原則的建立是規範倫理學不可或缺的基礎」的思想被稱為基礎主義（foundationalism），傳統的目的論者與部分義務論者被歸為這個陣營。與之對立的一個主要新思想是調和主義（coherentism）。調和主義的基本理念受到實用主義（pragmatism）以及羅斯「交互平衡」理論（reflective equilibrium）的啟發，其要旨如下：倫理學應以經驗實用科學為典範，而不應以數學為模型。依此，倫理理論應被理解為一種由歸納而來的假設，而不應被理解為由演繹而來的真理。當理論假設受到新經驗挑戰時，有兩種

seeing Harm: the Foundation of Deontological Constraints, Georgetown University Dissertation, 1998。九〇年代以來，討論雙果律的期刊論文很多，最重要的大概是 The Journal of Medicine and Philosophy, vol. 16（1991）以及 Christian Bioethics, vol. 3 No.2 (1997)。

❸ 結果主義者的反駁見：James Rachels, "More Impertinent Distinctions and a Defense of Active Euthanasia," Killing and Letting Die, edited by Bonnie Steinbock and Alastair Norcross.（New York: Fordham University Press, 1994）,139-154; Judith Jarvis Thomson, "Self-defense", Philosophy & Public Affairs 20 (1991): 283-310.

可能性，或是運用理論去修正吾人對經驗的詮釋，或是根據經驗來重新調整或修正理論的假設內容。如此一來，「理論」與「經驗」之間便能在交互修正的過程中達到一種「交互平衡」。此外，當理論體系內部各命題相互衝突時，命題與命題之間也應該在交互修正中建立內部調和、首尾一致（coherent）的理論體系。放到目的論與義務論的爭議來看，既然第一原則無法把握，「調和主義」者便主張退而求其次，吾人應從道德經驗中較確切的部分開始來建立規範倫理學的思想體系。這個體系不由第一原理來提供穩固的基礎，而由深思熟慮的道德判斷（considered judgments）以及理論內部的調和（coherence）來確立。

　　有趣的一個現象是，調和主義者多半是專注於應用倫理議題的倫理學家。理由大概是因為應用倫理議題有其迫切性，相關學者無暇參與基本倫理學永無止境的辯論。最值得一提的是畢強樸（Tom Beauchamp）與蔡德斯（James Childress）為生命醫學倫理（biomedical ethics）所建構的的四原則論。四原則包含了自律原則（respect for autonomy）、不傷害原則（nonmaleficence）、慈惠原則（beneficence）與正義原則（justice）。畢強樸相信，無論一個人持哪一種基本倫理學主張，大概都會接受這四個原則。既然如此，何不直接以此四個原則來支撐起整個生命醫學倫理學的討論？❹另外一種調和主義理查森（Henry Richardson）稱之為建構實用主義（constructive pragmatism）。這種理論試圖在調和主義的精神下調和目的論與義務論。對建構實用主義而言，目的論可以稱為是一種以善為優先（good-centered）的理論，義務論則是以正確為優先（right-centered）的立場。❹其

---

❹畢強樸與蔡德斯的四原則論表述於Beauchamp/Childress, 2001 中。此一理論提出後受到許多注意與討論。論者稱之為原則主義（principlism）。

實，「善」與「正確」都不是絕對優先的，它們應交互修正，來建立「交互平衡」的基本倫理學理論。❷

此外，與調和主義不同進路，但也不走目的論與義務論老路的新思想還包含了麥金泰（A. Macintyre）與斯特曼（D. Statman）的德行倫理學（virtue ethics）以及吉利根（C. Gilligan）與諾丁（N. Nodding）的關懷倫理（caring ethics）。不過，這些新思路是否真能超越目的論與義務論的爭議是頗成問題的。❸最後，還有一種傳統的「第一原則多元論」（亦即反對基本主義的一種主張）在羅斯之後又逐漸興起，此即直覺主義（intuitionism）的思想。直覺主義認為，道德判斷或原則的真確性無法透過理性來論證，只能透過直覺來肯定。第一原則是多元的，而且不需要有任何方法來調和其間的衝突。在具體情境中，人自然能依靠直覺認出道德要求的方向。直覺主義的代表人物有威廉斯（Bernard Williams）、奧迪（Robert Audi）、布倫（Lawrence Blum）以及但希（Jonathan Dancy）等。

---

❹此處「善」即「效益」或「價值」之意。「以善為優先」的意思就是說，行為是否正確決定於行為是否帶來（最大）善。「善」是決定「正確」的先行因素。「以正確為優先」是說，行為的對錯優先於行為所帶來的「善」。錯誤的行為即使能帶來很大的好處，也是道德上不當為的。

❷參閱：Richardson, 1995。

❸德性倫理學的著作可以參考：A.C. MacIntyre, *After Virtue: A Study in Moral Theory*（Notre Dame: University of Notre Dame Press, 1984）; Statman, 1997。關懷倫理學請參考：N. Nodding, *Caring*（Berkeley: University of California Press, 1984）.至於批判這些新思潮的聲音，請參考：Hare, 1999, 132-150。

五、應用倫理學的興起

　　後設倫理學與基本倫理學所涉及的課題可以說是倫理學「what」課題當中較為抽象而普遍的部分，例如「什麼」是道德的本質？「什麼」是「善惡」等概念的意義？「什麼」是道德判斷的基礎？「什麼」又是基本或第一道德原則等？應用倫理學作為基本倫理學在各個實踐領域的具體應用，它所關切的課題已是較為具體的「what」課題，例如：在特定實踐領域裡，什麼是應該持守的具體道德規範？什麼又是應該建構的道德判斷？換言之，什麼是該做的、不該做的？可以做的、不可以做的行為？此外，當面對道德兩難時（例如分娩中若母子不能同時存活時），又該如何決議？

　　應用倫理學的範圍是無所不包的。一切與人的實踐有關的抉擇，只要涉及善惡是非、公理正義，就屬於應用倫理學探討的範圍。近數十年來，探討不同實踐領域的應用倫理學更如雨後春筍般出現。舉例來說，與個人實踐有關的有「兩性倫理」、「婚姻與家庭倫理」、「生命與醫學倫理」、「工作與休閒倫理」、「財物倫理」、「運動倫理」以及「動物倫理」等；與整體社會如何邁向「公與義」的境界有關的則有「經濟倫理」、「商業倫理」、「政治倫理」、「法律倫理」、「媒體倫理」與「環境倫理」等。由於醫學與生物科技的高度發展，醫病關係與生死課題變得愈來愈複雜，這使得上述應用倫理學領域當中的「生命倫理」（bioethics）受到倫理學家與一般社會輿論格外的關注。此外，網路倫理（cyber ethics）所涉及的隱私權、智慧財產權、色情資訊流通等問題，近年來也成為熱門的應用倫理學課題。

第五節

為何應該道德？

　　從某種觀點來說，答覆了倫理學的「what」問題，特別是有關道德判斷或原則的理由（rationale）的問題，就等於部分回答了「為何應該道德」的問題。然而，後者這個問題還是需要特別的處理，這一方面是因為在理論上，「what」問題畢竟不等於「why」問題。基本倫理學或後設倫理學所提供的道德理由只讓我們了解為何某個行為是道德上所要求或禁止的，但這並不等於答覆，為何我應該做道德所要求的行為或不做道德所禁止的事？另一方面，「why」問題的答覆與道德動機密切相關，人愈了解為何應該道德，就愈有堅持道德的動機。

　　不過，「why」問題究竟是一個怎樣的問題在倫理學上有很多不同的看法。有人主張這個問題根本就不能合理提出。亞里斯多德認為真正的哲學智慧不在於證明一切事物，而在於能分辨哪裡需要證明，哪裡不需要證明。「如果一個人懷疑他是否該尊敬諸神，孝愛父母，這個人所需要的恐怕不是哲學論證，而是鞭打」。❹

---

❹ Aristotle, *Topics: Book I and Book VIII*, trans. Robin Smith（Oxford: Clarendon Press, 1997）,11, 105a 2-7。

當代學者如哈斯培（John Hospers）、涂爾明（Stephen Toulmin）也持類似看法。他們認為，「為什麼應該作對的事情」的答案就在問題當中：「因為那是對的事情」！肯定一個行為是對的，就該作它，而不能再問進一步的理由。道德是它本身是否「合於理性」的最後理由，不能再在道德之外尋找理由。❹

另一方面，不少學者仍肯定，「why」問題不但應該提出，而且是倫理學所有問題當中最根本而困難的問題。這個難題在歷史當中雖然被不斷提出及答覆，但它的晦澀仍像一座難以攀爬的高山，在永恆哲學（philosophia perennia）的洪流中，令哲學家的心靈為之震動與掙扎。普林斯敦大學教授史特斯（W. T. Stace）在處理「why」問題之前坦承，沒有把握能超克艱難，徹底解決這個問題。他也認為沒有人「能如此盲目狂傲，以為自己在這個問題上充滿信心」。❻

基本上，「why」問題大概不像哈斯培等人所認為的那樣容易打發。不過，也誠如史特斯所指出的，迄今倫理學家們所提出來的主張，也鮮有完全令人信服者。幾乎所有的倫理學教科書都會專列一章處理「為何應該道德」這個課題，然而，徹底而有深度的著作仍不多見。❼

---

❹ Hospers, 1970, 745; Toulmin, 1964, 146-165.

❻ Stace, 1975, 251.

❼ 近年來，以「why」課題為研究對象的博士論文似乎只有一篇：John van Ingen, *Why Be Moral?*（New York: Peter Lang, 1994）。此外，筆者也有一篇專文討論此一課題，參考：孫效智，2002，（第四、五章：為什麼應該實踐道德？）129-216。最後，史密斯（Tara Smith）的專著 *Viable Values* 稱得上是相當深入的分析。參考：Smith, 2000。

第六節

人格統整與情緒教育
——倫理學的「How」課題

　　「How」課題亦即「如何道德」的課題，可以有兩種提問方式，一個是：我如何提升自己的道德反省與實踐能力？又如何培養我自己的道德情操，使我成為一個更有道德的人？另一個提問方式是德育理論的方式：家庭、學校與社會應如何培養或提升社會成員的道德？

　　這兩種提問方式雖然不太相同，但面對的基本問題則是類似的。一個是「如何知」的問題，另一個是如何達到「知行合一」的問題。先談前者。大部分人在成長以及社會化的過程中，都會獲得某種有關道德的知識或價值觀。然而，這種知識若缺乏批判性的反省，往往只是一種矇懂的「知其然」，而不是一種深刻的「知其所以然」。「如何知」的問題指的就是如何深化倫理的認知及思考能力的問題，其包含的對象涵蓋「what」及「why」的所有課題。因此，倫理學的素養是每一個人在「做人」方面的知性基礎，也是教育學者探索德育理論時必須掌握的思維架構。

　　「How」問題最困難的部分是「知行合一」或說「知行不

一」的問題。大部分人在道德方面的問題，不是不知道「自私是不對的」、「貪小便宜是不應該的」，而是知道歸知道，但所行與所知之間卻是互相背離的。這就是「知行不一」或人格不統整（integrity）的問題。「知行不一」是最嚴重的道德問題之一，也是任何道德教育所不能不面對的嚴肅課題。規避這個課題，道德教育將只剩下道德知識的灌輸，而與道德教育的目標──培養能自律思考與實踐的人──背道而馳。

　　人格不統整的深層理由在於道德沒有內在化，成為人生中的絕對堅持。既無堅持，自然談不上貫徹與實踐的動力。問題是，道德為什麼沒有內在化呢？除了「知」的層次的淺薄外，另一個重要原因在於人生觀的模糊。一個人對於生命意義有怎樣的看法，就決定了他在道德上會是怎樣的一個人。莊子說：「嗜欲深者天機淺」，漠視道德的人往往唯利是圖，而「唯利是圖」的性格則源於將金錢與地位看成是人生最重要的價值。問題是，金錢與地位能不能作為人生最重要的價值是極需討論的，否則就容易產生價值的錯置與扭曲，而在人生的路上選錯了目的，走錯了方向。荒謬的是，現代科技與物質文明挾其消費主義與享樂主義的強勢力量，催迫著人們奔馳於「向錢看」的路途上，似乎不留給人任何時間與空間去思考這個問題。更嚴重的是，整個社會從家庭、學校到媒體，也幾乎不提供任何機會或機制讓社會成員去思考人生觀的課題。其結果就是古人所說的「人無遠慮，必有近憂」。在一個人生觀模糊的社會裡，人們將陷於急功近利的惡性循環裡難以自拔：個人與社會愈不注意生命目標的確立與價值觀的內化，社會就愈混亂。社會愈混亂，人們就愈需要將資源與時間投注在亡羊補牢的工作上。也因此就愈沒有時間去進行需要長期投入的、有關生命目標的確立與價值觀內化的教育工作。而這樣的工作愈不受到注意，人心的迷失以及由之而形成的社會混亂

便愈不知伊於胡底。

　　除了人生觀模糊導致道德觀無法內化外，「知行不一」的第二個重要根源是情緒智商（emotional intelligence）的低落，也就是情緒與理智的不統整。很多時候，人因為失控的情緒而說出或做出事後深感後悔的事來。家庭中許多人際關係的衝突往往根源於此。連社會上許多衝突，當事人所爭的常常也不過是些芝麻綠豆的小事，只因一言不合就大打出手，以致鑄下不可彌補的大錯。

　　顯然，要使知行合一，人格與情緒的統整是不容忽視的功夫。統整的第一步在於養成自省自覺的習慣。人如果無法自省自覺，就容易按當下的情境做出直接的情緒反應，結果往往意氣用事，抉擇不經大腦。柯維主張每一個人都應該努力培養一種讓當下「停格」的能力，這樣才能在事件與回應之間保有反省的空間與抉擇的自由。果如此，人才不至於陷溺於令理智蒙蔽的情緒當中，看不到內心真正的感受以及真正該作的事。❽當然，「暫時停格」並不是容易做到的事，不過，如果能以錯誤經驗為師，常常反省情緒衝動的壞處，慢慢便有可能與自己的情緒保持一種觀賞反省的距離，而不再那麼容易被它所控制。其次，同理心的培養也很重要。人往往從自己有限的經驗去看世界，看別人。但除非真能摘下自己的眼鏡，從別人的角度去看問題，否則「永遠無法與他人建構深厚、真誠的關係」。❾

　　情緒與理智的統整包含的課題很多，而且為「如何道德」的落實都非常重要。除了憤怒情緒的處理外，其他還有寬恕與道歉的學習、受創心靈的治癒、貪婪與吝嗇的化解、狹隘心胸的開

---

❽柯維，1998，27-28。
❾柯維，1998，281。

闊、男女情欲與真愛的分辨、靈與性的整合等。無論個人修養或
德育理論的建構，這些都是不容忽略的課題。

參考文獻

朱建民〈專業倫理教育的理論與實踐〉，《通識教育季刊》第三卷第二期（1996）。網路版：http://www.ncu.edu.tw/~cage/quarterl/0302/030203.htm。

沈清松〈倫理學理論與專業倫理教育〉，《通識教育季刊》第三卷第二期（1996）。網路版：http://www.ncu.edu.tw/~cage/quarterl/0302/030203.htm。

柯維‧史蒂芬《與幸福有約》，臺北：天下遠見，1998。

高力克〈五四倫理革命與儒家德性傳統〉，《二十一世紀評論》第五十三期（1999）。網路版：http://www.cuhk.edu.hk/ics/21c/issue/article/990315.htm。

孫效智《當宗教與道德相遇》，臺北：臺灣書店，1999。

孫效智《宗教、道德與幸福的弔詭》，臺北：立緒出版，2002。

羅秉祥《黑白分明》，香港：宣道出版，1992。

Abelson, Raziel, and Kai Nielsen. "History of Ethics." *The Encyclopedia of Philosophy*. Edited by Paul Edwards. New York: Macmillan, 1967. pp. 87-117.

Beauchamp, Tom L., and James F. Childress, *Principles of Biomedical Ethics.* New York: Oxford University Press, 2001.

Clarke, Paul Barry. "Ethics." *Dictionary of Ethics, Theology and Society*. Edited by Paul Barry Clark and Andrew Linzey. London; New York: Routledge, 1996.

Cummiskey, David. *Kantian Consequentialism*. Oxford: Oxford University Press, 1996.

Hare, R. M. *Moral Thinking: Its Levels, Method and Point*. New York; Oxford: Oxford University Press, 1981.

Hare, R. M. *Sorting out Ethics.* Oxford: Clarendon Press, 1997.

Hospers, John. "Why Be Moral?" *Readings in Ethical Theory.* Edited by Wilfred Sellars and John Hospers. Englewood Cliffs: Prentice Hall, 1970. pp. 730-746.

Kagan, Shelly. *The Limits of Morality.* Oxford: Clarendon Press, 1989.

Kagan, Shelly. *Normative Ethics*. Boulder: Westview Press, 1998.

Nielsen, Kai. "Problems of Ethics." *The Encyclopedia of Philosophy,* vol. III. Edited by Paul Edwards. New York: Macmillan & The Free Press, 1967. pp. 117-134.

Pojman, Louis. *Moral Philosophy: A Reader*. Indianapolis; Cambridge: Hackett, 1998.

Rachels, James. *The Elements of Moral Philosophy*. Boston: McGraw-Hill, 1999.

Richardson, Henry S. "Beyond Good and Right: Toward a Constructive Ethical Pragmatism." *Philosophy & Public Affairs* 24.2（1995）: 108-141.

Scheffler, Samuel. *The Rejection of Consequentialism*. Oxford: Clarendon Press, 1994.

Smith, Tara. *Viable Values: A study of Life as the Root and Reward of Morality.* Lanham: Rowman & Littlefield, 2000.

Stace, W. T. *The Concept of Morals.* New York: Macmillan, 1975.

Statman, Daniel. *Virtue Ethics: A Critical Reader.* Washington D. C.: Georgetown

University Press, 1997.

Toulmin, Stephen. *Reason in Ethics*. Cambridge: Cambridge University Press, 1964.

第三章

認知結構與運作──知識論的法則

關永中

第一節

從一個典故說起
──認知心路歷程鳥瞰

按柏拉圖（Plato, 427-347 B. C.）《克利東》（"the Crito"）對話錄的提示：蘇格拉底被判刑入獄後，一個月忽忽地過去了，而死刑遲遲未執行，為的是由於一艘官船從 Delos 朝聖回來以前、任何人都不得被處死……。

對話錄就以蘇氏友人克利東（Crito）驟聞朝聖船歸航靠岸在即的消息來作為揭起全文的序幕：克氏眼見情況不妙，遂在翌晨趕往監獄探視，並慫恿蘇氏越獄；而蘇氏的回應卻是：他不欲只為苟且偷生而違反國法，否則無顏面面對家國親友，也無法見容於天地良心……。

一、克利東的心路歷程

一篇耳熟能詳的故事、隱然地蘊含著一段認知的心路歷程，其中還涵括了「經驗」、「理解」、「判斷」、「抉擇」等階段，也穿插了「詢問」與「思考」等因素。

(一)冤獄的見證——經驗（experience）

克利東旁聽了蘇格拉底的受審、聆聽了不公平的判決、眼見了蘇氏的收押、也多次前往了監獄探視；友人的種種委屈，他看在眼裡，也痛在心裡，現時還聞說官船回航抵港在即，蘇氏性命危在旦夕，親友們若不馬上採取行動的話，事情一旦延誤了就來不及補救了！

(二)第一重詢問——悟性問題（question for intelligence）

在這緊迫的關頭上、克利東自問了這樣的一個問題：「什麼是處理蘇氏事件的最佳途徑？」這問題帶動著他思考，而不同的構想、此起彼落地在腦海中閃過：用武力突圍嗎？蘇氏太老，而友人實力又太單薄，不能硬碰硬！那麼，挖地道嗎？偷鑰匙嗎？剪鐵窗嗎？此等建議都不夠實際！但難道真的是一籌莫展嗎？

(三)賄賂的方案——理解（understanding）

在無計可思之餘，他突然靈機一觸，洞察到這樣的一個方案：賄賂獄卒，叫他網開一面（"the Crito", 44^{b-c}）。如此一來，蘇氏就可以逃之夭夭，遠離雅典，在外地逍遙過活……。

㈣第二重詢問——反省問題（question for reflection）

但隨之而來的是另一重問題的興起：「這方案可行嗎？」較細緻地說，這問題掀起了一系列的反省：獄卒真的是這麼容易擺平的嗎？我們有足夠的賄金去讓他心動嗎？蘇氏若僥倖地走出監門的話，難道他就不會被其他官兵逮個正著嗎？蘇氏以其風燭殘年、能承受得起逃亡生涯嗎？外地的友人會有足夠的財力物力去接濟他嗎？而那些參與逃獄計畫的朋友們難道就能逍遙法外而不被降罪嗎？此時，他要追問的不再是「什麼是越獄的方法？」而是「此舉行得通嗎？」

㈤可行性的確定——判斷（judgment）

在這重詢問的帶動下，他在反省中再靈光一閃地碰到另一份洞察：「是的，此舉是可行的！」因為：

1. 獄卒易於被疏通，反正貪污是人之常情；在重金利誘下、誰不會垂涎呢！

2. 即使獄卒叫價很高，到底我們這批友人不缺乏金錢；況且，任何朋友都樂於協助。

3. 蘇氏一旦逃離雅典，外方不再是雅典官員所管轄的範圍，到時只要蘇氏不再涉足雅典，他的性命就可獲得保障。

4. 蘇氏在外地朋友多著，他們都樂於援手，以至蘇氏今後生活起居不成問題。

這份洞察容許克利東作出肯定判斷說：「對！賄賂可行！越獄不難！逃亡生活無憂！」（"the Crito", 44^e-45^c）

㈥第三重詢問——衡量問題（question for deliberation）

接踵而來的是：克利東須面對另一重質疑：「我應該如何實

行？」這重詢問帶動了一系列的衡量，其中包括了對大前提（目標）、與小前提（手段）的衡量：

1. 大前提方面：目標當為嗎？

在大前提——企圖越獄——這目標上，克利東自問：我應否策劃並參與蘇氏越獄一事？這事雖然可行，但它未必顯得合乎情理道德，我仍須追問：此事當為否？

2. 小前提方面：何謂當為之手段？

若我們決定協助越獄的話，該當承行的步驟與途徑為何？換句話說，該如何疏通獄卒才不致顯得太尷尬？該如何說服蘇氏就範？該在什麼時候採取行動最為適當……？

(七)當機立斷——抉擇（decision）

1.克利東的洞察與抉擇

在衡量中，克利東得到進一步的洞察，並作了其抉擇如下：

(1)「大前提／目標」方面——我們沒有必要遵守不公義之判決，為此可以心安理得地迎救蘇氏，而所有的友人都在這大前提上意見一致，（44^e–45^a）；反正蘇氏還須保住性命來照顧子女（45^c）。

(2)「小前提／手段」方面——既然官船靠岸在即，蘇氏死刑迫在眉睫（43^{c-d}；44^a），目前我們所須採取之步驟是：

①首先說服蘇氏（44^b）。

②再疏通獄卒（44^{b-c}）。

③馬上通知友人們在外接應（44^e–45^a）。

④帶領蘇氏逃離監獄（45^a）。

這是克利東的抉擇，但蘇格拉底卻另有主張：

2.蘇格拉底的洞察與抉擇

蘇氏聽聞了克利東的計畫後，他的衡量與抉擇始終環繞在

「大前提／目標」之上，而不暇兼顧「小前提／手段」；他所追問的是：「越獄逃亡是否為該當為的事？」而蘇氏的洞察是：即使國家的判決不公正，到底我不應用違法的方式來回應。否則這無疑是用一件不正義的勾當來打擊另一件不正義的事，本身於理不合。達致這洞察的衡量，可被拆解為以下的步驟：

(1)倫理總原則：要作抉擇，須先以倫理總原則作為絕對判準，那就是：「應行善避惡，以造就大體」。所謂「行善」，就是行「道德的善」（47ᶜ），其中涵括公義（just）、可敬（honourable）、聖善（good）等特性；所謂造就「大體」，就是藉著遵行道德理性而塑造出合道之靈性我。在這總原則上，人所獲得的洞察有其消極面與積極面：

①消極面：多數友人認為是當為之事，不一定是當為的；只有那合乎正直理性指引的事才是當為者（46ᵇ）。

②積極面：當道德理性剖析為當為者，始可問心無愧地行之（47ᶜ⁻ᵈ；49ᵇ），如孟子所言，「自反而縮，雖千萬人吾往矣！」（《孟子・公孫丑上、二》）

(2)大前提下的洞察：倫理總原則蘊含道德理性所允許的大前提，如：孝敬父母，尊重生命、毋行邪淫、毋偷盜、毋妄證等等，甚至忠君愛國、遵行國法。如此一來，蘇氏所洞察到的事是：

在我個人的實例上說：逃獄，就等於沒有官方批准而擅自離開監獄，本身於理不合、是為不正義之舉（48ᵇ⁻ᶜ）。這洞察本身蘊含其消極義與積極義：

①消極義：人不應為了想苟且偷生而損害正義（48ᵈ），甚至不應以不義來還報不義（49ᵇ, 49ᵈ），否則無以面對「家、國」（51ᵇ⁻ᶜ）、「學生」（51ᵉ）、「朋友」（54ᵇ）、甚至「自己」（54ᶜ）。

②積極義：在遵行國法的前提下，我應當留在監獄服刑，藉此「求仁得仁」。這是蘇氏的洞察，也是他的抉擇。

柏拉圖對話錄並沒有告訴我們克利東是否同意蘇格拉底的看法，但我們可以知道的是：他至少體諒蘇氏的見解，也尊重他的決定。到底每人的「經驗」、「理解」、「判斷」、「抉擇」都須經由自己作個別的體認，第三者是無法取代的。

然而，話須說回來；即使認知過程的「具體內容」因人而異，到底認知過程所隱括的「認知結構」卻是人人相同的。為此，我們可以借助克利東與蘇格拉底的思慮來舉一反三地考量人「認知結構」的來龍去脈。

二、認知結構

人的認知是有其基本架構與運作模式。要達致認知，須有一能思（noesis）的認知主體。與其所思（noema）的被知對象。認知主體須具備一套認知功能，去引申一系列的認知活動，藉此把握被知事物的各層面與角度，而人在認知客體對象的歷程上會經歷「經驗」、「理解」、「判斷」、「抉擇」等階段；此等因素，共同組合成人認知結構的整體，其中的來龍去脈，可被拆解如下：

(一)認知主體

作為認知主體而言，人是一有意識、能意向外物對象的認知心識，其中包括人的形軀面與心靈面：

人的形軀面蘊含著「眼、耳、鼻、舌、身」五根器。

人的心靈面寓意著人有其「心智」，稱作「意根」。

人的形軀與心靈密切聯繫，共同構成一個整體，隸處於同一

個認知主體，以作為認知世間事物之總基礎。

(二)認知功能

借用佛家語言之，人之「眼、耳、鼻、舌、身、意」六根，蘊含著「眼、耳、鼻、舌、身、意」六識，即視覺（sight）、聽覺（hearing）、嗅覺（smell）、味覺（taste）、觸覺（touch）、心智（intelligence）六種功能（faculties）；前五者為感性功能（sensible faculties），後者為心智功能（spiritual faculties）；心智功能還包括理智（intellect）與意志（will）兩種能力，讓人分別有其認知與欲求的機能。

(三)認知活動

「眼、耳、鼻、舌、身、意」六識，分別引申出視（seeing）、聽（hearkening）、嗅（smelling）、嚐（tasting）、觸（touching）、思維（thinking）六種活動（activities）；前五者為感性活動（sensory activities），後者為心智活動（intellectual activities）；心智活動還包括悟性活動（understanding）與意欲活動（volition）。

(四)被知境界

認知的六種活動，對應著被認知之六境（horisons）：色（the colour）、聲（the sound）、香（the scent）、味（the taste）、觸（the felt）、法（the phenomenon）。「法」包括「色法」〔即物質現象（physical phenomenon）〕與「心法」〔即心理現象（psychical phenomenon）〕。

(五)認知過程

人在認知的運作過程中，經歷了「經驗」、「理解」、「判斷」、「抉擇」等階段：

1. 經驗（experience）

人藉「眼、耳、鼻、舌、身」外五官（five exterior senses）來接觸外物而孕育感官知覺（sense perception），攝取到外物所提供之感性與件（sense data）如「色、聲、香、味、觸」以及對象之整體印象（impression）；也藉著內感官（the internal senses）來產生想像（imagination）與回憶（memory）等來把握其中的影像（phantasm）。

2. 理解（understanding）

人藉著感官來產生感性經驗的當兒，其理智（intellect）也攀援著經驗所提供之與件來作思考，藉此對所思的對象產生洞察（insight），理解到被知對象的本質義（essence /essential meaning），並因應著所瞭悟之本質而為被理解之對象下定義（definition），甚至為所把握的之現象作詳細的陳述（discourse）。

3. 判斷（judgment）

人並不滿足於光是理解一事物之本質義而已，他尚要求判斷所理解之物義是符合事實；於是，人的理智會進一步對所理解之對象作反思，直至他洞察到一己所理解的涵義吻合（或不吻合）所針對之對象為止。當他洞察到所理解之意義符應（correspond）著對象事實。他便會作「肯定」判斷（affirmation）；反之，則會作出其否定（negation），以把所理解之物義與所針對之事實劃清界限。

4. 抉擇（decision）

為一般理論知識（theoretical knowledge）而言，知識完成於判斷；例如：當我洞察到「2+2=4」而判斷其為符應事實時，我的認知就此完成。然而，為那類實踐知識（practical knowledge）而言，被知對象尚激發起人對它採取立場、作出取捨，並在衡量（deliberation）上引申抉擇與踐行；例如：當我判斷桌上是放著一堆鈔票時，我還會在衡量中抉擇把它據為己有、或棄如敝屣，藉此把自己塑造為竊賊或忠實者。

5. 思考（reasoning）

上述各階段都不缺乏人的「思考」，而「思考」寓意著一份求知欲（desire to know），欲「致廣大而盡精微」地要求了悟一切的一切，直至包涵宇宙萬物之表裡精粗而鉅細靡遺為止。而人的思考尤其以詢問的形式來表現出來，只不過其詢問形式會因應著不同的階段而有不同的表現：

㈥三重詢問

所謂詢問的不同表現，就是人會在間於不同階段中分別問及不同類型的問題，藉此企圖從一階段的思考提升至另一階段上去：

1. 悟性問題

間於「經驗」與「理解」之間，人會在渴求瞭悟所經驗之事物的意義而自問：「這是什麼？」（What is it?）這重詢問可被稱為悟性問題（question for intelligence）。（從上述克利東的實例上言，他的「悟性問題」是：「什麼是化解蘇氏冤獄的途徑？」）「悟性問題」的目標在乎欲理解一事物的涵義，以求把握一事物對象之本質或意義。這重詢問將導致人對一物義涵之洞察（insight）；當人從詢問「悟性問題」中達致「洞察」一物之

意義的當兒，他已從「經驗層面」上轉移至「理解層面」。

2.反省問題

間於「理解」與「判斷」之間，人會進一步要求確定所理解之物義是否吻合事實，以致他會自我質詢說：「是否如此？」（Is it so?）這重詢問可被稱為反省問題（question for reflection）。（在克利東的實例上言，其「反省問題」是：「逃獄是否可行？」）人藉著「反省問題」的質疑而展開一系列的反省，欲企圖確定自己對一事物的理解是否屬實。「反省問題」所帶動的反思將給人引申另一層面的洞察——反省洞察（reflective insight），讓人洞察到自己的理解符應事實、或不符應事實，以致他能回答說：「是！這是如此！」（Yes, it is so!）或「不！這不是如此！」（No, it isn't so!）。當人一旦有了如此的洞察，他就不得不下判斷、去肯定或否定自己的理解之真確性。當人藉著「反省問題」的誘導而引致「反省洞察」之時，他已從「理解層面」上轉移至「判斷層面」，並對自己所下的判斷負責。

3.衡量問題

為引致行動的實踐之知而言，「判斷」尚引申「抉擇」。人在間於「判斷」與「抉擇」之間，尚孕育另一重詢問：「應該如何踐行？」（How should I act?）或「是否值得實行？」（Is it worthwhile?）這重詢問可稱作「衡量問題」（question for deliberation）（以克利東的例子言，其「衡量問題」是：「應如何協助蘇氏越獄？」「是否值得如此做？」）「衡量問題」帶動著人引申一系列的衡量，衡量其所應採取之目標（end），及所應採取之手段（means）。這一重詢問將使他達致另一層面的洞察——德踐洞察（practical insight）。這一份洞察讓他明瞭自己該當實踐之大原則，以及這大原則落實在個別事例上所須遵循之途徑與細則，致使他懂得應該如何去作抉擇，並把所抉擇之目標與手段付

諸實踐。總之，「衡量問題」所引致之「德踐洞察」使人從「判斷層面」上轉移至「抉擇層面」，而人在抉擇中不單須對自己的抉擇負責，而且還為自己開出善惡各異之生命路向，把自己塑造出一個更善或更惡的自我人格。

㈦三重洞察

上述的分析，已多少向我們指出：三重不同的詢問，分別為我們引致理智活動上的三重洞察（「內省洞察」、「反省洞察」、「德踐洞察」）、分別蘊含著智性功能所能達致的三重理解（「直截理解」、「反省理解」、「德踐理解」）。茲分述如下：

1. 內省洞察／直截理解

內省洞察（introspective insight）乃「悟性問題」（「這是什麼？」）所引致的成果，它讓人洞察到所針對之事物對象的涵義，並藉著所洞察到之本質或意義而為該事物下定義、作陳述。人藉「內省洞察」所凸顯的一份理智上的通達，可被稱為直截理解（direct understanding），意思是：人在此層面上所達致的理解是一份對事物涵義的直截瞭悟，是為認知過程中的第一個關鍵剎那。

2. 反省洞察／反省理解

反省洞察（reflective insight）乃「反省問題」（「是否如此？」）所引申的後果，它讓人進一步地洞察到所理解的物義是否吻合所針對的事實，藉此而下判斷去對「物義」與「事實」二者之符應與否加以肯定或否定。「反省洞察」所包含的一份理智上的通達，可被稱為反省理解（reflective understanding），意思是：人經歷反省後，不單瞭悟一物之涵義，而且還獲得足夠的光照去判斷所理解之物義是否符應所針對的對象。為此，「反省洞

察」構成了認知過程的第二個關鍵剎那，掀起認知的第二個高潮。

3.德踐洞察／德踐理解

德踐洞察（practical insight）乃「衡量問題」（「應如何實踐？是否值得如此做？」）所導致的結果，它讓人一方面洞察到行為的大原則，另一方面也洞察到該如何把大原則應用在個別情況上去，藉此在「目標」與「手段」上知所抉擇，並採取行動。「德踐洞察」所蘊含的一份理智上的通達，可被稱為德踐理解（practical understanding），寓意著人的道德踐行並不缺乏智性的指引，是為認知過程的第三個高潮，在其中，人透過知與行的彼此滲透而塑造一己的道德人格，並為自己所開出的生命路向負責。

上述所談論的認知過程，可藉下列圖表來作攝要：

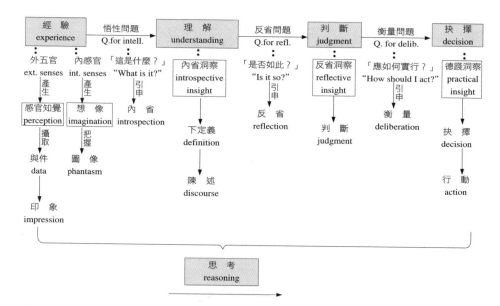

第二節

經　驗

　　上文所簡介的只是我們對認知結構與過程所提供的一個總鳥瞰而已，若要對其中的細則作較細緻的分析的話，我們仍須落實至每一個階段來作個人設身處地的體認（appropriation）。為探討認知理論而言，我們固然是可以從認知脈絡中的任何一個過站作起點來著手談論，再往後回溯與向前申延，以涵括認知探討的整個來龍去脈。然而，為方便初學者易於探索起見，茲讓我們從經驗（experience）這一階段開始說起，以達按步就班、事半功倍之效。

　　談及感官經驗，我們或許可首先提及唯心論者的見解：唯心論（idealism），又名理性論（rationalism），其中的健將計有笛卡爾（René Descartes, 1596-1650）：史賓諾莎（Baruch Spinoza, 1632-1677）、萊布尼茲（Gottfried Wilhelm Leibniz, 1646-1716）等人；他們的基本主張是：真理來自內心與生俱來的先天觀念（Innate Ideas），以致我們須遠離感官經驗，好讓先天觀念抬頭，藉此容許我們把握到那本之於心的清楚明晰（clear & distinct）的觀念，並以觀念之「清楚明晰」作為達致真理的判準。然而，這不是我們所要採取的立場；相反地，我們所要強調的

是：人非純靈；為人而言，知識始於經驗……。

一、知識始於經驗

歷年來，除了唯心論者外，哲人們都確定一事實──知識開始於感官經驗！

亞里斯多德（Aristotle, 384-322 B. C）以為：人心靈如同白板（*tabula rasa*），任由後天經驗塗寫（*De Anima* III, 4, 430ª1）；

多瑪斯（Thomas Aquinas, 1225-1274）強調：除非經由感官，否則理智就沒有東西可供理解（*Sum. Theo.* Ia, Q.84, a. 6）；

康德（Immanuel Kant, 1724-1804）也指出：光是思考而缺乏經驗是空的；光是經驗而缺乏思考是盲的（*Critique of Pure Reason* A51／B75）……。

人的認知過程如果須以感官經驗作為起始，那麼，什麼是使經驗得以造就的先決條件？

二、使經驗可能的先決條件：意向性

「經驗」寓意著人並非為封閉的獨我（solipsist），而是有意向性（intentionality）的個體，意向著世物、並向他人開放。換言之，那容許人產生經驗的先決條件是㈠人有「意向性」、㈡是為「在世存有」、㈢與他人「共存」：

㈠人有「意向性」

「意向性」之說起源很早，可以上溯至亞里斯多德（*De Anima* III, 3, 427ª 20-22），但由胡塞爾（Edmund Husserl, 1859-1938）把它發揚光大（e.g. *Ideen I*, §87-96）。借用胡氏之言，意

向性（intentionality）就是：意識即意識外物（Consciousness is consciousness of something outside.）。人心智是一意向外物的意識，其意識活動（能思／ *noesis*）必然地蘊含著被意識者（所思／ *noema*）。意識活動包括人藉感官而引致的感官知覺（sense perception），即「意向性」容許人藉由感官接觸外物而產生經驗（experience）。

(二)人是「在世存有」

我們若能承認人藉由感官來接觸世物，自然不難意會人是在世存有（Being-in-the-world），生於世、活於世，以世界作為其生活與認知之場地，以世界場地作為那使經驗成為可能的先驗根據。

海德格（Martin Heidegger, 1889-1976）在其《存有與時間》（*Sein und Zeit*, §12-13）中就強調了這一論點。他指出：存在，就是存在於世界內，世界已包含在人的存有中；人並非偶然地與世界拉上關係而已，相反地，他沒有須臾離開過世界，他是世界的一份子，以世界作為其存在的構成因素，以致我們不必追問「人能否跳出自己去經驗世界」，而應追問「人如何發現自己是『在世存有』」。按海氏的回應：人首要地是一踐行者（practical *Dasein*）（*Sein und Zeit*, §14-24），在踐行中，以世物作為其使用的工具，以致世界成了人的工具網，在其中與眾事物糾纏起來，共同形成一個龐大而錯綜複雜的整體，以人作為這工具網的核心。

(三)與他人「共存」

「在世存有」一樣同時意謂著與他人共存（co-exist）、向團體開放。人不能離群而獨處，相反地，其存有蘊含著社會性的

一面，被文化所滲透，甚至其情緒也被他人的感觸所影響，以至我不單能認知他人，而且還能體會他人的感受。謝勒（Max Scheler, 1874-1928）就以其《同情的本性》〔*Wesen und Formen der Sympathie*（Bonn: Verlag ,1929）〕一書來發揮此論點：他指出「同情」、如為他人的開心而高興（rejoicing-with）或為他人的痛苦而難過（commiserating），預設了人面對另一人有著直接的經驗與領悟，而且還參與（participating）了對方的經驗。為此，「同情」這一現象凸顯了人認知上的團體面、互動面、甚至情緒面。

總之，當代現象學家們都異口同聲地以「意向性」作為其反思的出發點，以「意向性」作為認知之先決條件，意會到人意向著世物，甚至向他人、向團體、向世界開放，是為「在世存有」、與他人「共存」，以致確定人有能力產生經驗、造就知識，而不能苟同「人是封閉的獨我」之說。有鑑及此，我們目前所須追問的是：人如何意向外物，並產生經驗？

三、構成經驗的眾因素

在承認人有「意向性」、向世界開放、向團體開放的前提下，我們可進而體會那構成經驗的眾因素。深入談論感官經驗的哲人輩出，但我們限於篇幅關係，謹在此選取亞里斯多德及梅露龐蒂（Maurice Merleau-Ponty, 1908-1961）二位哲人的見解以供參考；我們之所以選擇他們的意見，是因為：

㈠亞里斯多德是實在論者的典型，詳盡地描述了「經驗架構」的來龍去脈，其學說深遠地影響了多瑪斯及後世的走向，甚至當代胡塞爾的現象學也可瞥見其理論的痕跡。

㈡梅露龐蒂以《知覺現象學》一書為代表作，終生致力於

「知覺完型」的研究，在這方面貢獻既深且廣，往往補足傳統說法之不足。

為此，我們將以「經驗架構」、「經驗完型」兩個項目來凸顯上述二人的要點：

(一)經驗架構：亞里斯多德的鋪陳

按亞氏（*De Anima* Ⅱ, 5-12）的分析，感官知覺及其成分，可首先提綱挈領地用這樣的一個圖表來作導引：

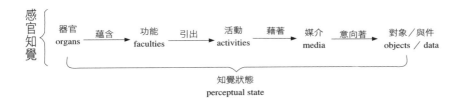

實際的感官經驗，可總稱為感官知覺（sense perception／*aisthesis*），此為類概念（generic notion），其中所包含的項目計有：

1. 知覺狀態（perceptual state／*aisthema*）

此即「清醒」、處在意識狀態（state of consciousness, awareness），可以進行知覺活動。而「知覺狀態」本身至少寓意著二重意義：

(1)從主體極言——清醒：人須清醒，始能進行知覺運作。人若在睡夢中、或昏迷中，則失去知覺，無從意識外物。

(2)從客體極言——相應：感知者（perceiver）與被感知者（the perceived）的結構須彼此相融（compatible having structural similarity）、相應（having corresponding aptitude）。換言之，被知覺之對象，其結構狀態須能應和、適應知覺主體的結構狀

態，可容許人藉感官來把握，否則主體無從產生經驗。例如：一棵樹如果在結構上不與人的感官結構相融相應的話，人是無從知覺到它的臨在。為此，主客間的相符相應，就類比著那彼此相配合的鑰匙與鎖一般，互相接觸而產生效應。

2.知覺器官（perceptual organ ／ *aistheterion*）

要知覺外物，人須具備知覺器官，即人之眼、耳、鼻、舌、身五官。俗稱外五官，是為感官功能之「所藏處」（*De Anima* II, 12, 424ᵃ 24）。

3.知覺功能（perceptual faculty ／ *aisthesis*）

此即外五官所分別具備的視覺（sight）、聽覺（hearing）、嗅覺（smell）、味覺（taste）、觸覺（touch）之感性功能（sensible power），是為那行使感官活動之能力（*De Anima* II, 5, 417ᵃ 10; 12, 424ᵃ 16 & 26）。

4.知覺活動（perceptual activity ／ *aisthanesthai*）

(1)**活動為實現**：此為由知覺功能所行使出來之活動、如實際的視（seeing）、聽（hearkening）、嗅（smelling）、嚐（tasting）、觸（touching）之感官運作活動。較之「功能」而言，知覺「功能」乃知覺之潛能（potency），而知覺「活動」乃知覺之實現（act）（*De Anima* II, 5, 417ᵃ 10-15; III, 3, 428ᵃ 6）。

(2)**活動為變動**：知覺作為「活動」而言，它是一份變動（Change），其中蘊含著以下的涵義：

①潛能到實現之歷程：知覺活動就是從「潛能地」有能力攝取一物之感性形式（sensible form）到「實現地」攝取到它（*De Anima* II, 12, 424ᵃ 17-24）。

②在感知者身上兌現：知覺活動作為一份變動，是在感知者身上兌現；感知者的感官因著攝取到外物之「感性形式」，而與之產生「共鳴」、受其影響；例如（*De Anima* III, 2, 425ᵇ 22）：

```
┌ 手 ──觸──→熱物 ─變得─→熱
│
│ 眼 ──觀──→色物 ─而著─→色
│
┤ 舌 ──嚐──→味道 ─感染─→味
│
│ 鼻 ──嗅──→氣味 ─而受─→薰
│
└ 耳 ──聽──→聲音 ─產生─→迴響
```

③預設虛己作用：知覺活動預設感官上的一份虛己作用（self-emptying ／ *kenosis*），即本身不藏有被知對象之感性形式，以致能攝受其感性形式（*De Anima* II, 7, 418^b 28），例如：

```
┌ 眼官無色，所以能接納一切顏色
│
┤ 觸官無熱，所以能觸覺一總冷熱
│
└ 耳官無聲，所以能容納一切聲音
```

④有別於營養吸收：在變動上言，知覺活動（perception）有別於營養吸收（nutrition）；感官知覺為覺魂活動（sensitive activity），營養吸收為生魂活動（vegetative activity）。二者所同者，乃同是吸取對象之與件；所異者，乃營養吸取即把對象之物質化為己身，而知覺活動即攝受對象之感性形式而不損及對方個體（*De Anima* II, 12, 424^a 18）。

(3)**牽涉主客互動**：知覺活動牽涉主客兩極之互動：

①刺激與反應：一方面，須有外來的刺激（stimulus）、感官始產生反應（response）；另一方面，感官須意向一物為對象，此對象始能引申其吸引力（*De Anima* II, 5, 416^b 32-417^a 9）；如圖所示：

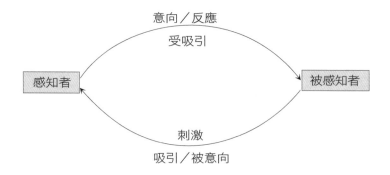

為此，感知主體與被感知物二者皆有其主動面與被動面，而在互相牽動下形成知覺活動。

②比率與限度：對象之刺激含比率（ratio），例如：琴聲有其音階（*De Anima* Ⅲ, 2, 426^b 1-5）；對應地，感官之反應有其能耐與限度（limit），如果刺激太強，會傷害、甚至毀滅知覺者之感官甚至其個體；例如：對象之刺激太極端，如太熱、太冷、太硬、太鋒利、太大聲，知覺者會受不了（*De Anima* 424^a 2-10; 426^a 27-^{b}8; 429^a 29-^{b}3; 435^a 21）。反之，如果對象之刺激太弱，則知覺者感覺不出來（*De Anima* Ⅲ, 13, 435^b 7-19）。

③互相臨在：感官運作須有現成的對象實際地臨在於我眼前，而我又須主動地意向著它時，才產生知覺的效應（*De Anima* Ⅱ, 5, 417^b 24-25）。

(4)活動成果：從活動之成果上言，感性上之知覺活動（act of perception）有別於理解層面上之理解活動（act of understanding）；雖然二者都是主體對客體的一份把握（apprehension）。可是，「知覺活動」乃主體之感官把握個別（particular）、具體（concrete）、變動（becoming）的對象（object）及其與件（data）。而「理解活動」則是主體把握普遍或共相（universal）、抽象（abstract）、不變（unchanging）的事物本

質（essence）或觀念（idea）（*De Anima* Ⅱ, 5, 417^b 22-23）。

(5)**器官、功能、活動比較**：我們若比較器官、功能、活動三者，可得著以下的提示，它們彼此「不即」亦「不離」（*De Anima* Ⅱ, 12, 424^a 24-25）：

質料地（materially）言：它們為同一回事，彼此「不離」。

形式地（formally）言：它們為同一回事之不同時份、角度、本質義，彼此「不即」。

(6)**媒介**（medium ／ *aisthetikon*）：使感官功能產生活動的機緣有二：

其一是對象的臨在以給予刺激。

其二是媒介的實有，使感官藉此引申活動、把握對象。

媒介乃容許感官經驗成就的中介事物，它是那造就或引致知覺作用的某些條件。例如：人須有「光」與「空間」的距離來引致視覺作用。換言之，「眼」以「光」作「媒介」來成就「視」（*De Anima* Ⅱ, 7, 418^b 9-20），「耳」以「空氣」作「媒介」來成就「聽」（*De Anima* Ⅱ, 7, 419^a 31; 8, 419^b 18），「身」以「皮膚」作「媒介」來成就「觸」（*De Anima* Ⅱ, 422^b 21; 423^a 15）。

附帶地值得一提的是，視、聽、嗅的活動，須與對象有距離（distance），始藉光、空氣等媒介來產生知覺；反之，嚐、觸之活動，須與對象有實際的肌膚上的碰觸（contact）來產生知覺效應（*De Anima* Ⅱ, 11, 423^b 1-7）。再者，前三者（i.e.視、聽、嗅）更是為個體之康寧（well-being）而設（*De Anima* Ⅲ, 12-13），為其生存則不是絕對必要；有部分動物甚至沒有此三者而能繼續活著；反之，後二者（i.e. 嚐、觸）則為個體之生存是不可或缺的，因為個體須藉「嚐」來分辨對象是否為食物，須藉「觸」來確定所接觸的東西是否對自己有利或有害（*De Anima*

Ⅲ, 12, 434^b 23-25; 13, 435^b 2-5）。

（7)對象／被知覺物（the perceived／*aistheton*）：感官知覺須有其客體極，即有其所針對的對象目標。對象（object）及其所含的與件（data）乃被感知者主體所意向，藉刺激感官而被知覺。被知覺的事物是個別的（particular）、具體的（concrete）（*De Anima* Ⅱ, 5, 417^b 20-26）。而主體所注視的客體可以是對象的實體（Substance）整體本身，也可以是其依附體（accidents）〔又名與件（Data）〕，如個別的色、聲、香、味、觸。

上述所談論的有關感官知覺架構之眾因素，可再落實在個別感官上探討，而引申有如下列圖表所顯示的眾項目：

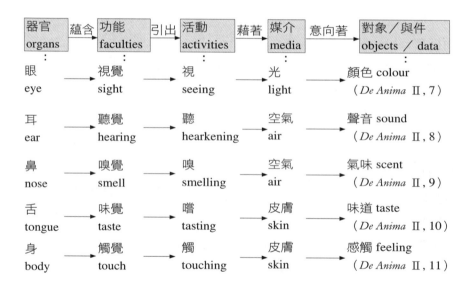

誠然，亞氏（*De Anima* Ⅱ, 7-11）也分別地為五外感官的涵義作個別的描述與分析；於此，因限於篇幅關係，只好留待讀者來想到其詳。

(二)經驗完型：梅露龐蒂的補充

有關感官經驗的來龍去脈，誠然上述的鋪陳尚未足以百分之百地涵括這範圍的一切表裡精粗，以致有餘地讓後人作增補，而其中尤受注目者當數梅露龐蒂（Maurice Merleau-Ponty）；他以《知覺現象學》（*Phénoménologie de la perception*, 1944）一書來修正世人對感官知覺能有的誤解。嚴格地說，梅氏並非反對那如同亞氏所提供之古典論調，只是他認為其說法並未全然充分，且在演繹上已遭受近世理論如經驗論（empiricism）或唯科學主義（scientism）等的曲解，以致他有需要出來對感官知覺一事作澄清。梅氏把近代世人對經驗的一份曲解稱作感覺（sensation），而把自己對經驗所持的論點以知覺（perception）一辭來涵括，並把二者作如下的對比〔參閱英譯本 *Phenomenology of Perception*（London: Routledge & Kegan Paul, 1962），pp.3-6〕：

1.感覺 vs.知覺

(1)感覺（sensation）：此辭意謂著人在經驗外物中首先藉外物的刺激而把握對象的個別與件，再藉聯想而把與件組合成對象的整體印象。例如：我首先攝取紅色、音響、硬感覺等與件，再把這些零碎而肢解的分件組合成「紅音樂盒」的印象。可是梅氏並不同意這種看法。

(2)知覺（perception）：此辭則意謂著人在經驗外物中首先把握對象整體，然後才進而注視其中的個別元素與件。例如：人一下子知覺到音樂盒整體，然後再從中分析其中的紅色、音響、體積等與件。梅氏認為這種說法誠然更為恰當。

2.微粒構想 vs.整體構想

(1)微粒構想（atomistic conception）：凡主張「感覺」說的人，會秉持從微小與件單位作為著眼點的構想：即認為感官經驗

就如同一盤散沙似地只把握到一堆零碎與件而已,我們需要藉著聯想(association)來把它們組合成對象的整體印象(impression)。但梅氏並不以為這種說法符合事實。

(2)整體構想(holistic conception):梅氏所秉持的「知覺」說內含著從整體意義為著眼點的構想;意即被經驗之對象首先呈現自己為一個整體,而人再從所把握的整體上分析其中的細節。梅氏認為這樣的說法更為符應事實。

3.恆常預設 vs.完型看法

(1)恆常預設(constancy hypothesis):「感覺」說主張「刺激 $\xrightarrow{對應}$ 反應」(stimulus-response)之預設模式;即對象給予刺激,而主體則相應地作出反應;而二者的對應是「一對一」的對應,即對象給予多少刺激,主體就產生多少反應。然而,梅氏質疑這預設的準確性。

(2)完型看法(*Gestalt* outlook):梅氏所提出的修正是、我對外物的經驗,並不純然是機械式地接收多少刺激,就獲得多少與件;更好說,我所把握到對象的任何部分,都讓我牽涉到它的完型(*Gestalt*)全體,以致經驗的每一點滴都向我透露事物的整體義,即使其內涵尚有待增補豐益。

4.因果關係 vs.辯證關係

(1)因果關係(causal relationship):「恆常預設」意謂著對象之刺激(object's stimulus)與主體之反應(subject's response)。這種關係是一份「因果關係」:即刺激是「因」,反應是「果」;對象以多少刺激作「因」,主體就產生多少反應作「果」;因果相連,沒多沒少。然而,梅氏反駁說:這樣的描述正確嗎?

(2)辯證關係(dialectic relationship):反之,在梅氏的「完型看法」下,對象與人的關係是一份「辯證關係」,藉著對談

（dialogue）而共同孕育意義。對象的臨現，尚須因應著各人的心態而兌現不同的回響。那就是說：對象所給予的刺激，不一定引致感知者相當、相稱、相預期的反應。例如：你儘管在現場提供美妙的音樂，我也不一定聞歌起舞，反而可能因心情欠佳而無動於衷，即使旁人會為之而陶醉。換言之，感知者還保有其個人的旨趣（aptitude）以作底蘊來與對象邂逅，以致成果因人而異、因時而異。總之，對象與主體間的辯證對談，效果不全由對象操控，其間尚牽涉感知主體個別的氣質、興趣、心境、背景與參悟。

5.內在印象 vs.外在性質

(1)內在印象（impressions from within）：持「感覺」說者以為、在經驗中被攝取的事物與件，在意識內形成印象（impressions），而為意識的成分（elements of consciousness）。

(2)外在性質（qualities from without）：梅氏則反轉過來說：被攝取的與件始終是依附在外物對象上之性質而已，而意識也只是意向著對象及其與件而已；在感官知覺中，意識內並沒有內存之圖像或印象；外物與件在被意向中並沒有進入意識而形成印象。為此，「與件性質」並非意識之成分（element of consciousness），而只是那作為意識所意向、為意識（而呈現）之對象（object for consciousness）。

6.性質中立 vs.性質個別

(1)性質中立（quality neutral）：「感覺說」把與件之性質體認為「中立的」，即同一類性質不因個體之不同而有差異；例如：為主體而言，這紅毯的「紅」，不異於這紅盒子的「紅」。「紅」色不因依附在不同的事物上而有差別。

(2)性質個別（quality particular）：梅氏認為上述說法抹殺了事物性質之個別性。他認為與件性質在經驗層上並不中立，會因

應不同的對象而有其微差殊別、不容取代；為此，這紅毯的「紅」有別於這紅盒子的「紅」；知覺活動所攝取的只是個別與件，而不是普遍觀念，以致被攝取之與件性質有其個別殊相，有別於其他事物之同類性質。

7.意義限定 vs.意義開放

(1)意義限定（meaning determined）：持「感覺」說者指對象之意義是被限定的，即被決定而再無意義申延之餘地。例如：被知覺的白天鵝，就被確定為白天鵝，其意義無所謂有待增補。

(2)意義開放（meaning indetermined）：梅氏認為，更準確的說法該是：被知覺的對象在意義上仍然是開放而不全然地被限定的；那就是說：感知者可因了更詳細的觀察而發現更多、更深的涵義，而引致意義上的拓展、甚至突變。例如：我先前把眼蟲（Euglena）體認為植物，但在經過更詳細的觀察後，進而把它體認為兼含動、植物兩重特性，以致病毒的意義因進一步的觀察而產生突變。

8.荒夷實在 vs.生活世界

(1)荒夷實在（"brute" reality）：持「感覺」說的經驗論者所標榜的世界，是一個客觀世界（objective world），又名荒夷實在（"brute" reality），即未經意識的主觀污染，而為世界之在其自己的本來面目，這本來面目不直接被人所認知，人只經驗到有關這世界的印象，而不是這世界的本來面目。而人所能對世界的唯一客觀看法（objective glance）就充其量只在於把握世物的第一物性（primary qualities）（例如：事物之數量、擴延性），而去除其第二物性（secondary qualities）（例如：色、聲、香、味、觸）；第一物性能實證地被衡量，所以客觀；第二物性不能實證地被衡量，所以主觀。

(2)生活世界（life-world）：現象學家如梅露龐蒂等人並不認為上述的理論是一個準確的說法。在現象學之「意向性」、「在

世存有」等前提下，梅氏標榜一個「生活世界」：世界是人所生活的現象場地（phenomenal field）；人作為形軀主體（body-subject），以身體來與其所生活的「現象場地」作對談而孕育意義；世界就以這樣對談而孕育的意義來呈現自己，而無所謂在「現象」背後尚有另一個不可知的「物自身」或「本來面目」。形軀主體以詢問的方式而向世界開放，世界以回答的方式來向主體作回應，而對談所孕育的意義並非主觀的幻想，因為它一方面有對象的實體作為對談的根據，另一方面又有人的身體作為對談的基礎。

　　作為一份撮要，我們可把上述一系列的對比加以整理與濃縮，而指出：談及經驗之「感覺」說對比著「知覺」說，其中的「誤」與「正」可表列如下：

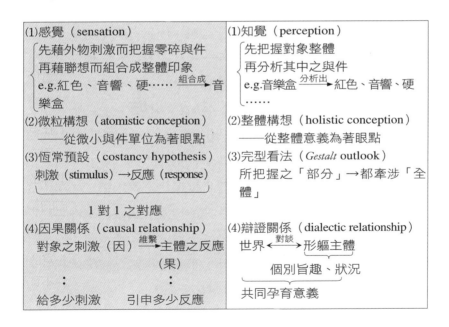

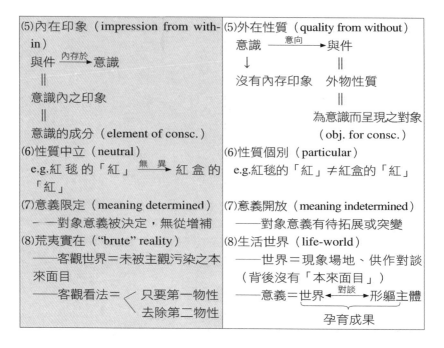

綜合起上述的分析，我們對「經驗」所獲得的體認是：「知識始於經驗」，人作為「在世存有」、保有著「意向性」，與世界對談而孕育意義，而一份經驗所牽涉的項目計有感官、功能、活動、媒介、對象等要素；再者，感官經驗是為一份知覺完型、容許人整體地把握對象的全體大用，好能從中分析出個別的與件，而其中的辯證關係，牽涉著世界與形軀主體的對談，藉以拓展被意向對象的意義。上述的論點即使未能全然揭盡「經驗」的一切底蘊，到底不失為一份拋磚引玉的說法，讓我們更穩妥地探尋其中更深更廣的究竟。

在涉獵了「經驗」的涵義後，我們可進而踏上認知過程的另一個階段——「理解」。

理　解

　　如果知識開始於「經驗」，它是否也只限止於「經驗」而已？按經驗論（empiricism）立場言，經驗論者會回應說：「是的！」經驗論者以休謨（David Hume, 1711-1776）作為其極端例子、如此地主張：

　　知識始於經驗。

　　知識也止於經驗。

　　認知過程的眾討論項目最後都須被約化為經驗現象。

　　為此，「理解」就只不過是經驗歸納（induction）而已；

　　而所把握的觀念（idea）就只不過是退化了的感性印象。

　　如此一來，經驗論走上了與唯心論背反的另一極端。

　　然而，柏拉圖卻提醒我們說：

　　　光是感官經驗不足以構成為知識的全部：經驗是個

別、具體、而變易的;反之,知識是普遍、抽象、而恆常的(the *Theaetetus*, 152^b–186^e)。言下之意是:認知歷程的關鍵剎那不在「經驗」,而在「理解」,以致我們有餘地去探討從「經驗」到「理解」的過站。

一、從經驗到理解

借用亞里士多德的論點,從「經驗」到「理解」的歷程,我們須穿越如以下圖表所顯示的過站:

茲按此圖表的引導來作下列的分析:

(一) 經驗 $\xrightarrow{\text{蘊含}}$ 圖像

亞氏《論靈魂》一書指出:「當心靈主動地意會任何事物時,它是必然地連同圖像來意會此物。圖像類似感官內容,所不同的只是它們不含物質而已」(*De Anima* III, 8, 432^a 8-9)。

亞氏所指的意思是:

1. 當人知覺到一存在物,他也會同時把握到它的圖像。

2. 人透過「感官知覺」或「想像作用」來獲得圖像。

3. 人不得不按著個別具體的圖像來思考,藉此達到理解。換句話說,「若缺乏圖像,人靈魂就無法構想」(*De Anima* III, 7, 431^a 16)。

(二)圖像 ──提供──→ 線索

　　人不得不藉圖像來思考。而圖像本身蘊含著諸多暗示。如果它們因而在適當的脈胳下被展陳，就會為我們提供線索，讓人達致理解。亞氏在《形上學》（*Metaphysics* IX, 9, 1051^a 24-26）一書中就以三角形為例子來述說這一要點：

　　　　別人若告訴我們三角形內角之總和是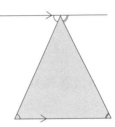
一百八十度（180°），我們可能仍然未能
明瞭其中的底蘊。但當人一旦在三角形的
頂點上畫上了一條與底邊平行的直線時，
（如右圖所示），我們會馬上恍然大悟。
其中的奧妙就在於感官圖像在適當的脈絡下向人提供了線索。

(三)線索 ──引出──→ 洞察

　　當圖像在適當的脈絡下提供了線索，我們便有很大的機會獲得理智上的光照，藉此引申出洞察（insight），瞭悟事物所蘊含的意義。為此，「洞察」乃理智對事物意義的一份通曉，是人對事理本質來龍去脈的一份豁然貫通。

　　為教我們對「洞察」這現象有進一步的體認，茲讓我們面對以下的一個戲劇性的剎那：

二、戲劇性的剎那——洞察

　　相傳希臘學人亞基米德斯（Archimedes, 287?-212 B. C.）受西那庫斯（Syracuse）國王韓雅魯（Hiero）的委託，而追問：「什麼是查驗王冠含金量的方法？」他苦思多日，苦無對策，卻在沐浴前腳尖剛碰到浴缸的剎那，突然靈光一閃，高呼「我找到

了！」（"*Eureka!*"）得意忘形地裸奔至國王跟前述其洞察：把王冠放在水裡看看它的排水量，藉此確定其純金度。自此，物理學靜水學（hydrostatics）的置換定律（principle of displacement）與比重定律（principle of specific gravity）遂得以奠立。

　　郎尼根（Bernard Lonergan, 1904-1984）以亞基米德斯的經歷為例，遂在其名著《洞察》〔*Insight*（New York: Philosophical Library, 1957），pp. 3-6〕一書中，為我們給「洞察」這現象作了以下的描述：

(一)洞察前：張力

洞察以一份求知的張力作為其前奏……。

1. 起於質疑

　　人會因應著一個「悟性問題」的指引，而引發起一系列的思考，指向一個詢問的大方向。以亞基米德斯為例，他以「什麼是找出王冠純金度的方法？」一問題來開始他的思索，而走上了求知的張力。人對一事理有所不知，而又意識其欲知之方向，遂會引申強烈的動機去追尋。以企圖獲得答案。

2. 大惑不解

　　並非所有的問題都是易於處理的，即使答案往往蘊含在所投擲的詢問範圍內，人仍須付出努力去追溯，始有破解的希望。或許有人會因為大惑不解而氣餒，或許有人因生性愚笨而準備放棄，然而會有更多人響應著其內心所潛藏的求知欲而繼續努力。

3. 廢寢忘餐

　　人內心的一股求知欲會深深地消耗人的精力，叫人永不息止地去探尋；換言之，這股求知欲形成了一份內心的暗流，推動著他不斷地詢問與思考，企圖達致理解。這份求知的渴望，能使人全神貫注，廢寢忘餐，直至自己找到答案為止。

(二)洞察中：突破

洞察乃問題的突破，理智的通達。

1.豁然貫通

人在苦思無奈當兒，一旦碰到相應線索，會頓時如同大夢初覺一般地從蒙昧中警醒過來，一下子瞭悟到其中的要領，是為理智突如其來的通曉，名為「洞察」；恰如朱熹在詮釋〈**大學**〉時所說的：「……至於用力之久，而一旦豁然貫通焉，則眾物之表裡精粗無不到，而吾心之全體大用無不明矣。」總之，「洞察」是一個突破，由它而產生新規矩，去補充、甚至取代舊規例，發明家的新發現是如此，教師引導學生達致理解也是如此。

2.瞭悟於內

「洞察」並非外在的感官知覺（sense perception），而是內在的悟性作用（intellection）。光是「感官知覺」不足以構成「洞察」本身。眾人皆有沐浴經驗，惟獨亞基米德斯從中「瞭悟」靜水學原理。為此，「洞察」是理智內在地對事物意義的通達瞭悟。借用謝勒〔**Max Scheler**, *Man's Place in Nature*（New York: Noonday Press, 1961）, p.30〕的解釋：洞察是人理智突然從一情況中的各元素上察覺一事物結構的脈絡，它是人突然尋獲解決一問題的方法，而人在洞察中所獲得的答案，即使部分地引發自經驗的提供，到底基本上是出自個人的直覺（intuition），即由個人理智在攀援經驗與件上所孕育的一份智力上的通達。為此，經驗所提供的與件只是一份助緣，真正的關鍵仍在人內心對物義的通達瞭悟。

3.中樞「事理」

人從具體的事件上產生洞察，但洞察卻引申出抽象的理論，可以放諸四海而皆準。亞基米德斯的經歷是具體事例，但其所引

致的洞察，卻蘊含了抽象的置換定律與比重定律。當物理學家一旦掌握了靜水學的抽象理論之後，他可以進一步把理論應用在不同的金屬衡量上去，而國王、王冠、浴缸等歷史陳跡也相對地變得很次要，只供後人作茶餘飯後的話題。為此，洞察本身就是一個樞紐，它使人從具體的事實上轉捩至抽象的理論，也容許人把普遍的定理應用到個別的事例中。

(三)洞察後：憩息

洞察以釋懷、喜悅、張力的鬆弛作為其效果，而其愉悅在於人已把所把握的涵義融化於心。

1. 如釋重負

人一旦豁然貫通地尋獲了事理的脈絡後，他會興高采烈地歡欣不已，如釋重負地從詢問的張力中鬆弛下來。亞基米德斯以其「*Eureka*！」來抒發內心的歡騰，而謝勒也以傳神的啊哈經驗（"Aha" experience）一辭來表現其中的興奮（*Man's Place in Nature*, p.30）。

2. 瞭若指掌

洞察所引發的喜悅，固然是由於人對先前的張力之鬆弛所致；然而，我們可更好說：它更是人從大惑不解的轉捩至瞭若指掌的一份勝利凱旋，也是一份經由努力思考追尋獲致的一份滿足憩息，以至人可以對自己說：我的苦思總算沒有白費，到底我把握了所預期的理解。

3. 融化於心

被洞察的事理永遠被掌握。洞察一經獲得，被洞察的真理便深印於個人的腦海中，與我生命同化。亞基米德斯在找到答案以前大惑不解，但獲得洞察以後卻瞭若指掌，融會貫通，引發更多更大的洞察，終於累積成一套物理學。為此，洞察使學習可能，

人們從蒙昧的摸索開始，漸而獲得更多更大的光照，我們因而從文盲演變為學者，而所學到的心得，都成了我心靈的一部分，與我生命同化。

三、洞察內含抽象作用

作為理智對事物意義的通達瞭悟而言，「洞察」蘊含著一份抽象作用（abstraction）。顧名思義，「抽象作用」乃是理智從抽掉事物之個別次要成分中凸顯其普遍基本意義這樣的一份運作程序。分析地說，抽象作用有其消極面與積極面；其消極面在於忽略掉事物之個別的、附帶的因素（particular & accidental factors）；其積極面則在於凸顯事物之普遍的、基要的性質（Universal & essential factors）。例如：當我洞察到水之性為 H_2O 時，我實際上已忽視了個別的每一滴水、水中的每一個別的氫氣和氧氣、這杯水的雜質（個別附件）、甚至忽略了我家水壺的水（個別地點）、以及我今天所倒出來喝的水（個別時間），因為這些個別附帶成分為理解水之性而言是不相干的；為達致理解此物之意義，我們只須積極地從個別的水中彰顯出水為 H_2O（二氫一氧）這普遍的、基本的性質即可。瞭悟及此，我可放諸四海皆準地以此本質（essence/essential factor）來作為基礎，去定義及陳述世上所有的水。茲以下列圖表示意：

誠然，眾多重要的哲人都察覺到上述之抽象作用義。例如：

Aristotle, *De Anima* Ⅲ, 6, 430ᵃ6−7; 430ᵇ6-25

Thomas Aquinas, *Summa Theologiae* Ia,
- Q. 55, a.l, ad. 3&4
- Q. 79, a.1-a.5.
- Q. 84, a. 6.
- Q. 85, a.1, ad. 3&4.
- Q. 85, a.2, ad .3.

Edmund Husserl,
- *Logische Untersuchungen*（Investigation）, Ⅱ, Intro., chs. 1-6
- *Ideen* I, pp. 138-140.
- *Erfahrung und Urteil*, §87, e, §88.

Bernard Lonergan, *Insight*, p.30.

　　一般人以為抽象作用的核心在乎消極地抽掉事物的個別性質，然而，我們須在此強調：抽象作用的首要義不在於其消極面，而在於其積極作用，即在其凸顯事物的普遍基本義涵這一運作面向，因為這才是人在「洞察」中所把握到的有關一事物這本質義。誠然，「洞察」只不過就是理智對一物本質意義的瞭悟與把握而已。在這份把握中，一事物之個別附帶成分便顯得不相干與不重要，以致可以被人所忽略。

　　不過，即使抽象運作的消極義並不是其首要面向，到底它並非為可有可無的一回事，因為人若要理解一物之意義時，他須揚棄一些次要成分，好讓事物的最基本因素得以凸顯。有鑑於此，多瑪斯（Thomas Aquinas）乃按著抽象作用的消極面來分辨抽象的三個程度（*Sum. Theo*. Ia, Q.85, a. 1, ad. 1 & 2）：

(一)第一度抽象——屬物理學範圍

　　人在物理學科上對物理事物的理解蘊含第一度抽象，即在感性事物物質（sensible matter）上抽掉其個別物質（individual matter）（如張三的骨與肉），以及此時此地（here & now），只保留共同物質（common matter）（如普遍義之骨與肉）。「個別

物質」是具體而個別的（concrete & particular）；「共同物質」是具體而不個別的（concrete but not particular）。「共同物質」之所以被保留，是因為人在理解物質事物時，感性物質是必然地含具體成分；例如：人總不能缺少具體的骨與肉而對人的觀念有所理解，只不過我所把握到的「具體」成分並不「個別」而已，即不屬於任何個別的張三或李四而已，例如：人觀念中之「頭」與「四肢」，並不特別屬於張三的頭或李四的四肢，而是一普遍義的頭、普遍義的四肢，本身是具體而不個別的。如圖所示：

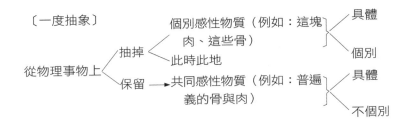

(二)第二度抽象──屬數學範圍

　　繼而，當我們在數學的領域上達到理解，這份理解就蘊含第二度抽象，即抽掉事物的「感性物質」成分，包括「個別感性物質」與「共同感性物質」的一切感性因素，如色、聲、香、味、觸等。只保留智性物質（intelligible matter），即藉想像所凸顯的量（quantity），亦即幾何形象與數目等。如圖所示：

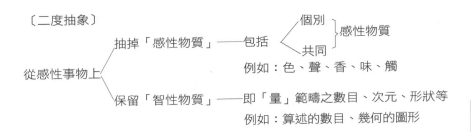

(三)第三度抽象——屬形上學範圍

最後，談及第三度抽象，那就是最高程度的抽象，本身屬於形上學的抽象範圍。在這範圍內，理智甚至把一切物質成分抽掉；包括感性的與智性的物質，涵括著所有個別的與共同的物質成分。只剩下存有（to be）、實體（substance）及其屬性（attributes），如「一」、「真」、「善」、「美」等，以致其探討範圍適用於一切存有者，甚至非物質實體。如圖所示：

〔三度抽象〕

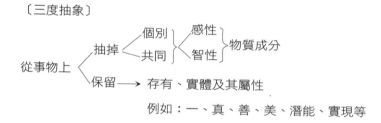

從事物上 抽掉 個別 共同 感性 智性 物質成分

保留 → 存有、實體及其屬性

例如：一、真、善、美、潛能、實現等

總之，認知過程的第一個關鍵剎那在於人對事物本質之「洞察」，（又名「內省洞察」），這份洞察使人從「經驗」的層面上提昇至「理解」的層面，致使人可以藉所理解之物義而為事物下定義、作陳述、成就一系列的學問。

四、更高觀點

在正常的發展狀態下，一個基本洞察可給我們引致另一些相關的洞察；繼而，在互相啟發下，較複雜、較進步的洞察會接踵而來，按步就班地累積成一套學問。例如：在算術方面，我們首先把握了一些基本洞察（如對整數 1, 2, 3…等的瞭悟，以及對「十」、「＝」等符號及計算法的通曉），也在同性質擴展

（homogeneous expansion）上獲得突破（如得悉「×」、「÷」、「—」、「$\sqrt{}$」、「2^n」等概念的運用），以致我們得以累積成一套算術。然而，學問的發展尚不止於此。我們尚有餘力百尺竿頭更進一步，我們仍可從一套學問上引申出另一套更高的學問，郎尼根稱之為更高觀點（higher viewpoint）（*Insight*, pp. 15-19）。例如：算術在力求突破中引申出代數，代數成了算術的「更高觀點」。「更高觀點」，在規例上較之前一套學問會是部分地相同、部分地相異。換言之，新發展出來的更高學問，它藉舊規例的運作而產生，再由新規則接手來表達。在表達上比前者更週延、更準確。

照此類推，一個「更高觀點」也可以更上層樓地引申出另一個「更高觀點」，以至學問的發展是無可限量的。

五、反向洞察

學問的發展，不單蘊含著洞察的增多與更高觀點的累積，它還會兌現出一種特殊現象名叫反向洞察（inverse insight）。按郎尼根的看法（*Insight*, pp. 19-25），「反向洞察」就是突然發現我們問錯了問題，發現一個錯誤的問題不含答案，以致我們必須離棄這個錯誤問題的捆綁，好能在學問上重新出發而再有所突破。例如：當我洞察到「$\sqrt{2}=?$」這條數題沒有答案時，這份領悟就是一個「反向洞察」；「反向洞察」叫我們瞭悟一個問題不含可理解性（no "intelligibility"），而我們須放棄在這個問題上打轉，以免延誤學問的發展。

「反向洞察」的意義在乎發現問題問錯，而不在乎發現答案答錯。例如：當我發現「1+1=3」的答案錯誤時，這只是正向洞察（direct insight）的修正而已，而不構成為「反向洞察」；反

之，當我發覺「$\sqrt{2}$=?」之所以無法解答，是由於我問錯了問題，這才是「反向洞察」。

(一)反向洞察的特性

每一個反向洞察都具有三個特性：

1. 積極成分

它為我們提供了積極的經驗與件。

2. 消極成分

所提供之與件不可理喻。

3. 否定成分

我因發現問題錯誤而否定了我先前所預期的答案；換句話說，我否決了這些與件有任何「可理解性」。

人在認知過程中，不論是「正向洞察」或「反向洞察」，都有它們的意義與作用；「正向洞察」幫助我們增進知識，「反向洞察」則使我們排除錯謬的詢問，好使我們有餘地轉向更正確、更積極的研究範圍，以免再在錯誤的死角中浪費時間。

在物理學上，牛頓的第一動律（Newton's first law of motion）可說是一個典型的「反向洞察」。它指出：只要沒有外力干預，則一個動的物體（body in movement）會繼續動，且以恆常速度（constant velocity）及直線行走的方向來動。換言之，凡以恆常速度而作直線行走的動體，恰如靜止的物體（body at rest）一樣，不須有一個外在的動力因。我們不必企圖追問或解釋「恆常速度」是因何原因而起，因為這個問題的答案根本不存在。為此，機械科學（science of mechanics）不必再理會「恆常速度」而轉而注意其他有意義的問題如加速（accelerations）、速度改變（changes in velocity）等。總之，一切真正的問題都在「加速」這層面上、而不在「恆常速度」上。恰如「一物為何靜

止」這問題不存在一般，「一物為何以恆常速度來行走」這問題也不存在；它們是屬於同一類型的事項。

牛頓在提出這動律以前，一般人在涉及「恆常速度」時，就傾向於追問：是什麼外力引致物體的恆常速度？然而這問題本身不具任何答案，因為它是一個錯誤的問題。而牛頓的第一動律本身就是一個「反向洞察」，蘊含著「反向洞察」的三個特點：

1. 積極成分

「物體以恆常速度作直線行走」這回事是一個積極的經驗事實。

2. 消極成分

「恆常速度」不必借助外力來達成；反之，當外力多於零時，事物便產生加速現象。

3. 否定成分

我們把「被預期的可理解性」加以否決：否定有外力干預。誠然，當人否決了他的質問：「是什麼外力引致恆常速度？」他的否決是違反人那份預期理解的傾向。因為我們會很自然地以為恆常速度並不像靜止狀態而像速度的改變一般地借助外力。

綜合地說，知識雖開始於經驗，但理智藉「洞察」所達致的通達、卻是認知過程的第一個關鍵剎那，人藉此而從經驗層面上提昇至理解層面。人從經驗圖像中尋獲線索、引申洞察，我們因而可以為對象下定義、作陳述、成就學問、甚至孕育更高觀點，知識就從不斷的突破中累積起來。在理解的層面上言，「洞察」除了有其一般的「正向」運作外，尚有其「反向」的運作，「反向洞察」讓我們發覺自己問錯了問題，而不必在錯誤的方向上浪費精力，此亦不失為學問增長上的一份利益。我們在對理解層作了若干的體認後，可進而探討認知過程的另一階段──判斷。

判　斷

　　知識起於「經驗」，再以「理解」中之「洞察」作為第一關鍵剎那，但我們仍須以「判斷」作為思辯認知的句點。為此，眾多哲人（如亞里士多德、多瑪斯、胡塞爾、郎尼根等）都異口同聲地說：「知識完成於判斷」。若問及人如何從「理解」過渡到「判斷」，我們須從人作詢問的各類型上說起：

一、詢問的類型

㈠四種問題

　　亞里士多德在《分析後論》（*Posterior Analytics* II, 1, 89^b 23-31）中把人所能問的問題歸併為以下的四種形式：

　　Q_1：是否有 x？（Whether there is an x？）

　　Q_2：什麼是 x？（What is an x？）

　　Q_3：x 是否為 y？（Whether x is y？）

　　Q_4：x 為何是 y？（Why x is y？）

(二)歸納為兩類問題

上述的 Q_2（什麼是 x？）與 Q_4（x 為何是 y？）彼此平行，屬同一類問題，都在追問一東西究竟是什麼，即欲理解此物之涵義。例如：「何謂月蝕？」與「月光為何會被遮黑？」二問題都在企求著同一個目標：即企圖澄清月蝕的本質義。

同樣地，Q_1（是否有 x？）與 Q_3（x 是否為 y？）也彼此平行，另屬同一類問題，都在追問一東西是否存在、或更具體地欲找尋出它是否以如此的形式來存在。為此，它企圖確定一物是否存在，以及欲確定它是否如同我所理解一般地存在。換句話說，我欲確定自己對一物之理解是否吻合事實。

有鑑及此，多瑪斯（In *II Post. Anal.*, lect. 1, §408）就乾脆地強調：人的追問主要分為這兩大類：即「這是什麼？」（What is it?）與「是否如此？」（Is it so?）

(三)兩類問題命名

以亞氏及多瑪斯之學理作基礎，郎尼根（*Insight*, pp. 271-274）進而把「這是什麼？」這問題命名為悟性問題（question for Intelligence），把「是否如此？」這問題命名為反省問題（question for reflection）。

(四)兩類問題所分別引致的效果

悟性問題與反省問題的提出，會分別為我們引致理解及下判斷的行動：

1. 悟性問題 $\xrightarrow{\text{引致}}$ 理解

當人對一事物有所知覺。他就要求理解所經驗之物的意義。他追問：「這是什麼？」（"What is it?"）這追問伴隨他的思

考、而至有所洞察，瞭悟「這是如此。」（"It is so"）為此，悟性問題引發理解，並且容許人從所經驗之物身上洞悉它的本質；如圖所示：

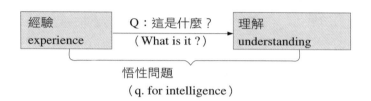

經驗
experience
　Q：這是什麼？
　（What is it？）
理解
understanding

悟性問題
（q. for intelligence）

2.反省問題——引致——判斷

人並不以理解一事物之本質而滿足，他尚須確定此物是否如他所理解一般地存在，以致他會進一步地追問：「它是否如此？」（"Is it so?"）這份追問引領著他去反省與作印證，終於讓他洞察到此物確是如他所理解一般地存在。當他一旦獲悉這份洞察時，他就會下判斷說：「對！這是如此。」（"Yes! It is so."）為此，反省問題引導我們達致判斷，如下圖所示：

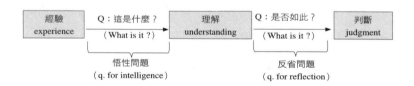

經驗
experience
Q：這是什麼？
（What is it？）
理解
understanding
Q：是否如此？
（What is it？）
判斷
judgment

悟性問題
（q. for intelligence）

反省問題
（q. for reflection）

二、理智的兩重運作──理解與判斷

嚴格地說，其實悟性問題與反省問題所導致的效果都是「理解」，只不過它們所導致的「理解」是不同類型的「理解」而已；悟性問題所引致的是對事物本質義之理解；而反省問題所引致的是對個人所把握之意義吻合事實這一回事之理解，這份理解

引申出判斷。

　　所謂悟性問題引致對事物核心義之理解，那就是說，人藉著追問「這是什麼」，而洞察到一事物之涵義。人對一物之本質義的洞察，郎尼根稱之為內省洞察（introspective insight），而稱所引申之理解為直截理解（direct understanding）（*Insight*, pp. 279-316）。

　　繼而，反省問題給我們理解到一己的理解符合事實，當我面對一物而發問「它是否如此」時，我誠然早已對它的意義有了「直截理解」，只不過我尚未確定所理解的涵義是否吻合事實而已，在我經過一番反省與查證後，終於產生另一種洞察：即洞察到自己的理解確實符合事實。

　　這樣的一份洞察，郎尼根稱之為反省洞察（reflective insight），而它所帶來的理解——即理解到我對一物之理解與事實吻合——則被稱為反省理解（reflective understanding）（*Insight*, pp. 279-316）。「反省洞察」的出現，是為認知過程中的第二個關鍵剎那，它使人從「理解層面」轉變至判斷層面。當我一旦對一事物達致「反省理解」，我必然會對它下判斷，判斷此物是如此如此。

　　上述的說法可用下列圖表作撮要：

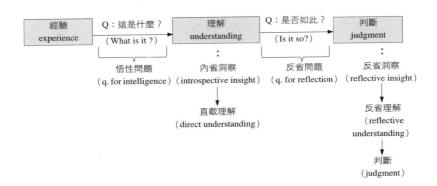

按這圖表的提示，兩大類問題（q. for intelligence & q. for reflection）分別引申出理智的兩重理解（direct understanding & reflective understanding）。而「直截理解」與「反省理解」，都出自同一個理智，只不過人的理智可以有不同的運作而已：「直截理解」與「反省理解」是理智的兩個不同運作的成果。

三、判斷的各重意義

當人藉「反省洞察」而理解到自己的理解吻合或不吻合事實時，他必然會下一個判斷去肯定或否定自己所理解的內容。於此，我們可凸顯有關「判斷」的下列的各重意義（Lonergan, *Insight*, ch. 9）：

(一)判斷乃首要地對「反省問題」回答「是」或「否」

若從問題的角度看，判斷主要是以「是」或「否」來回答「反省問題」。誠然，人們不會以「是」或「否」來回應「悟性問題」。例如：「是否有$\sqrt{-1}$的對數？」這是一「反省問題」；正確的答案是「是」（Yes）。你可以答錯為「否」（No），但答案仍然有意義。可是，「什麼是$\sqrt{-1}$的對數」這是一「悟性問題」，如果以「是」或「否」來回答它，則毫無意義，「悟性問題」不為求反省以辨別真偽，只為求理解一事物之意義。為此，其判斷就是以「是」或「否」來回答一個「反省問題」。

(二)判斷牽涉個人的約束

判斷的另一重意義是：它牽涉了個人對自己的約束（personal commitment），即每個人須對自己的判斷負責。郎尼根引用樂思富高（de la Rochefoucauld）的意見說（*Insight*, p.272）：

人會抱怨自己的記憶力不好，但沒有人會抱怨自己的判斷力差。人勇於承認自己的記憶力不強，但人不準備承認自己的判斷力弱，因為回答反省問題的方式有很多種，我們不單可以斷然地（assertorically）回答「是」或「否」，我們甚至可以形態地（modally）回答「或許」或「我不知道」。我甚而可把問題駁回去重新反省，再引出新問題以取代舊問題。總之，可能有的回答方式既然如此眾多，以致他沒有藉口去原諒自己在判斷上的錯誤，以致須對自己所下的判斷負責。

(三)判斷為認知過程的總增長

人的認知過程並不停留在純理解的階段，每一個悟性問題都會進一步引發出反省問題。悟性問題如「這是什麼？」蘊含著人要求理解的心態；反省問題如「是否如此？」則蘊含著人的批判心態，使認知過程從「理解」轉捩至「判斷」。

「真」、「偽」、「肯定」、「否定」、「概然」等概念是在「判斷層面」上尖銳化地凸顯。「真」、「偽」、「是」、「否」蘊含人的判斷，判斷牽涉個人的約束與負責。

認知過程的每一成分、每一活動，都最低限度是整個脈絡中的局部增長（partial increment）。而判斷是整系列的思辯性認知行動的最後步驟，即判斷是思辯性的認知過程中最後的局部增長（final partial increment）。換言之，判斷是思辯認知過程的總增長（total increment），先前的其他活動都為判斷行為鋪路。

(四)眾判斷形成體系

我們可以從脈絡體系角度看判斷：眾多彼此相關的判斷會共同形成一個體系；我們可以用整個體系作為背景，來印證各判斷的準確程度。

單獨的判斷是單獨詢問過程的結論，但各單獨的判斷可以彼此有關連，共同形成一個複雜的體系，在這體系中的文氣前後一貫，彼此印證，致使其中的一些不恰當的判斷無所遁形。

在認知的進展上，人要求「邏輯」與「辯證」。人的認知要求合邏輯（Logic）：邏輯寓意著知識在任何發展階段中都蘊含努力謀求首尾一貫與編制的傾向。此外，人的認知也要求有辯證（dialectics）：去進行辯證就是去企圖修正或粉碎一切有缺陷的邏輯，好能產生一個新的階段，讓邏輯再次努力謀求文氣脈絡上的一貫性與條理。

再者，判斷體系尚蘊含三個時份——過去、現在、將來。這三個時份使判斷體系產生三重效果：

1.過去的判斷影響現在的判斷

新判斷是處在先前洞察與判斷的氛圍內，先前的背景正準備對後來的判斷作借鏡。

2.現在各判斷彼此刺激

目前各判斷互相刺激、彼此牽制，激勵著眾人去用邏輯來謀求一貫性與條理。

3.現在的判斷影響將來的判斷

現在判斷為將來的判斷鋪路，而將來的判斷也為現在的判斷作補充。目前我所獲得的知識都成了將來判斷的幕後背景，將來的判斷會因著目前的知識寶庫而更形深厚。

總之，眾判斷形成體系，在時間上彼此連繫、互相印證。

四、判斷命題的眾模式

或許我們可以在此借助胡塞爾《經驗與判斷》（*Erfahrung und Urteil*, 1948）一書的分析，來談論有關判斷命題的不同模式

（modalities of judgment）。談及判斷模式，胡氏首先凸顯了兩個前提：

(一)兩個前提

胡氏既然承認認知過程完成於「判斷」，以致他也承認「判斷活動」連貫了「經驗」與「理解」，所以他先後凸顯了兩個前提如下：

1. 敘述判斷以「敘述前之經驗」作依據（§21）

判斷句子之所以有肯定（affirmation）、否定（negation）、疑問（interrogation）、可能命題（proposition of possibility）等判斷模式，那是因為我們在經驗中有著相對應的正常個案（normal case）、背反情況（opposite case）、困惑（doubt）與可能意識（consciousness of possibility）等事例。

2. 判斷命題連貫了理解中的敘述句（§50）

當人對一物達致理解，他可把所經驗的事理述說出來而成為敘述句。最簡單的敘述句是：「S是p」（S is p），我們可從中發現：構成一敘述句子的最基本結構蘊含「主辭」、「謂辭」、「繫辭」三個要素：

(1)主辭（subject/s）：它是我在經驗中所針對的基底（substrate）。

(2)謂辭（predicate/p）：它是我從基底內所瞭悟的規限（determination）。

(3)繫辭（copula / is, verb "to be"）：它是主辭與謂辭間的連繫；而這個「是」（is / verb "to be"）字投擲出一份存有義（being），寓意著謂辭之義在主辭身上是屬實的。

於此，值得一提的是：當我對所理解的內容作出判斷時，我在句子的用法形式方面，表面上可與一般的敘述句沒有什麼區

別，大家都是「S 是 p」；然而，所不同的地方卻在於個人心態上的轉變。當我光是提出普通敘述命題「S 是 p」時，我只述說我所理解的內容而已；但當我把它當作為判斷命題而刻意提出時，我已採取了個人立場，確定了我所理解的內容符合事實。

以上述的兩個前提作為基礎，胡氏進而反省判斷命題的眾模式。

(二)判斷之眾模式

敘述判斷（predicative judgment）命題，既以敘述前之經驗（pre-predicative experience）作為依歸，而「經驗」計有「肯定」、「否定」、「懷疑」、「可能」等意識，相應地，判斷命題就可有「定言判斷」、「懷疑判斷」、「可能判斷」等模式：

1. 定言判斷（categorical judgment）（§66）

當敘述句「S 是 p」被提升為「敘述判斷」時，它就是一肯定的定言判斷（affirmative categorical judgment）；而與它背反的「S 不是 p」，就是一否定的定言判斷（negative categorical judgment）。總之，凡是定言判斷，不論是肯定的或否定的，都凸顯出一份無懈可擊的確定（uncontested certainty）。

此外，胡塞爾並不同意傳統邏輯把否定判斷與肯定判斷並列為定言判斷的基本形式；他認為基本形式就只有肯定判斷（「S 是 p」）；至於否定判斷，它只是對先前原初的肯定加以推翻而已。

2. 懷疑意識所引申的判斷

除了定言判斷外，人尚可有其他緩和的模式；他可以提出如「我懷疑」或「不知道」等句子，引申自經驗層面上的「懷疑」意識。人一方面在經驗層上未獲致直截的確定與意向的滿全，另一方面又未有足夠的根據去推翻原有的確定，以致他未能斬釘截

鐵地下一個定言判斷。人的這份懷疑意識，表現在判斷層面上，就可有以下的演繹：

(1)我可以在猶豫中不敢下判斷。

(2)我可以說：「它可能如此」（"possibly so"），「我預設它是如此」（"presumably so"）。

(3)我可把原先所確定的命題加以修正說：「然而，它並非如此，而是如彼」（"Nevertheless, it is not so but otherwise"）。

(4)我又可以用較確定的口吻說「S 是 p」，但心底裡不排除其修正的可能。

(5)我也可以經過一番懷疑，然後決定指證「它的確是如此」（"It really is so"）。

上述的模式表示：人尚未能作出有力的驗證或反證；人的疑慮可以一直持續下去而沒有一確定的結果。

3.可能意識所引申的判斷

另一情況是：我並未被懷疑意識所困擾，但處在一種不純的確定（impure certainty）之中。為此，我只作有限度的確定判斷，例如：「這花瓶背後的花紋應是如此地延續面前的圖案。」「不純的確定」指人仍然考慮到有其他的可能性，只不過他較堅持其中的一個可能性；有一可能性特別召喚我去相信它，我擁有相當多的提示去叫我信任這一個可能性，我也可能事先曾接納過它，只不過隨著又衍生了一些不同推測（conjecture）而已。

於此，我們可分辨問題的可能性（problematic possibility）與開放的可能性（open possibility）二者。前者寓意著一份疑慮與爭議；後者則意謂經驗之不完整、和與件的有待釐清。「開放的可能性」不是純粹的推測（conjecture），它沒有背反的可能性可供選擇；它也不是概率（probability），我們不必衡量兩個可能性來看其中的比重，只是尚未到達那絕對的，確然的確定

（absolute, apodictic certainty）之地步而已。我們在等待著更完整、更充分的經驗來支持個人的判斷。

五、有關判斷與真理的關連

胡塞爾在《經驗與判斷》一書討論判斷的涵義時，尚有下列的論點值得我們體會：

(一)判斷的目標在於求真（§68）

判斷的目的在乎把握「真理」。胡塞爾指出：「真理」是一份符應（adäquation），即所預期的義蘊吻合所經驗的對象，也就是句子中的謂辭相應其主辭，即所提出的內容正確地指謂著所針對的事物。當人在判斷中正確地肯定所理解的內容符應所經驗的對象，他就達致真理，成就了認知所指望的目標。

(二)目前真理的追求是一個在進展中的歷程（§79）

胡氏繼續指出：真理的追尋是一個進展的歷程。即使在判斷中把握到所理解內容符應了所經驗的事實，這並不意謂著他可以一勞永逸地停止求知；相反地，他會致廣大而盡精微地追求更多、更深入之知識。人所把握的真理並不必然是結論性的（conclusive）；新的視域可被開拓、藉此引致個人在判斷上的增補或修正；一個洞察可引申另一階段的質疑與爭議，以致我們的求知歷程也不斷地申延下去，企圖認知一切的一切。

綜合地說，「判斷」是認知過程的總增長，關連著「經驗」與「理解」，而由「反省問題」與「反省洞察」所引申；「反省洞察」是認知的第二個關鍵剎那，當人藉著「反省洞察」而得悉所理解的涵義符合事實時，他就不得不就事論事地下判斷。從經

驗與判斷的關連上說，正如人有正面、反面、懷疑、可能等經驗，相應地，我們就有所謂肯定、否定、懷疑、可能等判斷模式。從理解與判斷的關連上說，判斷命題是以理解層面的敘述句「S是p」作為基本樣式，在表面形式上，它無異於一般的敘述句，所不同者、只是敘述句是由「悟性問題」所引發，是為「內省洞察」的成果；反之，判斷命題則由「反省問題」所帶動，而成為「反省洞察」的結果。當認知過程一旦達致判斷層面，則是非真偽的概念便尖銳化地被凸顯出來，我們從判斷活動上更能意會「真理」之為「理智符應事實」的意義；而「真理」的追尋是一個不斷進展的歷程。總之，思辯之知完成於判斷；作為認知之總增長而言，人不單藉判斷而凸顯真、偽，且須為其所作的判斷負責。

抉　擇

　　理論之知完成於判斷，但實踐之知卻從判斷上引申出衡量、抉擇、與行動，其中的步驟尚且不缺乏智性因素。人會藉著「衡量問題」的帶動而從判斷層面上逐步地過渡到抉擇層面：

一、衡量問題

　　實踐之知藉由衡量問題（question for deliberation）──「應如何實行？」（"How should I act?"）──而掀起其序幕（Cf. Aristotle, *Nicomachean Ethics* III, iii, 1112^{b}2, 8, 20-23; 1113^a 5）。「衡量問題」乃是一份自我質詢，引發自採取行動之欲求，它寓意著人在踐行上之懸疑不決而有待化解。「衡量問題」的引出、誘導了我們進入衡量的狀況中。

二、衡　量

　　衡量（Deliberation），就是人在作抉擇以前的計慮權衡，於此，人會考慮自己應否採取行動，以及以何種方式來執行等。而

構成「衡量」的因素可有以下數則（Cf. *Nicomachean Ethics* 1112ª18-1113ª14）：

(一)目標（end）

「衡量」預設有一確定目標來讓我去追求，如果它是人的最終目標──絕對的善，人是沒有衡量的餘地；但如果它只是一些較低層次的目標，則人會有考慮的必要；特別是當不同的目標在發生衝突時，我們不得不作考量。

(二)途徑／手段（means）

目標被確定後，人仍然可以有多種不同的實現方式。為了要更穩妥地達到目標，人須在實踐的途徑上有所選擇。

(三)主權在我

「衡量」的活動本身預設著「主權在我」；那就是說，即我有能力去達成目標，以及有能力去採取若干途徑。

(四)考慮過程

「衡量」也牽涉著一系列反省過程，考慮自己應如何取捨，直至作出抉擇為止。

三、抉 擇

抉擇（decision）是「衡量」所引申的結果，人在可供選擇的事項中選出其中的一、二，以作為踐行的項目。

抉擇的關鍵剎那在於德踐洞察（practical insight）的出現。站在知識論立場言，倫理實踐不缺乏智性因素；那維繫著人作出

一系列道德踐行之活動者——包括著人之「衡量」、「選擇」、「踐行」等，這核心功能仍然是人的心智，只不過此時份的心智不再單純地被稱作理智（intellect），而可被稱為實踐理性（practical reason）；更細緻地說，那作為「知善知惡」、以致「行善避惡」的智性功能，還被亞里士多德稱為正直理性（*orthos logos* / right reason），其中尚分辨出兩個層面：即 *nous*（靈智／moral comprehension）與 *phronesis*（明智／道德洞察／ moral insight）。就其道德涵義上言，此三者內容互相重疊，同屬一個整體，只不過其中的義蘊並不絕對等同而已。

㈠分述「正直理性」、「靈智」、「明智」三者之個別義

分析地言，此三者分別地有其獨特的義涵，茲為確定它們三者的個別原義起見，我們將權宜地保留其希臘文稱謂，以避免意義上的混淆：

1. *orthos logos*

它是人行善的智性德行，是為人在聖善行為上的正直心智；它就是那遵循著*phronesis*所指引的理性（reason in accordance with *phronesis*）（*Nicomachean Ethics* VI, xiii, 1144^{b}21-25），它使人知善知惡，以致懂得如何為善避惡。

2. *nous*

它是人對道德大原則（moral first principles）（例如「應孝敬父母」、「毋殺人」、「毋偷盜」等等）與道德目的（moral-end）（例如「應行善避惡」以致「止於至善」）的直覺（intuition/comprehension）（*Nic. Ethics* VI, vi, 1141^{a}1-8; viii, 1142^{a}25-26），它與生俱來、不慮而知（*Nic. Ethics* VI, v, 1140^{a}31-35），但須藉個別具體情況作機緣而被喚醒（*Nic. Ethics* VI, viii, 1142ª18-19）。

3. phronesis

它主要是一份經歷計慮權衡（*epagōgē* / induction）而孕育的道德洞察（moral insight / practical wisdon）（*Nic. Ethics* VI, v, 1140ª28-31），它讓人洞察到個別情況中所須依循的正確手段（right means），也在個別情況上把握道德大原則與目的（*Nic. Ethics* VI, vii, 1141ᵇ14-16; viii, 1142ª 13-16, 23-24; xi, 1142ᵇ33-34; xii, 1143ᵇ18-33, 1144ª13-1144ᵇ1）。

簡言之，*orthos logos* 是為合併 *nous* 與 *phronesis* 之總稱，它使人穩走中庸，發皆中節。在其中，*nous* 是那不慮而知道德大原則之「良知」，藉個別機緣而發顯。反之，*phronesis* 則是那須經計慮權衡而知悉個別正確手段、道德原則與目的之「良心」，是為「良知」之具體落實。誠然，亞氏此說法，上承柏拉圖之 *nous* 與 *phronesis*（Cf. Plato, "the Philebus", 28ᵈ, 159ᵈ, 66ᵇ），下開多瑪斯之 *synderesis* 與 *conscientia*（Cf. Thomas Aquinas, *Sum. Theo*, Ia, Q. 79, aa, 12-13; *In Sent* II, d. 24, Q.2, a. 3c; *De Veritate*, Q. 17, a. 1c），也遙契了孟子所談之「良知」及其「權宜」（Cf.《孟子·盡心上·十五＆三五；離婁上·十七；萬章上·二》），甚至被高達美（Hans-Georg Gadamer, 1900-2002）所贊同與認可（Cf. Gadamer, *Truth and Method*, 2, 2, 2, b）。

比對地說，柏氏、亞氏所言之 *nous*，與多瑪斯所言之 *synderesis*，恰好相應了孟子所言之「良知」：

　　孟子曰：「人之所不學而能者，其良能也；所不慮而知者，其良知也。孩提之童，無不知愛其親者；及其長也，無不知敬其兄也。親親，仁也；敬長，義也。無他，達之天下也」（《孟子·盡心上·十五》）。

　　再者，柏氏、亞氏所談之 *phronesis*，與多瑪斯所談之 *conscientia*，也相應了孟子所談之「權宜」：

　　　　淳于髡曰：「男女授受不親，禮歟？」孟子曰：
　　　　「禮也。」曰：「嫂溺，則援之以手乎？」曰：
　　　　「嫂溺不援，是豺狼也。男女授受不親，禮也；嫂溺援
　　　　之以手者，權也。」（《離婁上・十七》）

　　於此，孟子所說之「權」，即「權衡」、「權變」，或更好說是「權宜」之「權」；「宜」與「義」同，所謂「義者，宜也」；「權」者，權衡而變通也；即在具體情況下，理智藉計慮權衡而落實並變通倫理大原則，使之在個別具體情況內適宜地合乎正義。此義正相應亞氏所言之 *phronesis*，或多瑪斯所言之 *conscientia*（良心）。

　　再者，值得一提的是：高達美《真理與方法》（2, 2, 2, b）在比對柏拉圖與亞里士多德二人所談論的 *nous* 與 *phronesis* 時，發現亞氏比柏拉圖的分析來得更詳盡恰當。

　　柏拉圖只廣泛地言：*nous* 乃人之不慮而知地對道德大原則的把握，而 *phronesis* 是大原則的應用；此說法固然無可厚非，可是，亞里士多德卻進一步地提示：人並非首先知道倫理大原則，然後才慢慢地把大原則應用；相反地，人須設身處地在具體情況下面臨道德抉擇中才顯然地直覺道德大原則，這論點也相應了孟子下列的說法：

　　　　孟子曰：「舜之居深山之中，與木石居，與鹿豕
　　　　遊；其所以異於深山之野人者幾希，及其聞一善言，見
　　　　一善行，若決江河，沛然莫之能禦也。」（《孟子・盡

心上‧十六》）

　　此外，為 *phronesis* 而言，「應用」一辭很具商榷性（problem-atical），即它並非意謂著人預先學會一套詳盡法則，然後再加以應用。亞氏指出：*phronesis* 的那份洞察，有別於技藝之知（tech-ne）的應用義；*techne* 之情狀是：人先具備一套詳盡的法則，再按實際情況而作應用。例如：汽車廠商事先有一套完備的製車程序，但因財力不足，而在應用上故棄某些次要步驟，否則不用作任何抉擇。反之，*phronesis* 的境況是：倫理法則只是一些概括的指引（guidelines）而已，我們須配合個別實況來確定其中的對錯。例如：大原則如「不可殺人，否則應受法律制裁！」，其本身只是一個廣泛的指標而已，我們仍須按個別具體環境來考慮其落實；此論點恰好可以藉孟子「瞽瞍殺人」一例來作說明：

　　　桃應問曰：「舜為天子，皋陶為士；瞽瞍殺人，則
　　如之何？」孟子曰：「執之而已矣！」「然則舜不禁
　　歟？」曰：「夫舜惡得而禁之，夫有所受之也！」「然
　　則舜如之何？」曰：「舜視棄天下猶棄敝蹝也。竊負而
　　逃，遵海濱而處，終身訢（欣）然樂而忘天下。」
　　（《孟子‧盡心上‧三五》）

　　為此，倫理大綱領只給予大方向而已，它並不告訴我們個別情況中的履行步驟，人仍須因時制宜地考量權變（*Nic. Ethics* VI, vi, 1141^{a}7-8）。而 *phronesis* 的功用是人須實際地面對個別情況始能詳細地知悉所應當為之適當手段（proper means）（*Nic. Ethics* VI, viii, 1142^{a}13-30）。

(二)正直理性帶動好衡量與正確選擇

在一總的衡量中，好衡量（good deliberation / *euboulia*）尤其貫連著 *phronesis*。「好衡量」即「正確思考」（correctness of reasoning / *orthotēs boulēs*）（*Nic. Ethics* VI, ix, 1142^{b}17-33），它牽涉著人理性地企圖找出「適當手段」以達致善目標（good end）。與「好衡量」緊密地連繫著的 *phronesis* 乃是一份洞察：它讓人洞悉所應行之「好手段」以配合「善目標」。它所把握的「善的手段」是可行的、個別具體的、適合此一獨特情況的（*Nic. Ethics* VI, vii, 1141^{b}15）。

Phronesis 的孕育，帶動著人去作出正確的選擇（choice / *prohairesis*），藉此採取適宜的行動，而成就一份知行合一的「抉擇」里程。

(三)善與惡的道德抉擇

於此，我們須面對這樣的質疑：人如果有其「正直理性」在誘導我們作正確抉擇，那麼，人為何尚作奸犯科？為化解這份難題，亞氏提出了 *hexis*（moral state ／基本道德心態）這一概念來補充：人在道德抉擇上，除了有其「良知」之呼籲外，尚受其「基本心態」所干預。*hexis*（基本心態）並不是與生俱來的傾向，而是經由後天薰習而成的習性（habituation），它使人藉此更敏於行善、或更趨向於作惡，以致有「積習難致」的現象。然而，因為它是由後天因素（如社會的陶成與個人的抉擇）所引申，所以它仍有可改變的餘地，故有所謂「放下屠刀，立地成佛」的事例。

當人醒覺到何者是當為之真善（genuine good）而勉力行之，他就開始為自己啟發了一個善的「基本心態」，讓他愈發敏

銳地在個別境況中察覺到善的手段與目標，也愈發容易選擇行善避惡，終至穩走成德之路。反之，當人從一開始意識到當為之「真善」而仍然執迷著似善（apparent good），則即使他未把「似善」與「真善」混淆，他已妄顧了「良心」的呼喚而去選擇那不當為的勾當，便為自己開拓了惡的「基本心態」，終於惡貫滿盈（*Nic. Ethics* III, v, 1114ᵃ31-1114ᵇ30）。如此說來，人藉著忠於 *phronesis* 之指引而抉擇了善，遂為自己孕育了善的 *hexis*，則善的 *hexis* 也轉而協助 *phronesis* 去作更多更大的善之抉擇。反之，人若妄顧 *phronesis* 的呼聲而選擇行惡，遂為自己培養出惡的 *hexis*，則惡的 *hexis* 會反轉過來干預 *phronesis* 之平正指引，讓人愈發對「真善」感到麻木，終至泥足深陷，積習難改。茲引用下列圖表來作撮要：

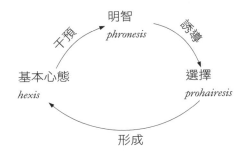

　　綜合地說，知識有所謂「理論之知」與「實踐之知」；「實踐之知」乃知識導致踐行。人藉「衡量問題」（i.e.「應如何實行？」）的帶動而開始進行一系列的「衡量」，終至於下「抉擇」，並把所抉擇的「目標」與「手段」付諸「實行」。人在抉擇層面上所作的一切衡量都不缺乏智性因素；那使人作「衡量」與「抉擇」的理智被稱作「實踐理性」。當理智誘導人作「好衡量」與「正確抉擇」時，它就被稱為「正直理性」。按西方古典傳統的說法，「正直理性」蘊含 *nous* 與 *phronesis* 兩個層面：*nous*

一辭指謂著那不慮而知道德大原則之「良知」；*phronesis* 一辭則寓意著人那份能把大原則落實在個別具體情況上的道德洞察，它經歷計慮權衡而得悉個別的正確踐行途徑與步驟。*nous* 與 *phronesis* 是同一個理智的不同運作層面，彼此緊密連繫，互相呼應。那就是說，*nous* 不離 *phronesis* 而直覺大原則，而 *phronesis* 也不離 *nous* 而洞察如何執行個別手段。*nous* 須藉個別機緣而覺醒，而它所給予的廣泛指引，須靠 *phronesis* 的權衡來尋獲具體的正確途徑。再者，*nous* & *phronesis* 雖然人皆有之，這並不意謂著人的行實就必然發皆中節地符合道義，人尚會因應著後天慣性所開出的基本心態（*hexis*），而分有善的與惡的生命路向。善的基本心態讓人更易於知善知惡以致為善去惡；反之，惡的基本心態卻讓人更麻木而妄顧良心的呼喚，終致惡貫滿盈。總之，人的認知歷程連貫了人格的陶成；人尤其在抉擇層面上藉所思所行而為自己塑造出後天的品格，以致不單須為自己的思言行為負責，且須為一己所開出的善惡之途負責，甚至須為一切因我而起的世間業力境況負責。

第六節

思　考

　　我們最後須涉獵的論題是人的「思考」（reasoning）。誠然，認知歷程中的任何階段，不論是「經驗」、「理解」、「判斷」或「抉擇」，都不缺乏一股「思考」的推動力，發表為不同形式的問題，也表現為不同類型的邏輯推理，讓人從一個認知階段躍昇至另一個認知階段。歷代哲人都注意到這股推動力，柏拉圖稱之為「愛欲」（eros）（Cf. "the Symposium", 203^b-204^a），多瑪斯稱之為「理性」（ratio）（Cf. In Periherm. I, lect. 1），馬雷夏（Joseph Maréchal, 1878-1994）稱之為智的動力（intellectual dynamism）〔Cf. A Maréchal Reader.（New York: Herder & Herder, 1970），pp.163-175〕，郎尼根稱之為求知欲（desire to know）（Cf. Insight, Ch. XII, §1）。或許我們可藉著聆聽多瑪斯在這方面的心得、而有較深入的體會：

一、理智、理性、理解、思考等名稱之澄清

　　有關「理智」（intellect / intellectus）與理性（reason / ratio）二名，為多瑪斯而言，它們並非兩個截然不同的功能，相反地，它

們是同一份智性能力、因應著不同的運作而有不同的稱謂：多瑪斯因應著智性功能之理解活動（act of understanding）而稱之為理智（intellect）；又因應著其思考活動（act of reasoning），而稱之為理性（reason）。

從「理性」的思考目標上分辨（*De Veritate*, Q. 17, a. 1c），「理性」可分為「較高理性」與「較低理性」：

㈠較高理性

當理性專注於思考永恆事理（eternal things），如神學理念等，它就被稱為較高理性（higher reason/*ratio superior*）。

㈡較低理性

當理性專注於思考俗世知識（worldly knowledge），它就被稱為較低理性（lower reason / *ratio inferior*）。

此外，從思考類型上分辨，就有所謂「論證性思考」與「辯證性思考」：

所謂論證性思考（demonstrative reasoning / *scientia*），即邏輯推理或三段論式思考（syllogistic reasoning），如亞氏所提出的形式邏輯（formal logic），或當代英美學派所發展的符號邏輯（symbolic logic）。換言之，它是推論上的演繹（deduction）。

所謂辯證性思考（dialectical reasoning / *opinio*），即反覆地論辯事理的正（thesis）與反（antithesis），及衡量議論上的贊成（pro）與反對（con）。多瑪斯《神學大全》的每個論題都用這種方式來進行，而黑格爾（Georg Wilhelm Friedrich Hegel, 1770-1831）所倡導的辯證法，也是屬這類型的思考。

二、「思考」所蘊含的「智的動力」

(一)「思考」即「求知欲」的凸顯

「思考」刻劃了人的「求知欲」，「思考」是求知欲的具體表現，「思考」就是求知欲本身；人渴求知識，所以才會「思考」、「追索」、「推理」、「衡量」。人求知的渴求，形成一股強有力的「智的動力」，推動著人去尋找知識、探求真理；人渴求認知一切的一切，以至致廣大而盡精微地追索下去，企圖洞悉一切蘊藏，否則不會獲得心靈上的絕對憩息（Cf. *De Veritate*, Q. 14, a. 1c; *Sum. Con. Gent*, Ⅲ, 51; *Sum. Theo.* Ia, Q. 12, a.8, ad 4m; *Sum. Theo*. I-Ⅱ, Q. 3, a. 8）。

(二)「思考」之於「理解」

1.「思考」的「動」與「理解」的「靜」

「思考」之於「理解」，恰如動（motion）之於靜止（rest）。理解（understanding）指達致領悟一事物涵義時之愉悅與暫時的憩息；思考（reasoning）則寓意著人對認知的永不息止的追求。「理解」的靜止，叫人在收穫的歡欣中養精蓄銳，好能走更長遠的路；「理性」的動力，叫人超出一切已知的事理，進而渴求更深更廣的境界，直至把握一切的一切（*In Sent*. Ⅱ, d. 9, Q.1, a. 8, ad. 1m; *De Veritate*, Q. 15, a. 1; *Sum. Theo*. Ia, Q.79, a. 8c）。

2.「思考」止於「理解」

當我「理解」了一事物，我會暫時不再「思考」；為此，在某意義下，「思考」過程止於理解（*ratio terminatur ad intellectum*）

（*Sum. Theo.* II-II, Q. 8, a. 1, ad. 2m）。

3.「思考」也始於「理解」

然而，「思考」又可被意識為理智在作更深入的探索。為此，「思考」又是進展中的理解（understanding in development）；那就是說：除非我懂得某事物之義蘊，否則我不會開始思考（*In Periherm.* I, lect. 1）。

三、「智的動力」之指望

多瑪斯談理性思考的動力上，給予了我們這樣的強調：理智那份永不息止的求知欲，成了人在認知歷程上的一股暗流，叫人不斷地超出一切現有已知的事物，進而「致廣大而盡精微」地欲知悉更廣博更精深的事理；人除非能表裡精粗、事無大小地認知一切的一切，甚至洞悉宇宙萬有的總根源，否則他不會停止下來，換言之，理智只有在圓滿地把握了絕對而無限的「存有」、「一」、「真」、「善」、「美」，始能滿全其「超越圓滿的嚮往」（exigence for transcendence），而獲得心靈上的徹底安息。為此，多瑪斯稱理智的這一份超越的指望為「自然渴求」（*Sum. Theo.* I-II, Q. 3, a. 4），渴求著絕對本體。在這裡，我們可以從理智的「終極嚮往」上瞥見「知識論」與「宗教哲學」間的連貫。但這論題因更適合在宗教哲學上探討，故在此處暫且存而不論。

第七節

總　結

作為「知識論」上述眾議題的綜合說法，我們可借用郎尼根的一句話作為總結：「人的認知是為一個動態的結構。」（"…human knowing as a dynamic structure…"）〔"Cognitional Structure" in B. Lonergan, *Collection*. （London: Darton, Longman & Todd, 1967）, p.222〕

一、認知作為動態結構

郎氏此語之義蘊可被析解如下：

(一)結　構

作為「結構」而言，「認知」蘊含著「結構」所具備的特性：結構（structure）即整體與其部分，以及部分與部分之間彼此環環相扣，共同形成一個有組織的有機整體（organic whole）；「有機整體」寓意著其中的元素各有角色、各安其分、互相合作與補足，藉此呈現一份整體的諧協；在其中，假若任何成分被拿掉，就會破壞整體的完整；但如果任何額外的東西

被強加進去，則會在整體的統一中形成多餘成分。「認知」就是這樣的一個有結構性的整一。

(二)動態結構

當整個結構是一個動的系列（例如一首樂曲）、其中不單牽涉到眾部分的活動、且彰顯出整體在活動中進行著自我組合、自我建構、以致形成一個活動的有機整體，它就是一個動態結構（dynamic structure）；而人的「認知」就是這方面的典型。

(三)認知是動態結構

「認知」的來龍去脈，就是一個動態的結構：「認知」整體蘊含眾部分，即「經驗」、「理解」、「判斷」、「抉擇」、「思考」；每一個部分蘊含著若干因素，例如：「經驗」就涵括了「眼耳鼻舌身」、「視聽嗅嚐觸」、「色聲香味觸」等因素；「認知」的「整體」之於其「部分」，就有著組織上的連貫；意識有其總意向性，在意向著外物對象上，首先有其經驗的迫切須求（empirical exigence），渴望攝取相關與件；「經驗」引申悟性的迫切須求（intellectual exigence），渴望洞察其中的涵義；「理解」引申批判的迫切須求（critical exigence）、渴望判別一己的理解是否符應事實；「判斷」引申德踐的迫切須求（practical-moral exigence），渴望自己從衡量中達致中庸的踐道；「抉擇」本身也引申超越的迫切嚮往（transcendent exigence），渴求「止於至善」，達致「天人合一」，成就冥合絕對圓滿而無限的「存有」、「一」、「真」、「善」、「美」。「認知」就是如此地環環相扣，表現為動態的整體。

二、認知結構的眾項目

於此，我們可從人的「認知」上體認出以下的眾項目，以及其中所蘊含的眾要素〔Cf. B. Lonergan, *Method in Theology*.（London: D. L. & T. 1972, reprinted 1975）, pp. 9-12〕：

(一)認知層面

認知結構蘊含四個層面：

1. 經驗層（empirical level）

在其中，我們藉感官而對事物有所知覺與想像。

2. 悟性層（intellectual level）

在這層面上，人藉理智而對被經驗之事物有所洞察，理解其涵義。

3. 理性層（rational level）於此

理智藉批判反省而肯定或否定自己所理解的物義符合事實。

4. 負責層（responsible level）從中

理智配合意志而進行衡量、抉擇、實踐、造就人格、以致須為自己所開出的生命路向負責。

(二)認知功能

認知結構的每一層面都擁有其特殊功能（faculty）：

1. 感性功能（sensitivity）

經驗層蘊含外感官如眼耳鼻舌身，內感官如想像力等，讓人得以攝取外物與件以產生經驗。

2. 悟性功能（intelligence）

悟性層蘊含理智的理解、領悟能力、容許人對物義產生洞

察。

3.理性功能（reasonableness）

理性層蘊含理智的批判能力、藉此讓人確定所理解物義之真偽。

4.負責功能（responsibility）

負責層牽涉理智的衡量與抉擇功能，以及理智與意志在互相牽動下之實踐能力。

(三)認知活動

認知的四重功能給我們引申運作活動的四個階段：

1.經驗（experience）

內外感官在運作中引申視、聽、嗅、嚐、觸、想像等活動。

2.理解（understanding）

理智因應「悟性問題」而引發「內省洞察」、把握物義、並為事物下定義、作陳述。

3.判斷（judgment）

理智因應「反省問題」而引申「反省洞察」，藉此下判斷、辨真偽。

4.抉擇（decision）

理智因應「衡量問題」而引申「德踐洞察」，藉此牽動理智與意志間的合作而下抉擇、作踐行。

(四)被知客體

有主體的認知活動，自然有客體作為所對應的被知對象：

1.美者（the beautiful）

對應著經驗層而言，對象以可被感知者（the sensible）的姿態出現。被經驗之物使人產生感官上的感應（*aesthesis*），甚至愉

悅或快感，故也可被稱為美者（the beautiful / the aesthetic）。

2.整一者（the one）

對應著悟性層而言，則對象是可被理解者（the intelligible）；理智在理解中把握對象的統一性、整體義，因此它也可被稱為「整一者」。

3.真者（the true）

對應著理性層而言，對象經受反省、驗證、判斷而被肯定為實存之物，因而被稱為實在者（the real），也可因為判定所理解者符應事實而被稱為「真者」。

4.善者（the good）

對應著負責層而言，對象是為被選擇的有價值之物，故被稱為「有價值者」，或價值（the value）；它是可被欲求的對象，故又名「善者」。

郎尼根把被意向的四基本模式：被感知者，被理解者、實在者、有價值者，稱為超越概念（transcendental concepts），相應傳統哲學把「一」、「真」、「善」、「美」稱為「超越概念」之舉。此外，它們既然是被意向的對象，因此它們又被稱為被意向者（*intentio intenta / Noema*），以與意向行動（*intentio intendens / Noesis*）的四階段作出對比；此外，被意向的對象之四模式既然被稱為超越概念（transcendental concepts），相對地意向行動的四階段則被稱為超越想念（transcendental notions）（Lonergan, *Method in Theology*, pp. 11-12）。

(五)認知主體

有意向行動與被意向對象，自然有那進行意向活動的主體（the subject），這主體因應著認知結構的四層面，而在意識的表現程度上分四個等級：

1.經驗意識（empirical consciousness）

當人清醒時，他是處於經驗的階段，他基本上是一個經驗者；然而，經驗意識並不是人意識的最高表現，它只是一個基礎；人透過它而可有更高、更強烈的意識程度。

2.悟性意識（intelligent consciousness）

當他在理解時，他的主體意識提升為悟性意識，對被意向的對象有所洞察、成就概念、把握其整體義。

3.理性意識（rational consciousness）

在下判斷中，人把自己發展成理性意識者，去評定事物對象的是非真偽。

4.理性自覺意識（rational self-consciousness）

在作出抉擇、並實踐自己所選擇的價值時，人就是一個理性自覺者。理性自覺意識是人自我的更充分的表現，我經由抉擇而為自己開出一條要走的生命路線，實踐自己的意願，把自己雕塑成如此的一個個體，例如：人在實踐研究音樂中把自己塑造成為音樂家，在偷東西時把自己塑造成為盜賊。

不同層面的運作產生不同次元（dimensions）的自我，後一次元是前一次元的超拔（sublation），它不揚棄前一次元的自我，而是把自我帶到一個更高、更強烈的表現，只是這一個經受意識提升的自我在性質上有別於前一次元的自我而已。

以上的提示，可被綜合在以下的圖表中：

1. congitional level 認知層面	empirical level 經驗層	intellectual level 悟性層	rational level 理性層	responsible level 負責層
2. faculties 認知功能	sensitivity 感性	intelligence 悟性	reasonableness 理性	responsibility 責任
3. intending process 意向過程	exprience 經驗	understanding 理解	judgment 判斷	decision 抉擇
4. objects intended 被意向對象	the sensible (the beautiful) 美	the intelligible (the one) —	the real (the true) 真	the value (the good) 善
5. consciousn-ess 主體意識	empirical consciousness 經驗意識	intelligent consciousness 悟性意識	rational consciousness 理性意識	rational self-consciousness 理性自覺意識

於此，我們仍須加上以下的強調：

認知結構分為四層面，但這四層面同屬一個結構。
認知功能分為四重義，但四重功能同屬一套功能。
認知活動分為四階段，但這四階段同屬一個過程。
被知對象分為四模式，但這四模式同屬一個客體。
認知主體有四重意識，但四重意識同屬一個主體。

上述五者分別為五重項目，各有其四重細則，每一細則各有其若干要素，但合起來卻共屬一個完型（*Gestalt*），共同構成一個廣義的認知結構，其中細則條理井然，環環相扣，一起孕育著一個動態的有機整體。

三、其他提示

作為最後的提示，我們所能說的是：知識論這門學問歷史悠久，反思者名家輩出，而所牽涉的項目複雜繁多、不勝枚舉。但這繁複的範圍，仍然可以被範圍在認知結構的「經驗」、「理解」、「判斷」、「抉擇」、「思考」等項目來被探討；今後學者儘管可以在認知理論上討論得更細微、更恰當、更寬度、更精深，到底人們不可能對其中的來龍去脈作大幅度而徹底的修正，因為人不可能違反自己的認知結構來談知識論，以致郎尼根有餘地的說：修正者不修正自己的認知過程（*Insight*, pp. 276-277）；而不同的人在認知過程上的一致性，給予修正者在邏輯及辯證上一個不變的基礎。

參考文獻

關永中，《知識論㈠：古典思潮》，臺北：五南圖書，2000。

關永中，《知識論㈡：近世思潮》，臺北：五南圖書，2000。

Plato, "the Theaetetus" & "the Sophist" in *The Collected Dialogues of Plato*, Ed. by Edith Hamilton & Huntington Cairns. New Jersey: Princeston Univ. Press, 1961. Bollingen Series LXXI

Aristotle, *De Anima* (*On the Soul*) in *The Complete Works of Aristotle,* The Revised Oxford Translation. Ed. by, Jonathan Barnes. New Jersey: Princeton Univ. Press, 1984. Bollingen Series LXXI · 2.

Thomas Aquinas, *Symma Theologiae*, Ia, QQ. 84-89. New York: McGraw-Hill Book Compary, 1968.

René Descartes, *Meditations on First Philosophy*. Trans. by Laurence Lafleur. Indianapolis: the Bobbs-Merrill Co., 1951, reprinted 1960.

David Hume, *A Treatise of Human Nature*. Oxford: Oxford Univresity Press, Second Edition 1978.

Immanuel Kant, *Critique of Pure Reason*. Translated by Norman Kemp Smith. London. MacMillan & Co, Ltd., 1961.

Edmund Husserl, *Experience and Judgment: Investigation in a Genealogy of Logic*. Trans.

by James Churchill & Karl Ameriks. Evanston: Northwestern Univ. Press, 1973.

Maurice Merleau-Ponty, *Phenomenology of Perception*. Trans, by Colin Smith. London: Routledge & Kegan Paul, 1962.

Hans-Georg Gadamer, *Truth and Method.* London: Sheed & Ward, 1975.

Bernard Lonergan, *Insight: A Study of Human Understanding.* New York: Philosophical Library, 1957.

第四章

科學哲學

苑舉正

前　言

科學哲學是哲學中的一支，它的主要工作是以批判性的態度檢驗科學，尤其是科學的方法與成果。科學的快速發展是近幾百年以來的事情，所以在科學哲學這個領域中所探討的主題，集中在現代科學發展以後的時期。但是，這並不表示在現代之前沒有科學哲學；科學哲學的發展起源甚早，可以遠溯至古希臘時期。亞理斯多德在其有關邏輯與語言的著作《工具》（*Organon*）之一的《後分析》（*Posterior Analytics*）一書中，即已針對科學作為解釋自然現象的演繹知識作出說明，可以被視為早期科學哲學的代表之一。另外，我們也可以說，嚴格界定科學與哲學之間的區分並不具有特定的意義，因為從一種比較寬

廣的角度而言，科學本身即發展自哲學，至少在哲學史中，許多人可以同時被視為科學家與哲學家，反之亦然，有許多科學家在哲學觀點的開創上，做出重要的貢獻❶。因此，我們可以說，科學哲學是一門伴隨科學發展而生的哲學科目，也是因為這個緣故，所以科學哲學中不但包含所有哲學探討中所涵蓋的議題，它也是一種隨著科學快速發展而不斷湧現新觀點的哲學。

在現代社會中，沒有任何其他形態的知識比科學更受人尊重。科學知識幾乎已經成為「真理」的代名詞，而且每逢有爭議的時候，大多數的人都會期待以「科學檢驗」（尤其是「科學數據」），作為解決問題的基礎。這種「解決所有問題」心態的養成並不令人感到訝異，因為科學在過去三、四百年的發展中，確實透過各式各樣的創新與成就，才締造出如今的地位。雖然科學家在社會的人口比例中僅是少數，但我們均能察覺，科學受尊重的理由在於它不斷的進步、快速的創新、準確的預測、完整的理論體系……等等。這些理由讓我們產生印象，認為科學不同於其他形態知識的分野，不是知識分類上的差別，而是本質上的差

---

❶例如培根（F. Bacon, 1561-1626）、笛卡爾（R. Descartes, 1596-1650）、萊布尼茲（G. W. von Leibniz, 1646-1716）、洛克（J. Locke, 1632-1704）等重要哲學家，他們不但深受當時代科學的影響，本身也對當時代的科學做出貢獻。康德（I. Kant, 1724-1804）則因為他目睹當時代科學的成功，而引發出對於科學知識如何可能這個問題的探討。另外一般均被視為科學家的伽利略（G. Galileo, 1564-1642）與牛頓（I. Newton, 1642-1727），也在科學目的與方法上，提出重要的哲學觀點。在十九世紀的重要科學家中，馬赫（E. Mach, 1838-1916）、麥斯威爾（J. Maxwell, 1831-1879）、哈姆霍茲（H. von Helmholtz, 1821-1894）、赫茲（H. Hertz, 1857-1894）等，皆針對科學基礎與科學解釋提出重要的哲學觀點。法國數學家彭加勒（H. Poincaré, 1854-1912），也以他在理論與假設的本質、解釋及或然理論等方面的成就，而被譽為最具影響力的科學哲學家之一。

別；科學知識的本質是真理、理性、客觀，而其他類型知識（如宗教、傳統、文化等）則因為包含太多主觀理由，而會相對於時間與空間等因素，展現出不同的知識內容與價值判斷。

表面上，科學享受「尊崇」是不爭的事實。但是，我們必須指出，在社會上一片均以科學作為裁決基礎的文化中，「科學是什麼？」，依然是一個尚待理解的問題。這個問題的提出，似乎顯得有一點突兀，因為當社會中許多人以科學為判斷標準的同時，我們卻對這個「標準」的本質提出疑問。這不正等同於說，社會上的多數人並不知道他們所尊崇的為何嗎？難道科學不是「真理的」、「理性的」以及「客觀的」嗎？面對這些質疑，我們可以說，科學受人尊崇是不爭的事實，但這個「事實」是否真足以證明它是「真理的」、「理性的」以及「客觀的」，則是另外一個問題。科學能夠在短短的幾百年之中，根本地改變世界的風貌，確實有其特別之處。但是，我們也必須了解，這些特點集中於科學在應用方面的成就。我們很難想像，今天有誰可以在不需要電力、抗生素、合成纖維、塑膠製品、電子產品、廣播電視、機械工具、運輸工具等情況下，維持一個「現代的」生活；就連反對過度開發與嚴禁核能使用的生態保護主義者，都無法全面地拒絕科技在應用上的成功。但是，有一點卻是肯定的：科技在應用上的「成功」，並不因此賦予我們確立科學為「真理」的證據。科技成功的事實，提供了我們在生活上的便利，然而它卻沒有直接回答「科學是什麼？」這個問題。或許，我們會很自然地因為科學在應用上的成功，就認定科學堪足稱之為當代「真理」的代表。可是，這種判斷是有問題的。

無論一件事物在應用上的成就對我們留下多麼深刻的印象，這些印象與該事物是否為真並不具有必然的關係。在歷史上，以亞里斯多德與托勒密理論（the Aristotelian-Ptolemaic theory）為

代表的古典科學，曾以完整的「地中論」天文系統，在長達一千多年的時間中，成功地解釋、預測甚至展現天象的規律運動。但是，這個理論的「成就」卻無法阻擋哥白尼所提出的「地動論」天文系統的批判❷。雖然這個批判歷經漫長的過程❸，才獲得科學社群中一致的肯定，但今天我們知道，地球並不是「宇宙的中心」，它不但會動，而且它也只不過是太陽系中眾多行星中的一顆而已。然而，這表示哥白尼的理論是正確的理論嗎？太陽才是「真的」宇宙中心嗎？太陽「真的」不會移動嗎？或許有人會認為，在現今物理知識的基礎上，這些問題的答案都很清楚；這兩種理論都不是「真」的。但若是牽涉到「真假」問題的時候，我

---

❷有關亞理斯多德理論被哥白尼理論取代的歷史發展與過程細節，請參閱 J. Marks, *Science and the Making of the Modern World* (London: Heinemann, 1983)，頁 9-31；尤其是第二部分 "The Origins of Modern Science" 中，第一節 "Classical Greece and Greek Astronomy" 與第二節 "The Copernican Revolution"。

❸雖然今天我們稱呼這個過程為「科學革命」，但這個「革命過程」絕非一個真假論斷的「決議過程」。它不因而使當時人們在認定何者為真，何者為假的情況下，採用新理論。這個過程中不但包含「非科學因素」的干擾（如天主教教會對於維護舊理論權威所採的態度；參見前引書中第三部分 "The 17th Century Scientific Revolution" 中，第一節 "Galileo and His Conflict with the Catholic Church"），也出現許多有關這兩種理論在應用上的問題。這些問題使得新舊理論之間的取代變得極為複雜，尤其是所謂的何者為真與何者為假的議題，根本沒有可能在絕對標準的基礎上作判斷。同時，也是因為此緣故，孔恩認為理論與理論之間的取代過程，並不是在舊理論基礎上所發展出來的「累積」，而是「革命」；理論間的連續性知識成長並不存在（這是著名的科學哲學家孔恩所提出來的觀點，也可以說是他哲學中的主要部分；請參閱 T. Kuhn, The Structure of Scientific Revolution, 2nd ed. (Chicago: The University of Chicago Press, 1970)；中譯本：《科學革命的結構》；有關文本中所提到的天文理論取代過程，則請參閱孔恩所著 *The Copernican Revolution* (Cambridge: Harvard University Press, 1957)）。

們已經涉入更深層的思考中；我們不能以我們所接受的理論，作為評斷「真假」的標準。正如同在科學史中不斷發生的例證一般，今天我們所接受的理論一樣有可能在未來被其他的理論所取代。我們必須承認，科學知識是隨著科學理論的發展而擴增，但若要問究竟哪一種理論才足以代表「真理」這個問題時，我們所需要的，不是某理論在應用上的成功，而是證實它為真的論證。我們不能單在感覺的基礎上，判斷哪一種理論為真，我們需要的是判斷它為真的論證。

判斷科學是否為真的問題，就是探討科學本質為何的問題，也是在科學哲學所關懷的核心問題。在科學哲學中，針對相關問題的討論引發許多論述。這些論述涵蓋領域廣泛，實已經超過一篇概論的文字所能包括的範圍。故我們有必要在此將科學哲學的主要部分作一個選擇性的介紹。在以下的篇幅中，我們將以科學知識論（the epistemology of science）作為介紹的主體。「科學知識論」係一門以科學知識的證成為思考主軸的科學哲學，它不但緊密連接前所述科學是否為真的關鍵議題，也同時發展出與其他哲學科目（如知識論）息息相關的傳統。透過對於這個傳統的探討，我們不僅可以通曉科學哲學發展的主要內容，也可以掌握科學哲學與其他哲學的關係。

此外，我們也必須強調，從「科學知識論」的角度探討科學哲學的方式，是一種以整體方式來檢視科學本質的科學哲學。這種科學哲學中並不涵蓋個別理論在不同科學領域之中所引發的討論。這些討論中包含如下議題：時間理論與空間理論的形上假設為何？或然率在統計物理學之中所占的地位是什麼？測量在量子物理學中代表的意義是什麼？演化生物學的解釋結構為何？這些問題在科學哲學中引發廣泛的討論，尤其因為其所牽涉的議題主要以特定科學為主軸，因此發展成為個別科學的哲學。本文限於

篇幅，並未涉獵這一部分，猶望有興趣者，可以參考文後所列之
書目（尤其是 R. Boyd, 1991），以補不足之憾。

第二節

科學知識論

　　科學知識論與方法論（methodology）之間有密切的關係。
這是因為在科學哲學中，原先許多有關科學的討論，集中在解釋
科學知識為真的方法。這些方法的應用，不單解釋科學的真實
性，也指出科學為真的知識條件。也正是因為方法，所以科學不
同於其他形態的知識（即，其他形態的知識發展不若科學知識的
發展，擁有方法）。當方法被提出的時候，緊跟著而來的，是以
批判的態度檢視方法。它們之間的差別在於議題的轉換；原先與
方法論相關的議題，逐漸成為科學知識論中的議題。先前在方法
論中所關心的議題有：在科學中接受一個理論代表什麼意義？理
論假設與科學證據之間如何構成證實的關係？一個理論假設在什
麼情況之下，可以被一個觀察所否定？這些議題的方向在於探索
科學與證實之間的關係，也就是它們都預設科學不但需要被證
實，科學本身就是證實的知識。隨著科學知識論的發展，原先在
方法論之中有許多預設的立場都需要被以批判與懷疑的態度來檢
視，因此所引發的議題有：科學有發現真理的可能嗎？有可能在
幾種競爭的理論之間作出客觀的決定嗎？實驗的結果是否必然會
受到理論假設的影響呢？早先企圖以方法來表現科學不同於其他

形態知識的觀念，逐漸在缺乏證成為真的有效條件之下，遭到知識論式的批判（即，質疑知識被證成的可能性）。我們在科學知識論這一部分中，將介紹的內容集中在歸納法（induction）、證偽主義（falsificationism）與不可共量性（incommensurabiloty）這三個概念。在「歸納法」方面，我們以培根（F. Bacon, 1561-1626）的刪除歸納法（eliminative induction），以及邏輯實證所發展出的證實主義（verificationism）為主要代表；在「證偽主義」方面，主要是介紹波普（K. Popper, 1904-1994）的理念；最後在「不可共量性」方面，我們以介紹孔恩（T. Kuhn, 1922-1996）及費耶阿本（P. Feyerabend, 1924-1994）的理念為主。

第三節

培根的「刪除歸納法」

　　科學知識論的發展集中在對歸納法的批判。歸納法是一般人在日常生活中應用的思考模式。例如，我們說，「所有翡翠都是綠色的」，這表示我們在日常生活中所看到的翡翠總是綠色的，長久下來也就在各種例子都沒有發生例外的情況下，也就歸納地認為翡翠就是綠色的。歸納法的問題很明顯，就是用已經發生的例子，作為尚未發生例子的證明。我們不能因為到目前為止的翡翠都是綠色的，就因此而認為以後所有的翡翠都將會是綠色的。有鑑於此，亞理斯多德即認為，科學應是演繹知識（deductive knowledge），而不是「歸納知識」。

　　培根於一六二〇年出版的《新工具》（*The New Organon*）中，一反當時以亞理斯多德科學理論為主的傳統，提出現代科學是依照「歸納法」進行的科學哲學❹。從他所取的書名《新工

---

❹《新工具》（*The New Organon*）是培根在 1620 年所出版的科學方法研究《大更新》（*The Great Instauration*）所包含六部分中的第二部分。請參閱，L. Jardine, "Introduction" in *The New Organon*, L. Jardine and M. Silverthorne (eds.) (Cambridge: Cambridge University Press, 2000), pp. vii-xxviii。

具》中，我們可以看出培根在十七世紀提出歸納法時持有雙重目的：一是批判古典科學觀念，二是建立現代科學方法。他所批判的古典科學，直指亞理斯多德的科學哲學，因為《工具》（Organon；原意為「理性思考的工具」）這個名稱，是亞理斯多德在邏輯與語言方面著作的名稱。在《工具》中的第四部分《後分析》裡，亞理斯多德將邏輯中的三段論證式（例如，從「凡人皆會死」與「蘇格拉底是人」這兩個命題中，我們可以結論出「蘇格拉底會死」這個新命題）應用在科學解釋上，並因此認為科學知識建立在命題與命題之間的演繹關係之上，同時也以此關係來解釋科學知識的有效性。培根以十七世紀英國的科學發展為背景，早在一六○五年所出版的《知識的進步》（The Advancement of Learning）中，即已批判亞理斯多德的邏輯已經完全不適合於新時代的知識。

亞理斯多德認為解釋一個自然現象的關鍵，在於了解該現象的本質。例如，當問到為什麼火焰都是向上揚升時，理由是火焰的本質是最輕，所以向上，並在空氣之外形成一圈圍繞空氣、海洋與地球。這個本質論（essentialism）觀點的科學哲學與現代科學的基本理念有很大的差距，它完全不牽涉數學模式的應用或理論假設的預測。從現代科學的觀點而論，亞理斯多德的科學解釋至少包含如下兩種錯誤：第一，我們並沒有足夠的理由，證成人們賦予自然現象（例如火焰）的本質為真，並且以這個「本質」作為科學解釋的基礎。自然現象發生的原因在於外在環境之間的互動，但現象本身卻不會有意識的去實現它的本質。第二，亞理斯多德的解釋僅非常模糊地告訴我們現象發生的原因，但它並沒有要求精確的量化與測量。精確的量化與測量對於現代科學而言是非常關鍵的，因為在它們的支持下，理論假設才能夠被適當地

應用❺。在類似的感受之中，培根認為古典科學有許多盲點，導致古典科學家以自己的想法來規劃自然現象。他們任意賦予自然現象各種本質，空談各種理論，卻從來不曾真正觀察自然，追求真理。培根認為，在所有的古典科學家中，最為典型的代表就是亞理斯多德。他雖然也在他的著作中談及觀察與實驗，但問題是：

> 他事實上先作了決定，並沒有適當地參考經驗並將經驗作為決策與定理的基礎；在獨斷式地作了決定之後，他還利用周遭經驗，並使其符合他的決定，使其成為俘虜❻。

培根認為亞理斯多德這種置理論結構於經驗觀察之上的作法，失去了求真的精神。我們應當了解自然中的規律，而不應擅作主張，強加人為結構於自然之上。相對於古典科學在追求真理過程中所發生的盲點，培根提出了他的「新方法」，也就是著名的刪除歸納法（eliminative induction）。長期以來，培根的「刪除歸納法」構成現代科學方法的主要基礎，它的重要性，足以使其被視為探討科學哲學的起點。培根的「刪除歸納法」包含的內容非常豐富，但就其精華而言，可以分為四個部分：無預設的觀察、分析與比較觀察、結論出自然現象中的規律以及用實驗檢證結論。

首先，培根認為任何科學都必須以無預設立場的觀察為基

---

❺這兩種相對於現代科學的批判，是 O'Hear 所提出的觀點；請參閱 A. O'Hear, *Introduction to the Philosophy of Science* (Oxford: Clarendon Press, 1989), p. 10。

❻ F. Bacon, *The New Organon*，同上所引，p. 52。

礎。我們觀察的過程中，必須維持中立與客觀的態度，絕不能受到任何預設立場的污染（contaminated），並且在整個研究過程中都必須維持這種態度。其次，培根也強調，作為一個客觀觀察者的科學家，不應當如蜘蛛一般，按照自己的計畫編蜘蛛網，也不應當如螞蟻一般，只會盲目地蒐集；科學家應當像蜜蜂一般，採了花粉之後，還能進一步將花粉轉化成蜂蜜。培根透過這個比喻說：「這與哲學的真實工作沒有什麼不同；它不完全依賴心靈的力量，也不純然將自然歷史與機械實驗所提供的材質存在記憶中，而在智力中改變與調適這些材質❼。」這也正是科學家在觀察後，所應當採行的態度；他將所獲得的觀察資料，分類整理成為分析的對象，因此而能找出自然的真實本質，並結論出自然現象發生的條件。然後，盡可能以新的實驗來檢驗這個結論。

培根以調查「發熱」的本質作為一個例子。在開始進行這一件調查時，應當先進行所有會產生熱能事例的蒐集，同時在非常不同的事例之間，儘可能詳細地描述他們「發熱」的特徵，並不附加任何臆測。當蒐集與描述各種不同「發熱」的例子之後（例如太陽光、摩擦物體、熱氣、溫泉、烈酒、藥草等），我們進一步開始蒐集與描述類似例子中，卻不會發熱的情況（例如月亮與星星的光、未經過燃燒區域的空氣、泉水、淬取的液體等）。然後我們在針對「發熱」的不同程度進行觀察與描述。最後我們可以依照這三種調查結果，比較出來哪些「發熱」的特徵存在於所有的調查對象中，哪些只是偶爾存在，或是存在哪些特定條件之下。比較的結果就可以告訴我們，哪一些特徵存在於所有「發熱」的例子中，卻不存在於所有不發熱的例子中。這樣，我們就可以發現哪些特徵，是產生熱的基本關鍵。當這些關鍵出現的程

❼ F. Bacon, *The New Organon*，同上所引，p. 79。

度也反映出不同發熱程度時，我們就可以針對「發熱」的原因提
出結論。培根根據他所做的調查與研究提出結論，認為「發熱」
是自然物體中小粒子運動的結果（這同時也解釋為什麼在「摩擦
物體」的例子中，找不到不發熱的反例）。因此，這個結論等於
在「摩擦運動」與「發熱」之間建立因果關係；只要我們對自然
物體進行摩擦運動，發熱的現象就會隨之而生❽。

　　培根認為在「刪除歸納法」之下所獲得的結論，比任何其他
方法的結果，有更多的機會接近真理。培根之所以會擁有如此堅
定的信心，原因在於他認為這個方法包含兩種刪除錯誤的可能
性。首先，培根的「刪除歸納法」以中立與客觀的觀察為基礎，
然後，又以正反兩面的方法分析觀察資料，對比與發掘真正導致
自然現象發生的原因。前者刪除了所有阻礙中立觀察的臆測與想
像，而後者刪除因為發現幾項相關特徵，就貿然提出錯誤結論的
可能性。就一般印象而言，「刪除歸納法」長期以來構成科學實
踐的基本方法；許多科學家都以客觀觀察者的身分，從事科學實
驗，檢驗科學假設的真實性。一旦多次實驗的結果證實了這個假
設，我們雖然不能立即肯定這個假設為真，但我們往往相對地對
於這個假設的真實性提高信心。但是，「刪除歸納法」在科學哲
學的發展中，卻歷經嚴厲的批判。首先是邏輯實證論者，從「證
實主義」的觀點，批判認知觀察經驗為真的立場，其次是波普針
對「歸納結論」所提出的證偽主義（falsificationism）。然後，
是孔恩與費耶阿本針對「中立觀察」所提出的不可共量性（in-
commensurability）這個概念。

---

❽ F. Bacon, *The New Organon*，同上所引，p. 131。

第四節

邏輯實證論的「證實主義」

　　長期以來，培根的「刪除歸納法」堪足稱之為科學實踐中的主要方法。這個方法不僅解釋科學快速發展的原因，也表現出科學比較其他形態知識精確的特性。近幾百年來，科學知識的快速發展使得許多人認為，科學的發展模式都應當被視為知識發展的典範。孔德（A. Comte, 1798-1857）就是抱持這種觀點的人，他所創見的實證論也可以說是這種觀點的典型代表。孔德的實證論觀點認為，所有知識均應來自觀察。凡是不能夠被觀察到的事物，都不足以成為知識。基於這個理由，孔德堅持「反形上學」的立場，強調所有的形上論述都已經超越了觀察證據的訴求。在科學哲學的發展中，孔德的「實證理念」，尤其是他的「反形上學」立場，深深地影響了「邏輯實證論」。

　　邏輯實證論是一九二○年代於維也納所發展出來的科學哲學學派（該學派也因地名之故被稱之為「維也納學派」）。該學派在現代科學哲學發展中影響之深遠，可以說是現代科學哲學的始祖❾。邏輯實證論的起源是很多元的，除了前面所說的實證論之

❾雖然邏輯實證論的影響力在二十世紀下半葉已經式微，但這種說法是正

外，還有英國經驗論、羅素（B. Russell, 1872-1970）的邏輯原子論（logical atomism）、維根斯坦（L. Wittgenstein, 1889-1951）的《邏輯哲學論》（*Tractatus Logico-Philosophicus*, 1921）。邏輯實證論起源如此多元的原因，在於它是一個由許多哲學家所組成的學派，其成員定期聚會，各持己見，相互論證，但並沒有哪一個特定的人，或是哪一種特定的思想可以代表整個學派❿。雖然邏輯實證論維持多元的發展，並在科學哲學中創造豐富的成果，但是「反形上學」卻是所有成員共同具備的基本立場⓫。邏輯實證論者延續經驗基礎的實證理念，一致地反對所有不以這個基礎為核心，發展出來的哲學思想。值得注意的，是他們的原創性。他們

確的。邏輯實證論的立場雖然在當代遭到批判，但正是因為這種批判、修正、再批判、再修正的反思過程，使得科學哲學的運動得以被推展至另一個高峰。本文基本上就是以這個延續邏輯實證論被批判的發展，當成說明科學哲學內容的主旨。請參閱，葉保強，〈代序〉，《科學邏輯的開拓者》，頁 xiii。

❿ 邏輯實證論包含成員甚多，其中有早期成員（第一次世界大戰以前的）：數學家漢斯・漢恩（Hans Hahn）、物理學家弗蘭克（Philip Frank）和社會科學家紐拉特（Otto Neurath）；有後來的成員：石里克（Moritz Schlick）、卡納普（Rudolf Carnap）、菲格爾（Herbert Feigl）、威斯曼（Friedrich Waismann）、伯格曼（Gustav Bergmann）、克拉夫特（Viktor Kraft）和馮尤霍什（Bela Von Juhos）；該學派在維也納的親近人士包括哥德爾（Kurt Gdel）、門格（Karl Menger）、考夫曼（Felix Kaufmann）和齊爾澤（Edgar Zilsel）；該學派也包含「柏林經驗哲學協會」（Berlin Society of Empirical Philosophy）成員：賴興巴赫（Hans Reichenbach）、格雷林（Kurt Grelling）、萊溫（Kurt Lewin）、克勞斯（Friedrich Kraus）、杜比斯拉夫（Walter Dubislav）、亨普爾（C. G. Hempel）、馮米澤斯（Richard Von Mises）；英美學者：艾耶爾（A. Ayer）、內格爾（Ernest Negal）、蒯恩（W. V. Quine），雖然邏輯實證論維持多元的發展，在各種哲學學門中創造豐富的成果

⓫ 請參閱卡爾納普的〈自傳〉；Carnap, R., "*Autobiography*" in *The Philosophy of Rudolf Carnap*, P. Schilpp (ed.), (La Salle, Ill.: Open Court, 1963)。

雖然如同孔德時期的實證論者一般，將「反形上學」與「觀察的經驗基礎」兩者，視為一體之兩面。然而，他們並不以延續傳統的實證思想為滿足。他們將這兩個理念之間的關係，以更強的分析能力作進一步的解釋，並且自稱所作的解釋是一種邏輯式的解釋，並因而自詡為邏輯實證論者，以凸顯他們與先驅實證者之間的不同。

我們先前曾經在介紹培根的「刪除歸納法」時，強調「觀察」作為知識基礎的重要性。孔德延續了這個認知態度，並且想將科學適用的範圍延伸到社會人文的領域之中。對於實證論者而言，這種視科學知識為認知典範的態度，是正確的。然而，問題在於，知識的基礎要如何作一個有效的區分，讓我們可以在明確的標準上，將真正的知識與偽裝的知識之間作一個清楚的分辨。在表面上，「觀察」或許是再清楚不過的。但是，實際上，因為無法保證不會出錯，觀察本身卻不足以被認定為知識的基礎。於是，這就造成了一個知識論的問題，也就是判斷經驗知識的認知條件的問題。邏輯實證論者深刻地體會這個問題的重要性，以及他在反對形上學觀念上所扮演的關鍵角色，因而提出各式各樣的解決方式，其中證實原則（the verifiability principle），是最為顯著的。

邏輯實證論者提出「證實原則」的主要目的，是為了區分「科學」與「偽科學」。十九、二十世紀快速發展的科學，讓許多哲學家理解科學已經成為知識典範的這一個事實。邏輯實證論者在這個層面上，表現的更為積極，甚至在提出各自觀點時，常常以發動知識論革命的態度來自我期許。這個態度展現於將不符合科學知識的內容排除在知識的範疇之外。同時，這個態度也突顯出他們反對形上學的態度。一旦確認科學成為知識的典範，探討的主題就成為說明科學的知識條件。在邏輯實證論發展的初

期，「證實原則」就成為這個知識條件中最為關鍵的一部分。通過這個原則，他們希望能夠因而將科學語句所包含的意義精確地定義出來，也能夠將含混在科學範疇中的偽科學語句辨識出來。

邏輯實證論者認為，在區別科學與偽科學的差別上，邏輯提供了一種分析與批判的工具。他們將有意義的命題分為兩類，一種是純形式的命題，就像是在數學與邏輯中所使用的那種分析命題。另外是一種描述事實的綜合命題，它們是可以透過經驗而加以證實或證偽的命題。這兩種命題組成科學知識中所包含的所有命題，此外沒有其他命題。因此，一個語句，如果我們在形式上無法判斷它為真或為偽，同時在經驗上又無法證實它是否為真時，邏輯實證論者認為這種語句不具有成為命題的條件❿。這種不具有被判斷為真或偽的語句，或許其所表達的是一種情緒、感覺、信念、價值等不具有被客觀證實的內容，但它們是不具意義的。在哲學論述之中，有許多類似的語句。這些語句所指涉的對象，或者是絕對的觀念，或者是超驗的個體，或者是玄思的特質，或者是某人的命運等等。它們都是有關形上思維的語句，所以，如果哲學想要發展真正的知識論，就必須將它們排除在哲學範圍之外。值得一提的，是邏輯實證論者並不認為所有的形上思維都應當被拋棄；他們只是強調，因為所有這些形上語句不具有被判斷為真或為偽的可能性，所以它們無助於知識的成長。問題在於，許多形上語句卻被當成是具有認知意義的命題。這是不正確的，哲學的主要工作，就是將這種不具認知意義的語句，分辨於知識的範疇之外。

這也就是邏輯實證論者針對科學與偽科學之間的差別所作的分辨。雖然如此，但在認定何者應當屬於知識範疇中的議題上，

---

❿ A. Ayer, *Logical Poitivism*，同上所引，p. 10。

邏輯實證論者間的意見不但不一致，甚至有衝突。然而，誠如我們先前所說的，一個學派之中有不同意見是很自然的事，我們因而必須在這些意見之中選擇比較具有代表性的。就這個代表性而言，「維也納學派」領導人石里克（M. Schlick）的觀念可以說是最為顯著的。至少在二十世紀中葉，當邏輯實證論在英美國家大行其道時，就是以石里克的觀點作為「證實原則」的代表觀點。

在論及「反形上學」與「證實原則」之間的關連上，艾耶爾說：「邏輯實證論者的反形上學立場，並不是起源於被認知事物的本質，而起源於被述說事物的本質。⓭」這句話直指邏輯實證論在哲學中所開展的語言學轉向（the linguistic turn），一種將知識論的探討從「思考事物本質」轉向「思考語言結構」的改變。在受到維根斯坦哲學的影響（以《邏輯哲學論》為主）下，邏輯實證論者石里克認為，知識論的主要議題，不是探討事物本質的真實性，而是分析語言的結構性。探討某件事物的真實性，實際上等於陷入一種形上思維，因為我們沒有可能在經驗的基礎上，證實事物的本質為何；所有我們能認知的只是經驗內容。但是，這個內容是否為真實的這個問題，卻是一個超過經驗範圍的問題。然而，在日常語言中，我們卻都能夠做出證實的認定（例如，我說：「我面前有一棵樹」）。這個差別，導致石里克認為，有關知識本質的問題，就是有關語言結構的問題。只要我們能夠掌握語言認知事物的結構時，我們就解決了知識的問題。

石里克的基本假設來自維根斯坦的《邏輯哲學論》。在這本書中，維根斯坦認為，一個基本語句（an elementary statement）為真的前提要件，就是它必須符應於一個絕對的簡單事實（an

⓭ A. Ayer, *Logical Positivism*，同上所引，p. 11。

absolute simple fact）。這個觀念對於邏輯實證論者而言，確實是非常具有啟發意義的。原因是，當事物本質為何是一個超越經驗認知的問題時，我們所使用的語言，卻能夠表達我們在經驗中所呈現出來的認知內容。我們不但因為語言而表達外在世界的內容，我們甚至因為語言而可以彼此相互有意義地交談。這些「意義」來自於哪裡？對於石里克而言，語言之所以能夠傳達意義，就是因為語言的結構與世界的結構之間有符應的關係。語言描述了這個世界中的一切。所有語言所不能描述的事物，就不是我們所能夠認知的事物。因此，能夠被語言所描述的內容，就是產生意義的先決條件。然而，這只是一個先決條件而已，「認知」尚不足以確切地說明「科學意義」為何。若是想要達到這個目的，另外必須附加三個條件。它們是：一、意義清晰的條件；二、意義證實的條件；三、意義傳遞的條件。

在論及命題的意義時，石里克認為，長期以來，哲學一直被假的哲學問題所糾纏著，甚至企圖引用哲學方法來回答它們。這造成哲學中的「惡性循環」，「偽問題」被思辨哲學回答，造成更多的「偽問題」。為了破除這個情況，石里克認為，當務之急，就是要釐清一個陳述句或一個問題的意義。很明顯的，單靠哲學分析，我們是無法決定事物是否為真的，但這並不表示我們因而與真理無緣。我們雖然不能直接證實何為真理，但我們卻可以透過哲學分析，解釋在日常語言中，當我們說出，「這是真的」，這一句話所代表的意義。這個解釋只可以依附在日常生活與科學之上；也就是說，必須從經驗來說明語句的意義。唯獨如此，我們才能夠確保陳述句與外在世界的真實之間是相連接的。因此，當被問到，我們如何確定一個問題的意義是清晰的時候，我們必須要能夠說出在什麼條件之下，這個問題可以被肯定或是被否定。這個問題的意義就是在這些條件中被確立。這些條件是

讓這個問題所包含的陳述句為真的條件。這也就是一個陳述句必須是在描述一個事實（或一個事態）的條件，否則這個陳述句即為偽。雖然這個以陳述句描述事實的過程對於當事人而言，是清晰的，但是對於他人呢？旁人如何掌握這個描述過程中所體會的意義呢？石里克強調：「字詞的意義必須最終是要能被夠顯示的（shown），它必須是所給予的（given）。❹」只要這個被給予的事實是能夠被指出來，被說出來，被顯示出來的時候，我們就因而有一個共同的參考基礎。這個基礎使得命題的意義變的清晰。

　　若是企圖在這個基礎上使得某一命題成為有意義的命題，我們必須要能夠將這個命題經由定義的過程，將其所包含的字詞皆能轉換成為不能再被定義的字詞；同時它們的意義能夠直接被指出來。一個命題是「真的」或是「偽的」的判斷標準就是，在定義的標準下，字詞與所指涉事物之間的關係存在或是不存在。如果這個關係是存在的，那麼我可以接受這個命題所確定的一切都是有意義的；否之，這個命題所確定的一切，都是沒有意義的。如果這個「真偽判斷」與「意義認定」的關係能夠被確定，也就等同於發展出「證實」的方法。其意義也就是說，對於一個命題為真的陳述，就是對它意義的陳述。

　　接著，石里克又說，這裡所談「可以被證實的」，事實上只是一種「原則上的」，因為一個命題的意義存在與否，當然是是獨立於我們是否實際從事證實之外的。換而言之，一個命題的意義並不需要我們在實際上透過證實的方式來顯現，而是要能夠針對一個特定命題，指出它如何在經驗的基礎上，能夠成為有意義

❹ M. Schlick, "Positivism and Realism" in *Logical Positivism*，同上所引，p. 87。

命題的條件。然後，透過檢驗這些條件的結果，就可以讓我們知道這一個命題為真或為偽。石里克舉一個例子來說明這個情況。他說，「在月亮的另一端有一座三千公尺高的山」，是一個有意義的命題，因為它是一個可以在經驗上被檢驗的命題。我們不需要登上月亮去進行這個證實，我們只要指出證實這句陳述的條件。如果這些條件可以被證實為真或為偽，他就是一個有意義的命題。這也就是說，無論是不是真的在月亮上進行證實，「一座高三千公尺的山」，這句話所包含的字詞，足以使得它成為一個有意義的命題。它會是有意義的原因，在於所有組成它的字詞意義，都是可以被證實的字詞。這些字詞所組成的命題也一樣是有意義的，因為字詞所包含的意義已經因為「證實原則」，傳遞至這一個無法直接被證實的命題上。對於石里克而言，一個命題是否能夠符合證實原則的要求，應當是一個「邏輯的關係」，而不是一個「事實的關係」。證實不必事實上去從事一件驗證的行為，而必須是在邏輯上有從事這個行為的可能性。這種情形沿用至科學理論中所使用的命題。科學命題超越了經驗直接能夠作證實的範圍，卻依然可以在證實原則的運用之下，成為是有意義的命題。石里克也在相同原則的運用之下，將偽科學的命題，分辨在科學命題的範圍之外。

　　石里克的基本理念如下：運用證實的原則來釐清命題的意義，同時將科學理論中所作的假設，透過意義傳遞的原則，間接地與基本命題聯繫在一起。他因而堅持，科學的意義在於它的客觀經驗基礎，也解釋了它的普遍有效性。依照證實原則的運用，他自然認為他達成了區分科學與偽科學的目的，但這是有問題的。問題有兩方面，它們為日後科學哲學的發展，留下兩種批判邏輯實證論的可能性：一是與方法論相關的，也就是對歸納法的質疑；另一是與觀察本質有關的；也就是對經驗客觀性的質疑。

前者成為波普所提出「證偽主義」批判的對象。後者，則因為無法有效地將主觀認知轉化為客觀經驗的緣故，遭到孔恩與費耶阿本所提出的不可共量性（incommensurability）這個概念的質疑。

證偽主義及其批判

　　「證偽主義」對於「歸納法」的批判集中在歸納結論的訴求。我們在前面說過,培根強調在客觀調查的觀察資料中,經過分析與比較,可以歸納出自然現象發生的原因(發熱的原因是自然物體內粒子的運動)。換言之,只要這個原因(粒子運動)存在,它就會導致我們企圖研究的結果(發熱的現象)。當這一個理論假設被提出來之後,科學家們會透過實驗來進一步檢驗這個歸納出來的假設。他們盡可能地找出所有「發熱」的例子,然後檢驗它們之中是否都有「粒子運動」的現象。經過幾次繁複的試驗,如果這一個假設一直能夠通過檢驗,這個假設就會逐漸被視為普遍法則(general laws)。

　　在前面這一段話中,我們可以發現兩次歸納法的應用。一次在於獲得假設,另一次在於獲得法則。雖然目的並不相同,但兩次應用歸納法的問題卻一樣。歸納推理的問題,在於它的前提與結論之間的不一致;他的前提是有限數目的例證,而它的結論則是涵蓋無限數目的預測。用最普通的話來說,我們不知道什麼樣的理由足以讓我們確定過去發生的有限事例,在未來永遠會無限地發生?這個問題早已被提出,其中較著名的應屬休謨(D.

Hume, 1711-1776）。休謨認為，從一個嚴格的邏輯角度而言，我們沒有理由用經驗過的例證，來證明這些例子在將來會繼續發生。即使我們到今天為止所有見過的翡翠都是綠色的，但誰能保證以後不會出現藍色的翡翠呢？歐洲人曾經在觀察無數次數後，確定天鵝是白色的，但在澳洲所發現的黑天鵝卻否定了這個認定。到目前為止，我們所見過的烏鴉都是黑色的，但誰能保證哪一天，一隻白色的烏鴉不會被發現呢？

從這個角度而言，我們可以發現「歸納法」與「演繹法」之間在追求真理上的差別。在演繹推理之中，結論的真實性是由前提獲得保證。如果我們確定眼前這項東西，不是 A，就是 B 的話，那麼我們只要檢驗它是不是 A；如果不是 B，那麼它就是 A，反之亦然。在演繹推理之中，前提所提供的真理足以保障結論必然為真的條件，但是在歸納推理之中，我們在做出結論的同時，卻無法獲得相同的保障。依照我們先前所述，科學實踐已經廣泛地依照觀察、分析、假設、實驗等步驟進行。現在如果我們從最根本的地方，懷疑歸納推理能夠為我們帶來真理，這對於科學的基礎問題會投下重大的變數；除非我們承認科學與真理無關，否則我們就必須面對歸納推理所構成的挑戰。毫無疑問的，這種挑戰科學真理的態度，對於科學成就確實構成干擾，因為所有科學家的理論都以普遍化（generalization）為訴求的原則，強調未來自然現象發生的因果規律，與目前為止所觀察的相同。在這些觀察的基礎上，他們提出理論。例如牛頓的「地心引力」定律說：「兩物體之間的引力與它們之間的質量成正比，卻與它們之間的距離的平方成反比。」這些都是著名的科學例子，它們不但依照觀察的證據作分析的根據，還對未來發生的現象作預測。現在對歸納法所提出的挑戰，卻在根本上質疑科學家們所做預測的有效性。我們試想，如果科學的發展僅止於已發生資料的蒐集

與觀察，而因為邏輯有效性的缺乏，不作預測，那麼科學還有什麼價值？但是，如果科學以其已經被肯定的理論模式、數學量化、應用成就等價值呈現在我們面前時，難道我們能說，這一切都是「幸運」的結果嗎？科學知識的理性、真理性、必然性、甚至它的價值在哪裡？

　　科學方法論者並不輕易地在歸納法所面對的挑戰前屈服。對於他們而言，科學並不因此而失去了一切訴求。科學依然是理性的、客觀的、累積的，尤其重要的，是科學因為它所締造的成果中包含高於其他形態知識的精確與進步，所以它在本質上不同於其他形態的知識。在這些科學方法論中，最著名的就是波普。他認為他所提出的「證偽主義」，不但解決了歸納法所面對的問題，也堅定地保留了所有科學具備的價值與特性。在幾本具代表性的著作中❺，他認為科學根本不以歸納推理為基礎，甚至否認科學家以觀察為科學實踐的起點，然後再提出科學理論。波普認為，事實上，科學家先提出一個尚未被證實的理論假設，然後將這個理論假設所包含的預測作為實驗的對象，經由觀察來檢驗這一個理論假設，是否經得起考驗。如果實驗的結果，是否定的，那麼這證明這個理論假設是假的，也表示我們必須揚棄這個理論，另外找一個替代理論。如果實驗的結果是肯定的，那麼表示這個理論假設還經得起考驗，可以繼續保有這個理論，但並不以它是經過證實為真的態度保有它，而是以一個更加堅定的（well-corroborated）態度（因為它尚未被證實為偽）保有它。對於波普而言，這一個態度上的差別具有關鍵意義。因為這個差別，所以科學成為一個永不止息的活動。它追求原則上永遠不能獲得，

---

❺我們在此列出三本波普最具代表性的著作：*The Logic of Scientific Discovery* (London: Hutchinson, 1959)；*Conjectures and Refutations* (Lonfon: Routeledge, 1963)；*Objective Knowledge* (Oxford: Clarendon, 1972)。

但可以越來越接近的真理。這不但成為科學實踐中最重要的活動，也是科學之所以不同於其他形態知識的主要原因。這個活動是理性的科學態度，它強調，追求科學知識的態度非常不同於其他形態的知識，而且在追求科學知識的過程中，客觀知識的累積是科學的成就。

波普強調，如果我們以「證偽主義」的態度來檢視科學的本質，那麼我們會發現科學根本不需要歸納法的支持，因為依照他的說法，在科學實踐中，重點是證偽（refutations），而不是證實。證偽是將待檢驗的假設作為前提，然後盡可能去發現不一致的觀察。當不一致的觀察被發現時，該假設必須立即被拒絕。拒絕這個假設的過程是演繹的，而不是歸納的，因為結論的真實性完全包含在它的前提中。正如同我們發現一隻白色的烏鴉時，就可以非常肯定地說，「所有烏鴉都是黑色的」這句話為偽一樣。只要一個例子，我們就可以否定一個我們永遠無法證實為真的假設。

所以，對波普而言，科學就是一連串假設與駁偽（conjectures and Refutations）——這正是他的書名——的過程。在這個過程中，理論先被提出當成假設，然後以嚴格的態度，透過實驗來檢驗這個假設，當實驗結果否定這個假設時，新的理論必須被提出來，取代舊的理論。這個以「理論假設」取代「理論假設」的過程，不但凸顯科學發展中最關鍵的一部分，而且它就是科學的定義所在；科學的主要任務就是「證偽」，而我們在科學中所能夠掌握的部分，永遠是假設性的（hypothetical）、尚未被否證的假設。然而，如果科學內容只是「假設性的」，那麼我們如何在科學與非科學之間作區別呢？其他如算命、星象、迷信、巫醫等，這種同樣以假設為主，而不強調證實的知識與科學知識之間，究竟有什麼樣的差別呢？波普稱這類問題為分界問題（problem of demarcation）。針對它，波普有一個非常堅決的答案。他認為，雖然我們不能證明某個理論為真，但科學理論與宗教迷信不同之處，在於前者是可被證偽的（falsifiable），而後者卻連證明它為偽的可能性都沒有。

在設計科學理論的時候，科學家必須由該理論中提供檢驗的可能性，也就是具有預測性的假設。當這個假設所提出來的預測實現時，我們並不具有理由說這個理論為真，但我們卻有理由說，到目前為止，這個理論尚未被否定。我們因而可以繼續保有它。例如，牛頓的理論告訴我們行星運行的位置與時間。透過這個理論，我們可以觀察天象，並以此確定行星的位置與牛頓理論所預測的是否吻合。如果依照牛頓理論所計算出來的一個天象預測（例如日蝕）並沒有發生時，那麼我們可以肯定，做出這個假設預測的理論是錯誤的。相反的，在一個如占星術的信念系統（belief system）之中，我們卻沒有可能以檢驗預測的方式，確定整個占星術的基礎建立在一個錯誤的理論上。波普認為，占星術會以各種曖昧不明的方式，解釋、說明、甚至辯稱為什麼預測的現象與事實有所不同，試圖避免被徹底否證的命運。例如某位「牡羊座」的人透過占星術預測，認為每個星期二都是他（她）的幸運日。結果，他的公司在星期二跳票，他的太太在下一個星期二離開他，總之，他的不幸，不知為何都發生在星期二。這些不幸讓他很懷疑星象預測的準確性，於是他決定向占星術大師「請益」。但是，當他質疑占星術理論基礎的時候，占星術大師不會承認所有的星象理論都因為星期二並不是他的「幸運日」，而必須被放棄。「大師」或許會說，幸運日的意義並不以這幾件事為主，幸運的意義不是一般的喜悅，它必須經歷過這幾件事（公司倒閉、夫妻離異等）才能達成。不論這位「牡羊座」的人將會獲得什麼樣的答案，絕不會有相信占星術的人因為他的經

歷，而承認占星術出現錯誤，必須被揚棄。波普認為「非科學」的特性就在於它的不精確性，所以我們無從依照一個特定的條件（如假設、預測、實驗等），確定它為偽。他說：「某些陳述，或是某些陳述系統想要被視為科學，就必須要能夠與可能的和可感覺的觀察發生衝突。❻」

波普不但用可證偽性（falsifiability）區分科學與傳統信念系統，他也用同樣的標準在現代學門中作區別。這是因為現代學門中包含如心理分析（psychoanalysis）與馬克斯主義（Marxism）等這些自稱為科學的科目，它們確實令人印象深刻，但相較於傳統對於科學所建立的典型印象，卻在許多地方展現不同。波普認為「可證偽性」足以解決這類問題，在科學與非科學之間畫出一道清楚的界線。以前面二例而言，波普認為它們都因為無法被否證，而應當歸類偽科學（pseudo-sciences）。「馬克斯主義」預測當資本主義社會因為內部矛盾呈現弱勢時，無產階級革命終將獲勝。但是，當無產階級革命在資本主義社會並不成功時，馬克斯主義者會說，那是因為內部矛盾發展的還不夠深刻的緣故。同樣的，當「心理分析」預言所有成人精神病患的原因來自孩童時期的心理創傷（traumas），但當在一些成人病患的童年中實在找不到孩童時期的心理創傷時，心理分析家會說，這些成年病患在童年時期一定有心理創傷，只是尚未發現這些創傷而已。波普強調，這種迴避挑戰的企圖，充分凸顯「偽科學」在追求知識中所顯現的不進步態度。對於他而言，真正的科學家會在事實改變他們的假設之前，先闡明在什麼情況之下，他們會放棄他們的理論。然而，無論是馬克斯主義者或是心理分析者都作不到這一點。

---

❻ K. Popper, *Conjectures and Refutations*，同上所引，p. 39。

　　波普的科學哲學經常被譽為批判的理性主義（critical ration-alism），因為他以這種「否證精神」來展現科學本質。這個名稱頗能代表波普科學哲學的特色，因為這個哲學以「否證」為科學實踐的基礎，所以科學所要求的，都是以「批判」理論假設為訴求。此外，又因為它以這種批判精神作為科學方法，所以從這個過程中所累積出來的知識，都是「理性」的知識。根據這個理解，「批判精神」成為「理性知識」的基礎。就其表面意義而言，這個命題似乎顯示一般典型印象，總認為現代科學進步的主要因素，來自於反對傳統限制批判精神的發揚。但是，如果我們仔細檢視波普理論，我們可以發現，在解決歸納問題與發揚批判精神之外，這個理論中包含許多問題，它們從不同的角度挑戰波普的理論。在以下的篇幅中，我們依照它們質疑波普科學哲學的程度，將這些問題分成如下三類：㈠「證偽」與「理性」之間的問題；㈡「證偽」與「觀察」之間的問題；㈢「觀察」與「理論」之間的問題。

　　首先，我們必須承認，在「證偽」與「理性」之間劃上一道等號的作法，並不具有任何實質的意義。事實上，科學是否足以代表理性知識並非單純的問題，因為我們必須先知道什麼是理性❿。雖然很難為理性下定義，但我們卻可以指出，波普的

---

❿通常，我們或許會認為「理性」並不難定義；它代表「合理」的行為模式，也是大多數人所實踐的行為模式。然而，因為每一種文化或傳統都對所謂的「理性」或是「合理性」有自己的定義方式，所以往往從一個比較宏觀的角度定義理性時，都會陷入相對主義（relativism）的困境之中。在有關理性的定義之中，費耶阿本曾經針對「理性」定義之不易做說明；他說：「許多人承認成為理性的（to be rational）是好的，但卻很少有人能夠告訴我們「成為理性的」是什麼意思，以及為什麼『成為理性的』是那麼重要。」請參閱，P. Feyerabend, *Knowledge, Science and Relativism* (Cambridge: Cambridge University Press, 1999), p. 200。

「證偽主義」卻與我們一般思考的方式相當不同。在波普的科學哲學中，我們只談「負面的」科學知識，卻無法擁有「正面的」科學知識。對於他而言，科學的精髓在於以最嚴格的態度，否定一個尚未被否定的理論。一旦實驗顯示這個理論中所假設的預測失敗了，我們可以很肯定地揚棄這個理論。問題是，我們永遠無法以同樣肯定的態度接受這個理論。例如，我們為新生嬰兒注射沙賓疫苗，一旦某個注射過疫苗的嬰兒感染小兒麻痺症病毒發生時，依照波普的理論，我們必須因為這個失敗的例子，宣布免疫學的理論是錯誤的，而發明或創造出其他新的理論。試想，這將會是一件多麼違背科學實踐的作法。雖然免疫學理論失敗的例子時有所聞，但相較於經過注射疫苗而免於疾病侵害的絕大多數人而言，這些失敗的例子實際上可以說是微不足道的。我們甚至可以問，有哪些科學家會在兩種比例懸殊的情況下，因為少數的發生例子，而放棄另一種經常發生的可能性呢？當然，我們了解波普抱持這樣觀點的原因，是迴拒歸納法在邏輯上的問題，但當我們談論科學的本質時，我們不能將關懷的焦點僅限於邏輯分析的層次之內，我們也必須注意科學在應用與實踐中所發揮的影響力。

事實上，雖然波普強調，他的科學哲學解決了「歸納問題」，但我們在日常生活之中對於歸納推理的依賴也是不容否定的。邏輯上，我們所談的「歸納問題」指的是，過去發生的事例不能作為未發生事例的依據。但是，這並不真的妨礙我們在日常生活中運用過去累積的經驗，對未來生活作判斷。例如說，我過去看到所有從窗子丟出去的東西都往下落。從邏輯的角度而言，我不能因此「歸納」以後所有的東西（包含我自己在內）會往下落；我甚至不能排除有一天有個東西離開窗戶後，會往上浮起來。從波普的角度而言，我們在此有兩個命題。命題 1 說，「離

開窗後的東西會往下落。」；命題2說，「離開窗的東西會向上浮。」對於波普而言，相信命題1的理性與相信命題2的理性是一樣的，但其實它們是不一樣的。我們甚至可以說，「歸納問題」之所以會是一個「問題」，原因正在於我們都會認為「相信命題1」比「相信命題2」合於常理，但我們卻沒有理由說明，為什麼這樣就「合於常理」。像波普這樣完全拒絕「合於常理」的作法，並非真正解決「歸納問題」，而是在一開始就拒絕承認這個問題的存在。這算是以一種「理性」的方式來解決「歸納問題」嗎？

其次，在「證偽」與「觀察」之間的問題。波普認為一個理論要使科學家對它有更加堅定的信心，就必須通過觀察實驗來檢驗它非常明確的預測，然而，問題是，這個理論永遠不能突破它其實僅只是一個假設的範圍。這裡波普的理論可以被區分為兩部分：一是新理論需要爭取堅定的信心；二是通過幾次實驗的理論逐漸被視為一個經過「證實」的理論。前者表現波普理論與科學實踐相符合的地方，正如同愛因斯坦（A. Einstein）提出廣義相對論（the general theory of relativity）時，所有科學家都會把他當成是一個假設一般，並且對於這個理論的預測感到好奇。這是「廣義相對論」剛提出時的命運，也符合波普的理論。但是，愛因斯坦的理論在一九一九年開始，逐漸擺開完全被視為假設的命運。「廣義相對論」對於因為太陽引力影響，會導致接近太陽的光折射向太陽的預測，在一九一九年由愛丁頓（Authur Eddington）於南美洲利用一次日蝕機會，獲得證實。雖然我們不能說在一九一九年之後，「廣義相對論」就被視為真理，但從那時起，確實有越來越多人提升他們對於這個理論的信心。近百年來，「廣義相對論」已經成為當代天文物理學發展的核心，提供許多如引力改變（gravitational red-shifts）、時間膨脹（time-dilation）與黑洞（black holes）等假設所需要的基礎。其他理論也一樣〔例如太陽中心說（the heliocentric theory）、自然淘汰的演化論（the theory of evolution by natural selection）、大陸漂移說（the theory of continental drift）〕等，都是在一開始被當成假設，而後逐漸發展出被接受的證據，最終成為被證實的理論。我們只能說，就科學的發展而言，波普只說明了前半段，然而真正的重點卻是後半段。

　　波普忽略科學理論發展這一個事實。一個大膽的理論剛被提出的時候，確實遭受懷疑與嚴格的檢驗，但在歷經幾次成功的實驗之後，隨著支持證據的增加，對該理論也逐漸培養出信心。是科學實踐所累積的信心，而不是邏輯推論出來的證明，讓我們以對待真理的態度抱持某個理論。當我們說，行星是存在的、原子是存在的、病毒是存在的、DNA 是存在的……這些命題時，我們並沒有忽略歸納問題，但我們也知道這些命題確實構成現代科學中的一部分。然而，依照波普的觀點，這些命題都不能算是科學的命題，因為它們都無法在觀察的基礎上被「證偽」。原因在於它們都是普遍性的命題，也就是說，在宇宙中有行星、原子、病毒、DNA……這種物質存在，想要否證它們的實驗，就必須檢驗全宇宙。毫無疑問地，這是不可能的；也就是說，這些命題是無法被證偽的。如果我們遵照波普的理論，現今科學中絕大部分的成就都必須被視為「偽科學」。這對於任何一個注意科學史發展的人而言，都是很荒謬的。所以拉卡托斯（I. Lakatos, 1922-1974）就說：「科學中最重要的勝利，是證實（verification），而不是『證偽』[18]。」拉卡托斯所說的這一句話中，顯

---

[18] I. Lakatos and P. Feyerabend, *For and Against Method*, ed. by M. Motterlini (Chicago: The University of Chicago Press, 1999), p. 95.

示科學發展的主要部分，並不是理論如何被觀察證明為偽，而是理論被接受為真的過程。當一個理論經過長時間的多次證實以後，它不但會被接受，還會根深柢固地深植於人心中；單憑一次觀察就想否定整個理論是不可能的。

拉卡托斯的觀點凸顯了波普理論中「觀察」與「理論」之間的問題。問題發生的主要原因，在於波普忽略了科學發展的實際情況。這使得他將科學的本質局限於「證偽」的邏輯推論之中。我們可以從實際的角度，分別說明「觀察」與「理論」的問題：一是，一個好的理論不會輕易地被觀察所否定；另一是，「觀察」並非如波普所認為的那般明確。拉卡托斯曾以牛頓的地心引力理論為例，說明這一個成功的理論，在面對其預測失敗的時候，不但「證偽」的現象不會發生，它還會受到支持者的保護、辯解、拯救、甚至乾脆將失敗的事例放在一旁，繼續引用。牛頓的理論在預測行星的運動上，不但能夠經常保持準確，還能夠在預測的成就之上，反過來發現導致預測不如期待準確的原因，例如一個尚不為人所知的行星（海王星與冥王星就是在這種假設之下所發現的）。但是，在預測上極為成功的牛頓理論，卻因為尚未發現太陽對於光線所造成的吸引力，所以在預測水星位置上一直有錯誤❿。這錯誤不但沒有造成波普所說的「證偽」，科學社

---

❿牛頓理論在應用上的成功，使得他的聲望在十九世紀達到最高峰。最著名的例子就是在 1846 年所發現的海王星（Neptune）。在此之前，科學家認為太陽系中最外面的一個行星是於 1781 年由 W. Herschel 所發現的天王星（Uranus）。當天王星被觀測到的時候，科學家們也發現，正如同計算其他行星的軌道一般，牛頓理論一樣可以應用來計算天王星的運行軌道。可是，觀測的結果卻顯示，牛頓理論的預測與天象觀測之間卻有 1.5 分的差距。兩位天文科學家〔法國的利維西（Leverrier）與英國的亞當斯（Adams）〕假設這個差距的原因來自另外一顆尚未被發現的行星，它干擾了天王星運行的軌道。於是，他們就應用牛頓理

群反而在這個理論以往成功的基礎上，添加特置假設（ad hoc hypotheses）。有科學家認為水星位置預測不準確的原因，在於一個尚未發現行星的引力影響了水星的位置。因此，科學家就會展開一連串的觀察。結果在預期的位置上，並沒有發現這個行星。這時，科學家們會馬上放棄牛頓的理論嗎？答案依然是否定的，因為我們並不能排除或許是因為觀察器材不夠先進的緣故，所以在能被觀察的範圍中找不到這顆行星，但這不代表它真的不存在。當務之急是發展更先進觀察儀器，看看是否能夠找到這顆行星。如果還是找不到，或許還有別的「特置假設」（例如有星雲擋住觀察的方向，所以天文觀察器材應當以人造衛星送入太空等等），讓這個理論繼續存在，面對新的挑戰。

拉卡托斯並沒有說明，在什麼情況之下，一個出現問題的理論會被「證偽」，但他卻指出來，在任何科學實踐之中，波普所期盼的「證偽」都不會發生在一個已經建立聲望的理論上。拉卡托斯的主要理由，是這個理論的基本假設已經成為一整個科學研究綱領的核心，它不再是一個接受觀察實驗測試的對象，而是一個形成假設的基礎。換言之，在這個基礎之上，我們對外事物進

論計算，在預測的軌道位置上，於 1846 年發現海王星。之後於 1930 年，科學家們又以類似的方法，發現冥王星（Pluto）。這些成功的事例，都讓牛頓的理論日漸成為「真理」的代表。可惜的是，牛頓理論並不是真理，因為它與自然之間一直有一些無法解決的差距，水星就是一個例子。水星運行的軌道與牛頓理論的預測有差距，於是科學家就想用解決天王星的方法來解釋這個差距，也就是在水星與太陽之間假設一顆行星，取名為 Vulcan；它的引力導致水星軌道的改變。從今天的科學知識而言，我們不難理解為什麼 Vulcan 一直沒被發現，但在當時對於科學家而言，因為水星軌道的問題而放棄有史以來最準確的理論，是一件不理性，甚至不可想像的事情。請參閱，Marks，同上所引，頁 251-252；O'Hear，同上所引，頁 64。

行觀察的過程也一樣受到這個理論的影響。就如同我們在先前所檢視的牛頓理論一般，當這個理論所做出假設行星的預測位置找不到時，相信牛頓理論為真的科學家，只會覺得很奇怪，於是會想其他方法來解決為什麼會觀察不到這顆行星的問題，卻不會思考這個假設根本就是根據牛頓理論所假設的。這就與「觀察」的內容有直接的關係了。

　　根據波普本人的觀念，當我們在進行觀察的時候，我們所進行的這個觀察不會是一個漫無目的的觀察；它必然有一個特定的觀察目的與觀察方向。前面提到科學家們尋找牛頓理論所假設的行星是一個例子，從演化論的觀點來觀察某種特別的動物生活在一個特別的區域是另外一個例子。然而，波普卻認為觀察可以包含一個「理論核心」，但也可以是中立的，並且用來否認一個理論。這與我們先前所談到的石里克的「證實原則」立場非常類似。石里克認為，在經驗的基礎上，透過對於「所予」的認定，我們因而能夠「證實」一個命題是否為真。雖然「證偽」與「證實」的立場相異，但在引用觀察經驗作為檢驗理論的依據上，它們之間的差別並不大。這也是為什麼有人認為就觀察在科學理論中所扮演的角色而言，波普並非真正地不同於邏輯實證論的基本立場❷⓿。這個立場也讓費耶阿本感到很奇怪，為什麼一個強調解決歸納問題的方法論，它可以一方面否認理論假設的真實性，而

❷⓿ Hacking 指出，德國社會學家如 T. Adorno 與 J. Habermas 等認為，巴柏實際上是一個實證論者。雖然巴柏與邏輯實證論者有許多不同之處，但是在一個很關鍵的地方，也就是對於一個科學方法論足以區分科學知識與非科學知識的方面，無論是邏輯實證論者的「證實」，或是波普的「證偽」上，都足以顯示出波普與邏輯實證論者在關鍵地方，就是對於用來檢驗理論的方法，可以完全建立在經驗的基礎上。這一點，足以說明他們之間的相似性〔I. Hacking, *Intervening and Representing* (Cambridge: Cambridge University Press, 1981, p. 45)〕。

在另一方面卻可以單憑一個觀察就否認一個理論。費耶阿本問，這個觀察為「真」的基礎是什麼？表面上看來，一個觀察為真的條件似乎是很自然的，正如同我觀察一隻螞蟻慢慢地在我的書桌上爬行一般。可是，實際情況卻不如眼前所見得這麼簡單。舉例來說，某人說：「所有的烏鴉都是黑色的。」並且將這個命題視為一個波普式的假設，等待進一步的「證偽」。很明顯的，如果依照波普的觀點，只要有人夠觀察到一隻白色的烏鴉，那麼這立即表示這個命題被證為偽。對波普而言，這個證偽的過程就這麼直接，因為這個觀察「否定了」認為所有烏鴉都是黑色的這個命題，但費耶阿本卻不認為觀察否定理論的過程會這麼簡單。觀察的認定其實是很複雜的，而且複雜的地方不在於被觀察的事物，而在於觀察者對於觀察結果的認定。費耶阿本指出，當我們說觀察到一隻「白烏鴉」時，我們有沒有想過，在此所觀察到的「白色」是在什麼條件下所認定的。如果有一隻因為污染而變白的烏鴉算不算「白烏鴉」？因為基因突變而變色的烏鴉算不算「白烏鴉」？或者因為染上白色顏料而變色的烏鴉算不算「白烏鴉」？這些質疑可以一直持續下去，直到我們必須承認，任何觀察本身都需要一個特定的觀點，作為觀察的依據，否則單憑觀察者在面對被觀察事物的認知，是沒有可能達成一個所謂「中立的」、「客觀的」甚至「理性的」觀察❷1。

無可否認地，這種否定觀察的「中立性」、「客觀性」與「真實性」的觀點，對於科學哲學中以「歸納法」與「證偽主義」為傳統的觀點，不但構成批判，也導致相對主義（relativism）的觀點。「相對主義」不同於傳統的「客觀主義」，因為

---

❷1請參閱 P. Feyerabend, "Popper's Objective Knowledge" in *Philosophical Papers II* (Cambridge: Cambridge University Press, 1981), pp. 199-200。

它並不認為有所謂「客觀事實的觀察」，可以用來檢驗科學理論。正好相反，在觀察與理論之間的關係上，「相對主義者」採完全不同的觀點：原先以觀察來檢驗理論的傳統（其中包含「歸納法」與「證偽主義」），現在換成以理論來決定觀察。在我們所介紹的兩種科學哲學中，無論是為了證實或否證，原則上都認為觀察足以作為檢驗理論的基礎。然而，從相對主義的觀點來看，觀察者對於事物的觀察認定，並不是凌駕於理論之上，而必然是依照某種理論進行的。更重要的，是一個觀察者依照他所接受觀點之下所產生的觀察，不但不同於其他觀察者所產生的觀察，有時，這兩種觀察之間甚至缺乏一個彼此理解的基礎。在科學哲學中，這種缺乏相互理解可能性的情況，被稱為「不可共量性」。

第六節

不可共量性及其批判

　　在當代科學哲學中，最早針對理論與理論之間的關係提出不可共量性（incommensurability）這一個概念的哲學家是，孔恩與費耶阿本。他們倆人非但同時於一九六二年所出版的作品中提到了這一個概念❷，也在發展這個概念的過程中交換過意見❸。雖然，費耶阿本曾經強調過他們倆人是在完全不同的脈絡下，各自發展出此一概念❷，可是，費耶阿本後來又毫不諱言地

---

❷ 請參閱 Thomas Kuhn, *The Structure of Scientific Revolution* (Chicago: University of Chicago Press, 1962), and Paul Feyerabend, "Explanation, Reduction and Empiricism", *Minnesota Studies in the Philosophy of Science* 3 (1962), pp. 28-97。

❸ 1960 年，當費耶阿本與孔恩都在加州大學柏克萊校區任教時，孔恩曾經將其甫完成的《科學革命的結構》手稿，交由費耶阿本評論。費耶阿本的回覆（兩封長信），現已由 Hoyningen-Huene 在 *Studies in History and Philosophy of Science* 26 (1995), pp. 353-387 出版。孔恩也在《科學革命的結構》書中序言裡也坦承，費耶阿本對於此書有決定性的與深遠的影響。請參閱 T. Kuhn，同上所引，頁 xii。

❷ Paul Feyerabend, *Against Method* (revised edn.) (London: Verso,1988), p. 230。費耶阿本說：「孔恩在不同的方向下，將『不可共量性』此一名詞運用到一個相似，但並不完全相同的情況中。他的方向是歷史性的，而我的

承認，他是在孔恩的影響之下，認識到歷史在了解科學本質的重要性❷。同時，也是因為這兩位科學哲學家都從科學史的觀點來增潤科學哲學的傳統，所以他們堪足被稱為科學哲學中「歷史學派」的代表人物。

費耶阿本基本上認為，如「歸納法」、「證實主義」與「證偽主義」等觀點，低估了觀察語言在描述「實體」所產生的複雜性。因為這個複雜性，他否定了「傳統論者」在「觀察」的意義中所假設的穩定性。他認為，「觀察」的意義並不是透過觀察者一個「注視」的動作即可決定其內容，它其實會隨著促成觀察命題的外在條件之改變而發生轉變❷。費耶阿本同時也承認，在習慣上，發現觀察語言意義的轉變，並不是一件很容易的事，原因在於我們已經非常習慣於接受一個觀察命題（如「前面有一隻大黃狗。」），單純地反應出，對於一個靜止不動的被觀察事物的客觀描述。然而，費耶阿本在此特別強調，這裡所謂的「客觀描述」，其實並不是如同想像中那麼「客觀」。如果我們仔細思考，我們將會發現，一個觀察命題的產生過程實際上包含了兩個部分：一是被觀察事物的內容，二是觀察人針對此內容所作出的詮釋。對於費耶阿本而言，傳統論者的錯誤在於他們把這兩部分

方向是抽象思維的。孔恩的概念來自於科學史，但是這是一個受到他的新理念所影響的科學史。然而我的概念則是來自於維也納學派（Vienna Circle），以及延續它的精神，在五〇年代發展出來的克夫特學派（Kraft Circle）中，針對找尋知識基礎的基本陳述句（protocol statements）之傳統而發展出來的。」

❷ 請參閱 Paul Feyerabend, *Three Dialogues on Knowledge* (Oxford: Basil Blackwell, 1991), p. 156。

❷ 請參閱 P. Feyerabend, "An Attempt at a Realistic Interpretation of Experience" in *Philosophical Papers I* (Cambridge: Cambridge University Press, 1981), p. 20。

畫上了等號，然而，這兩部分的差別卻具有關鍵的意義。

當我們觀察某一事物，首先映入眼簾的，是這一個被觀察事物的內容。這一個過程是直接的。但是，這個直接的觀察內容，經過觀察者的詮釋，透過一個觀察命題表達出來，則是一個間接的過程。意思也就是說，儘管觀察的內容是針對同一事物，但是觀察出來的結果以及表達方式，則有可能因為觀察者的背景知識與觀察條件之不同，而發生不同的觀察詮釋與描述。在一般的情況之中，因為我們與周遭的人擁有相同背景的緣故，所以我們很少會注意到前所述「直接觀察」與「間接詮釋」這兩部分之間的差別。然而，事實上，我們通常所認定的「觀察」其實往往指的就是，針對被觀察事物的內容所作的詮釋。而針對被觀察事物所作的「直接觀察」，對於費耶阿本而言，在被「詮釋」之前，並不具有任何實質意義。換句話說，一個觀察命題產生的過程，完全是因為一個「直接觀察」被詮釋的結果，而這個詮釋則完全受制於觀察人本身的背景知識的影響。

對於費耶阿本而言，沒有一個中立標準足以判斷不同的觀察之間的差別。有時候，這些觀察就像是不同的人在不同的世界所作的描述，其差別之大往往是超越想像的。在科學史中，地球位居於宇宙之間的位置，可以作為說明費耶阿本這一段話的一個例子。根據亞理斯多德的理論，地球是宇宙的中心，然而根據哥白尼的理論，地球僅僅只是環繞太陽旋轉的一個行星。根據這兩個理論，在我們所「觀察」到的地球，居然會出現「宇宙中心」與「一個行星」這兩種截然不同的描述。任何企圖去解釋這種差異的努力，其實都是枉然的，因為這兩個「觀察」的意義必須分別就其所屬的理論來解釋。對於費耶阿本而言，這兩個理論是兩個不可共量的理論。費耶阿本不但引用科學史作為說明的依據，他還以文化上的差異作類似的說明。他說：「不同的觀察所引發的

差異性，往往會因為我們處於一個外來文化或是另外一個歷史時段之內，而顯得更加明顯❷。」我們試想，對於古代希臘人而言，他們的神是多麼活生生地存在著，然而，這些活生生的神，對於生活於今日世界的我們而言，卻又是多麼的不實際。從這個例子中我們可以發覺，在不同的文化與不同的時空中，一些類似於「日常生活」中的言語（例如妖魔）在另個文化與另一個時空中，可以變成一種毫無事實根據的描述。事實上，這類的例子並不僅僅限於不同的文化中，在我們所居住的現代社會中，一樣有類似的情況。舉例來說，許多物理學中假設的字眼，例如動力（momentum），位能（potential energy），速度（velocity），等等不也就已經納入我們生活上的日常用語❷。不但如此，當專業人士針對進行觀察（例如醫生對病人所作的觀察）時，其所表達的內容不但在意義上與一般人所表達的不同，甚至根本無法溝通。這些在溝通與理解上所造成的不同，都是因為知識背景之間的不可共量所導致的結果。

孔恩在其名著《科學革命的結構》中提出類似費耶阿本的「不可共量性」概念（他們用了同一個字），但在引用這個概念時，他們所針對的範圍卻不相同。不同的地方，在於孔恩比較堅持將「不可共量性」概念的例證，集中於科學史的範圍之內，而費耶阿本則將「不可共量性」概念擴大延用在文化與日常生活之中。也是因為這個緣故，所以當孔恩的理念依然在科學哲學的範圍中受到廣泛的討論時，費耶阿本則在晚期逐漸將注意力由科學本質的探究擴大至科學對人類社會所造成的影響。我們現在則延

---

❷請參閱 P. Feyerabend, *Farewell to Reason* (London: Verso, 1987), p. 104。

❷請參閱 P. Feyerabend, *"Attempt at Realistic Interpretation of Experience"*，同上所引，p. 31。

續著科學哲學傳統的發展，來檢視孔恩的科學哲學。

孔恩《結構》一書，出版不久即在學術圈中引發注目。這不但是因為這本書的原創性，也是因為它的批判性。《結構》的原創性在於將科學哲學的思考方向放置於科學史的範圍之中，讓科學哲學的探討得以掙脫抽象邏輯的規範，而回歸到科學作為人類活動一部分的這個事實。同時，也因為重新正視科學史實的緣故，孔恩同時批判了原先在科學哲學中一直爭論不休的「證實」與「否證」兩種方法。從歷史資料顯示，無論是「證實」還是「證偽」都以觀察作為檢驗理論的依據，但事實上，科學史是一連串理論所構成的過程。在其中，觀察並不是不存在，而是觀察的重要性只顯現在某個理論的架構之下。正如同我們先前談到牛頓理論與觀察太陽系中的行星一般，所有對天象的觀察都是為了要證成牛頓理論中所做出來的假設，因此能不能觀察到預測的那一顆行星，並不構成對於牛頓理論的「負面證據」，因為這個證據本身即是一個理論假設之下所做出來的結果。我們曾經在先前強調過，這種將觀察內容置於理論結構之下的觀念對於先前的科學哲學構成嚴厲挑戰，因為如同傳統懷疑論否定我們能擁有知識一般，它否定我們能夠在感覺的基礎上知道科學是什麼。孔恩提出一個嶄新的觀點並且同時批判了「歸納法」與「否證主義」。為什麼這個同時具有原創性與批判性的科學哲學會馬上受到學界廣泛的注意呢？原因就是孔恩引用科學史料對科學哲學界所引發的衝擊。

像拉卡透斯與費耶阿本一樣，孔恩認為波普的否證立場是有問題的。牛頓理論在有關水星軌道預測上所出現的問題，不但並沒有使得科學社群放棄這個理論，反而引發出一連串為了保護它的「特置假設」。「特置假設」並非完全是無用的，有時它們確實提供了一些新的資訊（例如海王星與冥王星的發現），但重點

是，無論如何都沒有人會輕易地因為一個失敗的例子就放棄一個成功的理論。孔恩的科學哲學可以從這個例子中得到一個相當具有代表性的說明。對於孔恩而言，牛頓理論的例子，不但指出波普理論背離歷史事實，也指出所謂的「科學成就」並非完全是客觀事實的累積，而是在某個理論架構之下的發展。孔恩稱呼這個理論架構為典範（paradigm）。典範不會被經驗觀察所否定，因為經驗觀察的對象（例如尋找 Vulcan 這顆行星），是理論架構下所生成的假設。換言之，波普所期待的「否證」，在孔恩的理論不會發生，因為沒有一個經驗觀察是超越生成它的理論架構（用孔恩的話說，就是典範）。典範不但決定了經驗觀察的對象，也締造了科學的發展。在科學發展之前的時期（the pre-scientific period），其主要特色在於沒有典範理論的形成，經驗事實並不生成於一個特定的觀點，所以頗有「百家爭鳴」的味道，各家（即各種不同的理論）強調自己所堅持的立場，沒有共識。

科學始於某一個理論成為科學社群的共識，也就是典範的形成。一旦科學典範形成之後，科學的發展就環繞在成為典範的理論架構之中，其中包含科學的規則、資料的定義、解釋的模式等等。根據孔恩的說法，一個科學典範不單單決定科學社群觀察的方式，他也決定了觀察的內容。因此，當孔恩將長期受到亞理斯多德理論影響的中世紀西洋天文學與中國天文學作比較時，西洋天文學在天體是完美不變的假設之下，不能也不知如何觀察中國天文學早在幾世紀以前就紀錄的太陽黑子、慧星、星爆等天象紀錄。即使相信哥白尼太陽中心說的伽利略觀察到這幾種天象，也沒有辦法說服其他那些堅信亞理斯多德理論的古天文學家，原因不是沒有證據，而是超乎想像的證據無法被觀察。孔恩稱典範理論對於科學發展的方向維持穩定影響力的時期為正規科學（normal science）。在此期間，因為沒有其他理論足以挑戰典範的緣故，所以科學發展不但以典範為中心，也無法想像會有其他的選擇。典範決定一切與科學有關的發展，其中包含科學問題的提問方式，也包含了問題的解答方式。牛頓理論對於行星偏離其預測軌道的問題與解答，就是典範發揮其影響力並決定科學發展的例子。然而，這並不表示典範真能夠解決所有在其中所生成的問題（例如找不到 Vulcan 的例子），只是這些不能解決的問題會在「特置假設」的「掩護」之下，被當成異常（anomaly）存而不論。

當一個理論面對無法解決問題的情況出現時，將此情況置於一旁的「存而不論」態度與立即放棄該理論的「證偽」態度有本質上的不同；前者展現科學社群對於典範理論的信心，而後者則是科學方法論中規範式的要求。但是，在用科學史迴拒方法論的同時，我們會不會因此也對科學理性打上一個問號呢？因為當孔恩說，科學社群在一個典範架構之下，無視於該典範的問題，繼續信守該理論的約束，不是顯得有些違背理性嗎？在這方面，波普似乎反而有比較適當的解釋。波普認為要想付諸「證偽」於實踐的先決條件，是理論之間的比較。一個能夠提出比較多解答的理論，是一個比較「接近真理」的理論。所謂的「證偽」並非單純地用一個觀察來否定一個理論（這只是一個結果），而是在兩個理論之中作比較，然後選擇理論，最後做出「證偽」的判斷。例如，即使牛頓的理論在預測水星軌道上一直有無法解決的問題，但它依然非常廣泛地被科學社群所使用，因為它是他們唯一的選擇。可是，等到愛因斯坦的相對論出現時，情況就非常不同了，因為這時候我們在兩種理論之間可以作比較。至少在水星的問題上，相對論提出解釋，說明為什麼在太陽引力之下水星偏離軌道。表面上，我們可以說，因為這兩個理論之間的比較，使得

科學理性呈現出知識累積的發展。可是，孔恩卻對於這種觀點依然持反對的立場，而這一點卻也展現出他的科學哲學中真正具有革命性的地方。

我們在先前強調，在孔恩的理論之中，沒有中立的觀察；所有的觀察都是依照一個特定理論架構之下所生成的結果。但是在理論與理論之間可以依照它們所達到的成果作比較嗎？對於孔恩而言，答案依然是否定的。孔恩認為，不但沒有中立的觀察，也沒有中立的證據可以作為支持某個特定理論的基礎。典範所發揮的影響力，不只決定觀察的內容，它也依照各自的假設，將相同的事物做成支持自己的證據。例如在亞理斯多德的力學理論之中，物體向下落的原因在於該物體回歸至它的自然位置，因此當我們看到一個懸吊物體左右搖擺時，這證明如果不是懸吊的力量改變了此物體掉落的方向，它就是往下（也就是往它的自然位置）落。同樣這件被亞氏理論視之為支持證據的例子，在伽利略的眼中卻正好證明他的「鐘擺（pendulum）」理論。在現代化學史中的情況也一樣。當皮斯理（J. Priestley, 1733-1804）發現氧氣時，他用氧氣作為證明燃素理論（the theory of phlogiston）的證據，並稱它為去燃素氣（dephlogisticated air）。同樣的氣體（氧氣）在拉瓦錫（A. Lavoisier, 1743-1794）的眼中，卻足以證明他的「氧氣理論」。在這個例子中，今天，可以因為我們都接受「氧氣理論」，而說拉瓦錫的理論比皮斯理的「燃素理論」正確嗎？不可以，因為他們所觀察到的是同一樣事物，所不同的只是各自所抱持的理論對於這項事物所作的解釋不同。如果今天在化學界中所採用的典範還是「燃素論」時，我們也一樣會認為拉瓦錫的氧氣論很不可思議，遑論將同一種氣體視之為證據了。

因此，孔恩認為沒有什麼觀察或實驗足以作為客觀基礎來比較理論之間的好壞。不但沒有中立的證據，我們甚至沒有中立的

解釋，說明從一個典範過渡到另一個典範的過程。在此，孔恩特別強調「科學革命」這一個觀念。他認為，從科學史的角度回顧典範之間的轉換，所有我們能夠作的只是提出一些心理學與社會學的解釋，說明在科學社群的發展中，從支持一個典範到支持另一個典範的過程並不是在理性的方法論上可以做出規範性的說明。這是一個科學社群選擇的過程。所有這個過程中共同有的特色就是「異常」問題的增加，使得少數深為特定異常問題所苦的科學家另覓選擇理論（alternative theories），然後逐步發展它們，堅持它們的證據，看看是否能夠引發科學社群的多數人的注意，並因而逐漸接受它為新的典範。即便如此，沒有特定的理性方法足以說明這個過程。孔恩說：

> 雖然它不必是理性的，或是最終正確的，但為了選擇一個特定理論的信念，它也必須是要有一個基礎的。至少要有一些東西讓少數科學家覺得新理論處在正確的軌道上。然而，有時候只有個人的與不精確的美學思考就能做到這些。當大多數精確的科技論證指向另一個方向時，人們有時卻依然因為這些思考而轉向。❷⁹

孔恩在此在強調，轉向新典範的過程並不因此而是「神秘的」，而是有基礎的，只是我們無法用一個固定的道理來說明這個基礎。唯一我們能夠確認的，是從科學史當中所獲得的證據。它告訴我們，典範的轉換是以「革命」的方式進行。前後典範之間並沒有一個可以置於其上作比較的標準。有時候，我們固然可以看到新典範的理論假設在關鍵實驗中獲得受認可的成功，但這

❷⁹ 請參閱 T. Kuhn, *The Structure of Scientific Revolution*，同上所引，p. 158。

卻不能使我們擁有足夠的理由指出哪一種實驗，哪一種證實，哪一種步驟等足以作為轉變典範的原因。因為牽涉到整個科學社群的緣故，所以這個轉換的原因同時是個人的，也是群體的；在個人心理上，會因為目睹新典範在關鍵實驗上的突破與舊典範在解決問題上的窒礙停滯而逐漸轉向。在群體社會上，則因為相互影響與比較，逐漸締造出科學家們專業忠誠度（professional allegiances）的轉移。無論如何，孔恩認為，科學史清楚地告訴我們，科學發展就是以「革命式的」典範轉向為主，至於科學革命發生的原因，我們只能指出一個模糊的大致方向，卻沒有任何精確的方法。

　　孔恩的科學哲學不但對於科學革命的本質作了詮釋，它本身在科學哲學界中就是一種「革命」。原先當我們論及「歸納法」與「證偽主義」時，雖然我們看到它們彼此之間的相互批判，但它們基本上對於科學知識成長這一部分，均抱以相同的看法。但是，自從孔恩的觀點出現之後，我們陷入一個困難的局面：一方面，我們以理性的方法論作為對科學本質的訴求，另一方面則是沒有固定方法的科學史。根據孔恩的講法，科學發展之中，並沒有知識的穩定成長，而只有一連串的「革命」，或是說的更仔細一些，只有一連串不可共量的典範改變。在這些典範之中，我們沒有中立的觀察（理論架構的假設在觀察進行之前已經決定了觀察方向與內容）、沒有中立的證據（所有被觀察到的事物可以用來作為支持各自典範的證據），甚至對於典範之間的轉換，也沒有中立的解釋，因為我們所能夠提出來的，都只是一些與當時情境息息相關的歷史資訊。它們或許在心理學與社會學的層次上，大致說明轉換發生的過程，但這些資訊卻怎麼也不足以使我們對於典範的轉換擁有一個明確的定理與方法。我們甚至只能說，孔恩以相對主義否定了科學哲學傳統中的理性主義。

　　對於很多人而言，從相對主義的角度來了解科學的發展是無
法想像的。這等同於全面拒絕我們原先對科學所抱持的印象。我
們原先認為科學為我們提供活生生的便利與舒適，所以它是真實
的；科學的應用並不受到不同文化與傳統的影響，所以它是客觀
的；科學獲得的知識不同於其他形態的知識，所以它是理性的。
可是，孔恩拒絕了先前這些有關科學的典型印象。如果真如孔恩
所說，科學的歷史是由一連串彼此之間不可共量的典範所組成，
那麼就沒有哪一段特定的歷史足以作為真理的唯一代表。科學也
不是一門不受外在環境與非科學因素影響的學問，因為典範轉換
的過程中包含了許多與科學間接相關的（如心理的或社會的）因
素。很明顯地，這些因素也使得科學與所謂的「理性知識」漸行
漸遠。伴隨著孔恩《結構》一書所獲得的重視，許多人開始質
疑，難道科學真是各種科學社群中群眾心理發展的結果嗎？難道
科學真的不是理性的嗎？為什麼絕大多數生活在這個科學社會中
的人感覺與孔恩所說的不同呢？針對這些問題，歐希爾（A.
O'Hear）說：

　　　　粗率地講，如果科學哲學家對歷史知道更多，對歷
　　史哲學有更多思考，孔恩對於科學革命的觀點就未必馬
　　上獲得他企圖引發那令人蕭然起敬的敬畏與熱潮。人們
　　或許可以質問孔恩的史學觀點，而不會這麼快奮身去支
　　持在這邊與在那邊的區隔。❸⓪

　　歐希爾的這一段話，指出一個批判孔恩的方向，也就是我們
應當如何詮釋科學史。孔恩所舉的科學史事例都是事實，但針對

---

❸⓪請參閱 A. O'Hear，同上所引，頁 76。

它們所作的詮釋則是另外一回事。同樣的一件歷史就可以依照不同的觀點做出不同的詮釋。例如「辛亥革命」，它發生在一九一一年是一件事實，但它在歷史詮釋中所展現的地位，則可以或者被視之為對舊政體的全面否定，或者也可以被視之為是舊政體的延續，完全看作歷史詮釋的人所採用的觀點。在納入科學史的科學哲學中也一樣，事實都相同。確實有些理論在觀察上發揮極大的影響力，證偽的例證也存在，如心理、社會與群眾等非科學因素確實也曾影響科學家的決策等等，但在這些歷史事實中作整體詮釋時，理論與理論之間的轉換真的是革命嗎？理論與理論之間在共存時期真的是「不可共量的」嗎？這些都是孔恩對科學史所作的詮釋，但我們並不需要接受它們為真。正如同孔恩本人所說的，沒有人可以宣稱他（她）擁有真理。所有的訴求都是在某個特定觀點之下所做出來的詮釋。當然，孔恩自己的訴求也不例外。

根據《結構》一書中所顯示的主要觀點，孔恩自己也不會否定任何訴求都是在某種觀點下所產生的詮釋結果。因此，抱持不同觀點的史學家，會從各自的觀點來詮釋科學史。對於孔恩而言，在蒐集歷史資料中，他就會注意理論架構與心理社會因素對於科學發展所產生的影響，並將科學詮釋為典範相互取代的過程。同樣的，對於抱持歸納觀點的史學家而言，他就可能會從知識累積的角度來詮釋科學史發展的過程。對於證偽論者而言，科學發展的歷史也會從一個被證偽的理論換到另一個理論的角度來詮釋。這種從不同科學哲學角度來詮釋科學史的觀點，它除了讓我們注意任何歷史詮釋都無可避免地會引用特定的哲學觀點之外，也讓我們注意科學哲學與科學史之間的關係。在認識孔恩引科學史入科學哲學所導致的衝擊之餘，我們必須承認，沒有歷史事實支持的科學哲學是空洞的。然而，這並不因而代表孔恩所提

供的科學圖像就是唯一正確的圖像。它也是特定觀點下所引發出來的歷史詮釋。畢竟，歷史的詮釋都必須包含一個特定的哲學觀點，作為詮釋的方向。

第七節

結　論

　　我們在這篇文字中，依照「科學知識論」的方向，介紹了幾種在科學哲學發展中最具代表性的觀點。我們在最後發現，科學方法論在解釋與批判的辯證過程中，似乎浮現出一種觀點，即每一種方法都有其適用的範圍，亦有其限制。這樣的觀點是不是說，每一種科學哲學都只是依照特定觀點所作的詮釋呢？如果答案是肯定的，那麼這是不是因而說，科學哲學中，各式理論，各唱各的調，沒有一定的方法，也沒有固定的方向。這種「相對性」的觀點，會不會也因而否定了科學的普遍有效性呢？這似乎非常不同於我們在〈前言〉中，對於科學所作的描述。我們必須問，如果各種不同的科學理論所顯現出來的觀點，與科學在日常生活中所顯現的印象不同的話，科學哲學對於我們了解科學本質的真正貢獻是什麼呢？

　　我們認為，科學哲學的主要貢獻，並不在於給我們科學本質為何這個問題的標準答案，而在於讓我們重新注意科學理論與科學實踐之間需要互動的重要性。強調方法論建構的科學哲學固然具有普遍性、系統性與邏輯性等展現科學理性的地方，但無可否認地，科學畢竟就其本質而言，依然是由人的活動所構成的實

踐。只要是實踐行為，就會有理論無法完全規範的可能性。這也一樣地發生在科學之中。這是為什麼「歸納法」、「證實原則」、「證偽主義」等這些以規範性方法來說明科學本質的科學哲學，當面對科學史實的時候，都失去了全面規範科學發展的可能性。他們或許在局部的範圍中，滿足了某些理論的發展因素，但是這些因素在其他情況中卻顯得很不適當。甚至我們必須說，沒有哪一種科學方法論足以成為科學發展的規範。但是，從另一方面而論，否認科學本質中包含全面性規範方法的觀點，並不因此而認定科學哲學這一個科目應當化約至科學史的詮釋範圍之中。至少，科學史需要哲學觀點來定義什麼樣的活動，才應當屬於科學。否則，在相關題材的選擇上，會出現領域太廣或是太窄的不均衡現象。這一樣是無助於我們企圖理解科學本質的原意。

我們以為，重點是如何在科學哲學與科學史這兩者之間找出一個均衡點。我們不應在哲學抽象建構中，忽視科學實踐的具體過程，也不應在面對一個特定歷史詮釋的同時，就對整個科學發展的理性建構與知識成長的傳統印象發生立即動搖。很明顯的，這個「均衡點」不會是一個結論性的觀點，因為這不是一個「靜態的」均衡點，而是是一個在動態過程（the dynamic process）中，所追求的理想。科學發展是一個不斷發明與不斷修正的過程。在這個過程中，不斷地有新的理論引導發展的方向。這個「新方向」本身除了會被其他理論所取代之外，它也會不斷地受到科學活動的實際修正。因此，我們應當說，科學哲學的發展，促使我們注意對於科學知識應有的認知態度。我們在探究科學知識本質為何之時，應當維持彈性的認知態度。在思索科學知識發展綱領的同時，我們也必須體認這些「綱領」在實際應用情況中，是會被不斷地修正的。因此，科學知識的探討成為一個無止

境的過程。隨著科學的發展，科學哲學保持發明與批判的精神，
將焦點集中於所有與科學發展相關的議題之上。

參考文獻

孔恩著，程樹德等譯，《科學革命的結構》，臺北：遠流出版，民83。

法伊爾阿本德（P. Feyerabend）著，周昌忠譯，《反對方法》，臺北：時報文化，民85。

拉卡托斯（I. Lakatos）及馬斯格雷夫（A. Musgrave）編，周寄中譯，《批判與知識的成長》臺北：桂冠出版，民82。

林正弘、莊文瑞、李平寫等著，《當代雜誌》10（科學哲學專輯）。

金吾倫，《托馬斯・庫恩》，臺北：遠流出版，民83。

洪謙，《邏輯經驗主義論文集》，臺北：遠流出版，民80。

洪漢鼎著，《語言學轉向》，臺北：遠流出版，民81。

麥基（B. Magee）編，周穗明等譯，《科學邏輯的開拓者》，香港：商務出版，1993。

傅大為，《異時空裡的知識追逐：科學史與科學哲學論文集》臺北：東大圖書，民82。

趙敦華，《卡爾・波普》，臺北：遠流出版，民80。

R. Boyd (ed.) *Philosophy of Science.* Cambridge: The MIT Press, 1991.

A. Ayer (ed.) *Logical Positivism.* New York: The Free Press, 1959.

H. Marks, *Science and the Making of the Modern World.* London: Heinemann, 1983.

A. O'Hear, *Introduction to the Philosophy of Science.* Oxford: Clarendon Press, 1989.

第五章

自然科學的哲學基礎

汪文聖

前　言

本文的開展將依下列步驟進行：首先對「科學」的意義做一闡釋，其中包括廣義的科學與狹義的科學。廣義的科學即是哲學，狹義的科學則是文章標題中所示的「科學」一詞。接著，將對標題中所示的「基礎」做一解釋，我們將回溯到古希臘的始基（arché）一概念，在參照亞里斯多德之定義下將本文所指的基礎做一適當的定位。其後，我們將進入問題的核心，依照先前對「基礎」所做的定位，討論自然科學的哲學基礎：首先對自然科學的奠基在哲學史上做一回顧，接著提出我們的立場，闡述自然科學之哲學基礎是什麼。

我們將回歸於胡塞爾（E. Husserl; 1859-1938）之現象學（pheno-

menology）的立場。胡塞爾本人對科學的哲學基礎做了多方面的
闡釋，其中較廣泛的是關於作為形式科學的邏輯、關於意識領域
的心理學、以及關於物質自然的自然科學。我們將依據已對「科
學」、「基礎」做的解釋來討論，指出胡塞爾對自然科學的界
定，了解它所指涉的對象乃屬於整個世界的一部分，它是科學各
學門分類所致，而各學門是依所指涉的對象與所給予的方式而有
不同，故每門科學不宜被絕對化，自然科學也是如此。而本文重
點將以邏輯的奠基與胡塞爾的實在論立場來討論現象學作為科學
基礎的意義，前者特別在回應我們於歷史回顧中將指出的：新實
證論（neopositivism）主張自然科學哲學即是「科學的邏輯」，
後者也在回應同樣於歷史回顧中將論述的：作為科學基礎之哲學
有從反實在論走向實在論的趨勢。

在結束本文之前，我們尚要概略地指出哲學作為科學基礎的
進一步探討，舉出一些參考資料，以供讀者繼續研究之用。包括
胡塞爾現象學之為科學基礎尚可依何課題來討論、以海德格（M.
Heidegger; 1889-1976）為代表的詮釋現象學尚可依何立場來處
理科學基礎的問題，而它正可與哪些重視科學史的科學哲學相
比，以及其他科學學門——如社會科學——如何也可就哲學作為
基礎的角度來處理……等等。

第二節

廣義與狹義的「科學」概念

　　「科學」之概念一般用英文表達為 science，用德文來表達
為 Wissenschaft，與它相應的希臘文是 epistéme，拉丁文則是
scientia。「科學」之概念原本與「哲學」的概念同時出現，因
為哲學要求和以神話為取向的生活方式做區別，故從一開始哲學
即自稱為科學。但科學也漸漸從與哲學等同，經過隸屬於哲學，
成為其環節之一，發展到與哲學漸行漸離，以致擺脫與哲學的關
係。十分自然的，當今的問題是：究竟科學應和哲學維持何種關
係？❶在對此討論以前，我們先將原先與哲學等同的科學概念視
為科學的廣義概念，次將隸屬於哲學，以及擺脫於哲學的科學概
念視為科學的狹義概念。因而，本文所關切的即是此二不同意義
之科學概念間的關係。

　　對於「科學」概念意義的發展，我們可從柏拉圖對科學的論
述，到近代基於言說或命題系統的科學理念來觀察。柏拉圖將科

---

❶參考 H. M. Baumgartner: "Wissenschaft", in: H. Krings, H. M. Baumgartner,
Ch. Wild (Hrsg.), *Handbuch philosophischer Grundbegriffe*, Studienausgabe
Band 6, München: Kösel 1974, pp. 1740-1764。

學之概念與哲學視為等同，這在其《國家》（*Politeia; Staat; the Republic*）對話錄裡對線性類比（Liliengleichnis; allegory of the line）的討論中可以了解：柏拉圖區分可見的對象和可思的對象，可思的即是可認識的，它包括了個別科學的對象與辯證學（Dialektik; dialectics）的對象，辯證學即是哲學，柏拉圖將它仍歸於科學（epistéme）這個概念。❷在柏拉圖裡，個別科學固然已隸屬辯證學或哲學，但亞里斯多德首開將科學僅隸屬於哲學之先例，他在《尼可邁倫理學》（*Nicomachean Ethics*）中將進行理論活動的科學隸屬於進行智性活動的哲學，智性活動包括思維（nous; intellectus）與智慧（sophia; sapientia）的活動，它是朝向絕對者、所有知識的公理或原理直接去進行洞察的活動，而科學乃是朝向絕對者間接去進行認識的活動；科學雖不與哲學等同，但仍然受到哲學的指導，源於絕對者、所有知識的公理或原理，這有如柏拉圖在線性類比中的個別科學受到辯證學或哲學的指導一樣。

簡言之，在柏拉圖裡，就同樣的「科學」概念，我們尚可見到廣義與狹義兩面，如今對亞里斯多德而言，則「科學」概念僅存著狹義的一面，但科學仍隸屬於哲學。中世紀的唯名論因重視經驗，以經驗為科學構成的要素，而成為爾後科學脫離哲學的思想根源。哲學與科學間的關係雖仍在德國觀念論中保留著，但自近代以來，科學已與哲學的關係日漸疏離了。❸這段歷史我們將在下面再做詳述，今則主要指出：自近代以來科學僅被狹義地理解著，而本文亦將以胡塞爾現象學的立場來看科學重新被廣義理解的可能性。

---

❷ Platon: *Politeia VI*, 509c-511e. 參考 Platon: *Staat, Werke in acht Bände, vierter Band*, Hrsg: G. Eigler, Übers.: F. Schleiermacher, Darmstadt: *Wissenschaftliche Buchgesellschaft*, 1971。

❸ 從前段亞里斯多德所建立的哲學與科學關係至此的概要發展見請參考 Baumgartner: *ibid.*, pp. 1741-1745。

「基礎」的意涵

　　科學既從原先與哲學的等同，一變成為隸屬於哲學，再發展到與哲學脫離關係，故當我們論及「哲學作為科學基礎」時，乃將「基礎」的意涵針對於科學之如何隸屬於哲學的關係而言。今從柏拉圖與亞里斯多德的哲學內涵來看，這個隸屬關係不只是知識論的，而且更是形上學的。這個隸屬關係更應回溯到古希臘哲學家所追問的宇宙萬物和它們的基礎（arché）與原因（aitiai）間之關係，而這種關係最先是被亞里斯多德顯題化出來的。

　　亞里斯多德理解「基礎」或「原因」為對萬物之變化與不變的規定，過去泰利斯（Thales）將此規定視為具物質性（hyle）的水，然而物質僅只是規定性的一種而已。亞里斯多德指出，規定性一共有四種，兩種是外在的，兩種是內部的；內部的是物質與形式（eidos），外在的是目的（télos）與主動者（arché kinéseos）。❹這種形上學的規定性在近代以降漸轉變成知識論的規定，我們可分別就基礎（arché）與原因（aitia）的意義來觀

---

❹參考 W. Bröcker: *Die Geschichte der Philosophie vor Sokrates*, Frankfurt a. M.: Klostermann, 1986 (1965), p. 9。

察其演變：arché 謂萬物之最先的，指萬物從它開始又不離開它，拉丁文為 principium，指著它規定著一切所從出的，這原本屬存有學的原理，卻在近代以降被視為具命題性的原理，此是就 arché 來看的一轉變。至於 aitia 之拉丁文為 causa，在這裡所指的原因不只是因果的因，而是萬物得以成立所歸功的一切因素❺。aitia 之原義在近代以後也做了一些轉變，原本在亞里斯多德所論述的目的因、質料因、形式因與作用因只變成了作用因，萊布尼茲所提的（充足）理由律（der Satz vom Grund; the principle of reason）似只針對因果律來確認，無怪乎它後來為海德格所重構，將一切原因回溯到形上學的根基——存有（Sein; Being）。❻

　　當我們體認了「基礎」的原本意義之後，再來對哲學作為科學基礎的歷史加以回顧時，將會對現今流行的科學哲學（philosophy of science）概念有一新的了解。若將科學哲學視為分析哲學的一特殊課題，或以之為釐清自然科學的基本理念與方法之一種邏輯分析學，那麼此種哲學科學僅始於分析哲學，或至多可遠溯及二十世紀初的新實證論，此時作為科學之哲學基礎的意涵僅為上述的邏輯命題原理而已。若吾人將科學哲學定義為對自然科學的原理、方法與結果的反省，那麼，由於這種哲學僅在對近代自然科學背書，故此種科學哲學的歷史可回溯至近代哲學之初，

❺參考 K.-H. Volkmann-Schluck: *Die Metaphysik des Aristoteles*, Frankfurt a. M.: Klostermann, 1979, pp. 15-16。

❻參考 M. Heidegger: *Was ist Metaphysik*? Frankfurt a.M: Klostermann, 1986 (1929), *Der Satz von Grund*, Pfllingen: Neske , 1992（1957）；但是萊布尼茲是否將充足理由律真僅就命題之因果律來理解尚存疑點，在此我們不再論述，讀者可參考 R. Cristin: Heidegger and Leibniz. Reason and the Path, with a foreword by H. G. Gadamer,（Dordrecht/Boston/London: Kluwer Academic Publishers, 1998），其中作者與 Gadamer 均對萊布尼茲充足理由中的理由視為同時包含邏輯與存有學的兩面意涵。

而基礎的意義也僅是命題的原理或因果律的作用因。但若將科學
哲學理解為對於科學的任何一種哲學反思，那麼其歷史將可遠溯
至亞里斯多德，甚至推至先蘇哲學，而哲學作為基礎的意義將包
含著上述 arché 與 aitia 的完整意義。❼我們在下面即要討論，胡
塞爾現象學是否可在當代重新成為科學的完整意義的基礎。

---

❼對將科學哲學的意義做不同體認而可對其歷史做不同的溯源可參考 J. J.
　Kockelmans: *Ideas for a Hermeneutic Phenomenology of the Natural Sciences*,
　（Drodrecht: Kluwer Academic Publishers, 1993）, pp. 1-2。

第四節

哲學作為自然科學基礎的歷史回顧

　　我們在此先概述從古希臘到近代以古典物理學為奠基對象的哲學發展，再引論從普朗克（M. Planck）與愛因斯坦所揭開的新物理學後，一些探討現代科學基礎的哲學學派，重點將放在實證主義、新實證論、辯證唯物論及實在論等，至於以孔恩（Th. Kuhn）為代表之注重科學史的哲學學派，我們將在第六節論及哲學為科學基礎的進一步探討中略加提及。

一、從古希臘到近代

　　古希臘從泰利斯起的宙論時期乃對自然（physis）的基礎（archai）來探討，當時哲學家們相信宇宙內有一定的律則，而人世間的律則乃從宇宙間的自然律則推衍出來。其後進入古希臘哲學人事論時期，辯士們對人在世間的實踐性律則的普遍性提出懷疑，他們固守於只憑感覺的相對的實踐行為標準，故導致蘇格拉底提出以思維來重建客觀性實踐行為的準則，而往後的小蘇格拉底學派則對蘇格拉底所提出的客觀之善做了不同的詮釋。在宇宙論與人事論時期之後，進入了系統時期，其中柏拉圖與德謨克

利特（Demokritus）皆從辯士學派的普洛太格拉斯（Protago-ras）出發，他們一方面注意到普氏所強調的感知世界，另一方面更承認作為思維對象的真實世界。如若柏拉圖是受到蘇格拉底倫理學取向的影響，而德謨克利特則是重新以宇宙論時期的自然律探討為其取向，那麼，德謨克利特可說是開闢近代自然科學思想的主要先驅。❽

德謨克利特一方面以最小不可分的物質——原子——作為宇宙萬物萬象的真正實在者，另一方面也提出讓原子自由運動的（虛）空間概念，萬物之各種性質由於原子單位的組成方式與運動方式之不同而異，德謨克利特將質的（qualitative）不同還原到由原子所造成之量的（quantitative）不同，這是近代科學之量化方法思想的先驅。與之相對照，同樣屬於希臘哲學系統時期的亞里斯多德雖也以自然學（Physica）處理對象，但其自然界的圖像不像德謨克利特那樣是量化的、機械主義式的，而是具目的性的，故亞里斯多德的自然科學思想並不是近代自然科學的先驅。

從古希臘到近代哲學，其間尚需歷經希臘化羅馬時期，其中重要的思想家如伊比鳩魯（Epicurus）多受到德謨克利特的影響，斯多亞學派（the Stoic School）則主要繼承亞里斯多德的目的論，但斯多亞學派特別以一種泛神論的思想，強調宇宙自然界的規律和人類實踐行為的規律是統合在一起的❾，導致爾後康德在奠定近代自然科學之同時，仍提供了人類實踐行為如何仍有自

---

❽這裡所言從古希臘到德謨克利特的發展見 W. Windelband：*Lehrbuch der Geschichte der Philosophie*, Tübingen: Mohr, 1980 一書之希臘哲學從宇宙論到系統時期部分，另外，以下對於自然科學的哲學基礎歷史回顧，見 W. v. Del-Negro: *Konvergrenzen in der Gegenwartsphilosophie und die moderne Physik*, Berlin: Duncker & Humblot, 1970, pp. 9-14。

❾見 Windelband, *ibid*., II.希臘化羅馬哲學，1.倫理學時期之§§15-17。

由的可能條件。

　　希臘化羅馬時代末期的新柏拉圖主義與後續的基督教哲學，雖皆是以彼岸為旨趣，但如前所述，中世紀唯名論重視個體經驗，逐漸離棄了目的論的世界圖像；此外羅傑培根（Roger Bacon）以數學與物理實驗取代了權威的信仰，來作為知識的基礎，同屬唯名論的威廉奧坎（William of Ockham），更在十四世紀中首先提出有關慣性、動能之概念，以及類似後來迦利略（G. Galilei）自由落體之學說。

　　迦利略奠立了古典自然科學──物理學，而由牛頓做一暫時的總結。迦利略尤其對自然科學的方法學有宏偉的建樹，他透過數學方法──經驗觀察與實驗結合了數學演繹──將物理學提升為一精確的（exact）科學。迦利略將亞里斯多德的目的論世界圖像轉變為數學的世界圖像，他確實是促進近代科學發展的關鍵性人物。近代理性主義哲學家笛卡爾、斯賓諾莎與萊布尼茲皆受到迦利略的影響，他們的哲學皆建立在數學之世界圖像基礎上。近代哲學雖已從中世紀時的神學解放出來，但立刻又扮演著對自然科學背書的角色，甚且從原本對科學仍居的指導地位，漸次被科學所擺脫，乃至成為科學的附庸。顧爾維茲（A. Gurwitsch）曾對近代科學進展的歷史做了三階段的描述：第一階段從十七世紀到十八世紀中葉，首先迦利略提出科學旨在看穿世界表面之現象的外紗，以揭發數學所建構的實在性，其後包括笛卡爾的哲學家根本上皆以哲學作為科學建立有效性的根據；第二階段始於一七四八年，當時歐依樂（L. Euler）之《對時空反思》（*Reflexions sur l'espace et le temps*）一書主張：哲學家無權自我再對自然科學提出看法，他們必須參照科學家的意見，故自然科學正式對哲學提出了「獨立宣言」，科學不必再以哲學為依賴以證明其有效性，科學本身的合法性是一理所當然的事實；第三階段由胡塞爾對於

迦利略式之科學意義提出質疑開始，他對百餘年來科學理所當然有效之事實性重新提出問題，將自然科學重新回溯到哲學的基礎上，此即由胡塞爾所開創之現象學運動對科學基礎重新反省的階段。❿我們在下面即將以此現象學的立場處理對自然科學基礎加以重構之問題。

不過，我們對自然科學的哲學基礎的歷史回顧尚未終結，尤其康德的角色不宜略過。康德對先前近代經驗主義哲學家休謨（D. Hume）的懷疑論，特別是對他針對因果律的懷疑，以致產生對整個自然科學的客觀有效性的懷疑提出了辯駁。他一方面確認歐基理德幾何，另一方面信服自然律的一般性與必然性，其《純粹理性批判》旨在對迦利略所奠基的、並由牛頓所終結的古典物理學尋找哲學的基礎。康德謂：「一個可能經驗的一般的先天條件，同樣即是對象的可能性的條件。」⓫他既探討著這些先天條件，同時又體認到這裡所說的對象，是自然科學研究的對象；所說的經驗，是科學家實驗活動的經驗。故而，在迦利略的影響下，對象成為數學的世界圖像中的成分，對象本身亦具有數學的結構；經驗成為證實此具數學結構之對象的活動，而它之所以能證實，即因主體所具的純粹理論理性。康德謂：正如法官依據法律條文在法庭對當事人提問，以獲知應用何種條文判定當事人一樣，如今主體是依據在理性中的既有法則，去追問大自然中的科學對象，以獲知何種條件可使自然律成立；科學家憑藉理性製作著實驗方法，然後讓大自然教導科學對象是由何種經驗、以

---

❿ 參考 A. Gurwitsch: *Phenomenology and the Theory of Science*,（Evanston: Northwestern University Press, 1974），pp. 36-39。

⓫ I. Kant: *Kritik der reinen Vernunft*, Hamburg, 1976, A 111: "Die Bedingungen a priori einer möglichen Erfahrung überhaupt sind zugleich Bedingungen der Möglichkeit der Gegensätande."

及由何種先天理性條件所形成。⓬因而，具數學結構的對象必然導致具數學結構的主體。康德所探尋出來的對象與經驗的先天條件，已然受到世界之數學圖像性質的影響。這一點也影響到他所尋獲的可能經驗的先天條件，會具有一些——如後來胡塞爾所評論的——神話未解的成分⓭。康德自己也說：「理解只因著範疇，而且只因如此之範疇而有如此多之範疇，以產生統覺的先驗統一性，此一特殊性是不再能進一步解析，亦恰如為何只有此等判斷之形式而無其他，或為何空間時間是可能直覺之唯一形式，此亦不能再有進一步的解析。」⓮這些在康德仍未徹底釐清之可能經驗的條件——它們更可說是可能認識的條件，以及科學可能的條件：邏輯範疇、時間與空間，這些正是像胡塞爾這樣的現象學家所要處理的核心題目，它們是作為科學基礎之哲學的中心課題，而本文將特別針對邏輯部分來處理，並對其他相關課題略加提示。

康德拋棄了人對物自身（Dinge an sich; things in themselvs）的知識以及由理論建立的古老形上學風格，以保障歐基理德幾何與牛頓物理學的有效性，因而他所理解的科學概念毋寧更屬於近代的——受到德謨克利特機械之世界圖像與迦利略的數學的世界圖像所影響，而不是以亞里斯多德具目的論之世界圖像為依歸，故科學嚴格說來並不受到哲學的指導。前面所說「人類理性只具

⓬此見解見 Kant, *ibid*., in: *Vorrede zur zweiten Auflage*, pp. 17-18。

⓭見 E. Husserl: *Die Krisis der Europäischen Wissenschaften und die Transzendentale Phänomenologie*. Eine Einleitung in die phänomenologische Philosophie, hrsg.: W. Biemel, Hua Bd.VI, Den Haag: Nijhoff, 1954（以下稱 Hua VI），pp. 116-118。

⓮Kant, *ibid*., B145-146（§21），另參考牟宗三：《認識心之批判》（上下冊）（臺北：友聯出版社，1955年（初版）），上冊，頁363-364。

備一法官的性格，它讓大自然來教導」，即充分顯示此意涵。我們也說過，「科學」的廣義概念即是哲學，這古老的科學概念曾顯示在柏拉圖的論述裡，而亞里斯多德至少還保持著科學以哲學為指導的要求，並且讓科學之所以為科學的基礎或原因不只表現為命題方面的基礎，也不只是因果律的原因，而且更具備形上學的色彩。康德既將理論與實踐理性分開，將理論理性所成就的科學世界安置在現象界所保有的一般形上學（metaphysica generalis; geneal metaphysics）裡，並將實踐理性所成就的智性世界安置在特殊形上學（metaphysica spezialis; special metaphysics）裡❺；其後的德國觀念論則以思辨形上學（speculative metaphysics），將康德仍未徹底結合的一般與特殊形上學，以及科學與哲學的關係，再做疏通，以致使得科學再度以哲學為依歸，科學概念再度具有目的論之意義。德國觀念論所做的，並不是對近代自然科學的奠基，而是對亞里斯多德的自然科學奠基之工作。

二、現代物理學思潮與辯證唯物論

但是，十九世紀以來將德國觀念論翻轉過來的唯物主義，卻更將古典自然科學發展開來，將物理學的機械論性格轉嫁於一新興的科學──化學──之上。道爾頓（Dalton）擴展了德謨克利

---

❺康德在《純粹理性批判》中曾將超驗哲學或一般自然的存有學（Ontologie der Natur überhaupt; ontology of nature in general）稱為一種形上學，此被海德格歸為「一般形上學」；康德續將心靈學、宇宙論與神學稱為超絕（transzendent; transcendent）形上學，此被海德格稱為「特殊形上學」。參考 Kant, *ibid.*, B 873-874 或 A 845-846; M. Heidegger: *Kant und das Problem der Metaphysik*, Frankfurt a.M.: Klostermann, 1991, pp. 10-12，其中海德格並批評康德應以一般形上學為特殊形上學的根基，而非顛倒過來。

特的原子說，以為不同的化學元素由不同重量的原子所建構成，化學亦成為一量化的科學；同樣的，當時拓展出來的熱力學、聲學、電學等，亦皆奠立在這種機械論之基礎上。❶此外，從黑格爾的辯證思想轉化而來的辯證唯物論，也扮演著維護近代自然科學的角色。原來自十九世紀以降，有一股新的自然科學思潮湧現，辯證唯物論遂成為古典物理學的捍衛者。在辯證唯物論從馬克斯歷經恩格斯到列寧發展的同時，另外有一股科學哲學思潮——實證主義——又對辯證唯物論產生衝擊，因而也成為辯證唯物論批判的對象。

但是，歷經一段時間的論戰之後，這些潮流有逐漸會合的趨向：原本傾向一般實在論的辯證唯物論，逐漸僅僅固守著認識論的實在論的立場，而不再主張存有論的實在論；原本以為感覺所組成的才是實在的，而物理世界僅是由思想所塑造的實證主義，在發展為新實證論或邏輯實證論（logical positivism）之後，也逐漸有往實在論發展的傾向；在新的科學思潮中，提出相對論的愛因斯坦與提出量子力學的哥本哈根學派，原本皆是藉著實證主義來詮釋他們各自的理論，其後他們也分別轉換到實在論的思維模式。❷對於這些發展，我們將再進一步說明如下，在此節中，我們將先論述現代物理學思潮與辯證唯物論。

首先，在自然科學思潮方面：雖然新物理學是從一九〇〇年普朗克發現量子（quantum）與一九〇五年愛因斯坦建立相對論，因而啟開序幕，然而十九世紀的一些發展已經對此做了準備，其中最主要的是非歐氏幾何學的成立。過去康德僅在歐氏幾何空間的基礎上論述自然科學的建立條件，並以為空間是先天的

---

❶進一步內容可參考 v. Del-Negro, *ibid*., p. 11。

❷對此諸思想潮流之會合論述參考 v. Del-Negro, *ibid*. pp. 11-14。

直觀形式；新物理學者則發現我們不能以直觀來論證歐氏幾何中
的兩大命題——兩平行線永不相交與三角形內角和為一百八十
度，因為由直觀所察覺的空間具有限性，平行公理等卻關涉無限
的空間，歐氏幾何需建立在對直觀理念化的預設之下。在其他不
同預設下陸續被提出的雙曲線空間（Lobachevski, 1826; Bolyai,
1829）與球面空間（Riemann, 1854），實和歐氏幾何空間可同
時成立，此諸非歐氏幾何之極限即是歐氏幾何，它們三者皆在描
繪一屬同質矩陣結構之不同空間，空間的矩陣結構依賴於質料的
分布，同質性是數學理念化的結果，為不同空間所隸屬的矩陣結
構則是最為一般的空間，它即是著名的黎曼式空間，它不只是三
度，更是 n 度的空間❶❽。後來黑勒姆赫爾次（Helmoholz, 1868）
也指出物理學空間本具備非歐氏的性質，愛因斯坦的廣義相對論
正對此提出證明。

　　其次，為相對論作準備的有電磁場理論，磁針之所以受電流
影響，不能由機械主義的古典物理學來解釋——古典理論曾以光
電之無限速度的遠距離作用來解釋，並且以為光電乃被以太
（ether）所負載；如今相對論否定了以太的假設，將物質還原到
能量，以光電之有限速度的近距離作用，來解釋電磁場問題。光
速並非是絕對的，這一論點僅只是廣義相對論之一部分，而這一
般的相對性也可見於任何一個簡單的例子裡，例如在飛快的火車
上與在靜止的座標內，所觀察到的石頭拋擲線，即可觀察到不同
的路徑。相對論以為時間與空間在不同的座標系統會有所不同，
也因此並沒有絕對的時間與空間，而只有相對的時間與空間資

---

❶❽ 胡塞爾在 E. Husserl: *Ding und Raum. Vorlesung* 1907, hrsg.: U. Claesges,
Hua Bd. XVI, Den Haag: Nijhoff, 1973, pp. 121-123 處亦有類似的看法，
他以為不論一理想的空間性為三度或四度，為平或曲不等，但它在相應我
們覺知場域之方式下呈現出來，其中當然配合著我們的運動感覺而呈現。

料。愛因斯坦首先將時空的沒有在其自身性（an sich; in itself），或時空沒有一種物理自身的屬性的理論依據，歸於馬赫（E. Mach）的實證主義。而且，他甚至更進一步，不僅將之歸於個人主觀的感覺組合，而且更歸於後來新實證論所主張的，在主體際被觀察與測量的實在。愛因斯坦後來終於離開實證主義，相信有一物理學系統的實在性，而且，唯有在此基礎上，才能理解光速的常數性、時空的相對性，以及質能的等價性。⓳

　　量子力學由一九九○年普朗克發現作用性量子而揭開序幕。光的量子理論取代了光的波浪理論，其間雖曾出現以光為物質波的折衷理論，但最後終於形成量子理論或波浪理論端視實驗的操作而定，且二種理論需要互補的結論。這亦幫助了對海森堡測不準（uncertainty/indeterminacy）原理的解釋：電子運動的位置與速度規定量處於一不準確的關係中，若位置能愈精確地被規定，則速度將愈不能精確被規定，反之亦然；此因測量與被測量之對象，在一不可化解的交互作用下，被測量的對象不能擺脫對測量過程的依賴。測不準原理造成在微觀物理學領域中，嚴格的因果關係再也不能被確認，而且統計的觀察取代了因果的觀察，或然律取代了因果律。⓴這種不確認性並不是來自認識能力的不足，而是來自被認識的對象本身本來就是不確定的。換言之，這種不確定性已從「認識論的」層面，轉為「存有論的」層面；前者仍預設了一個不受科學觀察影響的對象，後者則將之加以否定。但這種反實在立場稍後也有了轉變，原先信服極端主觀主義的海森

⓳有關相對論的預備，與愛因斯坦受到實證主義思想影響的演變，詳見v. Del-Negro, ibid. pp. 15-24，以及 pp. 41-42，其中指出《愛因斯坦自傳》〔*Albert Einstein, Philosopher*-Scientist, hrsg,: P. A. Schlipp, 1949, 1955（德文）〕對此亦有敘述。

⓴參考 v. Del-Negro, *ibid.*, pp. 42-47。

堡，逐漸承認世界現象本身並不全受我們的觀察所支配。一些科學家也逐漸承認光或物質本身既不是波浪，也不是量子，只是光或物質不能由波浪理論或量子理論來掌握而已。

　　對於量子理論的發展，我們可概述如下：原來普朗克並不否認實在論，他主張現代物理學雖不能由直觀所掌握，卻可藉符號來接近實在世界。其後，藉由海森堡與波爾（N. Bohr）於一九二七年共同發表的哥本哈根詮釋（Koperhagener Deutung; Copenhagen Interpretation），轉向以新實證論為基礎，認為「實在」是經由主體際的觀察與測量而得，而在微觀物理學中，不確定的對象之所以不確定，是因其本身已非實在的。這個詮釋基於主體主義與觀念論的思想，致使所探究的大自然不再是自然本身，而是由人的提問所設定的。這種觀念論的傾向後來又由魏塞克（C. F. v. Weizsäcker）運用依附康德的認識論的方式所繼承。但包括布洛格利（De Broglie）、玻恩（M. Born），以及玻姆（D. Bohm）的物理學者，皆轉向了實在論。他們皆贊同愛因斯坦後來所持「上帝不擲骰子」的立場。最後，海森堡也偏離了主體主義與觀念論之立場，認為量子物理學中的或然性，具有亞里斯多德哲學中的潛能（potentia）的意涵，而觀察活動其實是從潛能漸次往實在去進展的。但是，由於海森堡較局限於以潛能為人類研究與探討的結果，故他實際上僅承認實在論的雛型而已。❹

　　辯證唯物論（dialectic materialism）的自然哲學是以恩格斯為始祖，但他正如同馬克思將黑格爾原屬內在之精神概念加以辯證轉換，使成為經濟性歷程的實在的辯證一樣，也以自然與物質性歷程具有實在的辯證性，並且將物質辯證歷程視為是精神辯證

---

❹關於量子物理學從實在論經實證主義又漸轉實在論的傾向參考 v. Del-Negro, *ibid*., pp. 47-63。

歷程的基礎。換言之，思維是由物質的存有物所決定，思維的任務在於對物質的存有物做反映。因而後來列寧即對實證主義之消除物質的實在性加以抗爭，他既反對將物質之化約為能量，又反對質與能的二元論。時間與空間對他而言，皆為物質存在的形式，具備客觀性。物質的質性是無限的，電子與原子皆永不會被消滅，此外，運動性是物質的本質，而所有的物質皆是互相轉換，物質世界呈現著動態性與歷程性。因果律是普遍的世界關係中的某一種特殊性，自然律是唯一的持續者，意識對照於物質而言是次性的，它只是物質的內在狀態。恩格斯與列寧這種存有論的唯物主義配合了認識論的實在論，而他們的認識論反映著物質的實在性。㉒

列寧當然會反對現代物理學中的反實在論立場，尤其會對抗早期物理學家的實證主義與新實證論思想。而整個辯證唯物論學派陸續對相對論與量子力學採取先排斥而後接受的態度，此因愛因斯坦後來走向實在論的路途，辯證唯物論尋找到與相對論有一致之處，如對它們而言時空均受物質性的依賴；同樣的，辯證唯物論駁斥哥本哈根詮釋，但歡迎海森堡本人及後來如 D. Bohm 等之走向實在論之路，且與量子力學同樣離棄傳統的物質概念：除去物質的材料性，擴大物質概念的意義，即將存有論的物質主義漸轉為不考慮物理學實在性的實在論——辯證唯物論走上了認識論的實在論之途。㉓

㉒關於這一般對辯證唯物論自然哲學的介紹參考 v. Del-Negro, *ibid*., pp. 64-66。

㉓有關辯證唯物論與相對論及量子力學間關係見 v. Del-Negro, *ibid*., pp. 69-97 及書後之總結部分 pp. 154-155。

三、實證主義與新實在論

前面已指出，實證主義與新實證論對於現代科學的影響頗大，愛因斯坦早期與哥本哈根詮釋皆各以它們為科學理論的依據。實證主義是指從馬赫與阿凡納留斯（R. Avenarius）所啟開的思潮，阿凡納留斯從反笛卡爾主義的一元論出發，他認為在此一元論的狀況下，我們有著自然的世界概念（natürlicher Wel-tbegriff; concept of natural world），而這是透過我們的純粹經驗所掌握的；我們只有合於知覺的資料，至於內在的與外在的、心理的與物理的⋯⋯等等區別，皆對我們不再存在。馬赫亦以為感覺的元素才是實在的，主體與客體本來也沒有分別，心靈的我與物質的實體皆只是感覺元素的組合，也因此物體不是一作用到腦部而引起感覺的具超越性之實體，物理學與心理學等並不依據其內容而區分，因為這些內容皆同樣由感覺元素所組合，它們只是由組合的方式不同所造成，而組合的動機是思維的經濟（Denkökonomie; economy of thinking），它可以讓我們在感覺元素不可預見的混亂中，對生活的周遭對象作較為簡易的掌握。此外，羅素（B.Russell）早期也屬於一元論的實證主義者，他以為最原初者是現象的事件（event; Ereignisse），物理學對象——特別是現代物理學的抽象性對象——是基於對事件元素所做的邏輯的建構物，至於心理對象，例如我或主體，亦是這種邏輯的建構物。羅素稍後即轉向實在論，惟他早期的思想對於實證主義繼續的發展仍有所助長。㉔

㉔此實證主義論述參考 v. Del-Negro, *ibid*., pp. 98-100，另外參考 E. Husserl: *Logische Untersuchungen I: Prolegomena zur reinen Logik*. Tübingen: Nieme-yer, 1980[6]（以下簡稱 LUI），第九章指出馬赫與阿凡納留斯有生物學進化論的立場。

在新實證論方面，維也納學圈（der Wiener Kreis; the Vienna Circle）的創始人石里克（M. Schlick）早先是一位實在論者。他反對馬赫與阿凡納留斯的實證主義，以為僅憑片斷的知覺資料不足以建立自然科學，這尚需要「非被給予者」的補充，而事實上科學知識即針對此「非被給予者」，它是被認知的（erkannt; recognized），反之，知覺的資料只是被認得的（gekannt; acquainted）。稍後，石里克轉向實證主義，在二〇年代正式成立維也納學圈。在當時尚未加入維也納學圈的維根斯坦（L. Wittgenstein）與其後成為維也納學圈領袖的卡納普（R. Carnap），則是影響此一學圈的發展最大的思想家。

維根斯坦早期的《邏輯哲學論》（*Tractatus logico-philosophicus*）（1921）對於新實證論的思想發展具有重大意義。一方面，他以為世界是所有事實（Tatsachen; facts）❷⑤的整體，具實在性；另一方面，語言是世界的副本，它以事態（Sachverhalte; state of affairs）的形式去表達事實。世界與語言需以某種仲介來連接，此即是邏輯形式。在世界的「事實」與在語言的「事態」中，有一共同的邏輯結構，也因此語言可以述說世界的實在物以及邏輯上的可能物。純粹的邏輯命題僅是分析的與同語重複的（analytic-tautological），它和經驗科學的綜合命題不同。經驗科學需靠事實來檢驗。若一個命題既非將邏輯的可能物訴諸分析來表達，又非模仿一可經驗到的事實，那麼它即是無意義的（sinnlos; meaningless）。形上學是一無意義的命題，它不與語言有關，是不可

---

❷⑤ 對此事實一詞的理解可參考 B. Russell: Logical Atomism (1924) in: *Logical Positivism*, ed. by A. J. Ayer, Illinois: The Free Press 1959, pp. 31-50，其中 pp. 42-43，其謂對一複合物（complex）或事實（fact）的符號是一命題，對一簡單物（simple）的符號是一個字，前者可被確認（asserted）或被否定（denied），後者可被命名（named），二者不可互相取代。

說的、神秘的。維根斯坦所提出的語言哲學賦予新實證論一新的面貌，使之和馬赫等的實證主義區別開來；由之新實證論一方面以邏輯、數學為先天的，這和一般經驗論不同；另一方面則以經驗為賦予命題意義的條件，使形上學的命題成為無意義的。但後來維根斯坦自出版《哲學研究》（*Philosophische Untersuchungen; Philosophical Investigations*）之後，改以語言分析為主，離開完整邏輯結構語言的理念，轉而從日常生活語言的「語言遊戲」來談論，從而也離開了新實證論的立場。㉖

我們在此舉石里克在〈形式與內容〉（1938）一文裡的論述為例，以見新實證論和維根思坦在《邏輯哲學論》中思想的類似性。石里克指出：同一事實可藉許多語言表述，語言具有共同的結構，故此事實也有共同的結構，在此所謂的「事實」對於不同的語言皆是同一的，藉此我們可以傳達所理解到的事實。又，每一語言必須能表述所有的事實，包括一切可能的事實。世界中所有的事實必須皆可被表述，其中也包括表達其為否定的事實。由之，我們可以見到石里克是藉邏輯規則來檢驗事實的是與否。事實是由一整個命題來表示，其所表示的是各個簡單個體之間，如實體屬性或關係的組合；而命題之意義則在於對所表示的事實的邏輯上可能的證實（logically possible verification）。故我們僅可藉結構來表述事實的是與否，卻不能探討事實所含的個體甚至事實的本性（Eigenschaft; nature）。㉗

㉖對新實證論起初受維根思坦影響的發展，見 v. Del-Negro, *ibid.*, pp. 100-102。

㉗以上參考 M. Schlick: Form und Inhalt. Einführung in philosophisches Denken (1938), in: *Philosophische Logik*, Frankfurt a. M.: Suhrkamp, 1986, pp. 110-222, 其中 pp. 116-118; 對命題之意義在於對所表示事實之邏輯可能的證實的說明，見 V. Kraft: *The Vienna Circle. The Origin of the Neo-Positivism. A chapter in the history of recent philosophy*, Westport: Greenwood Press, 1953, pp. 25-26, 31。

　　至於卡納普的新實證論思想，是以一九二八年的《世界的邏輯結構》（*Der logische Aufbau der Welt; the Logical Structure of the World*）為代表，其中表現著一種方法的現象主義（methodischer Phänomenalismus; methodic phenomenalism），但它不再是如馬赫與早期羅素所提出的存有論之現象主義，而是語言學的現象主義。他提出現象主義的語言，認為所有語言的意義皆要建立在體驗的資料之上。也因此他所尋求的規則，是將包含某一新概念的言說，轉換為一包含「基本概念」與「邏輯形式概念」的言說，也就是從無法定義的體驗語言的基本概念，加上邏輯形式概念，去建構出新的概念。體驗所給予的基礎及其所表示的基本概念是屬各自的心理物（das Eigenpsychische; the autopsychological objects），其上則陸續有「知覺世界」、「物理世界」、「他我意識」、「精神與文化對象」等概念之建構，至於形上學則是獨立於意識存在之外，也因此不可能被建構出來。當某一言說被還原到屬於對體驗言說的基本命題時，該言說便是有意義的，這是將言說的意義放置在言說本身的可證實性（Verifizierbarkeit; verifiability）上。維根斯坦曾提出：「命題的意義在於其證實的方法」，維也納學圈將之視為經驗主義的意義尺度來奉行。卡納普正是以此一尺度來展開其建構世界的藍圖。但當他主張將所有意義還原到體驗所給予的基本命題——或稱為原錄命題（Protolkollsätze; protocol statements）——時，紐拉特（O. Neurath）卻認為：真正的體驗是非言說的，原錄命題不是最後的，它必定已經預含了一些什麼東西在內。卡納普後來也接受此一批評。總之，新實證論必須重新檢驗最後的基礎是什麼。㉘

㉘ 有關維根斯坦與卡納普之新實證論思想，參考 v. Del-Negro, *ibid*., pp. 100-102。

　　由於各自的心理物，本屬不可言說之物，也因此它不能達到建立言說意義基礎，且為主體際所接受的物理世界，為此，新實證論者設法創造出具主體際及普遍性的科學的統一語言。一九三一年，卡納普與紐特拉建議，訂定此一統一語言為物理學語言。此時，新實證論稱為物理學主義（physicalism）。其後，卡納普將此統一語言改為物體世界語言（Körperweltsprache; language of the corporal world），它同時也能做為心理學語言的基礎，也因此心理學變成是一種行為主義的心理學。就此而言，新實證論雖有所演變，但他自始都是以主體際的言說的可能性為出發點，認為「主體」是邏輯建構的結果，而非作為經驗一般可能性條件的超驗主體。至於量子力學最初具有的主體與觀念主義色彩，顯然和新實證論有別，至於它在後來也承認經由主體際的觀察與測量才是實在的，這一點則和維也納學圈相近。❷⑨

　　新實證論為何會逐漸走向實在論呢？這是因為原先它所奉行的經驗主義之意義尺度已經受到質疑：證實的方法不能訴諸於直接的觀察，雖然新實證論擺脫了實證主義建立在直接知覺的現象論思想，但仍以主體際的可觀察性作為證實的依據。它將證實置於如物理語言及物體世界語言的基礎上。科學家在以之作為理所當然的真實後，便將其他對世界的語言論述還原到這些基礎的語言上去，而其間的仲介，則是如維根斯坦所說的邏輯結構。卡納普雖在《世界的邏輯結構》從各自的體驗出發，但仍止於對體驗做關係的描述（Beziehungsbeschreibung; description of relationship），而非進一步對體驗做本性的描述（Eigenschaftsbeschreibung; description of nature）。這點顯示，他已脫離現象論之以

---

❷⑨對新實證論漸從各自體驗走向以統一語言為基礎的傾向，見 v. Del-Negro, *ibid*., pp.105-106。

直接觀察為基礎的立場，而轉向以關係結構為基礎，後者始終較直接與件占有更重要的地位，因他認為科學所處理的是對象之結構本性（Struktureigenschaften der Gegenstände; structural nature of objects）❸⓪；且此結構性標記（strukturelle Kennzeichnung; structural marking）指示著對象領域（Gegenstandgebiet; domain of objects），而非「個別對象」。❸①所以，當邏輯結構作為仲介時，它不只使作為結構語言的科學語言在形式上要求合乎邏輯，而且要求作為基礎的體驗關係結構也合乎邏輯。此一想法的根源更在於：邏輯代表著世界結構，如此我們才能以主體際的方式表述世界。卡納普便是基於這點，展開其對世界的建構工作。❸②此時，證實的方法雖不再是直接的知覺，但由於卡納普等人將意義放置在能主體際地表述，對於這一要求而言，邏輯之作為主體面對世界的方式，是最基礎的，也因而有前所謂的經驗主義的意義尺度：一命題的意義在於其所表示的事實具有邏輯上可能的證實性。

不同於此，波普（K. Popper）根本上對「證實」的概念加

---

❸⓪見 v. Del-Negro, *ibid*., pp. 102-104，以及 R. Carnap: *Der logische Aufbau der Welt*, Hamburg: Meiner, 1998 (1928), pp. 11-12。

❸①見 R. Carnap: *Der logische Aufbau der Welt*, *ibid*., pp. 20-21。

❸②參考汪文聖：〈從邏輯的現象學來看《世界的邏輯構造》──胡塞爾與卡納普哲學之一比較〉，《國立政治大學哲學學報》第六期，民國89年1月，頁33-66；其中指出羅素與石里克共同以世界結構為邏輯結構所表述的看法，但前者以世界本身就是世界結構，後者以世界中包括內容與形式，後者的邏輯結構為傳達思想所需，是語言的共同規則，是我們之所以能表述的必要條件。由此可見，邏輯在邏輯實證論所具備的一般意義是：邏輯代表著世界結構，如此我們才能表述世界。在此，可見卡納普與羅素、石里克等人對關係結構的注重是一樣的，雖然他從直接與件開始談起，但這只是個已被構成的前提而已。

以質疑。他在《研究的邏輯》（*Logik der Untersuchung; Logic of Inves-*
tigation; 1935）中認為：用以表示自然律的命題，在根本上就不
能被證實，因為具普遍性之自然律，需經由它們整個在經驗領域
的檢驗，才能獲得證實，然而這是不可能的。也因此，波普改以
證偽（Falsifizierung; falsification）來取代證實：先提出一假說
（hypothesis），然後看它是否被相反的個別命題所推翻。一個
假說或理論的證明，在於它迄今不受到偽證的檢驗。波普對證實
的批判與對證偽說的引入，使得新實證論放棄對絕對真理的要
求，而在滿足迄今的證明下，平添了實用主義（pragmatism）的
色彩。針對此一發展，卡納普於《可試驗性與涵義》（*Testability*
and Meaning; 1936/7）一書裡繼續尋求新的意義尺度，認為不再是
證實或證偽，而是可檢驗性（Prüfbarkeit; verifiability），這是對
命題間接的證明。卡納普雖最後仍回歸觀察的命題，但已將原先
的證實概念擴大了。這種愈發離開直接觀察——不論是現象主義
或主體際的觀察——的趨勢，造成了在北美的新實證論者走向了
實在論之途。❸❸

　　這些主張實在論的代表有賽勒斯（R. W. Sellars），斯特朗
（Strong），桑塔雅那（Santayana），菲格爾（H. Figel），克
拉夫特（V. Kraft）等人。原則上，卡納普所擴大的意義尺度，
助長了實在論的發展。現代物理學對實在論詮釋的需求，也促成
實在論的形成❸❹。譬如菲格爾走向批判的實在論（kritischer Real-
ismus; critical realism）的立場，稱此是邏輯經驗論（logischer
Empirismus; logical empiricism），而不再是邏輯實證論，他承認

---

❸❸對新實證論經由波普與卡納普的繼續導向，以及爾後往實在論的發展見
　　v. Del-Negro, *ibid*., pp. 108-110。

❸❹參考 v. Del-Negro, *ibid*., p. 114 中引述 H. Figel: *From Logical Positivism to*
　　Hypercritical Realism (1963) 對此論點。

有一形上學或神學——歸納的而非超越的。與卡納普之「世界的邏輯建構」是從各自的體驗出發相對照,如今知識是由概念與命題所組成的網絡,其中大部分的建構皆關聯著不可觀察者,而凡是網絡中之部分,不論是一假說或一理論建構,皆是被允許的。菲格爾主張科學的統一性,但認為後者是在發展之中,並無終結性。他並區別觀察語言與理論語言,且賦予理論語言已獨立的地位。㉟

卡納普在一九五八年也持類似的看法,放棄理論語言可化約到觀察語言的立場。但仍認為現代物理學的命題與概念雖關連著不可觀察之物,但它仍需與非科學性的形上學劃分界線,因而卡納普又擴大了經驗主義的意義尺度,放棄過去以間接可證明性作為意義的依據,進而認為凡有助於表達物理學數量的理論表述也是有意義的;而大部分物理學的概念是理論性的,它們不能被觀察,可見此時卡納普也邁向了實在論之路。㊱

另外,克拉夫特亦從撰寫《維也納學圈》(1950)時以實在的存有需安置在主體際所確認的時空系統中之立場,轉變為接受理論語言所具有的獨立地位(1960)。此外艾耶爾(A. J. Ayer)也認為,超越體驗的實在性,不論對科學或對實踐的生活,皆是不可避免的(1958)。這原本在一九一八年即被石里克主張的實在論,如今在新實證論的發展中又復活了。㊲

㉟參考 v. Del-Negro, *ibid*., pp. 114-116 提及 Figel: *Some Major Issues and Development in the Philosophy of Science of Logical Empiricism* (1956) 之此諸思想。

㊱對卡納普後來的發展見其在 1958 年發表的 *The Methodological Character of Theoretical Concepts* 以及 *Beobachtungssprache und theoretische Sprache*,參考 v. Del-Negro, *ibid*., pp. 116-117。

㊲對於 Kraft, Ayer 等其他新實證論者往實在論的發展見 v. Del-Negro, *ibid*., pp. 118-128。

四、向批判實在論的會合

前面我們已見到辯證唯物論與實證主義或新實證論往批判實在論的方向發展，但批判實在論究是何義呢？在辯證唯物論與實證主義哲學之外，亦有走向批判實在論之路者，如若可畢（G. Jocoby）為一代表（1925）。他區分內在存有學（Immanenzontologie; immanent ontology）與超越存有學（Transzendenzontologie; transcendent ontology），以為前者本身是矛盾的，因而提出對後者的主張。內在存有學認為，在一對象被知覺時，即使我停止此一知覺活動，此對象仍然存在。事實上，它是一種素樸的實在論，在此理論下，意識實在性與外在實在性有重疊之處。超越存有學即可避免這種重疊性。故類似於石里克與後來如克拉夫特等人，若可畢亦反對物理學的工作並非對體驗的感覺描述及在其上以一捏造的模型世界做補充，而承認有一存有學上完整價值的外在實在性，它具有超越於意識之外的性質，至於意識實在性或知覺世界反而受到超越實在性的支配。其思想之所以為批判實在論，除了有別於素樸實在論之外，更因為若可畢區分了實體（Substanzen; substances）的不同層級：時空不像在辯證唯物論那裡被視為物質的屬性，而是根本的世界實體，接著，才有能量內含其中，然後依次為物質、生命、意識、精神；故原則上沒有物質、心靈與精神的實體性，它們都是以時空結構為根基，「批判」的概念因而可視為「區分」的概念。物理學對象在整個超越存有學中有其一定的實體地位，這種將物理學安置在超越存有學的思想亦為海涅曼（G. Hennemann），得尼格羅（W. v. Del-Negro），貝塔蘭菲（L. v. Bertalanffy）等人所主張，他們並且從這類似的實體層級性思想，反對笛卡爾的二元論，而以一元論來處

理身心的問題（Leib-Seele-Problem; body-mind-problem），以為身與心的世界並不是對立的，其間呈現著連續的過渡關係；其間各層級的實體皆根基於時空的實體，在不同的表現方式下，如外在知覺中有物體世界，內在知覺中有如我的心理世界。換言之，這些實體依據其不同結構的觀點而被描述，以致形成物理學與心理學的不同。故我們不宜將心理學化約到物理學，亦不宜將物理學化約到心理學。他們遂也接受現代物理學所主張的「去物質性」思想。

若以身心問題為焦點，來看待辯證唯物論、新實在證論與批判實在論的發展，則正因為它們對物質概念有新的體認，故我們可見其有逐漸會合的趨勢。雖然辯證唯物論認為意識受物質支配，但因它逐漸傾向於「去物質性」的思想，故這種心附屬於身的理念有逐漸緩和的趨勢，如同新實證論逐漸趨向批判實在論的思想。即使後來批判辯證唯物論的新多瑪斯主義（如 G. Wetter 等）也因為接受了新實在論思想，反而與辯證唯物論不再對立。再就心身的問題來看，新多瑪斯主義源於亞里斯多德思想，亞里斯多德與聖多瑪斯皆反對柏拉圖式的身心二元論，以為人不單單只是心靈，而是身與心的統一體。故批判實在論的思想成為現代物理學、辯證唯物論、新實證論與新多瑪斯主義共同會歸的指向。㊳

批判實在論承認具一存有學上完整價值的外在實在性，至於隸屬其下的其他各種實在性皆在不同結構觀點下而具各自的地位，這種趨勢是否表示：哲學作為科學基礎之存有學意義已經重新被提出？或其已回歸到前述基礎 arché 與 aitia 的根本意涵？針

㊳對批判實在論的意義與成為此諸思潮所會歸參考 v. Del-Negro, *ibid.*, pp. 134-153。

對於此，我們要在後面就現象學作為科學基礎來闡釋，惟在此之前我們先提出在維也納又發展出來的另一哲學運動——建構實在論，並由此實在論的主張，來進一步討論實在論的涵義為何。

五、建構實在論的崛起

　　建構實在論是近來在維也納學圈新興的哲學運動，它一方面以超越了實證主義與新實證論而自居，另一方面區別於胡塞爾現象學：它以科學旨在「建構」而非「描述」實在本身。❸❾建構實在論區分兩層實在，其一是「實在自身」，指「我們所生活於其間的世界」，它是既予的但無法洞悉的世界；其二是「建構的實在」，它意指我們的「認知世界，乃建構過程之結果」，而它是由所有微世界（microworlds）所組成，其中個別微世界本身已是由「科學家所創發的關係所連結的資料體系」，然後所有微世界的組成是在所謂外推（Verfremdung; strangification）的方式下進行的。外推的作用是將一微世界體系推至另一微世界體系，如此可將科學世界的客觀性意義提升，以收科際整合之效。建構實在論不假定一統合科學的哲學體系，而從科學本身出發去做統合的工作。建構實在論不關注「實在自身」，而只關注建構的實在。它有著康德只認識現象世界，而不過問物自身的色彩；不同的是，建構實在論擺脫康德認識之先驗能力，將建構奠基在科學經驗的外推過程中。❹❶故和新實證論一樣，建構實在論將世界本

---

❸❾ 華爾納（F. Wallner）：《建構實在論》，王榮麟與王超群合譯，沈清松審訂自 *Introduction to Constructive Realism*（臺北：五南，1997 年 5 月），頁 10-11。

❹❶ 同上，頁 11, 28-29, 131-135; 並參考華爾納：〈文化逆轉：急需知識概念之更新〉，王榮麟中譯，《哲學雜誌》第 22 期，1997 年 11 月，頁

身之探討視為無意義的,唯科學世界才是建構之標的;但所採取的方法和新實證論不同,此因建構實在論所建構的科學世界為各個微世界在外推策略下所建構的總合,這個外推曾被視為包含語言的、實踐的與存有學的三種,雖它可進一步被檢討與補充,但畢竟已超越了新實證論的建構理論❹。

再就建構實在論對現象學的批評而言,華爾納曾指出:「懷疑既予的世界雖非必要,然而對性質的看法卻需予以更改。按照建構論者的主張,性質並非對既予世界的稱述,而毋寧是隨著世界的建構而有的。」❹這似乎即針對現象學之描述。又建構實在論認為現象學消取採距(detachment)以面對生活世界,並進而達到事物自身;建構實在論則從採距出發,在察覺既予世界與建構世界的差異下,脫離日常生活的陳述以進入科學的陳述;此即在取代了生活世界之微世界裡,將各科學體系所具的實驗結構策略地外推,以向客觀性去拓展。❹總言之,建構實在論批評現象

4-23,其中頁 17-19。在後者之文中除了「實在自身」與「建構之實在」外,又加上了「生活世界」第三層存有學實在,以它為文化和歷史所建構而成的世界。這或許因華爾納接受沈清松教授之建議後之修正,對此參考沈清松:〈沈序建構實在論評介〉,於華爾納:《建構實在論》,以及沈清松:〈卡納普的建構方案與建構實在論〉,《哲學雜誌》第 22 期,1997 年 11 月,頁 24-45。

❹ 見華爾納:《建構實在論》,頁 113-116 與沈清松:〈卡納普的建構方案與建構實在論〉,頁 37-41。其中沈清松教授試將卡納普的建構方案納入建構實在論的外推策略來看,但指出卡納普僅實施了語言的外推活動:將經驗語言轉為邏輯語言,將較高層次學科的語言化約為基礎學科的語言,而未觸及實踐與存有學的外推;另外沈教授批評按照華爾納原先的構想存有學的外推實無法進行,筆者亦表贊同,但若注意到胡塞爾現象學的構成活動,應可將第一層科學世界的實在更往世界整體本身的第二層實在去「外推」。

❹ 華爾納:《建構實在論》,頁 115。

❹ 見華爾納:《建構實在論》,頁 170-174。

學開始於對生活世界做日常生活的陳述或描述，而不能從事科學的建構工作。但這種批評是否恰當呢？現象學果真在描述中只對既有世界照單全收？抑或仍有一些具詮釋意味的建構性質？❹又建構實在論所強調的建構（construction）固然不是胡塞爾現象學所論的構成（constitution），現象學的描述或構成或許不能滿足建構實在論建構科學世界的需要，但描述或構成皆應成為建構的前提，忽略了這個前提，那麼所建構的實在仍脫離不了迦利略式之近代自然科學的色彩，而這種自然科學正為胡塞爾透過生活世界之課題重拾起所遺忘的意義基礎。❺我們在此對建構實在論批評塞爾現象學提出一些質疑，以作為下面探討胡塞爾現象學的準備。

今回到和前節所論批判實在論相關的是：建構實在論所提出的被建構的實在亦是一種知識學的實在，故建構實在論是一種知識學的實在論（epistemological realism）。至於批判實在論雖主張一種存有學的實在論（ontological realism），但它實將知識學的實在論隸屬於其下，以避免可能產生的實在二元論。存有學的實在論主張有獨立於心靈的個體或共相存在，如柏拉圖的理型說；知識學的實在論主張直接或間接被認知物體的存在本性「部分地」獨立於認知它們的心靈之外，因它亦主張有獨立於心靈的個體，故是一種弱的存有學實在論。❻

---

❹關於胡塞爾現象學方法中的描述、構成與詮釋諸意義可參考筆者之〈描述與解釋—胡塞爾現象學作為科學哲學之一探討〉，《哲學雜誌》第20期，民國86年5月，頁64-89;〈描述與建構——建構實在論與胡塞爾現象學之一比較〉，《哲學雜誌》第22期，民國86年11月，頁70-89。

❺此看法也已為沈清松教授所見，參考沈清松：〈卡納普的建構方案與建構實在論〉，頁24-16，33-37。

❻參考 J. Drummond：*Husserlian Intentionality and Non-Foundational Realism*

　　經過如此解釋，我們可對現代物理學以後的思潮做一總結：愛因斯坦早期受到實證主義影響，他應屬於和實在論相對的觀念論者，哥本哈根詮釋較依附於尚主張觀念論時期的新實證論，但他們皆漸趨向知識學的實在論，雖然早期的普朗克已屬於這種實在論者。新實證論漸從主張藉邏輯語言系統可充分決定我們對世界認知的反實在論（anti-realist），走向主張語言雖表達著實在、但並不能完全決定實在本性的邏輯實在論（logical realism）**⑰**，新實在論終也趨向於知識學的實在論，雖然早期的石里克曾為此實在論者。辯證唯物論則亦漸從存有學的實在論向知識學的實在論趨緩。建構實在論以另一種姿態的知識學實在論出現，我們將見到其介於胡塞爾現象學與新實證論的立場之間，惟這在對胡塞爾現象學探討後再提出。

　　-Noema and Object, Dordrecht / Boston / London: Kluwer Academic Publishers, 1990, pp. 253-254。

⑰ 參考 Drummond, *ibid*. , pp. 255-256。

胡塞爾現象學作為自然科學的基礎

在對哲學為自然科學基礎的歷史回顧之後，我們要進入胡塞爾現象學的立場，其中要指出胡塞爾對科學與自然科學概念之了解、現象學作為基礎的意義，主要從邏輯奠基與實在論的課題來討論。

一、科學的意涵與科學的分類

首先針對科學的意義課題，我們見到胡塞爾在早期之《邏輯研究》卷一裡，曾對科學的本質做了解釋：科學（Wissenschaft; science）與知（Wissen; knowing）有關，但後者的行為活動不足以包括表現於客觀文獻、涉及人類及其知性活動、並且有其自身存在地位的科學。先就「知」而言，在知中我們以真理作為一正確判斷之對象，但如此還不夠，因為並非每個正確判斷、每個與真理相一致的對某一事態之肯定與否定，就是對此事態之存有或非存有之知。這裡，我們尚需一種明證性，明白確認我們所肯定的東西的存有，或否定的東西不存有。此種明證性，從狹義上對事態之存有的否定或肯定，擴大為廣義上對事態的存有之或然性

做判斷，隨之，知的概念也擴大了。然而，科學則不但包含著
「知」，而且更包含論證的關連性（Begründungszusammenhang;
coherence of foundation）的統一，其中不但涉及個別認識的論
證，而且涉及這些論證進一步組合而成的論證（後者即為我們稱
為「理論」之物），都具有其系統化的統一。❽

　　在這一時期，胡塞爾尚未進入超驗現象學的階段，而仍處於
實證主義的傳統脈絡之下❾，也因此他當時對於科學，其實是以
一種「方法學」的觀點來理解的。對此，我們可參考哈伯瑪斯
（J. Habermas）所言，來進一步了解。哈伯瑪斯認為，自實證主
義以降，科學（Wissenschaften; sciences）是一種「命題與處理
方式之體系」，或「據之理論被建立與驗證之規則組合」，它引
導著科學理論（Wissenschaftstheorie; scientific theory），而此理
論逐漸擺脫了向認知主體探問的超驗哲學傳統。這種針對可能知
識條件之「超驗」問題，已然被針對建立與驗證科學理論規則之

---

❽見 LU I, A12-A14。

❾參考 H. Lübbe: *Bewußtsein in Geschichten-Studien zur Phänomenologie der
Subjektivität* (*Mach, Husserl, Schapp, Wittgenstein*), Freiburg: Rombach，
1972 該書指出，胡塞爾和馬赫一樣，皆一方面反對當時以遠離直觀之
概念建構與數學思辨的方法建立自然科學（p.43），另一方面反對基於
物理與生理學的唯物主義與自然主義，而提出一種合於心理意識之實在
本性的主張（pp. 44-45）。他進一步指出馬赫、胡塞爾與其他現象學家
都承續著阿維納留士的一個理念，即如何去建立一個人的世界概念
（menschlicher Weltbegriff; concept of human world）或自然的世界概念
（natürlicher Weltbegriff; concept of natural world），這個概念乃相對於
自然科學的或物理、生理學的世界概念；他們都欲解脫主體與客體在物
理的世界概念下截然二分的困境，當然，他們也各有著不同的處理方式
（pp. 45-47）；而從「人的世界概念」發展了後來海德格之基礎存有學
（Fundamentalontologie; fundamental ontology）與胡塞爾的「生活世
界」概念，且與狄爾泰哲學相互輝映（pp. 55-56, 60-61）。

「方法學」問題所取代。科學理論成了方法學，更以形式科學──邏輯與數學──之有效性為其先決條件。❺⓿無怪乎，胡塞爾當時處理邏輯與數學的奠基問題，成為探討科學理論的前提。但我們不可忽略：胡塞爾在當時已堅守邏輯法則的觀念性質，而對馬赫與阿凡納留斯的心理主義色彩提出批評，然而，當他欲對觀念性對象提出有力的構成基礎時，則勢必進一步邁入超驗哲學的階段，從而使得胡塞爾對科學的意義有更深廣的體認。

在一九一二年出版的《作為嚴格科學之哲學》裡，胡塞爾在批判自然主義者之時指出，他們以實證的科學作為嚴格科學，且將哲學建立於實證的科學基礎上；他們既將自然視為按照嚴格的自然律構成的時空統一體，而且不只是物質部分，連心理部分皆被視為可分解為色、聲、壓力等感覺元素，可見自然主義者是將意識給自然主義化了。❺⓵這裡即可看到，胡塞爾對實證科學拋棄哲學奠基所做的批評，他所要求的是：現象學才是真正的嚴格科學，並且能為實證科學奠立真正基礎，如此一來意識才不會被自然主義化。實證科學在《歐洲科學危機與超驗現象學》（簡稱《危機》）一書中被稱為事實性的科學（Tatsachenwissenschaften; factual sciences），胡塞爾批評事實性科學只造就了事實性的人（Tatsachenmenschen; factual people），它不能解決人生的困境，因為形上學的或哲學的問題皆超越了只由事實所形成的世界之上，事實性科學可說是將哲學給斬首了。❺⓶由此可見，哲學若作為一真正的嚴格科學，那麼此種科學的意義並非屬事實

---

❺⓿參考 J. Habermas: *Erkenntnis und Interesse*, Frankfurt a.M.: Suhrkamp,1973, pp. 88-90。

❺⓵見 E. Husserl: *Philosophie als strenge Wissenschaft*, hrsg.: W. Szilasi. Frankfurt a.M., 1965（以下稱 SW），pp. 13-14, 16。

❺⓶見 Hua VI, pp. 4, 7。

性的,而是屬形上學的。同樣,在《危機》裡胡塞爾曾指出「哲學、科學是將普遍的、天生於人類中的理性彰顯出來的歷史運動」,而理性又是什麼?它是「絕對、永恆、超時間、無條件有效之理念與理想的代號」❸。故哲學或科學之屬於形上學層次,猶如我們在前面即已提及,柏拉圖在「線性類比」中,將處理認知理型本身的科學歸為哲學一樣。與此相應,我們在《形式邏輯與超驗邏輯》卷首處,即見胡塞爾回溯到柏拉圖所提出的科學意義:它「不在只為基於純理論興趣的素樸活動」,而且更「要求去對每一步驟在真實與必然有效性中合法化」;它同時即是邏輯的意義,因胡塞爾也將邏輯概念回溯到柏拉圖之原義:「純粹理念的,形成純粹軌範的辯證學(Dialektik; dialectics)」,是一種知識學(Wissenschaftslehre; theory of science),「使事實性科學成為可能」。❹……故科學的概念對胡塞爾言具有廣義與狹義兩種,廣義者即指哲學,狹義者即指事實性科學,而它們皆應以哲學為基礎。

至於科學之分類應如何形成,以便使我們了解自然科學的概念呢?胡塞爾在《觀念二》與《觀念三》裡,皆從存有學的構成(ontologische Konstitution; ontological constitution)來看各門科學之構成問題,因為由範疇直觀或本質直觀構成之物質範疇(materiale kategorien; material category)中,有三個最大的存有學區域(ontologische regionen),它們分別是:物質性自然、心身所隸屬的動物性自然,與屬於人格世界之精神。唯有在它們的基礎上,才有自然科學、心理學與人文科學之構成。由於原先已

---

❸ 見 Hua VI, pp. 7, 13-14。

❹ 見 E. Husserl: *Formale und transzendentale Logik. Versuch einer Kritik der Logik*, hrsg.: P. Janssen, Hua. Bd. XVII, Den Haag: Nijhoff, 1974(以下稱 Hua XVII),pp. 5-6。

屬存有層次的三個領域，已然對不同學科的意義與方法做了規定，故胡塞爾說：「對（……）已構成的對象基本類別作現象學之釐清，可徹底了解所相應之科學固有意義。」❺而且，我們不只可了解科學的意義，甚且可決定「科學方法之原有特性」❻。他並強調：「並非『現代科學』所宣稱的，與『專家』所宣稱的造就了方法，而是對象之本質，與所涉及（為現象學構成之先天性的）範疇之對象的可能經驗所屬本質，才賦予了方法的所有原則。」❼

各個存在區域與各門科學都是觀念性對象，科學方法由它們所決定，而所謂科學方法便是理解此諸觀念性對象的方法。就像在《邏輯研究》裡，觀念直觀（ideation）與範疇直觀（kategoriale Anschauung; categorical intuition）是用以理解具觀念性的邏輯規律一樣，如今胡塞爾以本質分析（Wesensanalysen; analysis of essence）與本質描述（Wesensbeschreibungen; description of essence）作為理解各門科學的方法❽。幾何學不能再只以演繹為方法，而需還原到直觀的空間，作為本質直觀的起點。自然科學的本質描述方法所針對的是物體外在現象的規定。雖然現象學描述方法基本上是藉著本質描述，而欲打破傳統上對「現象」與「實體」概念的區別，但對於自然科學而言，這種區別似仍不可避免。所以，現象學仍允許科學說明的存在，至於以本質描述來理解自然科學，則將是一無限遙遠的理念。胡塞爾雖然認為心理

---

❺見 E. Husserl: *Ideen zu einer reinen Phänomenologie und phänomenologischen Philosophie. Drittes Buch: Die Phänomenologie und die Fundamente der Wissenschaften*, hrsg.: M. Biemel, Hua Bd. V, Den Haag: Nijhoff, 1953 （以下稱 Hua V）, p. 20。

❻見 Hua V, p. 21。

❼見 Hua V, p. 22。

❽見 Hua V, p. 59。

學所探討的心靈（Seele; mind）並不是在現象之後的一個實體，因它可在內在時空中直接呈現在人的體驗裡，但事實上，此心靈若和屬於超驗現象學題目的超驗體驗流相比起來，似乎仍有「現象」與「實體」間相互隔閡的狀況，也因此，探討心理學對象本質的歷程，也將是一無限遙遠之理念。超驗體驗流的意義，是作為一切認識可能性條件的內在時間流，但我們是否最終能以本質描述方法，將此體驗流的本質完全理解掌握，這又端賴超驗主體的自我指涉性是否可以達到明證性而定❺❾。不論如何，我們見到不同的存有學區域，各有不同的科學方法，科學因此而得到分類，由此顯然可以見到自然科學的形成。❻⓿

總結而言，胡塞爾對於相應不同存有學區域之科學，賦予了一定的科學方法，他既打破過去以自然科學為師的研究方法，更以為探討精神或現象學的方法最具嚴格性，因為唯有它能直接以事物本身為探討對象，而沒有一絲的抽象意義存在於其中，這也是對於哲學所應要求的嚴格性行為❻❶。在這種具嚴格性之哲學觀點下，一切事實性之科學方法就有反省的必要，省思自己是否因為抽象而忽略原先建立在生活世界的基礎上。從而，胡塞爾也說：在社會學方面亦有所謂原始（originär; original）社會學，與建立在自然科學方法的「統計社會學」相對。後者收集重要的事實，發現其中重要的規律。胡塞爾認為這種間接方法不能徹底得到解釋的意義，所以主張前者可以直接觀察社會現象，且據其本質來探討❻❷，故本質描述亦為其重要的方法。

---

❺❾ 在此可參考汪文聖之〈談主體的弔詭性〉一文，刊於《政治大學哲學學報》，第四期，民國 86 年 12 月，頁 1-18。

❻⓿ 見 Hua V, pp. 60-61, 65-70。

❻❶ 見 Hua V, p. 68; SW, pp. 7-8, 27。

❻❷ 見 SW, p. 24。

胡塞爾以為：現象學是科學的基礎，超驗主體為一切認識的最終基礎，這基礎的意義是否有存有學性質，以致它可具備完整的始基（arché）與原因（aitia）的基礎意義呢？我們可從胡塞爾在對邏輯奠基討論時，將基礎從形式學進展到存有學層次，從他對笛卡爾與康德等所建立的超驗哲學的不足的批判，從他經由生活世界議題過渡到超驗現象學的完成，以及從他的知識學實在論……等等主張，皆可討論此一基礎的意涵。

二、從邏輯的奠基來看現象學為自然科學的基礎

我們在前面已見到，新實證論者除了石里克一開始即主張實在論之外，其他人原則上皆從反實在論走向批判實在論之途。這點也表現在原先，比較上是以邏輯及語言的形式，來尋求科學的基礎。這個基礎的意義，即為過去所說的：具命題性之原理。因而，作為科學基礎的哲學一方面僅成為科學之邏輯（logic of science），即哲學的問題是邏輯的問題，這是關乎科學的（即科學之命題、概念與理論的）邏輯分析；另一方面，哲學又被稱為科學語言之語法學（syntax of scientific language），即哲學的問題僅只是關乎語言的邏輯結構。不過，這種科學哲學性質在新實證論走向實在論之後，有所改變。胡塞爾較相應於這一後期的新實證論，因為他雖也重視邏輯與語言對於科學的基礎地位，但依據其對於邏輯與語言的理解，以及他對於它們所做的探討，顯示出科學的基礎對於胡塞爾而言不再是形式的命題原理，而且更具有存有學的意涵。近來摩爾曼（Th. Mormann）即聲稱，在六〇年代後的科學哲學是以語意學的科學哲學（semantic philosophy of science）為取向，這實和胡塞爾在二十世紀初所揭露的想法十分

接近，雖然根本上二者仍有不同。❸我們在此先看摩爾曼對胡塞爾的一些較中肯的論述，然後直接來了解胡塞爾著作裡的思想。

摩爾曼說，胡塞爾像傳統一樣，視邏輯為理性思維的方式，因為此種思維是在科學裡實現，故邏輯是科學思維之方式或理論；邏輯既以科學為指標，也稱為科學的科學。傳統上，分邏輯為兩方面：形式的指謂（apophantics）與形式的存有學（ontology）。前者屬於判斷領域，使用意義範疇（Bedeutungskategorien; linguistic categories），如命題、三段論、主詞、謂詞；後者屬於形式對象之領域，使用對象範疇（Gegenstandskategorien; object categories），如、一、多、關係、事態。前者是邏輯重構理論的語法學部分，後者則是語意學部分。故數學不像邏輯實證論所主張的那樣隸屬於邏輯，而是具有其獨立的地位。胡塞爾現象學即顯示出具有一種數學的科學哲學形式，雖然它和語意學的科學哲學又有所不同。❹

摩爾曼就科學理論之三方面：奠基（foundation）、意義（meaning）與進展（progress），來看胡塞爾和語意學之科學哲學的同異之處。

首先，在奠基方面：胡塞爾以超驗現象學為其他一切科學的最終基礎，羅素與早期的卡納普亦要求科學的最終基礎。但後者等這一些邏輯論者或早期之邏輯實證論者都以形式邏輯為科學與哲學之不可動搖的基礎（fundamentum inconcussum），而胡塞爾則對邏輯提出問題：「邏輯理性之理論是如何可能的？」

---

❸見 Th. Mormann: Husserl's Philosophy of Science and the Semantic Approach. In: *Philosophy of Science*, 58 (1991), 61-83，他並指出共同特徵為：
1. 科學理論不以語言學元體，而以非語言之概念結構來理解；*2.* 對科學理論形式化描述的適當工具不是邏輯的，而是數學的（p. 65）。
❹見 Th. Mormann, *ibid*., pp. 67, 73。

（How is a theory of logical reason possible？）。而和這些理性主義、基礎論者不同的語意學取向，卻視自己為一種經驗的取向，而且在科學理論上是一種「非基礎主義者」。❻

其次，在意義方面：現象學處理的題目——本質，漸從其為預設的基本結構，轉向為由超驗主體所建構之意義的結構（meaning structures）。這點與語意學取向的科學哲學接近，因後者強調科學理論模式以概念結構為根源，並與經驗意義相纏結，即所有的客觀意義都是由一些主觀的意義所建構。但不同的是，對於現象學而言，建構科學意義之領域是超驗的，而非科學社群的普世性主體。超驗主體建構一切意義，包括前科學的生活世界意義，以及科學的客觀世界意義。由於生活世界並不純粹是直觀的世界，它具有一種複雜的意義結構，且以一更複雜的方式形成了科學之意義結構，這就關涉到科學概念的進展的問題。❻

最後，在科學進展方面：作為一先天主義者（apriorist）的胡塞爾，他所理解的科學具有某一種連續與累積的進展方式。若與之相對，在考量現實歷史，並以經驗取代超驗觀點，來看待西方科學意向性的歷史，那麼，這似乎就構成了對現象學的重新詮釋或轉換。❻摩爾曼即在此將現象學和歷史觀點的科學哲學家加以銜接。摩爾曼已觀察到，胡塞爾不只從邏輯與語言來探討科學之基礎問題，因為胡塞爾不僅是一超驗現象學者，他也是一詮釋現象學者。

若我們再直接閱讀胡塞爾的文本，可知邏輯對胡塞爾而言，實是一種普遍的知識學（Wissenschaftslehre; theory of science），而非一門特定知識。這點在早期的《邏輯研究》

❻ 見 Th. Mormann, *ibid*., p. 74。

❻ 見 Th. Mormann, *ibid*., pp.74-76。

❻ 見 Th. Mormann, *ibid*., pp.78-79。

（1900）與晚期的《形式與超驗邏輯》（1929）均受到強調。前面我們也已指出，這是柏拉圖的原義。早期的胡塞爾以建立「純粹邏輯學」為旨向，當他欲擺脫心理學主義與形式主義，而改以「現象學打開『湧現出』純粹邏輯學基本概念和觀念規律『泉源』」❻❽時，作為邏輯基礎的現象學本身即可稱為「邏輯」，它即具有前所謂普遍知識學的地位。晚期的胡塞爾將仍屬實證客觀的形式邏輯知識，奠基在超驗邏輯之上。此一具有現象學形態的超驗邏輯，亦即是前所謂作為普遍知識學的「邏輯」之意。

超驗邏輯不只是形式邏輯的基礎，其內容更顯示著知識的可能性之條件。但是，和康德之視邏輯的基礎是和感性分開的理解（Verstand; understanding）有所不同的是：胡塞爾是在感性經驗的基礎上，來探討邏輯的泉源。

早期《邏輯研究》提出觀念直觀（Ideation; ideation）與本質直觀（Wesenserschauung; intuition of essence）❻❾，作為從經驗出發，以上達邏輯之具觀念性規律的方法，邏輯在此特殊直觀中獲得明證性（Evidenz; evidence）。一般而言，經驗是獲得明證性的方式，而明證性是意向性（Intentionalität; intentionality）的意指與滿盈的結果，邏輯規律是藉著特殊的意向性活動而獲得其明證性的依據。而在《邏輯研究》中，已經顯示邏輯的基礎中包

---

❻❽ 見 LU I, p. 3。

❻❾ 胡塞爾提出觀念直觀的抽象（idierende Abstraktion; ideating abstraction）（LU I, p. 5），並曾解釋：「在對體驗（即使是在自由想像中被臆測的體驗）的範例性個別直觀的基礎上進行的本質直觀，以及在純粹概念中被直觀到的本質的確定，並不是經驗的（自然科學的）描述（……）。」（LU I, p. 18）；也曾說：本質直觀不是心理學的內感知，而是在直觀基礎上的觀念直觀。（E. Husserl: *Logische Untersuchungen I I/1: Untersuchungen zur Phänomenologie und Theorie der Erkenntnis*, Tübingen: Niemeyer, 1980⁶.（以下簡稱 LU II/1），pp. 439-440。

含著感性和知性（理解）兩種因素，此二因素的結合又特別反映在對於事態（Sachverhalt; state of affairs）⑩進行覺知 （Wahrnehmung; perception）活動的範疇直觀裡。範疇直觀是奠基在感性直觀之上，經由想像活動的湧現，所做出的具聯繫性與多束性的（vielstrahlig; multi-radiating）的行為⑪。故感性與邏輯間的結合，已可見之於此。

　　晚期的《形式與超驗邏輯》在將形式邏輯建立在超驗邏輯的基礎上時，需經由主體之體驗（Erlebnis）來運作與成就，且較《邏輯研究》而言，多了先驗的邏輯規律需安立在超驗主體上的論點。但是，經驗感性與超驗主體二者應如何兼顧呢？胡塞爾批評康德雖標榜有主體指向的超驗邏輯，但實際上卻將形式邏輯安立在觀念性的思維結構（Denkgebilde; structure of thinking）上。⑫胡塞爾認為，觀念規範的哲學學門與邏輯等，還需要再做心理學的說明，當然，此所謂心理學不能流於自然主義式的心理學⑬。觀念性與心理學兩面皆注重的結果，導致胡塞爾對於康德所忽略的前科學的自然（vorwissenschaftliche Natur; pre-scientific nature）提出超驗的問題。這也就是探討生活世界的經驗如何可能的問

---

⑩胡塞爾言：「在判斷中呈現著我們，或更仔細說，對我們呈現為意向對象的是事態。」（LU II/1, p. 445）或「謂語思維的整體領域」、「以總體方式表述著觀念統一之間聯繫之判斷」（E. Husserl: *Logische Untersuchungen II/2: Elemente einer phänomenologischen Aufklärung der Erkenntnis.* Tübingen: Niemeyer, 1980⁵（以下簡稱 LU II/2），p. 132）等語皆指的是事態。

⑪詳細請參考 LU II/2, pp. 142-147，「多束性的」行為活動相對於感性之具素樸的、與直接給予對象的活動，而是在既為感性所構成的對象上再去構成自己之對象的活動（見。LU II/2, p. 146）。

⑫見 Hua XVII, p. 267。

⑬見 Hua XVII, p. 270。

題❼。胡塞爾從生活世界的經驗去看邏輯是如何建立的,也因此邏輯的可能性的條件是透過生活世界經驗可能的條件去尋找。此條件雖然同樣是超驗主體,但它經由對生活世界的奠基,間接地再對邏輯加以奠基,因而避免了超驗主體因直接面對邏輯的結構以致本身也被結構化的危險,免得無法面對更多非邏輯結構所涵蓋的世界內容。可見,超驗主體對於整個世界的奠基實為一連續的歷程,它基本上是從感性所成就的層面,連續地進展到知性所成就的層面,而貫穿於其間的,即是現象學所重視的意向性活動,它促成了感性與知性兩不相隔的結果❼。在此,我們需對意向性在邏輯的奠基上所扮演之角色,做個說明:

首先,針對意向性的一般作用而言,它是扮演對作為最終基礎的超驗主體加以具體化的角色。胡塞爾要求經由存而不論而獲得的超驗主體,「能夠」構成世界的存有意義——這包括所有的實在對象與現實及潛在的觀念❼。這個「能夠」表示一種自由的意涵,指超驗主體擁有奠基世界的所有內容的自由能力。世界的所有存有意義,包括前科學與科學、實在與觀念對象……等等,超驗主體之所以必須具備完全自由的奠基能力,是因為它既能對前科學的部分奠基,也能對科學與邏輯等部分奠基。特別是:當它以某種具體方式去奠基科學與邏輯時,此一方式不得限制住前科學部分的存有意義。相反的,超驗主體對於前科學部分所奠基

---

❼此諸批評見 Hua XVII, p. 272。

❼胡塞爾在 Hua XVII, p. 269 中有言:「意向性不是孤立者,它只能在綜合統一中被觀察,此統一將所有心理生活的個別脈動目的論地連接在和對象性的統一關係中(……)。所有個別意向體驗有多元層次,且朝向眾多的、和世界以意義結合的對象,這些意向體驗幫助著客觀化之成就,客觀化使得我們最後必然擁有和存有對象之普遍性(……)相呼應的心理生活之普遍性。」

❼見 Hua XVII, p. 275。

的條件，可以繼續發展出奠基科學與邏輯的部分。這種具體的自由能力就需要意向性來履行，超驗主體對所有的意義做最終的奠基時，需顯示出對從超驗主體所發出的意向性去加以自由充實的歷程⑰。進言之，世界的各個層面，是透過界域（Horizont; horizon）交融的關係結合在一起的，界域呈現在活生生的意向性（lebendige intentionalität; living intentionality）中。如果我們要了解所有界域的交融，而不至於僅對不透明的世界有個大略的體認，這就需要系統地解析意向性在世界的各個界域貫穿、連結所扮演的角色。在對所有界域的揭露下，世界展現著各個層面皆具有的真理性，故真理乃處於界域之中，這是一活生生的真理。超驗主體以其意向性活動，經過前科學的自然領域，穿越無限多具相對性真理的領域，朝絕對的真理領域邁進。⑱

意向性貫穿著感性與知性，而邏輯規律則是意向性所拓展之界域中的一個階段，關於這一具體的構成方式，我們可再述如下：

邏輯概念與規律是觀念性對象（ideale gegenstände; ideal objects），它們需特殊地被看到（Sehen; seeing）或經驗（Erfahrung; experience）到。它們在特殊的明證性樣式（Evidenzstil; sty-

---

⑰首先，胡塞爾有謂：「絕對存有者（按：指超驗主體）以一意向的生活的形式存有。」（Absolut Seiendes ist seiend in Form eines intentionalen Lebens.）（Hua XVII, p. 279）；其次，在對超驗主體做最終奠基時胡塞爾說：「那些在充實隱藏的意向性中，顯示著實在的、即使是每次只是相對的充實之歷程，必須自由的形成。」〔Es muß eine freie（底線係筆者所加）Ausgestaltung derjenigen Erfüllungswege vollzogen werden, die sich vermögen der Erfüllung der verborgenen Intentionalität als die wirklich, obschon jeweils nur relativ erfüllenden erweisen.〕（Hua XVII, p. 278）。

⑱以上見 Hua XVII, p. 285。

le of evidence）下被構成❼。胡塞爾區分了邏輯的三個階段：形式學說（Formenlehre; theory of forms）、歸結邏輯（Konsequenzlogik; logic of consequence）與真理邏輯（Wahrheitslogik; logic of truth）。它們分別涉及僅具判斷形式（原始形式為「S 是 P」）、僅合乎矛盾律的判斷，及因指涉對象而為真實的判斷等三者。胡塞爾又分別稱它們在此歷程中從混亂（Verworrenheit; confusion）到清晰（Deutlichleit; distinction）、進而到明白（Klarheit; clarity）的階段。❽唯需注意，如今這三個階段已屬較高的層次，故當從超驗主體經由意向性構成此諸階段時，其間已有意向性隱藏之推移（Verschiebung; transposition）及相合（Deckung; covering）的活動。這點早就表現在未經顯題化的素樸生活裡。❽

從「混亂」到「清晰」到「明白」的三個邏輯階段，似乎表示：主體構成邏輯的順序，是從形式學說，到歸結邏輯，再到真理邏輯。但事實上，真理邏輯為歸結邏輯的前提，即形式邏輯（包括形式學與歸結邏輯）需建立在真理邏輯之上。這猶如康德將形式邏輯建立在超驗邏輯之上一樣，顯示著邏輯最終是安立在超驗主體裡。但是，真理判斷仍屬高層次，因它具有客觀的觀念性質。它預設著尚待釐清的「理所當然性」，此即是日常生活之周遭世界（Umwelt; environment）所展現的界域。胡塞爾稱之為處境界域（Situationshorizonte; horizons of situation），它本為隱蔽而未經顯題化的，但可經由界域意向性（Horizontintentionalität; intentionality of horizon）而明顯化出來。就邏輯判斷而言，它們以在處境界域中的機遇判斷（okkasionelle urteile; occasional

---

❼參考 Hua XVII, p. 169。

❽詳細請參見 Hua XVII, pp. 54-67。

❽此諸表達見 Hua XVII, pp. 185-187。

judgments）為前提❷。從歸結邏輯過渡到真理邏輯的步驟，乃是將具某種一般之形式，回溯到對個別某種直觀的歷程。但從另一角度言，唯有從超驗主體出發之意向性活動，始可以構成較高層次的形式邏輯。

綜言之，胡塞爾在《形式與超驗邏輯》中，特別處理了判斷意義（Sinn; meaning）之意義發生（Sinnesgenesis; genesis of meaning）或意義歷史（Sinnesgeschichte; history of meaning）領域，但這裡的「歷史性」意味著由謂說的明證性（prädikative evidenz; predicative evidence）向前謂說的明證性（vorprädikative evidenz; pre-predicative evidence）去回溯。然而，作為判斷原始基地（Urboden; original ground）❸的這個前謂說領域，即是生活世界，它是透過活生生的意向性所展現出來的界域，使可能性的經驗在其中得到統合。

我們從胡塞爾對邏輯的奠基中見到「超驗主體」、「生活世界」與「意向性」三者所扮演的角色。對於語言的奠基，也是一樣，它需從前言說的層面，漸次拓展開來。胡塞爾在第一〈邏輯

---

❷ 見 Hua XVII, p. 207。胡塞爾在《邏輯研究》第二卷（1901）曾將客觀表述（Ausdruck; expression）和一些如機遇的（okkasionell; occasional）主觀表述做區別。他一方面就含意（Bedeutung; meaning）之具客觀與觀念性而強調與之相應的客觀性表述的重要，另一方面，則指明機遇的表述可「對一般生活的實踐需求有貢獻」，以及「對科學中理論成果之準備工作有助益」（LU II/1：第三章第二節，引述部分見 B181）。機遇的表述是生活世界經驗的表述，此是早期的生活世界的思想背景。這裡所說的機遇的判斷，雖指明為一種判斷，亦表示在生活世界領域中表達之判斷。胡塞爾此處雖未言生活世界概念，但其所指的周遭世界與經驗世界（Erfahrungswelt; experienced world）均為在 Hua XVII 所意謂的生活世界。

❸ 見 Hua XVII, pp. 214-215，227。

研究〉所討論的表述與意義（Ausdruck und Bedeutung; expression and meaning），已經突顯出其中屬客體層面的語言概念，應由屬於主體層面的直觀來構成。也因此，語言不僅有文法構造的問題，它更有著指涉對象的語意學問題。這也是前面述及胡塞爾揭開了類似「語意學的科學哲學」這一說法的意義所在。

我們從胡塞爾對邏輯奠基的討論，即可了解胡塞爾如何將基礎從形式學進展到存有學層次，如何批評康德建立超驗哲學之不足，以及如何從生活世界過渡到超驗現象學的課題。形式邏輯固然是整個科學學門的一部分，但也是其他科學的前提。當它被奠基在超驗邏輯之時，這個超驗邏輯不只針對形式邏輯，更針對所有科學的奠基。所以，我們特別就邏輯的題目，來看胡塞爾現象學作為科學基礎的問題。尤其我們在前面曾提出，新實證論以為哲學即是科學之邏輯，於是邏輯成為自然科學的基礎。這一充分顯示出命題原理意涵的基礎，和胡塞爾經過對邏輯的進一步處理，而展現出將基礎重新回復到存有學的意涵，大異其趣。這也是我們特別就邏輯的題目，來討論胡塞爾現象學作為自然科學基礎的主要原因。

三、從知識學的實在論來看現象學為自然科學的基礎

前面我們先就作為自然科學基礎的哲學做了歷史回顧，其中，了解「基礎」意涵的趨勢是從存有學的原理及原因，逐漸往認識論的命題原理及因果性原因去發展。而在現代自然科學思潮、辯證唯物論、新實證論的彼此論爭之下，又有重回批判實在論，以致有回歸存有學之基礎意涵的傾向。我們又在前面就實在論可分為存有學的與知識學的實在論兩種，分別加以討論。如今，胡塞爾現象學究竟屬於反實在論或是實在論？若屬於後者，

又可歸於哪一種實在論？我們可就此一課題，繼續了解現象學作為自然科學基礎的意義。

　　首先，讓我們以瑞德（H. P. Reeder）為例，看看其主張胡塞爾之反形上學與反實在論的理由。瑞德以為，胡塞爾和卡納普與奎恩（W. v. Quine）等新實證論者或實用論者不同，後二者仍處於近代科學的立場上，企圖將人類經驗的意義與對象還原到覺知、名稱或實用的選擇上，前者則已略近於後現代之科學立場。因為當代物理學者以較精密的知識論立場，非常小心地去使用諸如理論、數據、模式、明證的概念，這頗與胡塞爾小心地對本質的知識去描述相似；又二者所以具有後現代的風味，因為他們皆離開了傳統對形上學範疇之主張，如笛卡爾的二元論、十七世紀中的唯物論、柏克萊的唯心論等，皆被前者將主客視為整體之部分的觀點所取代；胡塞爾故以意向性活動連接主客體而突破二元論的限制，當代科學家也重新思考觀察研究者與被觀察之數據與實驗間的關係；他們皆從素樸之座標參考（referential）取向轉為研究結果意義的融貫（coherent）取向。瑞德進一步言，胡塞爾與當代科學家分別主張由經驗去獲得意義或對象，意義或對象實建立在表象的普遍規則與種類上，它們具一精確系列的性質，這些性質在一種深入意義來看是屬於後現代的。精確系列指著規則與種類劃分的精確，精確地區別出不同的規則與種類者乃係經驗所為。又這裡的規則或種類即為胡塞爾中的本質（eide; essences）所賦予，而本質乃由本質直觀所獲得。瑞德又將這些本質分為五個性質：非時間性（atemporality）、不變性（immutability）、非感知的（non-sensory）、心靈補捉的（mental grasp）與和感性關聯的（related to sensation），他取之與量子力學中的量子世界（quantum world）性質相類比。

　　綜言瑞德之見：卡納普或奎恩的科學哲學與過去原子或微質

子的物理學相應，其所呼應的是簡單化的原理與奧坎的剃刀（Occam's razor）理論。胡塞爾與量子物理的關係主要在於主體與客體的對應性（correlativity of subject and object）。當代自然科學家察覺到實驗者並不與客體對立，而是生活在自然環境中，其相互間之關係則影響到主體如何認識客體，更決定了物質實體之意義究為何者。因此，實體一成不變的性質改變了，今後科學家所關注的是主客體彼此互動下所形成的本質結構。❽

　　瑞德雖認為胡塞爾離開了實在論主張，但這裡的實在論是何意義呢？瑞德以為胡塞爾與當代自然科學皆強調主客體是在一整體內的部分，二者以互動關係建立本質，或形成科學知識。如此所得的本質雖不具實在論性質，但是否在背後仍可能存在一不可知的實在者？筆者在過去正好做過一個介於胡塞爾現象學與當代科學思想的類比工作，且在主張二者以主客互動來掌握本質之外，尚承認有一不可知者，這是一絕對的整體（absolute totality）。並以為胡塞爾現象學原則上將此絕對的整體還原到認知的主體，但也承認認知主體若想對它完全掌握，那將是一無限遙遠之理想。當時筆者曾對現象學中的「整體」和「部分」學說和實在論者玻姆（D. Bohm）所提之整體論（holism）思想做一比較，先指出「部分」或「相對的整體」為認知之根據（ratio cognoscendi），而「絕對的整體」則為本質之根據（ratio essendi）。胡塞爾現象學中的「內在時間結構」、玻姆所指出的自然科學所顯示的宇宙的「顯明秩序」，以及物理學中的量子世界，三者皆屬於「部分」或「相對的整體」。胡塞爾現象學中的「時

---

❽ 見 H. P. Reeder: Husserl's Phenomenology and Contemporary Science, in：*Husserl in Contemporary Context-Prospects and Projects for Phenoemenology*, edited by B. C. Hopkins, Dordrecht/Boston/ London: Kluwer Academic Publishers, 1997, pp. 211-234。

間意識」與玻姆所指宇宙中「隱涵之秩序」，皆屬於「絕對的整體」。部分是由絕對的整體抽象出來的形式，但它具有認知及顯示絕對的整體之作用。⑧

我們再從根本上來看：對胡塞爾而言，存有學的實在是主體在自然的態度下所面對的世界，因它不是一個理論，故只需說明，而不需證明。現象學者反思此一自然態度，揭發主體與實在世界接觸的結構，探討對此實在認知的可能性與極限，這些即是現象學在存而不論之後，將實在世界還原回到超驗主體的工作。但是，現象學對自然態度中的實在進行存而不論與還原，這並不是對它加以否定，而是暫時中止對它的設定，並使它轉變成主體經驗意識裡的對象。也因此，我們可說，存有學實在論在現象學態度中並未被否定，它反而被漸次展露於它的哲學反思之中。⑧

在這裡，現象學仍是經由意向性活動，將存有學的實在論具體展露出來，因其所展露的是介於意向經驗與意向對象間的關聯性，這也是前述「我們要解析意向性在本為不透明的世界各個界域中貫穿、連結」的意義。可見，胡塞爾現象學是將存有學的實在論置於認識的態度來面對。若將它歸屬為知識學實在論⑧，那就表示：胡塞爾認為物體的實在本性仍有獨立於構成它們的超驗主體而存在者。在此，構成的概念就需要做一番釐清：構成的意義一方面尚不至於被理解為創造（Kreation; creation），否則胡塞爾將成為觀念主義者⑧；另一方面，構成不只是針對意向性的

---

⑧ 參考汪文聖：〈現象學與當代科學哲學〉，《哲學雜誌》12 期，1995 年 4 月，頁 146-163。

⑧ 參考參考 Drummond, *ibid.*, pp. 256-257。

⑧ 見 Drummond, *ibid.* p. 258 的主張。

⑧ 胡塞爾未對「構成」的概念作系統的表述，故引起了學者漫無邊際的討論與詮釋。E. Fink 曾將胡塞爾「構成」的概念介於意義構成（Sinnbild

意義，也針對被意向的對象，不只是所識（Noemata），連超越
「所識」的「對象」也在相應的活動中被構成。這裡的「對象」
所涉及的是「實在性」，對它而言，構成雖不意味著「創造」，
但仍可稱為一種生產（Produktion; production）的能力。對於實
在性的構成，仍然是在一個漫長無終止的路途上。對於胡塞爾，
實在性最後將宛如成為一個假定的（präsumtiv; presumptive）概
念，因而我們說：這是一種知識學的實在論。❽❾

又因為胡塞爾將世界的實在奠基在邏輯的課題上，所以我們
可將胡塞爾的知識學實在論視作一種邏輯的實在論。但是，正如
前面已闡述過，邏輯具三種階段：形式學說、歸結邏輯與真理邏
輯，胡塞爾所關注的不只是世界裡邏輯形式的客觀性，他更關注

---

ung; meaning shaping）與創造（Kreation; creation）之間來詮釋，這是
St. Strasser所說「構成」所具有意涵的至少概念（Minimalkonzept; mini-
mal concept）與至多概念（Maximalkonzept; maximal concept）（見 St.
Strasser: *Welt im Widerspruch-Gedanken zu einer Phänomenologie als ethischer
Fundamentalphilosophie*, Dordrecht/Boston/London: Kluwer Academic Pub-
lishers, 1991, p.65）。但 E. Ströker女士所言，讓兩種對構成的極端詮釋
意味著能識（Noesen）只可將存有安置在每個一定的意義下（setzen
Sein jeweils in einem bestimmten Sinn），抑或能識更可製造出存有（er-
zeugen Sein; produce Being），然而後者不為理性，而屬神祕能力的創
世行為實不能出於一個胡塞爾的超驗意識（見 E. Ströker: *Husserls Tran-
szendentale Phänomenologie, Frankfurt a.M: Klostermann.*, 1987, p. 118）。

❽❾參考 Ströker, *ibid.*, pp. 116-120。當然若我們以 Gurwitsch 的完型理論
（Gestalt theory）立場反對同一性對象之意識來自共同於對物體之一切
所識（noemata）中的同一元素，而此元素或稱為所識意義之負載者──
純粹X，因此主張該意識決定於讓所識彼此組織之形式，或決定於所識
組成與歸屬的系統中運行的統一形式，那麼是否還存在一個宛如被假定
的對象，而由完型理論所意識的所謂「對象」是否完全在意識的構成
中，以致實在論的性質消除，這當然值得再商榷。對此問題我們不在此
處理，進一步請參考 Gurwitsch , *ibid.*, pp. 246-255。

其中的存有學的客觀性如何被構成，所以，這種邏輯的實在論，
更是一種由超驗邏輯與發生學邏輯共同來構成世界的存有意義的
實在論。**⑨**

---

⑨ 參考 Drummond, *ibid*., pp. 259-260。

對哲學為科學基礎的進一步探討

　　為了對作為科學基礎之哲學的討論有更廣泛的認識，我們在這裡要概括地介紹胡塞爾現象學中的其他課題，以及以海德格為代表的詮釋現象學所可能面對的科學基礎問題，並以社會科學為例，來看看其他科學是否亦可建立在現象學的基礎上。我們在此要介紹一些有關的資料，以供讀者進一步研究參考。

　　首先，本文雖主要是針對邏輯與實在論的課題，討論胡塞爾現象學如何做為自然科學的基礎，但其中也曾就邏輯的奠基應回溯到生活世界經驗，因而已涉及到生活世界的課題。胡塞爾在《危機》一書裡最主要的宗旨，即在將近代科學建立時所遺忘的意義基礎（Sinnesfundament; fundamental of meaning）重新喚起，這包括自然科學、心理學與其他所有科學的建立。❾

　　我們在前面曾論及，現代自然科學思潮將時空的意義做了改變，不論是早期亞里斯多德視時空為規定世界存有的範疇，或後來康德將時空視為感覺形式而為認識的條件之一，皆顯示時空亦

---

❾對於生活世界的意義，以及它與科學世界的關係，可進一步參考筆者之〈胡塞爾「生活世界」理論之自由與責任意涵〉論文。

為討論哲學作為科學基礎的重要課題。前面我們指出，胡塞爾根據研究對象是否在內在時空中完全顯現，以區分自然科學、心理學與超驗哲學；其後又提到，筆者曾將胡塞爾現象學與現代一自然科學思潮整體論做比較，而其中也述及「內在時間結構」與「時間意識」等概念，但皆未對它們做闡釋。若欲對現象學的時間與空間進一步了解，見其與科學建立間的關係，請參考筆者之〈談主體的弔詭性〉、〈創傷的記憶或遺忘？——一個時間現象學的探討〉、〈有關「空間現象學」的經典詮釋——兼對抽象的空間與虛擬的空間之批判〉諸文。

其次，對於詮釋現象學如何處理科學基礎方面，可參考郭克滿（J. J. Kockelmans）之《自然科學的詮釋現象學理念》。他指出：自然科學需做存有學的反思，然後知科學基礎單靠訴諸於經驗事實，是不夠的。迄今科學理論中的一些獨斷論、懷疑論、超驗主義、邏輯實證論等，都只是在某些原則之下對一批廣大資料的一種可能詮釋而已。他並對此提及余伯納（K. Hübner）所著《科學理性批判》中類似的思想。郭克滿續指出赫蘭（P. Heelan）與齊息爾（Th. J. Kisiel）之研究重點：前者藉詮釋學改進科學實在論的一些課題，並以詮釋學來探討科學之覺知與觀察（見其《空間之覺知與科學哲學》）；後者則集中於詮釋學之科學發現與科學理性的議題（見其〈自然科學發現的詮釋學〉與〈科學發現之理性〉）。此二學者提出受到心理學、社會學、歷史等影響的空間觀察或科學發現，但應以實做科學（do science）的思想來加以補充，如此才可穩實留意科學研究受到研究團隊或個人生活的影響。❷

郭克滿並指出，「科學」一概念不能完全脫離神話

---

❷ 參見 J. J. Kockelmans, *ibid*., pp. 104-113。

（myth）的成分，理性與神話本有共同的歷史。郭克滿提示，事實上，海德格認為真正的科學的基礎是一具神話性的存有——對此，讀者也可參考筆者之〈海德格對科學最終基礎的探究〉一文，其中針對前面已提及的：海德格將萊布尼茲的「（充足）理由律」中的理由，重新回溯到形上學根基的的存有上去。

郭克滿又評述孔恩、拉卡托斯（I. Lakatos）與余伯納等三種重視科學史的科學理論，並提出自己的詮釋學立場。他認為我們雖可藉孔恩的典範（paradigms）說，或藉著外於邏輯模型，和前於正規科學（normal science）因素所決定的科學革命（scientific revolutions）來說明，但科學發展仍然應有其目的論，這是孔恩與拉卡托斯所欠缺的。又，余伯納雖也反對用經驗來說明科學理論，但卻視歷史本身為一經驗的科學。郭克滿則認為歷史是一詮釋的科學。由此可見，此三種科學哲學雖與建立在科學普遍律假設下的新實證論，以及英美分析學派的科學哲學有所不同，但仍異於詮釋學的自然科學哲學。❽至於欲了解胡塞爾現象學與詮釋現象學，乃至與孔恩等科學哲學可能的關係，請參考筆者之〈描述與解釋——胡塞爾現象學作為科學哲學之一探討〉一文。

最後，我們將以社會科學為例，看其他科學應如何以現象學為基礎。前面曾指出：「在社會學方面亦有原始社會學，它與建立在自然科學方法的『統計社會學』相對。後者收集重要的事實，發現其中重要的規律。胡塞爾認為這種間接方法不能徹底得到解釋的意義，故主張前者之直接觀察社會現象，且據其本質來探討。」胡塞爾除了在〈作為嚴格科學的哲學〉一文中提及此現象學社會學之可能性以外，在《觀念二》首度出現的「生活世界」概念表示經驗的人格（Person; person）世界，其中自我與他

---

❽參考 J. J. Kockelmans, *ibid.*, pp. 100-120, 200-208, 251-282。

我共存，這是具社會性的精神世界❹。但若我們仔細來看，此一精神世界不是自然態度的素樸世界，而是從自然態度來看的觀念世界，也是從超驗現象學態度來看，由超驗主體所已構成的理想世界。因為既然已經達到構成的理想，它也是一自然態度所面對的世界，只不過此一自然態度已不再是素樸的自然態度。學者桑摩爾（M. Sommer）認為，胡塞爾當時並未察覺自然態度應存在於構成前──即素樸的──與構成後兩處，故造成他將精神或人格概念與超驗或純我概念混淆或競爭的局面❺。現象學社會學大師舒茲（A. Schütz）似亦受到胡塞爾《觀念二》的影響，對之亦未做區別，他所處理的自然態度世界，實已隱涉它是由超驗主體所構成的。❻舒茲從這個世界開始，去描述社會現象，建立現象學社會學。描述所需的反思活動，是社會現象意義的賦予者，但對舒茲言，這個反思顯然仍是自然態度的。舒茲與其弟子拉克曼（Th. Luckmann）皆認為，社會學家是在反思中做理論的建構，或理想類型（idealtypische; ideal typical）的建構。這種科學性的類型化以前科學（vorwissenschaftliche; pre-scientific）的類型化為前提。科學的有效性需建立在主體際的檢驗下，而主體際性可

❹ 參閱 Husserl: *Ideen zu einer reinen Phänomenologie und phänomenologischen Philoso-phie. Zweites Buch: Phänomenologische Untersuchung zur Konstitution*, Hua Bd. IV, hrsg.: M. Biemel, Den Haag: Nijhoff, 1953, pp. 288 之註腳, 372-375。

❺ 見 Sommer: Einleitung in Husserls Göttinger Lebenswelt, in: *Die Konstitution der geitigen Welt*, hrsg. und eingeleitet: M. Sommer, Hamburg: Meiner 1984, pp. XXII-XXIII, XXXIV-XXXV。

❻ 此看法亦見 A. Ulfig: Lebenswelt, Reflexion und Sprache, Würzburg: Königshausen & Neumann, 1997, p. 85，他提及 Th. S. Eberle: *Sinnkonstitu tion in Alltag und Wissenschaft. Der Beitrag der Phänomenologie an dieMethologie der Sozial wissenschaften*, Stuttgart, 1984, p. 172 中指舒茲有一方法上的含混（methol-ogische Ambiguität）。

從個別體驗的明證性來構成。舒茲等人將前語言的個人世界導向語言化的主體際世界。但對哈伯瑪斯之《溝通行動理論》而言，主觀意識與其構成卻需以主體際的語言理解為前提，因為生活世界的結構和語言的結構具備不可分的內在關係，作為現象學社會學描述之起點的私有與無名的世界遂被哈伯瑪斯的語言結構世界所取代。(97)

在這裡稍對舒茲的理論做些敘述：舒茲從個人生活世界出發以建立社會學基礎方面，他特別也注意時間結構的分析，這也是他批評韋伯（M. Weber）所未及之處。和胡塞爾一樣，舒茲將構成社會世界意義的基礎亦置於內在時間意識，由此在意向活動的指涉與引導之下，個人所構成的意義進而為群體構成的客觀意義。社會意義是在自然態度中之反思活動所構成的，因反思的成就是行動中與認識中之主體的成就，人們從整體的體驗生活中揭發出來某一體驗，且在一反思的態度中去注意它，舒茲稱它為被界定好的體驗（wohlumgrenztes Erlebnis; well bounded experience），這個體驗意義不是後加的，而是已存的。原先蘊存的與反思所得的意義分別指涉 how 的體驗層面，以及 what 的對象層面，這兩種差別可說是一屬於社會學家所擁有，另一屬於在生活世界中行動的人所具備。當進一步對行動做時間結構的分析時，舒茲指出行動的意義即是先前被籌劃（entworfen; projected）的行動，胡塞爾所提出的內在時間環節之一：前向（Protention; protention）即賦予這籌劃的意義。(98)

承續柏格森（H. Bergson）舒茲以延續（Dauer; duration）的概念作為根本的生活形式（Lebensformen; form of life），它是直

(97)參考 A. Ulfig, *ibid.*, pp. 86-102。

(98)見 Ulfig: *Lebenswelt, Reflexion und Sprache*, pp. 87-88。

接體驗的領域，充滿複雜體驗生活的世界即在此領域被給予我
們。而首先我個人對延續的體驗透過對時間（以及空間）的體驗
來構成，其中記憶（Gedächtnis; memory）扮演著重要角色❾，
胡塞爾所提的其他環節：回向（Retention; retention）即賦予此能
力。舒茲的目的在從對自我的延續生活形式構成出發，去了解你
（Du; thou）的體驗生活意義，以致去發展出整個社會學理論。
因而他從仍屬於行動的我、對你指涉的我、言談的我、概念性思
維的我等生活形式，漸次論述到屬於我與你之間的生活形式，其
中重要的即是語言形式。而生活形式如音樂與詩歌亦需從基本的
延續性來媒介。❿

　　鑑於舒茲從延續的生活形式來奠基社會科學，我們舉謝勒
（M. Scheler）、專家福林斯（M. Frings）所寫的〈社會共同體
的時間結構〉為例，以見時間結構對社會學基礎之另種看法。福
林斯參照托尼斯（Tönnies）與謝勒（M. Scheler），將人類集結
的形式分為社會（society）與生活共同體（life-community）：
社會是透過人為的法律、行為規範或其他組織之設計所組成，特
別是由諸如實用主義的真理標準——如適用或不適用——所引導
的客觀思想所維持著。至於生活共同體則是透過人和人之間的信
賴所蘊釀而成，形成了家庭、氏族或部落等團體，它們不靠客觀
思想，而是由自然的思想——即前反思的思想——所維繫。福林

---

❾參考 A. Schütz: Theorie der Lebensform, Hrsg. Und eingeleitet: I. Srubar,
　Frankfurt a. M.: Suhrkamp, 1981; pp. 40-42（編者引言部分）, 80-81, 87-91
　（正文部分）。
❿參考同上： 40, 43-62 之引言，全書即在討論此諸生活形式；對於舒茲
　思想尚可參考顧爾維茲之《現象學與科學理論》第一部分第五章，以及
　游淙祺之〈論舒茲的實質行動概念〉、〈舒茲論超越、附現與多層面的
　生活世界經驗〉等文。

斯特別指出，社會成員經驗到客觀的、線性的（linear）或序列的（sequential）時間，而生活共同體中的成員則體驗到主體際的（intersubjective）、循環的（cyclic）或永續的（durational）時間；正如同客觀的時間應建立在主體際的時間上一樣，社會的形式也應奠基在生活共同體上。若是以生活世界（lived world）為科學的基礎，那麼社會學（sociology）即應從立基於生活世界的生活共同體出發來進行研究。❿

我們從這三種有關社會學的哲學基礎思想可以看到，其中的基礎意涵仍分別涉及到前科學世界的存有學原理、語言結構的命題性原理，以及具時間性意義的基礎，它們和我們前面就自然科學所討論的內容，正可以相得益彰。

---

❿參考 M. Frings: *Time Structure in Social Community, in: Philosophy and Science in Phenomenological Perspective* (ed. By K. K. Cho), Dordrecht/Boston/Lancaster: Nijhoff 1984, pp. 85-93。又舒茲與福林斯皆從個人原初的時間流出發，作為建立社會學的意義基礎。他們基本上繼承連續性或線性的內在時間流的文化傳統，而我們也知另外有非線性時間觀的文化傳統，這自然會引起對社會學奠基的不同立足點。事實上，時間性質也影響對自然科學奠基的問題，這裡只能將此問題提出，而不能繼續做討論。

第七節

結　論

　　本文先將「科學」與「基礎」兩概念置於原本的意義中去了解，論述在對自然科學的哲學處理，逐漸從存有學的基礎意涵走向認識論的基礎意涵，如今在現象學的重新檢視下，又有回歸於存有學基礎意義的趨勢。本文一方面對哲學為自然科學基礎之討論，做了歷史的鋪陳，另一方面也對胡塞爾現象學作為自然科學基礎之討論，就邏輯奠基與實在論兩課題，做了系統方式的處理。本文又指出，該項討論亦可以用其他的課題來進行，同時，現象學中尚有詮釋學派討論此一問題。最後，自然科學的哲學奠基，其實只是哲學的任務之一，哲學對任何一門科學都具基礎的角色，社會學以現象學為基礎的討論，僅只是我們舉出之一例。

　　作為《哲學概論》之一篇章，本文似稍嫌份量過重，但若讀者循著筆者的主旨，再擇本身所熟稔者做重點的閱覽，當可有一般的理解。不論於歷史鋪陳、現象學系統、或進一步探討的部分，本文皆列有許多參考資料，在了解它們在本文思想脈絡下所占的地位之後，讀者當亦有明確的動機以做進一步的研究。

一、本文參考資料

牟宗三，《認識心之批判》（上下冊），臺北：友聯出版，1955（初版）。

沈清松，〈沈序建構實在論評介〉，於華爾納：《建構實在論》，王榮麟與王超群合譯，沈清松審訂自 *Introduction to Constructive Realism*，臺北：五南圖書，1997。

汪文聖，〈現象學與當代科學哲學〉，《哲學雜誌》第 12 期，民 84，頁 146-163。

汪文聖，〈描述與解釋——胡塞爾現象學作為科學哲學之一探討〉，《哲學雜誌》第 20 期，民 86，頁 64-89。

汪文聖，〈描述與建構——建構實在論與胡塞爾現象學之一比較〉，《哲學雜誌》第 22 期，民 86，頁 70-89。

汪文聖，〈談主體的弔詭性〉，《國立政治大學哲學學報》第四期，民 86，頁 1-18。

汪文聖，〈從邏輯的現象學來看《世界的邏輯構造》——胡塞爾與卡納

普哲學之一比較〉，《國立政治大學哲學學報》第六期，民 89，頁 33-66。

華爾納（F. Wallner），《建構實在論》，王榮麟與王超群合譯，沈清松 審訂自 *Introduction to Constructive Realism*，臺北：五南圖書，1997。

H. M. Baumgartner: "Wissenschaft", in: H. Krings, H. M. Baumgartner, Ch. Wild (Hrsg.), *Handbuch philosophischer Grundbegriffe*, Studienausgabe Band 6, München: Kösel 1974, pp. 1740-1764.

W. Bröcker: *Die Geschichte der Philosophie vor Sokrates*, Frankfurt a. M.: Klostermann, 1986 (1965).

R. Carnap: *Der logische Aufbau der Welt*, Hamburg: Meiner, 1998 (1928).

R. Cristin: *Heidegger and Leibniz. Reason and the Path*, with a foreword by H. G. Gadamer, Dordrecht/Boston/London: Kluwer Academic Publishers, 1998

W. v. Del-Negro: *Konvergrenzen in der Gegenwartsphilosophie und die moderne Physik*, Berlin: Duncker & Humblot, 1970.

J. Drummond：*Husserlian Intentionality and Non-Foundational Realism-Noema and Object*，Dordrecht / Boston / London: Kluwer Academic Publishers, 1990.

A. Gurwitsch: *Phenomenology and the Theory of Science*, Evanston: Northwestern University Press, 1974.

J. Habermas: *Erkenntnis und Interesse*, Frankfurt a.M.: Suhrkamp,1973.

M. Heidegger: *Was ist Metaphysik?* Frankfurt a.M: Klostermann, 1986 (1929).

M. Heidegger: *Kant und das Problem der Metaphysik*, Frankfurt a.M.: Klostermann, 1991.

M. Heidegger: *Der Satz von Grund*, Pfllingen: Neske , 1992 (1957).

E. Husserl: *Ideen zu einer reinen Phänomenologie und phänomenologischen Philosophie. Zweites Buch: Phänomenologische Untersuchung zur Konstitution*, Hua Bd. IV, hrsg.: M. Biemel, Den Haag: Nijhoff, 1953.

E. Husserl: *Ideen zu einer reinen Phänomenologie und phänomenologischen Philosophie.*

Drittes Buch: Die Phänomenologie und die Fundamente der Wissenschaften, hrsg.: M. Biemel, Hua Bd. V, Den Haag: Nijhoff, 1953.

E. Husserl: *Die Krisis der Europäischen Wissenschaften und die Transzendentale Phäen-omenologie. Eine Einleitung in die phänomenologische Philosophie,* hrsg.: W. Biemel, Hua Bd. VI, Den Haag: Nijhoff, 1954.

E. Husserl：*Ding und Raum. Vorlesung 1907,* hrsg.: U. Claesges, Hua Bd. XVI, Den Haag: Nijhoff, 1973.

E. Husserl: *Formale und transzendentale Logik. Versuch einer Kritik der Logik,* hrsg.: P. Janssen, Hua. Bd. XVII, Den Haag: Nijhoff, 1974.

E. Husserl: *Logische Untersuchungen I: Prolegomena zur reinen Logik,* Tübingen: Niemeyer, 1980[6].

E. Husserl: *Logische Untersuchungen II/1: Untersuchungen zur Phänomenologie und Theo-rie der Erkenntnis,* Tübingen: Niemeyer, 1980[6].

E. Husserl: *Logische Untersuchungen II/2: Elemente einer phänomenologischen Aufklärung der Erkenntnis,* Tübingen: Niemeyer, 1980[5].

E. Husserl: *Philosophie als strenge Wissenschaft,* hrsg.: W. Szilasi. Frankfurt a.M., 1965.

I. Kant: *Kritik der reinen Vernunft,* Hamburg, 1976.

J. J. Kockelmans: *Ideas for a Hermeneutic Phenomenology of the Natural Sciences,* Dordrecht: Kluwer Academic Publishers, 1993.

V. Kraft: *The Vienna Circle. The Origin of the Neo-Positivism. A chapter in the history of recent philosophy,* Westport: Greenwood Press, 1953.

H. Lübbe: *Bewußtsein in Geschichten-Studien zur Phänomenologie der Subjektivität* (*Mach, Husserl, Schapp, Wittgenstein*), Freiburg: Rombach, 1972.

Th. Mormann: Husserl's Philosophy of Science and the Semantic Approach. in: *Philosophy of Science,* 58 (1991), 61-83.

Platon: Staat, Werke in acht Bände, vierter Band, Hrsg: G. Eigler, Übers.: F.

Schleiermacher, Darmstadt: Wissenschaftliche Buchgesellschaft, 1971; english: *Republic*, translated by R. Waterfield, New York: Oxford University Press, 1993.

H. P. Reeder: Husserl's Phenomenology and Contemporary Science, in：*Husserl in Contemporary Context-Prospects and Projects for Phenoemenology*, edited by B. C. Hopkins, Dordrecht/Boston/ London: Kluwer Academic Publishers, 1997.

B. Russell: Logical Atomism (1924) in: *Logical Positivism*, ed. by A. J. Ayer, Illinois: The Free Press, 1959, pp. 31-50.

M. Schlick: Form und Inhalt. Einführung in philosophisches Denken (1938), in: *Philosophische Logik*, Frankfurt a. M.: Suhrkamp, 1986, pp. 110-222.

M. Sommer: Einleitung in Husserls Göttinger Lebenswelt, in: *Die Konstitution der geitigen Welt*, hrsg. und eingeleitet: M. Sommer, Hamburg: Meiner, 1984.

St. Strasser: *Welt im Widerspruch-Gedanken zu einer Phänomenologie als ethischer Fundamentalphilosophie*, Dordrecht/Boston/London: Kluwer Academic Publishers, 1991.

E. Ströker: *Husserls Transzendentale Phänomenologie*, Frankfurt a.M: Klostermann, 1987.

K.-H. Volkmann-Schluck: *Die Metaphysik des Aristoteles*, Frankfurt a. M.: Klostermann, 1979.

W. Windelband：*Lehrbuch der Geschichte der Philosophie*, Tübingen: Mohr, 1980[17].

二、進一步探討之參考資料

(一)自然科學部分

汪文聖，〈海德格對科學最終基礎的探究〉，《臺灣哲學研究》第一期，

民 86，頁 109-146。

汪文聖，〈創傷的記憶或遺忘？——一個時間現象學的探討〉，《國立政治大學哲學學報》第五期，民 88，頁 77-100。

汪文聖，〈有關「空間現象學」的經典詮釋——兼對抽象的空間與虛擬的空間之批判〉，《哲學雜誌》第 32 期，民 89，頁 48-79。

汪文聖，〈胡塞爾「生活世界」理論之自由與責任意涵〉，「倫理思想與道德關懷」研討會，淡江大學通識與核心課程組，民 89。

L. Hardy/L. Embree (ed.): *Phenomenology of Natural Science*, Dordrecht/Boston/London: *Kluwer Academic Publishers*, 1992 (其中 St. Chasan: "*A Bibliography of Phenomenological Philosophy of Natural Science*" (1890-1990), pp. 265-290.)

K. Hübner: *Kritik der wissenschaftlichen Vernunft*, Freiburg/München: Alber, 1978; english: Critique of Scientific Reason, trans. Paul R. Dixon/Hollis M. Dixon, Chicago: University of Chicago Press, 1983.

P. Heelan: *Space-Perception and the Philosophy of Science*, Berkeley: University of California Press, 1983.

Th. J. Kisiel: The Rationality of Scientific Discovery, in: *Rationality To-Day*, ed.: Theodore F. Geraets, Ottawa: The University of Ottawa Press, 1979, pp. 401-411.

Th. J. Kisiel: Zu einer Hermeneutik naturwissenschaftlicher Entdeckung, in: *Zeitschrift für allgemeine Wissenschaftstheorie*, 2 (1971), pp. 195-221.

(二)社會科學部分

游淙祺，〈論舒茲的實質行動概念〉，《臺灣哲學研究》第二期，民 88，頁 281-299。

游淙祺，〈舒茲論超越、附現與多層面的生活世界經驗〉，《臺灣哲學研究》第三期，民 89，頁 77-97。

L. Embree (ed.): *Schutzian Social Science*, Dordrecht/Boston/London: Kluwer Academic Publishers, 1999.

M. Frings: Time Structure in Social Community, in: *Philosophy and Science in Phenomenological Perspective* (ed. By K. K. Cho), Dordrecht/Boston/Lancaster: Nijhoff 1984, pp. 85-93.

J. Habermas: *Theorie des kommunikativen Handelns*, Frankfurt a. M.: Suhrkamf, 1981.

M. Natanson: *Anonymity: A Study in the Philosophy of Alfred Schutz*, Bloomington: Indiana University Press, 1986.

A. Schutz: *Collected papers I: The problem of social reality; II: Studies in social theory; III: Studies in phenomenological philosophy*, edited and introduced by Maurice Natanson ; with a pref. by H. L. van Breda, The Hague: Nijhoff, 1962-66.

A. Schutz: *Der sinnhafte Aufbau der sozialen Welt: Eine Einleitung in die verstehende Soziologie*, Frankfurt a. M.: Suhrkamp, 1974.

A. Schutz, Thomas Luckmann: *Strukturen der Lebenswelt*, Frankfurt a. M.: Suhrkamp, 1984.

A. Schutz: *Theorie der Lebensformen: (Frühe Manuskripte aus der Bergson-Periode)*, hrsg. und eingeleitet von Ilja Srubar, Frankfurt a. M.: Suhrkamp, 1981.

A. Ulfig: *Lebenswelt, Reflexion und Sprache*, Würzburg: Königshausen & Neumann, 1997.

H. R. Wagner: *Phenomenology of Consciousness and the Sociology of the Life-world*, The University of Alberta Press, 1983.

第六章

實在及其原理──

形上學的幾個基本問題

沈清松

引　言

　　形上學（Metaphysics）是哲學中最基本的科目，其所追問的也是最基本的問題：「到底什麼是實在（reality）？其基本原理（principles）為何？」形上學的外文名稱來自公元前六〇年，亞里斯多德派的門人安多尼可士（Andronicus of Rhodes）在出版亞里斯多德著作時，將其中一部分排列在物理學之後、沒有名稱的著作稱為 meta ta physica（物理之後）。❶至於中文名稱「形上學」或「形而上學」，則是來自《易經》所謂「形而上者謂之道，形而下者謂之器。」❷也因此，傳統中國哲

❶相關史事見沈清松，《物理之後》（臺北，牛頓出版，1987），頁 23-25。
❷《易經・繫辭上傳》，第十二章。

學中的的「道論」，差可近之。

按照字源，metaphysics 一詞中的 meta 可有兩層意義。其一，meta 意為「在上」（above）或「超越」（trans），就此而言，「形上」意指「超越物理之上」。這是就研究對象而言，形上學研究的對象超越物理世界之上。這是柏拉圖派的想法，認為理型才是永恆而不變的真實存在，至於物理世界則是變動不居的，僅為理型的模仿。也因此，新柏拉圖主義者欣普里秋斯（Simplicius）說「那討論完全脫離物質之物和主動理智的純粹活動者，他們稱之為神學、第一哲學或形上學，因其超越任何物理之物。」❸其二，meta 意為 after「之後」，就此而言，形上學意指物理之後之學。這是就研究的順序而言，形上學研究是在物理學之後。這是亞里斯多德派的想法，認為按照抽象的程度，形上的抽象是在物理的抽象之後，也因此，人須先學習物理學，之後再學習形上學。❹

過去，近代德國哲學家吳爾夫（Christian Wolf）曾將形上學區分為普通形上學（metaphysica generalis）和特殊形上學（metaphysica specialis）。普通形上學即所謂「存有學」或本體論（ontology）；至於特殊形上學則指研究自然的宇宙論（cosmology）、研究人的哲學心理學（philosophical psychology）和研究神的自然神學（natural theology）。在今天，這樣的區分雖然已經過時，但是，對於實在本身或所謂存有，和對於自然、人、神等存有者的存有及其基本原理的探討，仍然是形上學的基本任務。在本文中，我們只討論幾個最為關鍵的問題：關於自然

---

❸ Simplicius, *Physics*, I, 17-21, in Diels, MSS.

❹ P. Aubenque, *Le problème de l'être chez Aristote*,（Paris: Presse Universitaire de France, 1962），pp.23-28

的形上學探究，我們擬討論因果關係（causality）；關於人的形
上學思考，我們擬討論「心靈與身體關係」與「自我」等問題；
關於存有學或本體論，我們擬討論「存有與存有者的關係」的問
題。至於有關神的部分，本書另有專章處理，在此不贅述。

因果關係

讓我們從對自然的形上思考與原理開始。因果關係（causality）是有關人對自然的知識與思考的基礎概念。所謂自然物（natural beings），都是在時間、空間之中遵循因果法則的物質存在物。自然現象所遵循的一切法則，都是立基於因果關係。也因此，因果關係是所有自然法則的基礎所在。大體說來，所謂「因果關係」是指在自然現象當中發生的前件（precedent）對於後件（consequent）的產生與變化而有的一種必然決定的關係。

西方近代科學中的因果關係，是針對事物的運動與變化，而不是針對事物的存在或人對事物的認識。但若追溯古希臘哲學中的原因（aitia）一詞，其含意較廣，舉凡使一物存在、變化，甚至被認知的的原理或初始，都可視為是原因。在古希臘哲學裡，aitia 就是使一物存在（to be）、變化（to become）和被認知（to be known）的原理（principle）或原始（arché）。但在西方近代科學發展以後，只講運動和變化，尤其是地方性的運動（local mouvement）。在古希臘哲學裡，「運動」或「變化」的含意也較寬，包含(1)實體的變化，譬如由有到無或由無到有；(2)量的變化，譬如由大變小、由小變大；(3)質的變化，譬如由白到黑、由

好到壞等；(4)地方性的變化，由 A 點到 B 點的運動，旋轉性的運動……等等。基本上，西方近代科學比較重視的是量的變化和地方性的變化，其中地方性運動還包含了旋轉性運動，例如天體的運動，這在「運動」的意義上要比古希臘哲學窄狹。

在古希臘哲學裡，「原因」的意思還包含了「使被認知」的原理，這個意思在近代科學裡面則不被視為原因。然而，平心而論，後者也是蠻重要的。對亞里斯多德而言，一物被認知的原理，正是它的形式。我們所認識於一物的，是該物的形式，而物的形式在被認識以後就被視為該物的本質。這是亞里斯多德哲學的重要主張之一。認識一物，就得認識它的目的與形式，也因此而有形式因與目的因的設置。然而，這些在西方近代科學裡面都失去原因的地位，轉而只重視動力因，換言之，只重視產生運動、變化的動力；而不注意其形式和目的。但對於希臘哲學而言，要認識一物，總得認識它的形式與目的。

自近代科學以降，因果關係是在自然現象當中發生的前件（precedent）對於後件（consequent）的產生與變化的必然決定關係。如果這一必然關係不能成立，那麼自然科學便無以證成其所謂自然法則。然而，究竟自然科學能不能掌握因與果之間的必然決定關係呢？對此最先提出疑問的是休謨（D. Hume）。休謨對於因果關係加以質疑，認為事實上並沒有所謂因果關係。換言之，因果關係並不是客觀事物中存在的一種關係，而只是出自人的想像力聯想的結果。我們在觀察事物時，回歸到最原初的經驗，至多只有對前件或後件的印象，絲毫沒有經驗到這兩者之間的必然決定關係。我們至多只經驗到後件隨著前件而來，但「先後關係」並不就是「因果關係」。❺

---

❺ D. Hume, *A Treatise of Human Nature*, Edited by L.A.Selby-Bigge.（Oxford: Clarendon Press, 1951）.（reprint of 1888 edition）, pp. 75-78.

譬如，從點火到火藥庫爆炸，一般人會認為，點火當然是火藥庫爆炸的原因，可是就休謨而言，事實上我們只先看到點火，之後再看到火藥庫在不遠處爆炸，這是兩個印象；然而，我們絲毫經驗不到兩者之間的必然關係，或對之有任何印象。這兩個印象之間並沒有「必然決定」的關係，只有「隨著而來」的關係。換言之，我們對因果關係並沒有任何經驗上的基礎，它只是我們的想像力聯想的結果。如此一來，休謨破除了因果關係，也就破除了歸納法。❻休謨更從對因果關係的質疑出發，進一步懷疑自我，對他而言，並沒有一個自我作為其所有行動的原因。他質疑自我，認為我們經驗到的自我其實只是一束知覺（a bundle of perceptions），其實並沒有經驗到自我作為行動的原因。

休謨如此質問因果關係，並根據聯想作用（association）來解釋為什麼人會認為前件與後件之間有必然關係。人經驗到前件的印象，又經驗到後件的印象，由於經驗的重複，就把它們聯想在一起，視為有必然關聯。因果的必然關係事實上並不存在，只是一種由聯想所產生的關係。休謨運用心理學上的聯想作用來解釋因果關係的必然性，然其結果正好是拆解掉這一必然性。休謨這樣做的結果，使得科學遭到很大的批判。他可以說是從對經驗的信念走向徹底的懷疑。

進一步，我們要討論康德對因果關係的看法。康德曾說，休謨驚醒了他的獨斷之夢，也因此他也走休謨同樣的路子，在人的思想活動裡尋找因果關係的必然性的基礎。但是，他如此尋找的結果，反而確定了因果關係的必然性。康德指出，按照人的思想

---

❻歸納法在當代受到許多質疑，主要是其推論是由許多個別案例，推出普遍的規則，其中不但沒有必然性，而且犯了推論上的跳躍。雖然如此，過去對於歸納法的信賴，假定了自然齊一律，而後者則預設了因果關係。

法則，可以確定因果關係是一種必然的決定關係。他不同於休謨的地方，就在於他不停留於心理的聯想這種經驗性的思考方式，卻要訴諸於先驗的思想範疇。所謂「先驗」的意思，就是指先於經驗又使經驗成為可能的，也就是在人的主體性裡面先在的思維結構。他不把因果關係放在想像或聯想的地位，卻放在智性（*understanding*）的範疇裡，並在此安置了因果關係。

對康德而言，「因果關係」是一範疇，既然是範疇，就是一種先在而必然性的思考結構。康德認為，總共有「質」、「量」、「關係」、「樣態」四類範疇，其中，「關係」類的範疇裡有三大範疇，一、是實體與偶性（substance/accidents）的範疇；二、是「因果關係」（causality）的範疇；三、是相互性（reciprocity）的範疇。對康德來講，這三大範疇都是先天的、必然的，他也用他們來奠定牛頓物理學的先驗基礎。

對於康德而言，實體與依附體是一個先驗的關係範疇，在一切變化當中，凡是可以變化的都是偶性（accidents），至於其中不變的，便是實體。近代物理學認為質量不變，康德則把「質量」詮釋為「運動量」。康德對牛頓質量不滅定律的詮釋，是說運動量的總量不變，而這也就是實體。此外，相互性的範疇是用來先驗地解釋牛頓物理學裡面有作用必有反作用力，其方向相反、其力量相等。至於慣性定律所言，動者恆動，靜者恆靜，動者恆保其方向和速度，那是因為來自先驗的因果關係範疇。因果關係所說的，就是在時間當中出現的現象，前件的出現必然地決定且跟隨著後件的出現。❼康德認為牛頓的三大定律基本上是建

❼以上三律的詮釋見 I.Kant, *Metaphysical Foundations of Natural Science*, translated by J.W.Ellington, Indianapolis: Hackett Publishing Company, 1985, 102-110。沈清松，《物理之後》（臺北：牛頓出版，1987），頁 189-193。

立在人的智性的範疇上，人從這三大範疇延伸下來觀察自然現象，就發現了自然中的定律。定律的來源是來自思想中的範疇，也因此，人從範疇而下，可以發現自然的法則，這是人可以為自然立法的一種先在能力。

康德如此重新詮釋了牛頓的物理學，也賦予牛頓物理學一個必然的地位，使得物理法則本身成為必然的。不過它只是在現象界為必然，也就是在我們思維、認識的範圍之內為必然。因果關係的必然性的依據是我們思想的方式，這一點他與休謨是一樣的。不過，在思想方式上，他不同於休謨。休謨認為因果關係只是出自聯想；康德卻認為這是一種智性思維的必然形式。所以，因果律具有的必然性，是一種思考上的必然性，不是存在上的必然性。總之，康德重新還給了因果律以必然性，只不過這個必然性是主觀的必然性，就是在主體性上的必然性。❽

基本上，我們可以說康德發現了：現象界當中的必然連結，是立基於人的智性中「因果關係」的先驗範疇。再如何進步的自然科學知識，都是由人所構成，這些知識都是現象之知，不是本體之知。雖然這當中「主體性」的問題仍須檢查，不過，康德至少指出一條路，就是現象當中有必然的連結，肯定有一些結構性與動態性的法則把現象連結起來。

就因果關係言，現象彼此之間的連結是一種結構性的連結。這個結構面的思考，在某種程度上，可以說是亞里斯多德（Aristotle）所講的形式（form）的概念的擴大。所有的物體都有一形式的結構，只不過在因果關係上，此形式結構是存在於物與物

---

❽對於康德而言，所謂「客觀性」，就是從主觀思維的必然性去形成的法則，至於所謂「主觀性」就是在主體中奠立那些客觀規律的先驗基礎所在。所以，客觀性是被主觀性所決定，而主觀性則是那能形成客觀性者，這中間有一循環關係。

之間，而且兼具動態之意，因為它同時也決定了另一物的運動與變化。所以，若要了解因果關係，明白事物之間為什麼會相互決定，其實正是要了解為何它們彼此之間有某種結構面與動態面的相關性。

其實，休謨與康德所講的因果關係，都不是事物本身內在的關係，而是人的思想當中所產生的表象（或再現 representations）之間彼此的關係。休謨認為，人的經驗還原到最後，其最基本構成就是印象（impressions），至於「概念」則只是幾經重複、比較模糊的印象。他認為：我們對因果關係根本沒有任何印象。需注意，在此，「印象」已經是我們對事物所形成的表象。至於康德所講的因果關係，則是一種先在概念（concepts apriori），舉凡從智性產生的表象，都是概念，無論是經驗概念或先在概念。康德發現，某些概念是必然地相連結的，它們的必然連結主要是出自於因果關係這一範疇。人從因果關係範疇往下看，會發現有一些概念是彼此必然連結起來的。康德所講的概念，無論是先在概念或是經驗概念，都是我們思想中所產生的對某具體物或抽象物的再現，而不是事物本身。

可見，休謨和康德對於因果的討論，其實是把因果關係限定在我們所能產生的表象彼此的關係，而不是事物內在的關係。休謨所講的是印象與印象之間的關係，而康德所講的則是概念與概念之間的關係。但是，我們若仔細檢查印象與概念，它們都已經是屬於「表象」的領域，而「表象」本身在生物的經驗當中已經是屬於高級的經驗。然而，最基層的動、植物，雖然它們並沒有能力產生和人一般的印象或概念，但它們也同樣受到因果法則的決定。所以，問題在於休謨和康德等人都是在人的印象與概念裡打轉，去構想因果關係，但是，在人和其他生物的經驗裡有一種很基本的經驗：除了表象之外，我們還可以感受到某種實效力量

影響的經驗。在這種效力影響的經驗裡，我們才真正經驗到因果關係。譬如我雖沒有仔細注意周遭有講桌、椅子，但當我走路時，一定會繞過它們而行。換言之，我必須順應我的環境而活動。對環境中其他物體的順應，以及對我的先前狀態的順應（conformity），是我們的基本的經驗。這個經驗十分基本，甚至不一定會進入我的意識範圍，不一定會形成任何印象或概念。它是更為基本的經驗，是我跟其他基層的動、植物，甚至無生物的共同經驗是大家都會感受到，必須遵循的。

比較起來，表象比較能用人的意志來控制，展現自我對它的權力。正如霍布斯在《利維坦》（Leviathan）中的分析，他認為人透過對於表象的運用，加以控制，以顯示力量。對霍布斯而言，語言、科學都是運作表象、計算概念的結果。❾然而，因果效力是不能被意志所控制的，效力的經驗並不一定會成為我們覺察的範圍，但仍在我們不覺察的情況下繼續做某種程度的決定。懷德海（A. N. Whitehead）在講因果關係時，提出一個洞見，認為休謨與康德把因果關係誤置，在概念與表象上面來討論因果關係，但卻忘記更基本的因果關係應該是在效力的經驗上。環境與先前狀態的效力，基本上是表現在順應性上面。可以說因果關係便是表現在一物對於環境或對於先前狀態的順應的關係上面。❿

順應性的基礎何在？這是我們必須進一步探問的。可以說，順應性的基礎是建立在一種普遍的相關性（universal relativity）上。之所以須順應、會順應，最主要是建立在宇宙間所有的存在

---

❾ Hobbes, *Leviathan*, edited with an introd by C. B. Macpherson, (Harmondsworth: Penguin Books, 1968), p.100.

❿ 懷德海關於因果關係的討論，參見其 *Process and Reality*, Corrected Edition,（New York: The Free Press, 1978）, Chapter 8, Symbolic Reference，另見 A.N. Whitehead, *Symbolism, its Meaning and Effect*,（Cambridge: Cambridge University Press, 1928）。

項目都是彼此相關的。首先，普遍的相關性可以說是一種結構上的關係：也就是說所有的事物彼此都相互牽連，其間的關係有某種形式上的可理解性。前面說到亞里斯多德的形式因，其實形式因所講的便是事物裡的一種結構性關係。不過，亞里斯多德所講的形式因是在於每一個物之中。每一個物都是由形式與質料構成的。亞里斯多德並沒有指出，整個宇宙都由某種形式性的結構連繫起來。所有的事物之間都有一結構性的關係，也因為這一結構性的關係，所以在運動變化的過程當中，一定會產生順應的問題。順應必定假定了某一剎那中相關因素彼此的形式性結構。按照我們的詮釋，康德所講的現象與現象之間的因果關係，是表示自然法則是立基於全體現象之間的某種可理解的結構關係。其實，康德所說的因果關係，在某種意義上，是亞里斯多德形式因的轉化。從一實體的形式因轉變成現象界中的形式關係，且該形式關係具有動態的作用，決定了必須順應的某物的運動與變化。

　　康德的因果關係只在現象界中有效。但我們必須說，實在本身就有某種結構，而我們的知識就在於透過建構的方式去揭露這些結構。我們不能說結構的這一面僅只是現象界的，卻必須說整個存在界都有某種結構性的關係，也因著這一關係使我們能在其中認識、活動、變化，且都有必須遵循的結構面，如此才有所謂順應可言。人若要構成知識，必須先行順應。構成過程中的順應，已經假定了在實在本身之內有普遍的相關性。所謂普遍的相關性其實就是某種形式因，但不再是亞里斯多德意義的形式因，而是整個宇宙普遍存在中的相關性。如果只停留在這一種結構性的相關性中，則仍然太靜態了，仍不足以促成變化。這還需要有動態的一面，才會由結構的關係產生變化。

　　因此，還必須有動態的（dynamic）相關性。在宇宙裡面每一個存在的項目，從最基本的粒子，到次原子的活動，一直擴大

到整個星球、星系或星雲，一方面有結構的關係，另方面也有運動變化。這是來自每一物都有其能量，據此它就有主動的運動力。所謂「自然」就是本身具有運動變化的原理的存在物，該原理就在於其能量。能量有其指向性，並因此建立了動態的關係，使得每一物根據其能量都會指向其他的物。在物質之中就有指向的作用，因為它的能量是指向性的。由於能量本身的指向性的運作造成該物的運動。能量的指向性有其主動面，另外，也有其被動的一面，也會接受影響。所謂接受，是說在能量的指向過程當中必須順應其他的存在。

可見，宇宙間的動態關係基本是來自每一物能量的指向性，也因為該指向性而使所有的物在一運動體系裡的結構關係不斷改變。其實，因果關係本身就是現象彼此之間的結構關係的變化。因果關係既然決定了現象的運動變化，應該是一個動態關係，不過此一動態的關係仍假定了物與物之間的結構關係，而運動變化則是對該結構關係的改變。我們可以說，所有物都存在在某一結構關係裡，而且必須順應該結構關係，就這點而言，因果關係有其決定性。此一決定性是該結構的決定性，使得所有物體都必須順應其所處在的結構關係來運動變化。但是這種順應性並沒有絕對的決定力，因為每一個物都有仍有其能量的指向性，據此，當它在運動時，就會有綜合順應性與指向性而出現的一些新穎的詮釋。所以，就動態的部分言，在自然物的層面，由於每一個物的能量的指向性，使它不會完全落入因果關係的決定之中。

因果關係不是一種全面的決定，以此為基礎，我們才可以進一步講人的自由。如果人可以有自由，則在人的身體、生理的這一面，應該也有自由的可能性；相反的，如果人在身體、生理的這一面沒有可能自由，人在物理上是被決定的，只有在心理上、精神上是自由的，這樣的話，人的身、心就分裂為二元了。換言

之，人應該在其身體能量的指向性裡就有某種自由了。人根據這個指向性而指向他人或他物，在這過程中雖然必須順應，但總會綜合順應與指向而出現創新。這就是人在物理層次的自由。因果不是絕對的，因果只顯示萬物普遍的相關性。在這其中，人必須順應，但在順應中同時又有所指向。

就人的經驗來講，我們沒有任何經驗可以證明自然中有任何決定論；相反地，我們在人的行為上看到某種因果效力。順應的經驗是人的一個基本經驗，這是一種因果的經驗；另外，還有一個明顯的因果經驗，譬如人的經濟行為，或是人創造歷史的行為，都明顯的是由人採取主動，而且對世界造成改變。例如，從決定投資的行動，可以看出經濟的行為是出自於人的自由選擇。此外，舉凡歷史上的重要事件與行動，都顯示人的行動改變了世界的面貌。

總之，無論是人的順應性或是人的行動造成的效果，都可以證明人對因與果之間的關係的連結有親身的經驗。不過，這樣的經驗基本上假定了普遍的相關性。因果關係所顯示的其實是一種普遍的相關性。不只是首先在人的經驗裡可以體驗到，而且推到整個物理的存在界，都可以說有這樣的普遍相關性存在。就此而言，即使當我們分析各種道德的論斷時，其中所涉及的自由與目的性，仍然假定了普遍相關性的結構關係與動態關係。

第三節

心靈與身體

　　心靈與身體的關係涉及人這個存有者的構成原理。在傳統的理論中，有關心靈與身體關係的理論，不管是一元論或是二元論的想法，往往把心靈與身體的關係看成「心靈」概念與「身體」概念兩者之間的關係來考量，而且它們都把身體與心靈（body and mind）放在同一個平面上來思考。

一、一元論的困境

　　一元論者，無論是唯物論或唯心論，其主要的理論工作，就是在思想上把這兩個概念相互化約。就唯物論言，就是把「心靈」化約為「身體」；至於唯心論，則是把「身體」化約為「心靈」。這一來，就把兩個概念及其所代表的實在，以平面的觀點來看待，也因此沒辦法看到它們之間動態的、發展的關係。

　　首先，唯物論的想法認為，所有的心靈現象都只是一些身體現象，像是身體的神經、腦部的作用而已。真正存在的，是身體，一切心靈現象都是生理、身體上的作用。如此一來，就無法解釋，為何有些心靈的現象甚至可以超越身體而出現。例如，人

為了心靈所嚮往的理想，甚至可以犧牲身體，像殺身成仁、捨生取義之類，是為了道德價值而犧牲身體；像學術裡的內涵，譬如數學、物理⋯⋯等科學，或哲學的理念，都不只是一些身體的現象而已。人對於自然的斷裂性，在於人的心理有意向性，指向無限，無論是人的想像力指向無限的可能性、人的認知指向無限的真理、人的道德指向無限的價值、人的宗教指向無限的超越者作為生命意義的最後基礎，都是分別指向無限的可能性、真理、價值或終極實在，這幾種心靈上的現象，都不能還原為只是身體的現象。身體是一個具體實現的條件，但身體本身並不展現無窮意向。

換言之，唯物論認為，所有的心靈現象X，都可以化約為身體現象 Y，或所有的 X 都可以用 Y 來解釋。可是，當我們說到殺身成仁、捨生取義，或是數學、邏輯的必然性，或是心靈上對於無限的意象，都不能還原為身體的現象或用身體的現象來解釋。這是唯物論的困難所在。

其次，關於唯心論，其想法正如柏克萊（Berkeley）所說：「人生只是我的一場夢」。從隱喻上，說人生如夢，恍惚可懂；不過，唯心論認為：其實我們是存在在夢裡面。按照唯心論，真正存在的是心靈。但是，是否所有的身體或物質現象X，都可以化約為心靈現象 Y，或用 Y 來解釋？顯然，身體的重量、物質性、不可穿透性⋯⋯等，似乎都不能由無重量、非物質性、無窒礙的心靈來加以解釋。例如，在我思想中的「痛」概念本身一點也不會痛，但是，痛在我身上，卻是痛得要命。可見，心靈並不能完全解釋身體現象。

更重要的是，怎樣解釋身體的存在？或者，如何由心靈而出現身體？這是問題所在。按照唯心論，此一問題原則上可這樣解釋：身體是心靈的外在表現或心靈的外化。換言之，心靈是透過

一個外化的過程展現了身體，並將外化視為具體化。在此，「外在」、「內在」的區分好像很容易了解，但問題在於：外化並不能解釋心靈如何取得物質的條件。雖然我們可以接受，像藝術品、文明之物，這些第二自然（second nature）之物，是出自人心靈的構想的外化。但是，我們不能說我們的身體或是其他自然之物，甚至第二自然的物質面，也都是外化的結果。我們身體中有很多現象並不能透過觀念的內涵加以解釋。當你說心靈外化成為身體的時候，是說在心靈在外化的過程當中聚集或轉變成為身體。可是，成為身體的物理與生理過程並不只是我的心靈概念而已。就取得身體、具現為身體而言，其間就有一些與心靈不類的東西，不能由心靈的外化來加以解釋。

總之，一元論的困難在於：對於心靈或身體的化約，都不能取消掉對方現象的特殊性。如果想把心靈化約為身體，心靈裡卻有些特殊性沒辦法經由身體來解釋；如果想把身體化約為心靈，心靈的性質並不能解釋身體的性質。兩者都各有困境。

二、二元論的困境

其次，在二元論中，最容易提出的是互動論（interactionism）。簡單的說，身心的互動論主張身體影響心靈，心靈影響身體，這也是一般人最容易想到的。這樣的想法相當符合常識：有兩樣東西在此，他們最自然的關係，就是互動。不過，大哲如柏拉圖，也主張互動論。一方面，柏拉圖曾提出：心靈是身體的主宰。他有個比喻：心靈是船長，身體是船。不過，另一方面，柏拉圖也提到，身體上的作用會影響心靈，而心靈上的作用也會影響身體。近代哲學之父笛卡爾（Descartes）也是有名的互動論者。笛卡爾一方面認為心靈是思想之物（res cogitans），身體是

擴延之物（res extensa）。為了解釋兩者在何處互動，他認為，兩者是在頭腦的某個位置，也就是松果腺之處進行互動。問題在於，這樣一來似乎假定了心靈應該有某種時間、空間的特性，也就是把心靈想成時空性的東西，否則怎麼會需要像松果腺這樣一個時空中的位置來和身體進行互動？

互動論承認心靈與身體的特殊性不能化約，且能透過互動建立關係；可是，問題在於將心靈與身體分離成二元之物。兩者只有在二元的情況下才能夠互動，才需要互動。但是，難以解決的問題是：兩個性質完全不同之物應怎麼互動？這一困難往往造成對心靈或身體的誤解，比如說心靈須與身體在一定的時空、在大腦或在某種物質體裡進行互動。

互動論最大的問題，也是整個二元論的問題，在於把心靈與身體放在同一平面上，沒有看到由身體到心靈的動態發展。雖然互動論已經注意到心靈與身體的特殊性，不過還是把它們放在同一個平面。而且，為了達成互動，難免會使心靈取得一部分身體的性質，或是使身體取得一些心靈的性質，以便兩者可以互動。

為了避免這一困難，於是而有平行論（parallelism），主張身體與心靈始終不能化約，兩者平行，各管各的。如此一來，誠然維繫了各自的特色，可是仍沒辦法解釋在經驗中發生的兩者之間的關係。為了解決這個困難，於是而有機緣論（occasionalism）的出現，主張心靈與身體並不互動，而是以身體所產生的活動，作為心靈作用的一個機緣。所謂「機緣」意指沒有必然的決定，而只是一偶然性的場合或機會。例如，石頭打到身體，心理會感受到痛、生氣、恨……等等，隨之而來。到底「機緣」在存在上的地位是怎樣的？很難確定。機緣並不是原因，所以並不能解釋兩者關係究竟如何。如何從機緣現象轉變成心理現象，還是一個很大的問題。可見，機緣仍然沒法真正解決身體與心靈的

聯繫。

最後，有預定和諧論（pre-established harmony）。萊布尼茲（Leibniz）認為，身體和心靈的關係是出自上帝預定的和諧。心靈和身體在上帝創造它們之時，就好像兩個上了鍊子的鐘同時在走，一邊發生了狀況，另一邊也跟著發生狀況，因為上帝已經預定了它們之間的和諧關係。不過，這一來，就把責任推給了上帝。就心靈與身體的關係而言，仍然沒有解決問題。

三、動態發展論

追究以上這些困難發生的原因，都是在思考心身關係時，把它們放在同一平面上來思考，在這點上，無論二元論或一元論，都犯了同樣的錯誤，只是後者進行了化約，前者設法連接兩者。但是，當我們考量由物理到生命到其他新層面的興起，例如意識、精神的層面等，便發現不能把它們放在同一層面。在自然史的領域裡，整個宇宙的歷程中，心靈的出現屬於相當晚期。事實上，我們所謂的精神、認知、道德……等與心靈或意識相關的活動，是要到人類出現才會有的。在動物的層次，仍然沒有自我意識。然而，不可忽略的是，宇宙中有這樣不斷興起的歷程，會由物理到生命到意識到精神……等等。須注意，就個體而言，一個小孩剛開始也是先取得身體，且一開始便已經是有生命的身體。懷胎三個月，就有意識，更別說其後意識與心靈的逐漸增長。從個人身心關係來看，也不是在同一平面上。一方面，從身體興起了心靈，另一方面，心靈的所有產物也都須取得身體。兩者之間的關係理該如此，其中有一動態與辯證的發展過程。

歸結起來，身心的關係有三。其一：身體與心靈有「自覺」與「體現」的關係。身體是一感覺能動系統，但人的「身體」概

念與對身體的認知，則是心靈的產物，藉此身體能達成自我的覺
識與認知。人的身體與動物的身體有著同樣的生命基礎。身體有
感覺、能運動。不過，在人身上，由身體中興起了意識，能達成
自覺，自我反省，並且有種種認知、美感、道德與宗教的精神活
動出現，這些活動不斷超越身體的局限，邁向無窮。雖然如此，
他們仍保持與身體密切的關係。一方面，它們轉化了身體，使身
體的動作與作用不只是動物的身體，卻有了新的風度、美感與作
為。另一方面，種種認知、美感、道德與宗教的活動，也都需要
透過身體，或透過物質化的過程，實現為具體的存在。

　　其二，身體與心靈的關係有如形成意義整體的兩面。可以
說，身心整體是一個意義系統，人雖只是萬物中之一體，可這也
是能夠證成自己存在意義的身體。身體裡面的動力是欲望，本身
便朝向意義的建構，一直到興起意識，興起精神。宇宙的動能，
在萬物為能量，在人身為欲望。欲望的所在，就現象學而言，就
是身體。身體裡面的欲望是一個建構意義的原初動力。就意義的
建構而言，身心的關係就好像是一句話中的符號結構和意義指
向。一句話的意義，一方面需要符號與符號聯繫起來；另一方
面，透過彼此關係的建立，這些符號就能傳達意義。可以說，身
心是意義的建構體，其中身體代表符號的結構面，包含了各機能
彼此間的關係，這一部分可以用自然科學的方式研究。另一方
面，心靈是這一建構體的意義所在，可以用人文科學的方式研
究。心靈是意義，結構在身體，二而一，一而二。須記得，這是
從動態發展的角度來看的結果。

　　其三，身體是實現性，而心靈則是可能性。身體呈現在我們
面前，是實實在在的。即使是心靈的活動，諸如想像、認知、道
德，宗教……等等，都須經由身體，取得身體，才得以實現為現
象。所以說，身體是現實性。至於心靈，則是可能性。或說，有

可能性的地方就有心靈。由於心靈的出現，使人的存在不再定限於某一時空，而朝向無窮的可能性發展。總之，心靈展開了可能性；但可能性若要實現，就必須取得身體。

身體與心靈的概念也不限於個體的身心活動。無論說身體是結構，心靈是意義，或說身體是實現性，而心靈則是可能性，這些說法既可以適用於個別的身心概念，也可適用於整個人類的文化與歷史的過程。在人類文明中，凡屬可能性的東西都可說是屬於心靈的；至於凡是可能性的實現、或已經實現的，都是身體。譬如，當你進入圖書館之時，就宛如進入了知識的身體。圖書典籍都是過去知識與思想成為身體、成為現象，呈現在我們面前，等待我們解讀其意義、重新發現其中的可能性。如果人能從其中解讀出其他的意義和可能性，則書中的心靈得以浮現。但當人發現意義與可能之時，也須將它們著成文字，實現為制度或作品，將它們體現，使其取得身體。

以上是一個動態發展的身心觀，不像一元論或二元論，把身體與心靈放在同一個平面上分析，而是把它們放在動態發展的層面上來看。這個發展的基礎結構是身體，如果沒有生理的基礎結構，就不可能興起生命的意義，而且身體這個基礎結構本身就具有動力，指向意義，也就是指向心靈的浮現。如此，我們可以說基礎的結構是身體，所構成的意義是心靈。就廣義的身、心概念而言，身體就是一種現實性，成為現實就是成為身體，至於心靈則是可能性，不管是現實中所含蘊的可能性，或是創新的可能性，哪裡有可能性，哪裡就有心靈。總之，心靈是可能性，身體是現實性。這樣的一個身體心靈觀念可以避免原先的平面分析，同時也把有關現象學、詮釋學等身心相關的研究，種種歷史文化的內涵給整合起來。

第四節

自　我

　　不管是在中國哲學或是在西洋哲學，自我都是一個古老的問題。自從古希臘開始，「認識你自己」，便是哲學的任務之一。關於自我，我們可以提出三個基本問題。第一，有我或無我？第二，小我或大我？第三，自我是原因，或是結果？

　　第一個問題，關於有我或無我。主張有我的哲學家，像亞理斯多德、多瑪斯等人，他們認為靈魂是實體，而且死後不朽，當然是有自我可言，且自我就是靈魂。笛卡爾所謂的「我思故我在」，認為自我是思想之物（res cogitans），且是一切知識的基礎，也是認為有我。不管自我是靈魂，是思想，這些都是對自我的存在的肯定。

　　另一方面，也有些哲學家，像休謨，便認為沒有自我，所謂自我只是一束知覺，有喜怒哀樂，可以看、聽、觸，其實並沒有自我，只有一束知覺而已。尼采也認為，我們對自我的意識和討論，都是修辭的結果。從我們開始意識到自己，從隱晦難明的潛意識中轉譯為意識的內涵，已經過一番修辭的作用，其中有隱喻化、偽飾和語言的介入，並不是如其所如、如其本然的。❶在二十世紀中，自我所受到各種質疑和攻擊，從海德格解構主體哲

學，提出人是「此有」（dasein），開啟了當代哲學對自我的批評。結構主義裡也說：主體死亡。在後現代哲學裡，對主體、自我做各種解構。這或許與當代人因為眼花撩亂的科技世界，自我散漫於四方，甚易受到衝擊和挫折，所以會質疑：究竟自我何在？

於是，我們看到有兩個完全不同的主張。一個主張有我，一個主張無我。其實，這兩者是密切相連的。有關到底有我或是無我的問題，我們可以這樣講：之所以說沒有自我，是因為在實際經驗中我們事實上沒有辦法經驗到實體的自我，我們的經驗都已經經過語言的介入與修飾，更何況我們須不斷解構自我，解構我們的習性，解構過去的束縛，以便常保自由。主張無我事實上是為了讓人從語言、實體、從各種既有的限定中超脫出來。

但這樣說並不代表沒有一個我來為行為負責。主張有我便是為了要有主體為自己的語言和行為負責。我們在許多情況下，作出許多行為，說出許多話，這些行為與話語並不是來自多元而分裂的代理者，無意而為，而是出自同一指涉核心或主體，也因此我們說話、做事，都必須承擔責任。如果沒有自我，這些行為、語言，都沒有一個負責的主體、或一個可以指認的核心。

原則上，我們可以說，主張有我是為了要有主體為我的言語和行為負責；至於主張無我，則是為了讓心靈常保自由與空靈。無我是為了讓自我超越，有我是為了要自我承擔、有個責任的參照點。自我就是發出言語和行動、並且承擔言語和行動的參照

⓫原本，修辭是語言上的一種策略，用以達到說服的作用。不過，就尼采而言，修辭並不僅限於語言，誠然語言本身已經是修辭，而且是從我們開始意識到我們自己，從那些隱晦難明的潛意識，翻譯為意識的內涵，都已經經過一種修辭的作用，隱喻化、修辭的作用，語言的介入，所以並不是如其所如、如其本然的。

點。只不過這個參照點是開放的，並不限定於一個實體，而是朝他者不斷自我超越的。所以，應該說，自我還在不斷形成當中，不是一個固定的東西。

歸結起來，既非有我、亦非無我，而是一個形成中的自我（self in the making）。自我是在變化與形成當中，就其還在形成而言，自我還有許多可能性，可以不斷自我超越，不應執著有我；就已經形成的自我，已經成為行動與言語的參照點而言，自我必須承擔責任。

對照此而言，如果純粹無我，那就沒有人可為自己的行為言語負責任，就什麼都可以允許的了；相反的，如果有我為一實體，那自我就被決定在某一已成的我上，無法進步、無法超越。至於「形成中的自我」則包含兩面：一方面我是我的言語和行為的參照點，就此而言是有我；就人的自由、有更多可能性而言，人必須不斷自我超越，常保自由，就此而言則應無我。但無論如何總不能將自我化為實體或虛無。唯有形成中的自我既可承擔責任，也可超越前進，無所執著。

第二個問題是，小我或大我？近代哲學基本上肯定每一個個體的自我，也就是小我。但是，當我們考慮到我們所隸屬的家庭、社會、國家、全球村落、宇宙……等等，自我便隨之而擴大，進入到大我的領域中。在宋明理學中，張載說要「為天地立心、為生民立命，為往聖繼絕學，為萬世開太平」，足見他的時空認同浩瀚，以整個宇宙和歷史作為他自我認同的場域。

基本上，關於大我，由於以社會或宇宙作為自我認同場域的不同，而有各種不同的學說。例如，若以整個世界作為認同場域，亞理斯多德的靈魂理論，發展到了中世紀，有所謂的世界魂（world soul）之說，認為世界魂才是真實的存在。至於強調社會的集體意識者，像涂爾淦（Durkeim）的社會學說，主張社會

我，認為所有宗教最後說來都是集體意識的運作，例如在祭典中，每個人圍著火堆跳舞、喝酒，興奮起來，其目的是要超越小我，進入大我。涂爾幹認為，宗教是立基於社會的集體意識。

到底是不是有集體意識的存在，有沒有一個世界魂的存在？很難證明。真正說來，每一個存在物都是個體，雖然個體與個體之間有相互聯繫的關係，但不能把聯繫的關係給實體化。無論是世界魂或集體意識的想法，都是把存在在個體與個體之間的關係給物化、實體化了，將之變成一物、一實體來看待。真正說來，存在著的是每一個個體，個體才是存在最基層的參照點。

問題是：若個體只注意自己，往往會忽略自己與整個存在界的關係。自近代開端，洛克對於經驗自我的肯定、笛卡兒對於我思的肯定，奠定了近代自我觀的泉源，其實都只是對於個別自我的肯定，形成今天個人主義、自由主義的依據。這最後的依據在於每個人的自我。尊重每個人的自我作為認知、價值與權利的主體。基本上，不要輕視任何一個自我的言論與每個理性所作的判斷。自由主義設想每個人都能夠判斷，能夠作出正確的決定。這一點是很重要的。小我是一個很重要的一個參照點。講個人主義，其目的是對每一個人自我的尊重，但實際的後果，往往以尊重個人為理由來自私自利，甚至製造社會問題，這是我們當前社會的寫照。

就另一方面來講，在當前社會中，個人往往會自我逃避。例如，個人往往在燈紅酒綠或群眾運動中，躲到群眾裡或沉溺於非理性氣氛中，逃避自我。在盲目的群眾運動中，每一個人都沒有了自我，或說，其自我都消失了。在集體運動裡，人往往會喪失自我。人也會逃避到匿名的權威裡，逃避自我承擔責任的必要性。由於科技的宰制、媒體的影響，後現代主義也大聲嚷嚷，拆解自我，使得負責任的主體岌岌可危，言說與行為的參照點也

日趨模糊。所幸，在後現代的批評之下，仍有好幾位哲學家起身努力為自我辯護，像泰勒（Charles Taylor）便認為自我是近代文化最重要的遺產，主張近代之所以強調自我，是為了讓每個人都能度一個本真的生活。❿近代以來的民主政治與現代生活方式，基本上是建立在一個基本點上：每個人應都可以選擇度一個屬己的、本真的生活。這也可說是對小我的強調。

歸結起來，我們可以說，小我是自我發展的起點，因為如果沒有小我，也就沒有為大我服務的人。社會主義強調，犧牲小我，完成大我；但是，如果小我真的犧牲掉了，那就再沒有小我可為大我奉獻犧牲了。這是一個很基本的問題。換言之，應該肯定小我。不管是為了本真的生活，或是為了進一步的發展，小我都是一切的起點。而且，所有的發展最後也都回歸到小我，要有小我來分享發展的成果。至於說大我，則應該視為是小我的發展，因為唯有當有一個關係的網路存在，才使得小我能夠在大我裡擴充其自我。所以家庭、社會，乃至整個人類歷史，或是整個生物環境，甚至整個宇宙，皆可視為自我發展的領域。中國哲學往往由自我一跳就跳到了天地，其實這中間是經由我們對於整體生命層層領域的認同，才會進而達到天地境界。這一層層的領域都可視為小我擴充的範圍。如果小我只是小我，封閉於己，他就沒有什麼內容來豐富自己了。

小我之所以能自我認識，是因為他先自我走出，指向他人或他物。自我都是因為先對外界有所認識，才會進而發現自我、認識自我。這個道理說的是：小我也需要在大我裡不斷擴充，才會完成自身。所謂的大我，包含整個社會我，歷史我到宇宙我。這

---

❿ Charles Taylor, *Ethics of Authenticity,* (Cambridge: Harvard University Press, 1992）；又見氏著 *Sources of the Self: the making of the Modern Identity,* （Cambridge: Harvard University Press, 1989）.

是小我的擴充。但此一擴充歷程不論在邏輯上或存在上，都要求有個起點，而且是一個不可抹煞的起點，那就是每一個小我。如果否定了小我，那就沒有任何起點可以擴充，沒有什麼值得擴充，也沒有什麼能擴充的。可見，原則上，大我與小我並不矛盾，也不是二選一的。小我是所有自我實現發展的起點，而大我則是所有實現發展的過程。

第三個問題：自我到底是因還是結果？關於自我是原因的主張，從亞理斯多德以降，經多瑪斯，到笛卡爾，都認為自我是行動與說話的原因，也因為如此，人必須為自己的行動與說話負責任。就這點而言，沒有問題。

不過，對於笛卡爾，我們也可以有不同的詮釋。《沈思錄》裡所謂「我思故我在」，認為我是思想者，是一個思想的實體，但也可以說，當我在想的時候，我存在，換句話說，當我想得很清楚，有清晰明判的思想時，我可以說我存在。所以說「我思故我在」，並不只說我是思想的原因，也包含思想過程當中，在想得很清楚之時，我發現思想中的我存在。我以，自我不但是思想的原因，也是思想的結果。因為我在思想，所以才有發現有我。

擴大來說，不但當我在思想，而且當我有了藝術創造，或作出道德行為之時，我可以說真的有我，否則我還是空洞的。可見，我也是我行動的結果。例如，拉岡（J.Lacan）的心理分析可以說繼承了法國哲學的笛卡爾精神。他認為病人由於透過心理分析，解離了幽暗，因而獲得治療。換言之，人心因為處於幽暗，所以會有心理疾病，當理性想清楚之後，人便有了自我。拉岡的心理分析過程本身就是讓病人自我明朗、清晰的過程。一旦達到清晰的狀態，自我挺立，心疾自消。

就此而言，自我也是思想和道德行動完成的結果。如果沒有思想行動與道德行動，不能談自我。可見，自我也是結果。如前

所言，自我既然是在形成當中，自我既是自己行動的原因，也是
自我行動的結果。當新的作為形成新的自我結果之後，這一結果
又作為新的行動的原因。可見，兩者並不矛盾。我們的言辭與行
動的確需要自我作為參照點、起點、原因，但是，我們所作出的
行動、說話、擴張的過程，也形成新的自我成分。就這點來講，
自我是結果。總之，自我既是原因，也是結果。

第五節

存有與對比

　　最後，我們進入存有學或本體論的層面，本文主要討論存有與存有者的關係問題。首先，關於 ontology 這個字，在古希臘哲學中有兩種思考的路子。其一是柏拉圖（Plato）的哲學，其所探求的對象主要是真實的存有（ontos on, real being）。對於柏拉圖而言，真實的存有就是理型（form），理型是所有事物的本質、典範，是永恆、獨立、不變的存在，作為世界上不斷變遷的事物的模本。柏拉圖以理型為真實存有，並且區分「真實」與「虛妄」、「感性」與「理性」……等等，於是而有二元論的情形出現。就此而言，ontology 一詞以譯為「本體論」為佳。

　　其二是亞理斯多德的哲學，他提出就存有物論存有物（to on on, being as being），不像物理學只研究會變動的、物質性的存有物；也不像數學，只研究形式性與量的存有物：也不像柏拉圖哲學，只研究真實的存有。亞里斯多德主張，只要是有，皆應可就其為存有者來討論，不管是真實的或虛妄的有，都應該正視其存在或呈現在前的事實。就此而言，ontology 以為「存有學」為佳。所謂「存有學」是就存有者之呈現在前而討論存有者。❸

---

❸ P. Ricœur, *Être, essence et substance chez Platon et Aristote*,（Paris: Société d'Édition d'Enseignement Supérieur, 1982）, pp.150, 190.

　　我們可以說，本體論或存有學所歷經的變化，是形上學史中最重要的變化。就柏拉圖的這條線索來說，柏拉圖研究真實的存有者，這樣一種「本體論」並沒有被亞理斯多德的「存有學」所完全替代。自笛卡兒始，西方哲學進入了近代哲學，大致上可以說是以知識論為優先，探討我們人能夠認知什麼是真理。這其實是要確定什麼是真實的存有，但是必須從人的認識能力去著眼，從人的主體的認知能力，來確定什麼是真實的。自理性主義、經驗論，一直到德國觀念論，可以說都是在探索真實存有。與柏拉圖不同的是，近代哲學不再以存有論為優先，而是以知識論為優先，以「人能夠認知什麼？」「人的知識的有效性為何？」等問題，來檢查人的認識能力。康德甚至進一步區分「本體」與「現象」，認為凡是人所能認識的，都是「現象」，不是「本體」，「本體」是不可知的，並因此認為傳統形上學不可能成立。到了黑格爾雖試圖把知識論和形上學重新結合，但他仍以精神為真實存有，則同樣的問題意識仍在。一直到近代哲學結束，近代哲學的問題，大致是以知識論為優先來確定真實存有。

　　就亞理斯多德這條線索說，從存有者來論存有者，而不馬上區分真實與模仿、現象與本體，誠然是更為基本的想法，因為在我們能區辨真實與模仿、現象與本體之前，事物先須呈現給我們。亞里斯多德所注意的，就是事物的呈現，或說就其呈現來研究呈現者。不過，他仍停限在存有者或呈現者上，並沒有進一步追問存有者為何會不斷地臨現在我們面前，這樣一個呈現的過程從何而來？反正，我們舉目所見、心中所想，……都是存有者。可是，為何會有物呈現在前？亞理斯多德並沒有考量存有者作為存有者所從出的存在活動。中世紀的聖多瑪斯則區分了 Esse（to be）與 ens（beings），所謂存有就是存有者的存在活動，是使各種存有者不斷臨現的存在活動本身；而存有者則是使這個存在

活動得以體現的代理者或主體。正如「人在跑」，「跑」是跑者的活動，而「跑者」則是跑的活動的主體一般；同樣的，存有是存有者的存在活動，而存有者則是存有這一存在活動的主體。人之為人、馬之為馬、花之為花……等等，每一個存有者都是在進行著某種存在活動。聖多瑪斯透過這一觀念，認為所有的存有者都與終極的神一樣，都在進行存在活動。存在活動瀰漫、遍在一切。亞理斯多德的對於就存有者論存有者的探討，經過多瑪斯的發展，肯定了存在活動的積極面，存有可謂萬物生生不息的動力根源。

近代哲學改從知識論的角度想確定什麼是真實存有，結果發生康德那樣的情形，認為存有就是知識的客觀性，就是說，當人得到客觀知識之時，就可以說得到了真實存有。這樣一來，使得存有變成知識的客觀性。黑格爾則說，精神才是真實存有的精神。精神是一個融通人我而又不斷自我否定的存在，換言之，其存在活動是一種否定的活動。這一來，就沒法體會全體存在裡的積極動力。

到了當代哲學，出現了重返存有的積極性的努力。懷海德用創新性（creativity）來說明整個宇宙中的存在活動，認為是一不斷創新的歷程。海德格視存有是能自行開顯的存在活動，尤其是透過追問存有問題的人，不斷地自行開顯。在某種意義上，當代哲學可以說是返回亞理斯多德、多瑪斯等人對於存有的積極面的肯定。

大體上，存有與存有者的關係，在聖多瑪斯時已經大致確立：存有就是存有者的存在活動，而存有者就是存在活動的主體。如果我們把海德格「存有的開顯」之意加進去，則我們可以說：存有是一不斷變化、創新、開顯的存在活動，至於存有者則是存在活動的具體實現與活動主體。不過，存有與存有者之間關

係的問題，究竟應該怎樣來明確界定？以下我們將透過對比哲學來進一步討論。本人主張，就存有學言，無論是存有與存有者，或是存有者彼此之間，都是處於對比的關係之中，為了明白這點，我們先討論對比。

一、對　比

所謂「對比」是一種既相互差別、又相互互補，既相互連續、又相互斷裂的結構關係與動態發展。萬物皆各不相同，各有差別，可是彼此又有互補的關係。前面對因果律的討論，到心靈與身體、自我論……等等，都是透過對比的觀點分析的，其中貫穿著對比的哲學。本人的對比哲學最重要的設定，是存有學層面的對比。換言之，無論是存有與存有者，或存有者彼此之間，都是處在既差異又互補，既連續又斷裂的關係之中。

在當代哲學裡，懷德海較為重視「對比」概念，列入其存在的八大範疇之一。❹不過，懷德海所重視的對比，是我們經驗中達至綜合時的狀態。在這一綜合狀態裡，我們所吸收的所有經驗的因素，都是既差異又互補。可以說，懷德海所重視的對比與互補是經驗完成時的一種結構性的狀態，而不是一動態的過程。換言之，懷德海的對比不是時間中的過程。對於時間中的過程，他不講對比。❺在時間的過程中講類似對比觀念的哲學家是黑格爾。黑格爾注重歷史性，認為真實的存有是精神，而精神會在時

---

❹ A.N. Whitehead, *Process and Reality*, (New York: Free Press, 1978), p.22.

❺ 唯有當懷海德討論上帝與世界的對比時，似乎有某種動態對比的想法，但這究竟如何在時間中展開，懷海德並未明白加以討論，需要我們加以詮釋。

間中發展。黑格爾思考時間中的動態演進，認為精神採取「棄劣揚優」的方式來進展，把先前歷史階段中的缺陷加以否定，把其中優點提升為精神的系統中的積極因素。黑格爾的辯證法包含了否定、保存與發揚。這一來，一方面有連續，另一方面也有斷裂。否定先前的缺陷，那是一種斷裂；至於保存與發揚的部分，則有所連續。所以，黑格爾所言的精神發展，既有斷裂也有連續。但是，黑格爾的問題，在於整個過程必須靠否定來推進，不斷否定前非，在痛苦中成長。否定性勝過了積極性。至於懷德海所謂的創新力、或海德格所謂存有的開顯，都是積極的動力。

在當代思潮中，結構主義著重結構關係。索緒爾（F. de Saussure）的結構語言學，認為語言的基本構成來自差異原理，語言皆是由相差異且對立的因素，如字母與字母、子音與母音等所構成。雷維‧史特勞思（Cl. Levi-Strauss）的結構人類學分析親戚關係與神話組成，認為社會與文化都是由一些基本的對立元，如男與女、父與母、文化與自然……等構成的。結構主義只看到差異與對立，沒有看到互補。此外，結構主義只見結構而無視於歷史，認為貫時性（diachronicity）必須化約為共時性（synchronicity）才可理解。

本人所使用的「對比」概念，是受到中國哲學與懷海德哲學的對比概念的啟發，補充後者以動態面，強調既連續又斷裂的發展；納入黑格爾的動態歷史歷程，並加以修正，不再由否定性來推進，而是由創新力、開顯力來推動和呈現；此外，並修正結構主義靜態的結構，補之以貫時性和動態性，且在其結構面，以互補的關係彌補其對對立與差異的過度強調。總之，對比哲學綜合並修正了懷德海的結構性的對比、黑格爾辯證法的動態對比與結構主義的對立元結構，並提出新的替代方案。

基本上，我們可以將「對比」區分為兩個方面。一是結構性

的對比，一是動態性的對比。所謂結構性的對比是說，在我們經驗裡面所接觸的事物，當其共同呈現於經驗的場域時，在結構上都是既差異又互補的。結構性的對比，就像結構主義所講的，有其共時性（synchronicity）。共時性就是同一時間裡的某一結構中的因素與因素彼此之間的關係。可以說，懷德海所講的結構對比，便是一種共時性的對比。它顯示，在某一時間裡，當經驗滿足的時候，所有的因素都各有其定位。

　　至於動態的對比，則是指事物在時間之流裡的發展，其前態與後態都是既連續又斷裂。換言之，前面發生的狀態與後面發生的狀態，在連續中仍有斷裂、在斷裂中仍有連續。動態的對比可以說是歷時性的（diachronic）。所謂動態就是指在時間中的變化與前進。像黑格爾所講的精神在時間中的成長，按照否定、保存與發揚的方式，有斷裂也有連續，可視為是歷時性的。

　　其實，對比的哲學在中國哲學中有其根源。中國哲學的一個基本思維方式就是對比思維。中國人對事物的基本看法，陰陽消長、禍福相依、否極泰來……等等，都是對比思維。太極圖可以視為最好的表達。按照結構的對比來看，可以說，太極中的陰與陽，是既差異而又互補的。

　　太極包含了二元性，陰與陽是二元，但並不排斥多元性；中國哲學容納多元因素，主張百家爭鳴，不過，在最後判斷時，則是或吉或凶、或陰或陽，即使禍福相依、或是陰中有陽，陽中有陰，仍是二元性。其次，作為一個整體，陰與陽也包含了互補性，正由於互補，陰與陽才能形成太極整體。最後，太極也具有開放性，向進一步的變化發展而開放，沒有任何狀態是固定的，一如易經所說「唯變所適，不可以為典要。」這點尤其關係到動態的對比。當我們把太極圖推到時間的過程中去變化發展，陰陽的消長顯示的正好是動態的對比，也就是斷裂與連續的辯證發

展。陰長則陽消，陽長則陰消，或以更具體的情況說，樂極則生悲，否極則泰來……等等，都是在時間之流中的變化發展，其中連續中有斷裂，斷裂中有連續。以傳統與現代的關係為例：現代是一種創新，所以對傳統地有所斷裂；然而，現代並不能離開傳統，現代之中也一定對傳統有所繼承，且一定要開出自己的傳統，始能延續發展，這其中就有既連續又斷裂的互動發展關係。中國哲學既可以接受如此的詮釋，便是因為其中包含了對比的哲學的根源。

二、存有與存有者的關係

當我們進到存有學或本體論的視野時，事實上是從我們的經驗開始來看。第一，對比是經驗呈現的狀態。其次，對比也是歷史進展的推力。最後，對比也是存有開顯的律動，也就是說存有也是按照對比的方式來進行的。

首先，對比是我們經驗呈現的狀態。在我們的經驗當中，舉凡有所呈現，成為現象，都是存有者。所有的經驗所呈現的，都是既差異又互補的存有者，沒有純粹同質的，也沒有純粹異質的現象。即使禪悟的經驗，或「道通為一」的體驗，就在那體悟的短暫剎那之間，也沒有完全同質的經驗。「道通為一」的意思並不是說因為我們在道中悟得統一，因此便可泯除萬物，剩下唯一的道。其實，道通為一，在以道為萬物本宗，並貫穿萬物之時，並非完全同質，卻仍有著道與萬物之間既差異又互補、既斷裂又連續的張力。

我們經驗中所呈現的狀態，都是既差異又互補的，而且以既連續又斷裂的方式演進。我們之所以有需要了解、研究，就是因為有現象呈現於前。但是，所有的呈現都是呈現為一對比狀態，

也因此才會引起我們的自覺。我們的知識都是始於對外在世界的覺察，換言之，我們都是先面對現象的對比，然後才開始出現自覺與反思。針對現象界，興起了主體性，而主體會有某種企畫。我們對於世界的企畫，一開始都是以一種初級的理論出現，然後不斷經由後設的省思，提出更高層的理論。換言之，在我們經驗的世界和我們的企畫之間有一種動態的對比關係。一方面，必須有現象的呈現，另一方面我們也要在現象之中開出一條路來，使我們的企畫能有新穎的展開，於是就要有斷裂性。然而，再新穎的企畫也須實現在現象界，如此一來，企畫與現象仍須有某種連續性。所以，現象的呈現與企畫的提出，是在一種對比的張力的情況下進展的，這是經驗的基本情況。

　　現象和企畫的辯證發展造成經驗的累積，於是就把我們帶入了歷史的層面。經驗在時間中開展，形成為歷史。歷史的規則基本上是按照動態對比來進行的。前一歷史階段和後一歷史階段，都是既連續又斷裂的。不過，在每一個階段內部，同時出現的因素之間則都是既差異又互補的，換言之，是以結構性對比的狀態呈現。但是，任何因素若要爭取歷史的主導地位，就必須要掌握最大的、充量的綜合，也就是主導充量的對比。這就涉及資源的投注，例如，在政策的決定上投注更多資源於某一方面，就會使某些重點現象不斷的呈現，並形成領導性的綜合。換言之，涉及歷史的時候，就會有某些現象呈現、某些現象沒能呈現，人在其中的作為與決定，便扮演非常重要的作用。

　　最後，就存有學的層面言，對比也表達了存有與存有者的關係。所謂的存有，就是一種生生不息的存在活動。這一活動須能不斷自行開顯，生生不息的存在活動必須開顯為存有者，才能顯示自身的積極動力與內涵。如果沒有存有者，也就無以見到存有；如果空無一物，也就無以見道。存有既是能不斷自行開顯的

存在活動，它是透過開顯為存有者才能夠顯示其存在活動的豐富性。

其次，一旦開顯為存有者，所有的存有者都是以一種對比的狀態呈現，他們彼此之間都是既差異又互補的。而且，它們既然納入時間之流中發展，其發展的前一階段與後一階段便是既斷裂又連續的。尤其當諸存有者之中有意識與精神興起，更會以不斷超越的方式來發展其經驗，而在自我超越和超越萬物之時，會以既連續又斷裂的動態對比方式來進展。換言之，存有開顯為存有者，在存有者的內部會進行結構對比的關係與動態對比的發展。因為他們彼此間是差異又互補，前與後之間既斷裂有連續，可以說全體存有者都有結構的對比和動態的對比，但都無法窮盡存有本身的豐富性。所以存有本身與全體存有者仍有一種對比關係，它們雖相關而仍有別。

最後，存有透過存有者的開顯與發展，其終極目的，是要達到充量的對比。所謂充量的對比就是指存有展現為最豐富的存有者，每一存有者都有其應有的地位，且彼此之間有差異與互補、連續與斷裂的張力關係。聖多瑪斯所說，存有是存有者的存在活動，而存有者是存在活動的主體，這樣的關係雖然明確，仍是稍嫌簡單了一些，沒有充分說出存有與存有者之間深層的關係，和存有者彼此的關係。

所有的存有者都是出自存在活動的開顯，至於開顯的方式，就存有學的層面言，尚不需確定究竟是基督宗教所說的「創造」、或道家所說的「分殊化與複雜化」。基本上，我們可以肯定，存在活動須開顯為存有者，又與所開顯的存有者之間有對比關係。存有者彼此既有結構性的對比，彼此既差異又互補，又有動態的對比，在前後發展階段中有既斷裂又連續的關係。存有者與存有本身雖有關連，但仍有差異，仍有斷裂。而存在活動不斷

地繼續開顯，其目的性是充量的對比，或說是「充量的和諧」，
而不是完全同質、靜態的和諧。

第六節

結　論

　　按照前述的解析，宇宙萬物都是既差異，又互補，且由於本身能量的指向性，萬物在運動體系裡的結構關係也不斷改變，產生動態發展，形成既連續又斷裂的關係。在如此對比張力的宇宙中，既有決定性，又有自由。宇宙的動態發展，由物理、生物、生理、心理、精神……等，不斷興起新的層面，彼此之間既連續又斷裂，然而，新的層面一旦興起於宇宙，共存於宇宙之間，彼此又有既差異又互補的結構性對比關係。從生物層面開始，存有者會以生命體為中心，展開向外延伸、向內凝聚的發展過程，直到具反省性的自我意識出現。由於有了自我意識，因而有自我的出現，但是，自我並不是一個固定的、實體性的存在，相反的，自我仍在形成之中。也因此，我們既可說有我，亦可謂無我；既須有小我為起點朝向大我發展，又須大我以擴充小我；而且，自我既是自己的言語和行動的原因，又是自我形成過程的結果。

　　在如此一個對比的宇宙觀中，整體的宇宙都在邁向充量的和諧而發展。存在界發展的最高狀態是充量對比，如易經所說「各正其命，保合太和」，換言之，每一個存有者都能「各正其命」，也就是都能充分發揮其特色，但是，整體合起來，也能達

到充量的和諧狀態，其中若缺乏對比的張力，就會變成一種同質的、靜態的和諧觀。如此一來，和諧的主張也會變成意識形態，被用來宰制他人、排除異己。至於充量的和諧觀，則是主張全體存在界再怎樣融洽，都應尊重差異與衝突的可能性。如果不尊重差異與衝突的可能性，也就不會真正尊重每一存有者。

最後，關於存有之呈現為存有者，也就是呈現為「有」，我們必須指出，存有物並不能完全窮盡存有的豐富性。也因此，還必須設定「無」。「無」不是一個概念，如果無只是概念，就仍是一概念的存有物。道家言無，佛家言空。就道家而言，「無」指的是奧妙無窮的可能性，所以「無」是很豐富的，至於「有」則指是一部分可能性的實現，是比較稀少。因為「無」具有奧妙無窮的豐富可能，所以值得我們去考量。因為豐富，所以需要心靈。至於佛家言「空」，就形上學言，是說萬物無自性，皆是緣起性空；就精神自由言，「空」是不執著、心無所住，不執著於有，亦無住於空，不停留於任何精神成就；就語言而言，「空」是指認何語詞皆無固定的指涉。無的體會和空的修養，是基本的哲學修養。我們應珍惜已有的實在界，並向無窮豐富的可能性開放。

參考文獻

沈清松，《現代哲學論衡》，臺北：黎明文化，1984。

沈清松，《物理之後》，臺北：牛頓出版，1987。

P. Aubenque, *Le problème de l'être chez Aristote*, Paris: Presse Universitaire de France, 1962.

E.Coreth, *Metaphysics*, New York: Herder and Herder, 1968.

D.W.Hamlyn, *Metaphysics*, Cambridge: Cambridge University Press, 1984.

M.Heidegger, *Ontology-The Hermeneutics of Facticity*, translated by John van Buren, Bloomington: Indiana University Press, 1999.

P.Van Inwagen, *Metaphysics*, Oxford: Oxford University Press, 1993.

Ricœur, *Être, essence et substance chez Platon et Aristote*, Paris: Société d'Édition d'Enseignement Supérieur, 1982.

R.Taylor, *Metaphysics*, Englewood Cliffs: Preticehall-Hall, 1992.

第七章

經濟問題的哲學探討

楊世雄

經濟的定義問題

在整個古代西方世界，經濟（oeconomia, economy, économie）一詞意指「家庭之生計」。所謂家庭生計包括子孫、奴隸以及僱工……等的全體生活，其中所謂「生計」則包含維持生活的方法、工具及管理。

古代希臘城邦生活，並不特別區分「政治」與「經濟」，兩者都被視為整體社會生活的一部分。亞里斯多德將倫理學、政治學及經濟學當成組成實踐哲學的三大部分。對他而言，整體社會生活是一個自然的整體，為了達到此一整體的目的，維持生計的技術也可以隸屬於某種德行。對亞里斯多德而言，人是一個社會性的存在，人不可能度一種閉關的、自給自足的生活。城邦在本質上就是由多數

家庭組成的共同體。所以，一家之生計是組成城邦社會的一部分前提，反過來說，城邦也是家庭生計得以維持並實現「幸福」生活的前提。所以，維持生活的方法與管理既屬於家庭中的德行，也屬於治理城邦的德行，其中最主要的德行是「正義之德」或義德（justice）。

按字義而言，經濟（oeconomia）一詞的後半段 nomia（規範），始終就是指涉在組織中的公平分配的規範。所以，經濟一詞本身就包含有公平分配物資需求的意義，即是亞里斯多德所謂的「分配正義」。

值得一提的是，亞里斯多德並不將透過貨幣而進行的商業術（chrematistik）視為經濟的範圍，因為這種獲致財富的方法對他而言是：「某人使用別人所提供的東西」❶的技巧。對亞里斯多德來說，維持生計的自然方法，並不是透過交易，而是透過耕作、狩獵⋯⋯等。因此，商業交易、貨幣往來，並不屬於經濟問題，而屬於道德問題。亞里斯多德的實踐哲學，將「經濟」與「商業術」分開，視一切手工業產品的交易，農產品的市集，⋯⋯等的管理屬於一種特別的權力，這部分屬於政治的城邦管理。政治人有管理進行公義分配的權力與義務，商業的管理術與道德政治合而為一。因為，在交易行為中，有人獲致私利，就有人吃虧。這在道德上是不公義的。❷

眾所周知，整個中世紀文化的特色，乃是基督宗教「救恩」與希臘「理性」之綜合。中世哲學的集大成者聖多瑪斯的經濟觀，是一種神學面向的道德經濟觀。他是在說明受造的人，與人之根源與終極目標——天主，之間的關係中，看待經濟的道

---

❶ Aristotle , *Politics*, 1256 a 11.

❷ H.Rabe , *Oekonomie, in: J.Ritter, K.Gruender (Hrsg.) Historisches Woerterbuch der Philosophie* , Bd.6.S-1149-1153.

德性。❸在聖多瑪斯的道德系統中，義德是一種確認人與人之間具體關係的德行。在這種行為標準的認知之下，聖多瑪斯在《神學大全》的第二書（討論人之行為）中的七十七以及七十八問中，極力主張貴賣及賤買是在道德上不獲准許的、不符合公義的行為，同時他也極力認為，不論是穀物、房舍及金錢等的借貸，都不應當收取利息。

中世紀之前對於經濟的哲學論述，無疑是屬於道德與宗教性的。從「經濟」一詞意指家庭的生計，而且是以一種公義的分配來維持生計看來，人的生計之維持有其道德性及文化性。根據經驗現實，人在維持其生計之時，總需透社會生活來完成，也因此，我們可以很廣義的將「經濟」定義為：「人透過其社會行為，生產貨物以滿足人之生活及文化需求的活動」。❹

對於古希臘及中世的道德與宗教經濟觀的理解，產生了諸多分歧。然而，這些爭議有助於釐清如何從哲學來探討經濟。《經濟思想史》的作者史塔文哈根（G. Stavenhagen）說：「士林哲學家們在解說經濟問題時，是以基督宗教道德為訴求的，他們唯一感到興趣的問題，就是人之經濟行為是否符合教會的要求。」❺這一點的確也是許多經濟思想家的意見：上古及中世的經濟觀，純然是道德與宗教的。❻的確，從現在的經濟角度來看，若禁止收取利息，這從貨幣經濟的觀點而言，是不符合經濟現實的，且會阻礙一切生產事業與務業的發展。換言之，這項道德禁令本身侵犯了經濟的範疇。然而，科斯洛夫斯基（P.Ko-

---

❸ P.Koslowski , *Ethische Oekonomie und theologische Deutung der Gesamtwirklichkeit in der* "Summa theologiae" "des Thomas von Aquin , S.43".

❹ A.F.Utz , *Witschaftsethik* ,S.16.

❺ G.Stavenhagen ,*Geschichte der Wirtschaftstheorie* ,S.15.

❻ T.Suranyi-Unger ,*Wirtschaftsphilosophie des 20 Jahrhunderts*,S.18-24.

slowski）卻有另外的看法。他引述務慈（A.F.Utz）教授的詮釋，認為聖多瑪斯的利息禁令，是把貨幣視同單純的交易媒介，僅在交易時使用，完全無視於貨幣的資本特性與財產意涵。收取利息，實際上是一物的兩賣，在自己不需要購買的時間，將貨幣以利息之名目再販賣一次。❼

科氏認為，士林哲學的經濟論述，旨在說明如何以福音精神看待人之經濟行為。禁取利息，禁止不實價格……等，其所強調的是對愛德秩序（ordo caritatis）的遵守，不可趁人之危收取利息，不該利用別人的無知與困境進行貴賣、賤買的行為，以獲取一己之利。當然，中世紀的士林哲學家們對於利息究竟是為「生產成本」或為「機會成本」……等概念是一無所知的。❽不過，不應趁人之危以及利用別人的無知或壟斷市場來獲取高利，即使在資本發達的當今世界，仍是正確的，因為這些行為仍然被視為不道德的非法行為。對於古希臘與中世哲學的經濟論述之詮釋，使我們體認到哲學與經濟的分際，與哲學之經濟論述應注意的事項及態度。無疑的，上古與中世的經濟哲學觀是道德性的。其實，經濟的道德論述是有必要的，因為經濟是人的行為，不論對人的道德看法為何，從哲學的觀點而言，總是一個不可迴避的問題。重點在於：經濟的道德性為何？

首先，我們認為經濟的道德觀，不應在經濟的結構之外，另外附加提供道德的觀點。它必須理解為對經濟本身的整體和對全部經濟論據的道德判斷。道德不是經濟之外的一些東西，而是獲知經濟科學的觀點和論據的一種方式，是對這些觀點和論據進行整體性論述和評價，使其對實踐活動有效的一種方式。❾所以，

---

❼ A.F.Utz,*Kommentar zu Thomas von Aquin:Recht und Gerechtigkeit* , S.424ff.

❽ P. Koslowski, *a.a.O.*,S.52-55.

❾科斯洛夫斯基，《資本主義倫理》，頁2。

道德哲學的經濟論述要以經濟結構自身為出發點。所謂經濟結構自身，不外供給與需求。然而，我們可以直覺的認知到，自然的資源與生產力不是無限的，而人的需求則是無限的，因此，經濟學家們公認：經濟是人類利用有限的資源去生產他們生活所需的物質。經濟學家薩繆爾遜（P.A.Samuelson）更詳細的定義經濟理論為：「分析社會及其成員如何決定、使用其有限的生產質料，生產各種物質，藉諸或不藉諸貨幣，分配與社會中之個人與群體，以滿足其現今與將來需求。經濟學分析成本與效益，以改善社會的生產與分配系統。」❿

從以上看來，我們知道，哲學對於經濟的道德論述，乃是一種從哲學觀點判斷經濟現實的一種方式，哲學的經濟論述不應脫離經濟的現實結構自身。根據此一原則，我們不必將禁收利息，以及「一簞食，一瓢飲，人不堪其憂，回也不改其樂！」這類的道德訴求，單一面向地理解成是阻礙經濟發展的意識形態。畢竟，這些是過去不同時代經濟結構下的道德論述，旨在說明我們對物質世界的需求應有節有度。

在此，我們無意討論，到底是人對物質的意識影響了經濟現實發展，或是現實的經濟發展影響了人對物質需求的意識。因為社會歷史變遷的主體，是一個整體，其中包含了經濟現實的發展與哲學的經濟論述的發展。既然經濟結構自身是哲學考察經濟的出發點，那麼，該注意的應是經濟現實發展自身。經濟現實的發展，導使過去的哲學解說不足以滿足我們當前的理性需求。以哲學做為「愛智」之科學，當然要對不斷發展的經濟現實有所說明。

自從工業革命之後，社會的再生產過程，由簡單的再生產方

---

❿ P.A.Samuelson, *Economics*, p.21.

式，變成一種生產品的質與量以飛躍式進展的擴大的、複雜的再生產。⓫工廠制度興起，且由於市場的擴大，社會分工也以完全不同的形式來分配社會財富。此一歷史的重大轉變，就經濟的哲學分析而言，其所顯示的重大意義，在於人生最終的目的並不顯示在客觀的經濟內容之中。經濟學發展成為一種包含自主理則的科學，整個社會科學開始獨立於哲學之外。⓬面對資本主義市場經濟的興起，哲學對經濟的論述自然不同於過去的道德判斷。在進行對此種經濟制度的哲學討論之前，我們不妨先將目光投射在經濟定義的結構，用以說明經濟自身所產生的哲學面向。二、經濟定義所引發的哲學問題我們知道，經濟行為源自交易。因為個人不可能透過自己的能力，生產滿足自我各項需求的物品，因此，必須進行人與人之間的社會性合作，進行交易及社會分工，用以生產及滿足人的物質及精神需求。所以，「經濟」從其本質看來，必然是「社會經濟」。人的生產與消費本身，固然是一種出自自我的行為，但是這種行為恒常是在一社會脈絡中實現的。就經濟是社會行為而言，我們首先面對的一個問題是：社會究竟是怎樣的一種存在，此一社會本體論的認知，自然涉及了個人與社會之間的定位問題。以上就「社會存在」的社會哲學的本體論探究，涉及另一重要課題，那就是人的自由問題。經濟的另一要

⓫以長期的眼光來看，社會的生產過程，必然是一種消費過程，長期不被消費的生產是不可理解的。所以生產過程一般而言，應該是周而復始的循環，一個社會不能停止消費，同樣也不能停止生產。因此，每一個社會生產過程從經常的聯繫和它不斷的更新來看，同時也就是再生產的過程。生產的條件同時也就是再生產的條件。在簡單的再生產模式之下，生產與消費的數量關係上，基本不做改變；也就是二者是相均衡的。由於自動化機器的產生，生產品的質與量會以倍數式的擴大，因此，改變了消費的形式，形成了擴大的複雜的再生產模式。

⓬ T.Suranyi-Unger, *Wirtschaftsphilosophie*, S.1-2.

素，是生產與生產成果的分配；經濟既然是在資源有限的條件下進行生產與分配（任何的消費都涉及分配，若沒有收入，便無以消費）的社會行為，那麼，人的工作動力便是構成經濟行動的主要因素。

沒有人會否認，人類的工作是一種有意識的行為。這種有意識的行為乃是由自己出發的行為，也就是人的自由行為。然而，人的自由顯示在經濟活動中，成為一種具體的自由行為。對於這種自由，究竟該如何定義，應與經濟活動的目的有所關連。❸

提到經濟的目的，最明顯而直接的，就顯示在經濟的定義本身之中。經濟的目的在於滿足人之物質及精神的需求。然而，這種物質及精神的滿足自身、方式及其價值標準為何，應屬於經濟行為的道德性問題，而且，這種道德哲學的討論範疇及面向，自然不止於人做為「人」而言，而且更應以人做為「社會人」的面向來討論。也因此，這同時也是一個社會倫理學的課題。❹

就經濟的定義自身的哲學觀察，它所討論的不可迴避的問題有：社會是何種存在？它與個人之間的關係為何？人的生產與消費是否是一種自由行為？這種自由如何解說？人的這種自由行為是否有其價值標準？若有，該價值標準如何形構？對於這些問題的解說，所涉及的哲學面向是本體論的、認識論的以及社會倫理學的。

若我們就經濟的組織結構的分類，從社會倫理的哲學面向去觀察，我們可以討論生產組織的企業倫理問題、個人的職業道德問題、市場價格的合理標準為何、消費行為的合理標準為何……等問題。從勞動經濟的觀點，可以考察工會及資本家聯合會的本

---

❸ A.F.Utz, *Wirtschtsethits*, S.31f.

❹ A.F.Utz, *Sozialethik*, S.55ff.

質為何，勞動保護法，勞資爭議法等的倫理基礎是什麼？⓯

　　然而，以上這些課題，可說是對經濟制度問題的探究所衍生的問題。例如，主張廢除私有財產制度的理論，認為所謂工會及資本家族聯合會，只是一種社會權力鬥爭的工具，完全沒有合理性可言。市場價格的起伏，所謂景氣（conjuncture）循環，⓰是經濟活動的異化現象，完全不符合人之為社會人的經濟活動的目的性。這是由於私有財產所造成的自由競爭，是在喪失社會理性之後所引發的社會經濟異化。這種經濟現象，沒有價值基礎；個人的勤奮與敬業，只是一種自利的動機。這種自利動機形成人與人之間的矛盾及剝削關係，若不解決此類問題，所謂的「職業道德」將漫無標準，只是暫時的表象而已。

　　我們述及這些私有財產產生的社會經濟現象，並無意在分析經濟制度的理論之前，評論何種經濟制度較為合理。我們只想指出，對於經濟制度的討論，是對經濟活動的哲學論述的主要標的，因為這種討論涉及我們所謂經濟定義所引發的哲學問題：人的自由在經濟活動中的定位；個人與社會之間的關係；人在經濟活動中的定位；個人與社會之間的關係；人在經濟活動中的「道德性」如何解說……等等。

　　論述至此，我們自然要提出疑問：何謂經濟制度？一如前

⓯楊世雄，《勞資倫理的重建》，頁 14-34。

⓰景氣（conjoncture）一詞源自於拉丁文 conjungere 這一個動詞，其原意為「連結」。該詞用於經濟學，意指經濟整體的諸多內在或外在因素的連結之互動關係，致使整體經濟狀況有一循環走勢。從經濟學的常理而言，社會的生產到消費之間必然有空間差與時間差。因此，總會造成生產過剩或消費不足等現象，於是有所謂景氣循環問題。然而這種現象對馬克思而言，是源自資本主義制度的矛盾本質，這種是現象伴隨制度運作，如影隨形的呈連續性，循環性的螺旋式的，日趨嚴重的發生，終將達到臨界點，成為危機。

述，人之經濟行為。恆常必須在社會行為中實現，所以經濟行為是一種社會行為。韋伯（Max Weber）在其巨著《經濟與社會》中，開宗明義定義「社會行為」為：「在共同的意義（Sinn）之下，一個人或多個人的行為，而且這種行為在進行過程中與他人形成關係（M.Weber,1964.S.3）。」綜合這項定義，社會行為有以下四項特徵，一、目的理性、二、價值理性、三、情感基礎、四、傳統習性。❼

　　人的社會行為是一種人與人之間的互動行為，這種互動關係稱為社會互動（soziale Interaktion）。根據韋伯這種社會行為的界定，做為社會行為的經濟行為，應該有其目的理性、價值理性……等社會行為特徵。而經濟既然是為了供給與需求之達成，則如何在一定的組織秩序中，完成社會的物質生產與需求，這就有賴所謂經濟制度。

　　經濟制度作為社會行為的一環，說明自身乃是一種社會互動的有機體。它是一種結構機制，而經濟制度以其結構機制形成經濟活動運作的可能。經濟制度研究學者紐伯格（E.Neuberger）及杜飛（W.Duffy）用三種結構機制來說明經濟制度：決定（decision-making）結構機制、訊息（information）結構機制以及動機（motivation）結構機制，簡稱為 DIM 研究途徑（DIM-Approach）。❽茲敘述如下：

一、決定結構機制

　　DIM 模式特別強調決定結構機制，並以決定機制作為中心

---

❼ M.Weber,*Wirtschaft und Gesellsschaft*, S.17.

❽ E.Neuberger,W.Duffy,*Comparative Economic System*, pp.23-25.

機制。DIM 研究途徑認為，「經濟制度乃是一種既有的社會機制，該機制使人做成對生產、消費以及分配等經濟現象之決定。在做決定的過程中，包含著決定權威的分配，這種決定權威對預備的訊息，做出理性的決定，而且這種決定當然也顯示出決定主體的行為動機。」[19]

決定機制使人決定用何物、何種方式生產貨物，來滿足我們的物質需求。若就工作的意涵乃在於用人的體力或腦力來改變大自然的形式，創造人我需求之物，沒人會否定，為了產生財貨，勞動是必要的原因。就如同佩悌（W.Petty）所說：「財富的積極原則為：工作是父，大地是母。」所以，具體可見的是：決定機制賦予社會經濟活動的主體以對有限資源運作的權力。經濟活動的主體可能是個人、團體或組織；而對有限資源的權力，包含對物的擁有權、使用權及配置權。對於這種權力的具體實現，自然要透過成文法律的規範。

這些決定權威的來源。有可能來自傳統、組織管理，法律頭銜，但最主要的則是財產權。所以，財產權（property-rights）的形式，是分辨經濟制度的主要特徵。

對於有限資源的決定權所產生的作用，可以是直接的，也可以是間接的。透過代理媒介對資源產生間接的決定，這種間接的決定往往會表現在經濟範疇的消費及分配權力上。基於對生產因素的處理方式的決定，影響了經濟主體的收入與消費方式，同時也說明了經濟範疇中的人與人之間的關係。例如，資本利得與工作所得之間的差別，雇主與受雇者之間的關係……等，均是決定結構所導引出來的結果。決定結構機制賦予對物質與勞力的權力，同時也是對社會權力的一種分配，其表現形式涉及法律與政

[19] *ibid*. p.23.

治，可以視為分析經濟制度時的中心概念。❷⓪

二、訊息結構機制

經濟的主體需要訊息，以便決定有限物質的使用，才能合乎目的理性。所謂訊息結構，包含訊息的獲得、收集、整理、分析及評價的途徑與方式。訊息是經濟活動主體的決定者，得以衡量決定的效益以及決定對整體與個體的影響。

訊息的提供、研判乃至決定，基本上是協調（coordinate）供給與需求的過程，此一過程決定了經濟制度運作的效益。紐伯格指出：「這一調和過程的要義，在於保障各個經濟決定者之間的一貫性，若生產決定與目的決定之間，喪失其一貫性，那理論制度的運作便難以順暢。」❷①

三、動機結構機制

紐伯格與杜飛認為，動機結構機制是在「比較經濟制度」的領域中，發展最少的範疇。❷②主要的問題在於，決定者的洞見與其目的有關，而且目的本身往往是政治領域或意識形態所外加的，並不屬於經濟範疇。另一方面，經濟制度本身，又形成影響經濟活動主體決定的動機條件。❷③

然而，我們認為，這正是哲學論述的重點。因為，經濟活動本身固然是一個不應受外力影響的機制，但是，如果我們問這機

---

❷⓪ H.Leipold ,*Wirtschafts-und Gesellschaftssysteme im Vergleich.*S.35-39.

❷① E.Neuberger,W.Duffy, *ibid*, p.27.

❷② E.Neuberger,W.Duffy, *ibid*, p.16.

❷③ J.Kromphardt,*Konzeptionen und Analysen des Kapitalismus*, S.34.

制會導致怎樣的人的生活，又這種生活的意義何在？人性在這種生活中如何顯示？這就涉及價值認定的哲學問題。這點，我們將在具體經濟制度的哲學論述中，再行討論。

然而，紐伯格與杜飛也曾臚列了幾種能夠作為動機的可能性：㈠對於傳統的責任信賴。㈡自我利益的追求，其中包含財富的累積以及他人的敬重。㈢為了整體的利益，而將個體的目標與獲利，抑制於整體的目標與利益之後。㈣受到壓迫的動機。[24]

德國馬堡（Marburg）大學的經濟教授賴伯特（Helmut Leipold）在 DIM 模式中，又引進另外的兩種結構機制：

四、控制結構機制

人的工作績效不但需要誘發的動機，而且更需要監控的機制。因為根據經驗，在經濟生活當中，人通常吝於付出，汲汲收取，視己利優先於公益。所以，在經濟活動機制中，需要有一判斷工作績效的機制。廣義的說，這種機制，即是利益與績效的均衡。

五、配置結構機制

所謂的配置結構機制，包括確定經濟決定、行為等之整個法律規章。這種機制決定以何種方式，如何連結生產因素以進行生產，如何將生產出的結果分配給社會成員。實際言之，所謂的經濟現實，就是資源的配置結果。[25]

從以上的經濟制度理論的說明，我們知道經濟制度乃是一種

[24] E.Neuberger,W.Duffy *ibid*, p.67.

[25] H.Leopold, *ibid*, s,43-46f.

社會行為機制，它確定誰進行經濟行為的決定，以何種方式取得
資訊以利決定；它誘發經濟主體成員的工作動機，並確定標準以
衡量工作績效；同時，它也配置整體社會資源，進行生產與分配。

第二節

資本主義經濟制度的哲學反省

自從工業革命之後，人類的社會經濟活動進入到一個新紀元。由於自動化的機器產生，不但導致生產技術的提升，也改變了資源配置的模式。新的機器生產設備不是任何生產者所能購置，卻常是需要累積一定的貨幣量才能購置。在社會上，自然會形成一些擁有生產工具者的資本家，以及一些擁有工作能力者，兩者之間的合作及社會分工。

此外，由於機器的量化生產，必然造成分配形式的轉變，市集的交易模式，不符客觀需求，市場的擴張漸次形式。這項由於生產力之改變，而造成的社會資源配置形式的改變，總稱之為封建時代經濟到資本主義經濟之轉變。[26]

資本主義經濟制度具有以下的主要結構特徵：生產工具的私人占有與使用權、透過市場與價格的機制作為合作媒介，並以營利以及最大績效做為經濟活動的主要動機。在這種秩序中，自由交易是為基礎，各個經濟活動的參與者根據自我的經濟考量進行交易，一切消費者皆能表達其消費意願，而且會產生與消費相符

---

[26] J.Kromphardt, *a.a,O, S,* 51-65.

合之供給。在這自由的前提之下，「市場或是市場組織並非是完成某一件事的工具，實際上它是交易意願的組織性附身，它取決於個人的不同能力……，它是一種裝備，在此其中我們觀察到個人完成他自己所能完成的目的。」⑳或如海耶克所說，市場是我們的目的及手段的發現過程。㉘

在這種自由交易的前提下，績效是主要動力，而監督績效者，則是自由競爭的機制性，以及自己財產的盈虧。由此看來，所謂的資本主義經濟制度，也就是市場經濟制度。這種經濟制度的思考者認為，在此營利競爭的原則下，透過那看不見的手（The invisible hand），也就是市場的仲介，個人根據其客觀的條件及主觀的能力，進行最經濟的生產，自然產生既利己又利他的社會經濟生活。㉙

在市場經濟秩序中，企業結合生產因素（自然物質、工作力及技術等），以營利為目的，將生產的貨物與勞務，提供到市場進行交換。在市場營利中，企業必須進行生產手段的績效化、經營的理性化，最明顯的即是進行評估：市場的評估與成本會計的精確計算。以市場經濟為取向的企業理性化營運，韋伯（Max Weber）從社會學的角度，將之稱為「目的理性的行為」。㉚

宗巴特（Werner Sombart）指出，資本主義的形式，就是資本主義企業，而企業的功能在於：㈠組織性功能，所謂組織是人在其自我希冀的目的之下，結合一起創造成就。㈡交易性功能，企業在市場的交易中，使貨暢其流，並滿足社會成員的需求。㈢滿足人的算計天性。這些企業的社會性功能，乃是社會生產力提

㉗ J.M.Buhchanam, *What Should Economists*？p. 30-31.

㉘ A.F.Haytk, *Der Wettebewerb alo Entdeckungsverfahren*, S, 7-9.

㉙ C.Watrin, *Markwirtschaft*. S. 810f.

㉚ M.Weber, *Wirtschaft und Gesellschaft*, S, 31-53.

高的最基本原動力。**㉛**

　　由於資本主義的市場制度，基於財產權以及消費的自由權，社會所需要的貨物，會直接經過市場，在自我與他人之間，得到滿足。所以，海耶克將這種秩序稱之為「自發」或多元集中（polyzentrisch）的秩序。**㉜**

　　在這種自發性的經濟秩序中，經濟主體的首要社會責任，就是進行「目的理性化的生產與管理」，在市場的競爭秩序中獲取最大的利潤，這也就是自發經濟中的企業與社會關係。因為個別企業的獲利與發展，在交換原則之下，就是整體社會的進步。所以，資本主義經濟制度有私有財產，價格機制，獲利動機，及自由競爭等四大結構特徵。

　　上述的資本主義經濟制度，回答了經濟制度理論中的 DIM 模式所提出的問題：㈠財產所有與支配標準：誰有權力訴諸生產分配及消費的決定、計畫及監督？㈡透過仲介手段獲取資訊，是由誰下決定？㈢目的的標準：經濟行為主體的動機及其目的為何？**㉝**

　　從資本主義經濟制度的特徵看來，經濟行為的主體是個人或私人的組織（企業），而財產的運用及個人就業與消費的自由，是經濟行為的最高原則。訊息的獲取是透過發現過程的市場，交易的盈虧說明了責任的歸屬，營利則是經濟行為的主要動機。

　　在這樣的經濟思考中，就社會哲學的本體論而言，個體才是真正的存在者，社會只是個體之間的互動關係產物。所謂公共的善（或利益），在經濟結構的社會行為中，不是個人的行為動機

㉛ W. Sombart, *Der moderne kapitalismus*, S. 164H.

㉜ A.F.Hayek, *a.a.O*,S,32.

㉝ J.Kromphardt, *a.a.O,* S.37.

或價值目標，而是個人追求己利，在「看不見的手」的調節之下
所產生的結果。

　　資本主義的主張者有其哲學性的思考邏輯。論者嘗引述史密
斯（Adam Smith）的話，認為，對市場經濟而言，整個經濟結
構體是一個完美的自由及公義的自然系統（the natural system of
perfect liberty and justice）或自然的自由之簡明系統（the obvious
and simple system of natural liberty）。

　　就如瑞丁大學（University of Reading）的哲學教授佛勒
（Antony Flew）所分析的，在這自發性的系統中，之所以認為
公義是追求自利之後的結果，有其認識論上的原因。那就是史密
斯所主張的，我們從未體驗到，人在進行經濟行為時是考量公義
作為行為動機的；即使考量公義行為的結果，也未必能創造出更
高的公義。同時，何者為公義，更不是由某些個人所能判定。所
以，從邏輯思考上，個人不可能有一定的公義判斷，來作為他經
濟活動行為的動機。

　　在這個自然而簡明的社會分工系統中，每一個獨立的個人要
在不違反公義的原則之下，追求己利，自然就會創造公益。這所
謂的公義原則，就是「自由交易」的原則。每個人在不妨礙別人
的自由的情況之下，自由的進行經濟行為。自由的合理性基礎，
就在於不妨礙別人的自由，以及「看不見的手」的結構性創造。

　　這種簡明的自然公義系統概念，說明了一個擬似真實的思考
原則，我們無法以不確實的基礎，去推論經濟活動系統的可行
性。根據經驗，在經濟行為中，人的自利動機的明確性，是公義
動機的人的行為所不可比擬的（A.Flew 1981 9924-29）。

　　此外，這一簡明的自然自由系統，也是私有財產權的合理說
明。在我們的認識中，最明確的知識，就是自我的存在。人求生
存的天性，乃是一種不可動搖的自然律。人透過自我的努力，擁

有一定的裝備（equipment），來作為求生存的保障，這是出自自然律的演發。這一切都出自於人的自由，及其有意識的勞動。人類有意識的勞動（工作）是私有財產的合理性基礎，因為，一切財富的源起，乃是工作。❸

在市場經濟中的私有財產權、營利動機及自由競爭的結構中，似乎針對著一個不可確定的消費欲望，這其中所顯示的人際關係有其感覺主義的哲學傳承。這種哲學主張：人之欲望追求己利，但同時會產生公益，這種主張是建構在一個基本假設上，那看不見的手的市場機制，將會產生利他的狀況。這種思考模式並不意味著市場經濟的思考者並不討論公共利益，只是在此公共利益被視為是純粹的經濟範疇當中的事物。海耶克指出，真正的個人主義，並不是以純粹個人利益，而是以公共利益，做為終極導向，只是這種公共利益的形成，是追求個人利益之後的結果。它是一種自發性的結果。❸這種自發性的公共善，並不屬於自由的經濟行為的價值取向，而是純然的經濟結構內之事物，任何在結構以外的外在價值，都難以作為推論經濟結構的基礎或因素。它只是一種意識形態。❸對於這種理論建構，務慈教授將之稱為純粹的經濟理論（Die reine Theorie der Volkswirtschaftslehre）❸

簡言之，資本主義市場經濟的哲學思考，說明了發生於歷史中的經濟制度。其社會本體論的要旨，乃在於個人是真實的存在，而社會則是個人行為的結果。認識論的要旨在於：我們無法以不明確的事物和價值觀念，作為推論經濟結構的基礎與要素。就經濟倫理的角度而言，我們的自由（不論是生產或消費）的主

---

❸ W.Euchner, *Naturrecht und Politik bei Johm Locke*, S.80-94.

❸ 何信全，《海耶克自由理論研究》，頁 163-168。

❸ J.Schumpeter, *Kapitalismus,Sozialismus und Demokratie*, p.269.

❸ A.F.Utz , *Wirtschaftsethik* S.19.

旨，乃在於不妨礙別人的自由。此為社會的公義原則。哲學的使命在於解釋世界，因為我們無法確定何種價值可以做為改變世界的推論基礎。

第三節

社會主義經濟制度的哲學反省

　　社會主義經濟制度，無疑是人類歷史中，對資本主義經濟的反動。當我們問及：我們的經濟制度是合理的嗎？這時我們就會面對一個抉擇，即我們若要如實地重複經濟現實，或是根據某種價值重建經濟現實，這一問題就不只是經濟學的問題而已，而更是哲學的課題。畢竟，在經濟的結構中去建構價值，這正是哲學的任務。

　　社會主義經濟制度的思考者，在反省資本主義之時，其首要課題乃在對於所謂「看不見的手」之質疑。古典自由主義者穆勒（James Mill）相信，一切商品從來不會缺少買者，任何人拿出一種商品來賣，總是會希望把它換回另外一種商品。因此，單單由於他是賣者這個事實，他就是買者由於這種形而上的必然性，一切商品的買者和賣者必然保持平衡。

　　當然，古典自由主義的這項信念是根據一項經驗事實，那就是，人的欲求是無限的，然而生產則受到自然資源及人的工作的限制。所以，李嘉圖認為，人們所欠缺的只是資產，然除了增加生產以外，不可能有其他途徑提供資產。在這種邏輯中，生產過剩不可能會造成經濟危機，只有生產不足才是危機的主因。於

是，經濟活動的成長，是經濟的唯一意義所在。❸

　　但是，馬克思卻認為，這種經濟運作，必然會產生危機。至於產生危機的原因，是因為在實際的經濟活動中，買與賣是公開的，而這公開的原因正是資本主義經濟的本質。基於私有財產權乃是人的自由意志表現，是為基本的自然規律。在工業革命之後，自動化的生產工具不是任何參與經濟活動的人所能購買，所以必然會產生由資本來組織生產因素，以創造貨幣回流的生產流程。這個貨物的流通過程，實際上也就是資本的流通過程。❸

　　在這個經濟的必然性之下，在生產流程中投入的資本，經過市場所產出的貨幣量必然會大於所投入的。一個不能營利的投資，並沒有可存在的理由。於是，社會的生產是源於資本，而社會的財富分配則受到資本利潤以及雇傭勞動工資的限制。所以馬克思說：資本主義的生產方式，是生產者與生產工具的所有者相分離的生產方式，而現代經濟的兩大軸心，就是資本與雇傭勞動。整個政治經濟學的目的，就在於解決這兩大軸心與其互動關係之問題。

　　在這種資本流通過程中，馬克思分析資本所投入的生產因素，只有勞動力的價格所顯示的工資是一個可變的因素，是一個可以創造利潤的可變因素。然而這裡所謂的利潤，實際上來自於對工資的剝削。

　　在此，所謂「剝削」的標準，就是社會必要工作時間（gesellschaftlieche- notwendige Aiteitszeit）。資本家的利潤來源，是所謂的剩餘價值，而剩餘價值就是相對應於維持社會基本需求所必須要付出的工作時間，所多出來的工作時間創造出來的價值

---

❸楊世雄，《馬克思的經濟哲學》，頁 74-76。
❸馬克思，《資本論卷 1》，全集 23 冊，頁 168-170。

（馬克思，頁 23,193-194）。基於自由競爭的原則，資本家必須要不斷地儲蓄利潤，以做為再投資之用，於是形成資本創造利潤，利潤創造資本的內在機制。

這種內在機制所形成的貨物流通過程，是為資本流通過程，同時也是社會財富分配的流通過程。資本的累積造成了以下的效應：由於資本家的利潤源自工資，而工資又是社會的購買力，工資受到剝削所造成購買力降低，必然迫使資本家以量產降低成本，於是形成盲目的生產以及利潤的下降。

資本累積的第二個效應，就是階級兩極化的流動傾向。由於自由競爭的結果，競爭力不夠的企業必然淪為無產階級，於是形成數目極少的資產階級，以及數目龐大的無產階級之社會階級結構。

資本累積的第三個效應，則是經濟危機，由於資本創造利潤，利潤創造資本的制約性，貨物的生產不在於針對社會的使用，而在於利潤的獲得，如此一來必然造成社會總供給與總需求的失衡，必然造成景氣循環現象，而其失衡到了不可忍受的程度，就會成為經濟危機。而這種危機的主因，就是資本集中於預期可獲利之處，必然會造成供需失衡。

馬克思將資本主義經濟制度追求利潤的生產動機，視為商品拜物教性質（Der Fetischcharakter）。他將由於盲目生產，財富分配不均，把他人的勞動成果，透過市場的流通視為己有，以及景氣循環、經濟危機……等現象，稱之為非理性的、荒謬的。❹

如果資本主義經濟制度是荒謬的，非理性的，那麼社會主義思考者的理性為何呢？馬克思認為，社會經濟的主體個人，以其私有財產進行追逐利潤的活動，是上述非理性現象的主要原因。

❹前揭書，頁 87-93。

每個人均以其資本投入有利可圖之處，必然會造成社會供給與社會需求的失衡。盲目生產、失業大軍、階級兩極化……等社會現象隨之而生。

所以，馬克思主義者主張揚棄私有財產，「社會將剝奪私人資本家對一切生產力和交易工具的支配權，也將剝奪他們對產品的交換和分配權。社會將按照根據實有資源和整個社會需要而制定的計畫，來支配這一切東西。由社會全體成員組成的共同聯合體，來共同而有計畫地儘量利用生產力，把生產發展到能夠滿足全體成員需要的規模。」[41]

基於社會的集體協作方式，完全以具體計畫的方式進行生產與消費，所以社會主義的生產方式，是「各盡所能，按勞分配」其中社會的生產力與社會的分配是完全供需均衡的。社會財富的累積是可預期的，終將達到「各取所需」的共產主義階段。[42]

從馬克思的經濟制度主張來看，所謂理性就是供給與需求均衡的計畫經濟。可見，在此所謂的理性，乃是社會理性。在此，衡量資本家利潤與工資之間的關係的標準，是社會的必要工作時間，並由它來決定價值，任何個別的具體勞動都是社會（抽象）勞動的具體顯示。透過這種社會理性的標準，人之勞動不但是創造價值的原因，同時也成為分配的標準。

社會主義經濟制度的理性思考邏輯，認為人乃是一個勞動的人，一個社會性的人。透過這樣的人本思想，社會主義不但以社會勞動、社會必要工作時間概念，來作為批判資本主義經濟剝削的標準，同時也賦予經濟活動以意義，那就是經濟活動的目的：不是個人財富的累積，而是社會集體成員需求的滿足。

---

[41]恩格斯，《共產主義原理》，全集 4 冊，頁 369-371。
[42]馬克思，《哥達綱領批判》，全集 19 冊，頁 22。

在社會主義的經濟主張的義理結構中，有幾項哲學議題值得分析與反省：

㈠社會主義者將社會視同一種真實的存在，人之社會性是人之本然，它應該是社會經濟生活的最高價值標準。馬克思說，決定價值的是社會的必要工作時間；在社會總供給與總需求維持均衡的情況之下，所謂按勞分配的「勞」，乃是以抽象的社會性勞動做為基礎之「勞」。在這種情況下，個人的利益與公共的利益，在社會主義經濟體制之下，兩者合而為一。人的社會關係的和諧是經濟活動的意義與價值所在。

㈡社會主義者在批判資本主義經濟制度時，同樣承認經濟活動自身，乃是獨立於個人意識與自由之外的所謂下層建築（basis）。這種社會經濟結構，並不是個人自由意志所可以轉移的。那麼，應如何說明資本主義制度的非理性，以及社會主義的經濟制度所顯示的人之自由？大體上，馬克思將哲學理由委諸其歷史辯證。

馬克思強調資本主義發展規律是一種自然律，依據前所分析的，資本主義發展必然的結果，乃是經濟危機，以及產生數目少的資產階級，以及數目龐大的無產階級。這是客觀經濟發展的規律，也是社會主義可能實現的客觀基礎。

另一方面，由於資本集中，工廠制度的興起，導致勞動人口集中，加上資本利潤與勞動所得的對立加劇，加深了無產階級對階級利益的認同，更容易形成無產階級意識，使之認清自我的歷史使命，以進行無產階級革命，建立社會主義社會及其經濟體制。恩格思說，「自由不存在於擺脫自然規律而獨立的幻想中，而存在於認識這些規律，從而能夠有計畫的使自然規律為一定的目的服務……因此，意志自由只是借助於對事物的認識來做出決定的那種能力。」❸馬、恩兩人這種就「自由」的認知，正是理

論與實踐合一（Einheit der Theorie und der Praxis）的寫照，而這種合一，其實就是合一在具體的「社會主義」這一歷史階段中。

這項理論與實踐合一之基礎，乃在於馬克思的歷史唯物論立場：「不是人的意識決定社會的存在，而是社會的存在決定社會的意識。」「不可言喻的，在事物及其互相關係不是被看作固定的東西，而是被看作可變的東西的時候，它們在思想上的反映、概念，會同樣發生變化和變形」。❹

在人類的歷史中，由於經濟規律的演變，造成了人之意識的轉變，這種轉變乃是一種主客體合而為一的辯證，藉由無產階級革命揚棄私有財產而達成，「私有財產的揚棄，是人們一切感覺（Sinn）和特性（Eigenschaft）的徹底解放；但這種之所示這種解放正是因為這些感覺和特性無論在主體上還是客體上都變成人的。眼睛變成人的眼睛，正像眼睛的對象變成了社會的、人的那樣，那由人並為人創造出來的對象，也是一樣。」❺社會主義的轉變或演化，是隨著經濟規律的發展而轉變，而且這種轉變也包含著參與社會活動的人之意識的轉變。到了資本主義時代，由於其空前未有的生產力，為人的自由奠定了物質條件。因為數目居絕大部分的無產階級、在社會主義社會中所進行的經濟制度，乃是根據社會理性，按照供需均衡以及按勞分配的原則進行生產與分配；因此，在此經濟制度中，已然不再有人剝削人的條件，因而人的社會互助性得以彰顯。這不但是主體的解放，而且也是客體的解放。

㈢馬克思的社會主義概念，從社會變遷的觀點而言，它是資本主義進入共產主義的過渡社會（Uebergangsgesellschaft），即

---

❸恩格斯，《反杜林論》，全集 26 冊，頁 125。
❹馬克思，恩格斯，《德意志意識形態》，全集 3 冊，頁 30。
❺馬克思，《1844 年經濟學哲學手稿》，全集 42 冊，頁 125。

所謂的「低階共產主義階段」；從其社會經濟特徵而言，它是一個沒有經濟剝削、沒有階級分化、實施「各盡所能，按勞分配」之生產與分配方式的社會。從社會主義社會作為由資本主義社會到共產主義社會的過渡角色而言，仍有一些問題值得深入分析。因為共產主義的生產方式是「各取所需」，此一各取所需固然未必要解釋為物質生產的取之不盡，用之不竭，但至少社會的物質生產必然是相當充分的。然而，此項條件的滿足，必須要假定：社會主義階段的生產力必須遠高於資本主義階段。在自然條件相同的情形下，生產力的提升自然有賴於強大的生產意願，這強大的生產意願則是取決於人的自由。因此這種現實的連鎖關係，假定了社會主義階段中的人，不但應該是工作意識強烈，而且是無私無我的完人。

這種社會主義的現實（非思想中的）之人的假定，涉及一項關鍵性問題，那就是：由資本主義時代的自私、追求己利、沒有社會價值意識之人，轉變成社會主義之「新人」，其理由安在？我們可以找到的理由，即是馬克思的歷史唯物論。依照馬克思的社會分析，人的自由與異化源自社會的經濟規律。所以他會說：「我不用玫瑰色的眼光看待資產階級……我的觀點是更不能要個人對這些關係負責的。」他的這種主張有其認識論的原因。對於馬克思而言，「是社會的存在決定社會的意識；而不是意識決定社會的存在」。

人的意識以及思維是隨著人的社會經濟生活的轉變而轉變，。所謂的「人性」，其實只是經濟辯證關係的歷史發展的產物。自私不是人的特性，而是由於具體的經濟制度使然。所以，馬克思主義的革命觀，以及無產階級的歷史使命，便是在隨著資本主義的經濟規律，而進行主動的革命，轉變私有財產制成為公有制。在沒有剝削的客觀可能的社會中，人就會變成無私無我的

人，而社會主義的社會理性，自然就會呈現，並得以按照此一理性，進行計畫性的、按照供需一定比例的經濟活動。馬思克基於這樣樂觀的人性論，建構各盡所能、按供需分配的社會主義自由王國，其基礎是相當薄弱的。由於這種樂觀的人性認知，他認定平等的、自由的、按供需正確比例分配進行經濟生活的社會主義是可能的。他大膽地肯定異化的唯一因素，是由私有財產所造成的，而以抽象的「社會必要勞動」概念，作為經濟秩序的「應然」法則，這應然法則會在改變經濟制度的社會主義社會的「實然」結構中，合而為一。所以，他在分析經濟活動的生產動力時，置人的自私特性於不顧，私有財產制成為純然的負面作用。由於具體的使用價值在異化的社會中本不具社會性，所以並不是真正的價值。

基於我們對馬克思人性論的分析，我們說馬克思的價值論是具體與抽象不分的價值理論。馬克思樂觀的人性論，導使他的社會主義有其無法彌補的哲學缺陷，這是因為道德上的自由抉擇問題的解決，絕不可能只停留在經驗界。例如，兩個小孩因要爭看一個電視機的不同節目而爭吵，為此家長買了兩臺電視機，於是爭吵便不再發生。我們根據此一現象，只能說看電視的問題解決了，但絕不可能演繹出另一命題：倫理的問題也解決了，而孩子的禮讓之心也成熟了。社會主義為了避免經濟的剝削，廢除私有財產。計畫經濟的社會主義中，只要有社會的分工，就要有組織與管理，自然就會產生社會上的權威。難道我們不放心資本家的經濟剝削，就可放心社會主義組織與行政官僚的剝削？

結　論

　　人類的經濟活動有其制約性。我們不可以假定，自然的資源及其運用是無限的，而人的生產能力也是無限的。所以，經濟學是一種研究在有限資源下，如何做有效資源分配的學問。此一務實的定義，自有經濟科學以來，始終為人們所接受。經濟科學乃是以透過人的實踐而落實之事物為研究對象的科學，其自身也是一種實踐科學，所研究的便是人的實踐結果之理則及其因果。所以，經濟學也是一種實證科學。這樣的經濟學說明了人的經濟活動自身有其規律性。這種規律性乃是人類在生產其物資需求及分配生產結果的一種規律。所以，經濟科學作為一種實證科學，旨在說明人是如何進行它的社會性的物資生產與消費，而不是說明物資生產與分配的合理性問題；作為一門實證科學，經濟學分析人類的經濟活動的結果，預測經濟活動的可能性。

　　我們對於經濟活動的哲學分析，指出了經濟哲學乃是一種實踐哲學，必須顧及到其可實踐性。例如，關於取消私有財產的主張，從其理論而言，有其一致性，但是，該理論假定了人人為公的可實現性，以及人人天賦平等。從經驗的認知上看來，這是一種烏托邦式的期待。我們無法在現實的世界中，假定是一些天使

在進行經濟活動。另一方面，除非我們是某種虛無主義者，也因此我們的生活導向不具任何意義，只跟隨著本性的反射以及社會結構而度著機械式的生活，否則，我們在進行經濟的哲學反省時，就必須建構一項價值基礎，並在此基礎上，去說明供給、需求、私有財產等經濟範疇的意義。

必須指出，這種價值基礎是立基於對人性的解說。人性是一種抽象概念，人的實踐表達方式雖各不同，但每個人具有基本人性則一。因此，經濟活動的功效問題，乃取決於經濟活動是否以及到何種程度與「人之所以為人」相符合。這種主張有其先決條件，那就是形成價值的過程，不只是在具體社會內，藉著與社會而發生的認識過程；更主要的是，他是與人在時空中變遷的價值感相連結的。藉此價值感的誘發，而在各個不同的具體的轉變中，回歸於該價值的認識過程。人在一時代中，始終以不同的，也就是以不圓滿的方式，表達生命的意義；但是，他的最終目的，卻是在追求那個能使人之本然能夠完美實現的生命意義❻。最後，說得簡明一些，對於經濟哲學的分析，我們有一種要求：我們不想生活在一個什麼也買不到的所謂「公正的」的社會中；我們也不想生活在一個人們把金錢用於道德上備受指責的用途上的所謂「有效率、富裕的」社會裡。

---

❻務慈，《第三條路哲學》，頁 18-19。

參考文獻

刑慕寰，《通俗經濟講話》，臺北：三民書局，民 76。

何信全，《海耶克自由理論研究》，臺北：聯經出版，民 77。

科斯洛夫斯基，《資本主義倫理——社會市場經濟》，收錄於《經濟秩
　　序理論和倫理學》（科斯洛夫斯基，陳筠泉主編）北京：中國社科
　　院，1997。

約翰，葛瑞著，陳碧芬譯，《虛幻曙光，資本市場全球化的危機》，臺
　　北：時報文化，1999。

《馬克思恩格思全集》，1-50 冊，北京人民出版社 1956-1985。本文所引
　　用的冊數為：4、19、23 冊。

務慈，楊世雄譯，《第三條路哲學》，臺北：九鼎文化，1991。

楊世雄，張瑞猛，劉志鵬，《勞資倫理的重建》，臺北：國家政策研究
　　資料中心，民 78。

楊世雄，《馬克思的經濟哲學》，臺北，五南圖書，民 90。

Aristotle, *The Complete Works of Aistotle*, (ed) J. Barnes,Volume two, New Jersey:
　　Princeton Uni. Press, 1984.

Buchnan, J. M. *What should economist do*? Indianapolis: Liberty Press, 1979.

Euchner, W., *Naturrecht und Politik bei John Locke, Frankfurt,* 1979.

Flew, A, *The Invisible Hand in: Quadrant*, November. pp. 24-29, 1981.

Hausman, D. M. ed. *The philosophy of economics*, Cambridge Uni. Press, 1984.

Hayek, A, F. v, Der *Wettebewerb als Entdeckungsverfahren*, Kiel, 1968.

Hayek, A, F. v, *Arten der Ordnung, in Derselbe,* Freiburg Studien. Gesammelte Au-
fsaetz, Tuebingen, 1969.

Koslowski, P, *Ethische Oekonomie und theologische Deutung der Gesamtwirklichkeit in der*
"Summa Theologiae" des Thomas von Aquin, in: Verlag Wirtschaft und Finanzen,
Vademecum zu einem klassiker der Wirtschaftethik, Duesseldorf, 1991.

Kromphardt, J, *Konzeptionen und Analysen des Kapitalismus*, Goettingen, 1991.

Leipold, H, *Wirtschafts-und Gesellschaftssysteme im Vergleich*, Stuttgart, 1988.

E.Neuberger, W. Duffy: *Comparative Economic System: A Decision Approch Making*,
Boston (Allyn and Bacon), 1976.

Rabe, H, Oekonomie, in: J. Ritter, K. Gruender (Hrsg.) *Historeisches Woerterbuch der*
Philosophie, Bd. 6, Basel, 1984.

Samuelson, P. A, *Economics*, Mc. Craw-Hill, London, 1980.

Sombart. W. C, *Der moderne Kapitalismus II*, Muenchen, 1987.

Schumpter, J. A., *Kapitalismus, Sozialismus und Demokratie*, Muenchen, 1975.

Stavenhagem, G., *Gesichte der Wirtschaftstheorie*, Goettingen, 1964.

Suranyi-Unger, T., *Wirtschaftsphilosophie des 20 Jahrhunderts*, Stuttgart, 1996.

Utz. A. F, *Sozialethik*, Heidelberg, 1964.

Utz. A. F, *Kommentar zu Thomas von Aquin: Recht und Gerechtigkeit*, Bd. 18 der De-
utschen Thomas-Ausgabe, Bonn, 1987.

Utz. A. F, *Wirtschaftsethik*, Bonn, 1994.

Watrin, C, *Marktwirtschaft, in: Gabler Handwoerterbuch derVolkwirtschaft,* Wiesbaden,
1980.

Weber, M, *Wirtschaft und Gesellschaft, Koeln, Berlin,* 1964.

第八章

政治哲學

陳文團

第一節

政治之觀念

政治並非如同人體基因一般，單純的建構於我們的身體內，而成為我們本性的一部分。當人類共同生活於同一個世界，碰到無法單獨解決的共同問題時，人們會傾向於以分工合作的方式來處理；但倘若這些問題是個人自己造成的，只是個人的問題，個人自己須孤軍奮戰加以解決。就在人類試圖解決生活中的問題時，才發現需要「政治」這種技術。這意謂著：「人並非天生就是個政治人（homo politicus）❶。」人類是在存在相當

---

❶亞里斯多德（Aristotle, 384-322BC）與盧　梭（Jean-Jacques Rousseau, 1772-1778）跟我們的觀點相反，他們認為政治是人類本性的一部分，正如同基因或DNA那樣。參見亞里斯多德《政治學》

一段時期之後，才發現到「政治」這種方式或工具，可用來解決
人類的問題：如社會問題——當涉及社會政策之時，甚至是自然
問題——當涉及科技政策之時。因此，我們可以確切地說：政治
毋寧是一種人類生活的技術，其所以出現、被如此地構作與重
組，都是為了維護與促進人類的生活。❷換言之，如果我們要處
理社會生活，就得先處理政治之事。政治若要被視為人類的目
的，也只能是次要的、工具性的目的。

但是，政治並不是必然且直接地處理生活。它僅只是一種生
活的工具，而非生活本身。這意謂著：「政治是手段，而非目
的。」政治作為生活的工具，亦同時作為此目的之前提與條件。
然而，正由於它肩負著前提與條件的角色，所以作為工具的政治
卻往往會篡奪生活的寶座，狂妄地僭越了作為目的的生活，反過
來變為目的自身。這就是為何政治在人類歷史中會有如此多樣與
變化（有時還會前後矛盾）的原因所在。這也說明了，為何不同
國家的人會對政治有不同的理解；更重要的是，其扭曲的方式也
是各式各樣、各不相同。

在本章中，我們是以哲學家的身分，而非以技術官員（或政
治家）的身分來探討政治的藝術。❸因此，我們的目標不是要闡

（*Politica*），1253a：「因此，顯然國家是自然的產物，而人天生就是
個政治動物。凡因天性或僅由於偶然而沒有國家的人，要不是個壞人，
要不比人類優越。」另參見盧梭的《社會契約論》（*Du Contrat social*,
1762），第一卷，第一章：「L'homme est né libre, et partout il est dans
les fers.」（人生而自由，卻處處受限）。

❷亞里斯多德，《政治學》，1252a：「……因為人類的行動一向是為了
去取得他們認為好的東西。」

❸技術官員（technocrats）是指那些執行政策的人，譬如官僚、行政人
員、經理等等。政治家則是評量一政策的正當性、效益及可接受性，來
決定選擇哪個政策。哲學家是去反省政治的原則、及人類生活與政治間
的關係。

明政治管理的技術、如何掌握及反抗權力的技術，或種種慫恿大
眾、組織政黨及政黨政治的技術。事實上，我們將重新審視政治
的存在理由。經由探討暴力的觀念、權力的形成及權力與政治的
關係，來追溯其形成與轉化的過程，以便看出其利弊得失。最
後，我們將指出哲學在政治中所扮演的角色。哲學有責任去糾正
錯誤的政策、批判並反省政治的目的與手段，進而發展出政治的
新方向。

　　首先，本文將探討人類對政治之需求。藉由審視人們對政治
的需求，來尋找政治何以會進入人類生活的理由所在。經由反省
其形成與轉化的過程，將可看出政治是如何進入並掌控人類的生
活，以及其如何證成自身在現代生活中所扮演的重要角色。

人對政治的需求

　　我們先前說過，政治是一種生活的藝術，但這還需要進一步的說明。人類生活所需要的是：「生存的基本技術、維護安全的技術及使生活有意義的藝術。」在現代社會中，人無法不依靠他人而生存或維護其生命安全。今日的魯濱遜（Robison Crusoe）亦不可能單靠自己來維護自身的生命安全，當然更無法為自己延長壽命，或賦予自己新生命。生命意義的賦予也是來自於他人（社會）、理想、及永恆的價值，而非自己所能給予。就像魯賓遜的生活，充滿了孤獨、沮喪且無望，安全沒有保障，很容易因為生病或意外而失去性命。唯當遇到更強烈的外力威脅時，才會發現到自己的軟弱與有限。簡言之，他唯有在這類處境下，才會察覺到生存必須的條件，亦即那些他無法掌握與命令的條件。❹再者，「舒適的」生活也只是當下而非未來生活的基本條件。

　　因此，我們所說的政治，毋寧是指「一種讓生活更好、更穩定安全的技術，及一種讓生活有希望、有意義的藝術。」這種生活的藝術僅只存在於生活在團體中的人，這些人充分意識到與他

❹請參見陳文團，《政治與道德》（臺北：學生書局，1998）。

人孤絕的情況下是無法生存的。換言之，唯有在一個以法律、道德、知識、科技……等這些手段為根據，且邁向理想生活的社會中，人類才有可能擁有有意義的生活。在此脈絡下，政治被視為一種使生活有意義的技術。政治的技術可被區分為：維護安全（保護、保存性命）、改善（合理地管理社會）、制定（法律）、分配（利益、責任）以及促進（生活）。因此，政治可以被定義為：㈠人類管理社會人群之秩序、方法與必需品的行為。換言之，政治是賦予秩序規則並加以實現的技術；㈡政治處理人民的福利，也就是說，政治必須滿足人民的經濟需求，而後者必須經由成功的政治規則來確保。㈢政治是與分配、保護及控制特殊利益的技術不可分割的。這種政治活動在諸群體（族群、家庭、宗族）、諸階級（階級社會）、或諸個體（資本主義體系）之中延續著。每一群體、階級、個體皆試圖要他人承認並提供其所需之利益。㈣最後，政治通常被視為工具，即奪取、保護及量化權力的技術，對此，我們將在下一節中予以討論。❺

　　既然我們將政治視為上述這種技術，那麼，誰才有權來保護、管理、規定、促進人們的生活？於是，在此出現了「權力」這個要素，並且變成政治的本質。正如我們在其形成與轉化的長期過程中所見，權力乃是政治的決定性因素。就中國文化言，在孔子（551-479 B.C.）眼中，唯有德者方能獲得權力。在孔子之前，有許多政治家傾向於主張：權力真正源自於一種超自然的力量——天。孟子（371-289 B.C.）則認為，權力是由人民所賦予

---

❺以上這些關於政治的觀念可見於：考林（M. Cowling），《政治科學的本質與限制》（*The Nature and Limits of Political Science*, 1963）；杜佛格（M. Durverger），《政治的觀念》（*The Idea of Politics*, 1966）；及黑惕契（Manfred Haettich），《政治學教科書（第一冊）：基礎與分類》（*Lehrbuch der Politikwissenschaft, I: Grundlegung und Systematik*, 1967）。

的。孟子意圖將所謂的公眾輿論（民意）等同於天的意志（天
意）。

在西方文化中，自蘇格拉底（Socrates, 490-399 B.C.）以
降，傾向於把權力隸屬於德性，僅有那些擁有領袖特質的人才可
以要求自己的權力。因此，遂發展出民主制度的原始形式，即議
會與寡頭政治。柏拉圖（Plato, 428-388 B.C.）由於看到寡頭政治
之暴行與墮落，故主張唯具有道德與智慧的人方可擁有權力。他
將權力與職責予以理性上的劃分，擬構出理想的共和國。但是，
這種理性的政治幾乎不可能被實現，因為只有一小撮人才有辦法
去了解它並加以實行。無論如何，從此，「權力的賦予必須是合
理的或正當的」這樣的觀念就支配著西方政治。然而問題是：應
如何決定哪些才是正當的與善的？是誰才擁有判斷正當（正義）
與善（實踐）的能力呢？

亞里斯多德（Aristotle, 384-322 B.C.）也許是第一個發現到
這個困難的人。他當時清楚地區分「政治」與「道德」、「善」
（自身）與「正當性」、「正當性」自身與「社會公義」。他也
是最先把教育（paidea）當作實現公義與善之工具的人之一（孔
子也名列其中）。然而，這樣的區分並無助於創造出理想的權力
狀態──亦即以公義與善來作為權力的根源。在亞里斯多德及孔
子之後，這種為了善與公義而教育的作法，均遭政治所抑制。相
較之下，若不是有這樣的區分，政治也不可能被用來為所欲為。
秦始皇之所以能成功統一天下，鞏固其政權（221B.C.），並非
因他施行仁義，而是因為他使用暴力。即使是亞歷山大大帝
（Alexander the Great）──亞里斯多德曾賦予這位弟子以傳播
理想政治之任務──，也選擇了暴力。他的帝國跟亞里斯多德所
設想的理想國家〔即城邦（polis）〕，大相逕庭。是其攻無不克
的軍隊的外在暴力塑造出絕對的權力，並讓亞力山大進而「稱

帝」。可見，這種立基於暴力的絕對權力會產生帝國主義（im-
perialism）。

　　簡言之，是權力在宰制公義與善。所以，現在的問題是：誰
有權力，誰就有權主張或決定什麼是公義與善。基督教神學家們
企圖讓善、公義及權力在上帝的位格裡獲得平等相待❻，但仍無
法產生理想的國家。中世紀的政治就是一大諷刺：宗教（以及善
與公義之神）被人們所「誤用」，當時的掌權者並未合理地分配
權力，反而將權力絕對集中到某個宣稱代表上帝的人（或某個階
級）的手裡。❼同樣地，對於諸如商鞅（-338 B.C.）、申不害
（-337 B.C.）、韓非子（-233 B.C.）這些法家而言，權力並不是
上天所賦予的，而是由人所操控的；誰有法，誰就有權。

　　馬基維利（Niccolo Machiavelli, 1469-1527）是第一個把公
義、善及神聖排除於政治的領域之外的人。對他而言，權力是政
治的最終目的。因此，在馬基維利眼中，政治已轉變成一種純粹
奪取權力、保護權力及擴張權力的技術。❽從馬基維利之後，政
治 只 是 被 視 為 權 力 的 工 具。霍 布 斯（Thomas Hobbes,
1588-1679）認為，在為國家的所有主體創造幸福並貢獻利益的
口號下，政治變成一種管理與管制的技術。❾在盧梭（Jean-Jac-

---

❻聖奧古斯丁（St. Augustin），《上帝之城》（*De Civitate Dei*）；聖多瑪
　斯（Saint Thomas Aquinas），《神學大全》（*Summa Theologica*），第 58
　問。

❼威爾・杜蘭（Will Durant），《文明的故事》（*The Story of Civilization*），
　第四卷：信仰的時代（1950）；另參見德羅撒（Peter de Rosa），《教
　皇》（*Vicars of Christ*, London: Bantam Press, 1988）。

❽馬基維利（Niccolo Machiavelli），《君王論》（*Il Principe*, 1513），英
　譯本：*The Prince*, translated by Daniel Donno (London: Bantam Books,
　1966)。

❾霍布斯，《利維坦》（*Leviathan*）。

ques Rousseau, 1712-1778）眼中，政治變成是一種經由參與公眾活動（生活）之方式來自我決定的技術。❿今日，政治環繞著人類生活的各個層面。它不僅是奪取、維護與提升權力的技術，而且也是奪取、維護與增進人類利益的技術。更重要的是，政治是作為改善生活的工具。同時，正如馬克思所強調的，政治是根據政經結構來運作的。⓫我們將繼續在本節中追溯以下的演變過程：人類如何發現政治的觀念？如何將其轉變成一種權力的結構組織？以及，政治如何融入我們的生活，而成為生活不可分的一部分？

一、政治作為群體生活的技術

Politica（政治學）這個古希臘文是意指一種處理城邦（polis）——或說共同生活於城市中的人們——事務的藝術。亞里斯多德認為，政治學是一種處理群居一起的人民，亦即生活在一特定地點或空間內之民眾的生活的藝術。⓬不論何時何地，只要人

---

❿ 盧梭（Jean-Jacques Rousseau），《社會契約論》（*Du Contrat social*），第一卷，第五章。

⓫ 馬克思認為，政治跟經濟是不分的。馬克思在《黑格爾法哲學批判》（*Kritik der hegelschen Rechtsphilosophie*, 1846）及《資本論》（*Kapital*, 1861）第一卷中，無情地攻擊那種認為政治學與經濟皆為獨立自主的錯誤觀念。用馬克思的話來說，任何自命為獨立自主的經濟結構均是「低俗的經濟學」。今日在馬克思的影響下，政治經濟學被歸類為「基本經濟學」，以區別於中產階級或新古典主義的經濟學。事實上，政治經濟學研究的是「民主政治運作過程和經濟關係所決定的市場之間的互相影響」。（Meghnad Desai, "*Political Economy*" in *A Dictionary of Marxist Thought*, ed. Tom Bottomore, (Cambridge: Harvard University Press, 1983), p.375.）另亦請參見楊世雄所撰寫的上一章。

⓬ 亞里斯多德，《政治學》（*Politica*），1252a,2。

們生活在一起，就需要政治。孤立的人或住在偏僻地區的人則較少政治需求，還有那些能自給自足的人，對政治的需求更少。可能只有都市居民才真正覺得需要政治。

　　現在的問題是：為什麼需要政治的盡是那些生活於群體中的人、那些無法自給自足的人、以及那些生活在人口嚴重密集區域的人？為了回答這個問題，我們將直接從生命的邏輯來開始著手。生命的邏輯是基於生命自身以下這個本質：生命之所以為生命，就在於它存在著。而為了能更好地存在，人必須發展至更高的境界。於是，生存的問題成為了生命的首要原則與動機。我們也許會同意維科（Giambattista Vico, 1688-1744）的主張：生命在某種意義上也是人文科學的基礎。⓭再者，唯有能確保生命安全，人類才能開始思考如何改善及過更有意義的生活。追求更好的知識、技術、媒介、社會化、享樂及滿足私人欲求，和更高層次的精神需求，這些都廣被承認為人類主要且基本的活動。所有這些活動，從廣義上來講，都算是政治活動。在此脈絡下，政治是作為這樣的技藝、工具與媒介，藉由政治，能保護我們生命的安全，並使之來改善生活、使生活更有意義。

　　我們先看看政治的第一個目的：如何維護人的生命安全。生命殘酷無情的事實，要求唯有最適合的物種，才有機會在長期殘酷的生存戰爭過程中存活下來──英人達爾文（Charles Darwin, 1809-1882）曾將其描述為「生存競爭」。⓮這意味著，我們必定會遭遇到所有這些危害吾人生命的暴力（不論是外在的或內在的、大自然的或人類的），並且予以克服。在面對這些暴力時，我們會保護自己免遭有敵意的環境及人群加害，同時我們也意識

⓭維柯（Giambattista Vico），《新科學》（*La Scienzia nuova*），313。

⓮達爾文（Charles Darwin），《物種源始》（*The Origin of the Species*, 1859），及《人類傳衍》（*The Descent of Man*, 1871）。

到自己的軟弱。因此，只有能夠施展出更強大威力以抵禦、驅離或消滅這些敵意暴力的人們，才能成功地維護自己的生命安全。也唯有能將負面力量變為正面力量的人，才有機會改善其生活，並將之發展成自己想要度的生活。

現在的問題是：我們這種軟弱不適的物種，要如何才能保護自己免於所有外來暴力的威脅呢？如何才能處理那些出自人類內在關係中的難題呢？如何能發揮內在的才能與能力，以克服我們周遭的困難、難題與障礙呢？還有一個（但並非最後一個）問題是：是否能設計出一種方法，來達成我們的終極目標（即絕對的幸福）呢？要為這些問題找到任何令人滿意的答案，或許我們得在人類漫長的歷史中仔細去尋找，方可找到吧！

二、「暴力」觀念及「結構性暴力」（權力）的形成

經驗告訴我們：以力制力是最好的解決之道，或至少我們必須維持力量的均勢，以保持現狀。無論如何，我們唯有藉由力量或更強大的力量，才能成功地保護自己免於外來的危險。唯有使用絕對的力量，才能一勞永逸消除所有可能會對我們造成傷害或致命的事物。因此，「如何取得更強大的力量」就成為人類歷史的核心問題。不論是聖經故事、荷馬史詩、還是中國的歷史，都證實了人類的歷史就是一部無止境地追求權力、爭奪權力，以及極度渴望保存權力的歷史。就此邏輯而言，要解決暴力的問題，就得尋求更強大、穩固且持久的力量。權力的問題遂進入政治的論述中。我們下段將討論人們是如何追求更強大力量的。

眾所皆知，人類與其他動物比起來，其力量甚為軟弱。在面對大自然力量時，人顯得虛弱、渺小。跟其他大多數的動物比較，人生來就需要別人的照顧，否則無法長大成人。在人整個成

長的過程中，其所需要的物質或精神的援助，都足以證明人是社會性的、共同生活的和互相依賴的。❶也因此學會了一種依靠他人的獨特生存方式。依賴（或團結）能夠是「自然的」（即在親屬關係中看到的愛、關心……等等形式）；依賴也可以是後天建構出來的，例如跟他人締約。我們將會看到，政治的活動剛開始是出於「依賴」同一家人的自然過程，之後則依賴同一起源（地區）、種族，最後則發展到「互相協助」或「團結」的社會過程。❶

　　為了要對抗不可避免的威脅（外來暴力或更大的威脅力量），人們必須取得更大的力量，遠遠超過這些抑制他們的（外來）力量。為了能擁有此力量，他們必須將大家集結、重組，因為唯有當此群體的人們能互相依賴、協助與合作時，才有可能出現集體的力量。在此，我們首次想到集體力量與團結，此外還有「社群」與「社會」等這些觀念。唯有透過集體的力量，我們才可獲得更大的力量；只有透過集體，才能戰勝其他更為殘暴的暴

---

❶我們在此必須注意到，甚至宗教基本上也是一種依賴的形式。宗教（religion）（源自拉丁文 religio、religere……）最初是意指一種依靠、結合一起、分享著對同一祖先（Urvater）（神、黃帝、圖騰等）之信仰或情感的活動。參見：Norbert Schiffers, "*Religion*," in Sacramentum Mundi（Müchen: Herder, 1970）, vol.5, p.247。另亦請參見：懷德海（Alfred North Whitehead），《宗教的創生》（*Religion in the Making*, 1926）及德福立斯（J. de Vries）的《宗教研究》（*The Study of Religion*, 1967）。

❶政治國家的發展相應於依賴與協助的發展過程：氏族、部落、家鄉、政府、民族國家、及國際組織。同樣地，政治組織的形式也跟人類關係的形式相一致：君主制（封建制度）基於親密的親屬關係，部落制度、寨頭制度、社會階級是基於種族或親密的關係，而現代民主制度則基於一種存於人類間之抽象關係的觀念。參見：亞里斯多德，《政治學》，第五卷。

力;若不是這樣,這種力量就不復存在。換言之,沒有團結,就不會產生集體力量;沒有團結,就不會有家庭、社群與社會的存在。人們只有在與他人有某種共通處之時,才會接觸往來。當團結所產生的力量能夠滿足需求、保衛生命、促進世界、給予更多希望時,人們才會選擇過群體生活。因此,團結的觀念絕不會先於生存、希望、進步、成長、需求滿足的觀念,正如同社會之出現也不會先於社群的存在,而社群也不會先於家庭而出現。

當然,我們可以訴諸人類的共同情感,來解釋團結的基礎,即:對於他人的依賴感,如同孩子在母親懷中感到安全幸福、或如兩性關係❼,一如弗洛伊德或涂爾幹的解釋模式。然而,這種依賴感並不能(事實上也不被)用來說明人類社會的形成過程。一般動物皆擁有此相同的情感,而它們那種依賴其他(更強大的)動物的本能並無法產生出任何形式的動物社會;就算是有動物社會,也一定不會像人類的社會。因此,依賴感也不能是政治活動的根源。在下一節討論理性在經由團結而形成政治的過程中所扮演的功能時,我們將會再對此點加以解釋。

---

❼ 馬克思(Karl Marx, 1818-1883)及弗洛伊德(Sigmund Freud, 1856-1939)的這種理論的追隨者有:弗洛姆(Erich Fromm)、馬庫色(Herbert Marcuse, 1898-1979)、萊亨(Wilhelm Reich, 1897-1957)、阿多諾(Theodor Adorno, 1903-1969)及霍克海默(Max Horkheimer, 1895-1973)。馬庫色(Eros and Civilization, 1955)將人類歷史理解為性愛與自毀本能(弗洛伊德的性與攻擊本能)的辯證過程。萊亨(The Mass Psychology of Fascism, 1942)認為性愛戰勝自毀本能乃是一種人類解放的形式。弗洛姆(Fear of Freedom, 1942)提出此論點:意識形態(偏見)藉由產生內在的精神衝突,來對大眾造成廣大的影響。同樣地,阿多諾(The Authoritarian Personality, 1950)與哈伯瑪斯(Jürgen Habermas, 1929)使用精神分析的概念來審查社會建構個體及產生社會特質類型的方式。

我們得再探討：「團結」的概念或情感是不能與「力量」的觀念相分離的；而在處理那些會危害人類生命的（外來暴力）難題時，力量的概念就已經暗含其中了。

如我們曾說的，吾人唯有藉由更大的力量，才能抑制、消除、甚至永遠地消滅那些會危害、傷害或毀滅我們生命的暴力。我們之前提到的一個問題是：如何獲得更大的力量？這個問題占據了政治的核心位置。

第一，為了取得更大的力量，「將其他力量加進一力量中」的這個想法在人類歷史占據首要的位置。其添加形式包括有下列幾種：㈠團結、㈡社會組織、㈢結盟、聯合領導、（法律）束縛等等。至於達成其目標的方法則有：㈠統一、㈡認同感（在文化、宗教及知識份子的領域中）、㈢契約。第二，如此解釋下的力量，將會盡可能地延續下去。因而，它會被不斷地累積，並產生更多的力量去壓抑、摧毀或轉化外來的（甚至內在的）有害力量；也能以此來保護我們的生命財產之安全。總之，取得、延長與累積此力量，這些都屬於政治的主要任務。第三，「越大的力量越安全」及「絕對的力量是最佳的保障」這樣的原則，要求我們必須尋求更大的力量或絕對的力量。根據力量的邏輯——更大的力量（集體力量或權力）與絕對的力量（結構的、組織的及意識形態的權力）——，會有一種成長（或擴張）過程：從家庭到群體，從群體到社群，從社群到部落，從部落到社會、國家、民族國家、國際組織等等。

三、暴力轉化為權力

如我們先前提到的，力量是人類首要關注的，但這並非是為了力量自身，而是為了實踐上的目的。力量被用來作為處理所有

可能問題的最佳工具，因而成為政治的核心。取得、產生與累積力量，是政客們一貫的目標。為了延續更久的力量、產生更多的力量，則必須能不斷擴充、被認同、且是合法化的。從這個觀點可知，當族群、國家使用力量、宗教或法律為其後盾時，這種的力量就被視為「權力」。只有權力（即建構的、累積的與統一的力量）才能延續一段長久的時間，並有效產生作用。現在，權力便可作為某一群體、社群、國家或民族的精神、道德與法律所在。換言之，只有當它是集體的，並且有效地壓抑、控制、消除難題或難題之根源（人類的、自然的、社會的），而且成功地被轉化為一種精神的、心靈的或文化的力量之時，物理性的力量才會變成為政治性的力量（權力）。

我們曾提到，政治史與文化史有其連續性，這是從力量到權力、從權力到生活藝術的人類發展史的一部分。人類的祖先很了解力量的魔力，也知道如何取得力量，及如何去鞏固力量。但是，使權力成為政治技術的人，卻是馬基維利。他是最先將集體力量加工，製成統治者所使用的計謀、操縱、支配及鞏固利益工具的人。他也是奠定權力的新道德的人；根據其規範，權力本身就是終極目的。

當然，馬基維利那種基於權力、且被權力所指導的政治學的觀念，早在蘇格拉底和柏拉圖時，就已存在且發現到現實政治（Realpolitik）的神奇力量。在當時無論是蘇格拉底或亞里斯多德，皆企圖以理性來約束現實政治，然而一直到盧梭、洛克（John Lock, 1632-1704）、霍布斯、康德（Immanuel Kant, 1724-1804）、黑格爾（George F. W. Hegel, 1770-1831），甚至當代哲學家羅爾斯（John Rawls, 1921-）⓳，在面對現實政治

⓳ John Rawls, *A Theory of Justice* (Cambridge: Harvard University Press, 1971).

時，都一樣束手無策。⑲這些哲學家們在面對力量（及效益）的魔力時，都必須修正他們的道德理論。這種將力量（權力）作為其形上學基礎的哲學，支配著整個政治學研究，或許還包括一般社會科學在內。其影響範圍超出了純粹只處理問題的消極性角色。現在，力量積極主動地創造出人類發展的嶄新可能性；其作法是將現存世界轉化為更好的世界，創造出新的媒介、更好的工具及科學知識，從而使人類可更容易且更佳地保護自身生命，並隨人所願地來開展。但是，為了能擁有這種力量，我們必須發展出一種具有雙重功能（積極的與消極的）、持久且極大的力量。其消極的功能就在於支配、抑制、否決、或消除人類面對的各種問題；而其積極的功能則是：藉由創造出新的生活世界，來擴展並超越目前的狀態。這種持久而巨大的力量，就是權力。以最嚴格的意義來講，權力是結構性的、集體的且有效作用的力量，是由道德、法律以及傳統（或教會權威）所支持的。這就是權力，而不再僅只是力量。這在政治上所施展的巨大且教條般的支配力，是如此地強大與持久，以致政治家們都將之視為政治的終極目標。

在下一段中，我們將討論權力的結構與運作機制，以及權力是如何命令政治，政治家又是如何盲目屈服在它的神奇力量之下。

---

⑲參見：麥金泰爾（Alasdair MacIntyre），《德性之後》（*After Virtues*, Notre Dame University Press, 1981），結論：「儘管我們在道德哲學上努力了三個世紀、在社會學努力了一個世紀，但是個人自由主義的觀點卻依然缺乏任何一致的、可合理辯護的論述。」亦請參見他的《誰的正義？何種合理性？》（*Whose Justice, Which Rationality?* Notre Dame University Press, 1988）的序言。

四、權力之組織，以及作為政治目的之權力的技術

在承認結構性力量為解決問題、長保久安、及實現人類欲望的最佳手段之時，力量也提升為政治的主要目標。更明確的說，追求或建立這種權力，乃是政治家們最想追求的目標之一。就此而言，任何一種形成權力的方式，都是一種政治的技術。其中基於所謂純（物理性的）力量的則被稱為專制、暴政、獨裁，那些基於人民的力量，則稱為民主制度，至於基於某一群體、種族或家族關係的，則帶有君主政體、封建制度、寡頭政治、納粹主義、法西斯主義……等意識形態。當然，權力也可能奠基於神秘力量或無知之上，此可在原始社會中見到，或甚至在今日社會大眾信奉某種宗教或膜拜儀式之時，亦可見到。更不用說，所有的政治形式均都與力量脫離不了關係。它們之間的差異，大致是依照力量的程度、形式，及依賴力量的習慣而定。

因此，我們可以說：結構性權力的形成，幾乎就等同於政治的形成；任何選擇的特定政治意識形態，皆會反映出該社會的共同利益；使用力量遂成為政治不可分割的一部分。在本節中，我們將簡短地從三個層面來處理政治的形成：物理性的力量變成結構性暴力（即權力）、政治轉化為一種權力遊戲，以及權力之合法化與法律化的過程。❷⓿

首先，政治人物一旦意識到大眾力量所產生的效果，必定會去發展出某種技術，以期在其領導下來壓制、募集、聚集與統合

---

❷⓿另請參見韋伯（Max Weber）之合理化（rationalization）的概念。將暴力合理化就是將暴力予以組織化、結構化與法律化。參見：韋伯，《政治作為使命》（*Politics as Vocation*）；以及哈伯瑪斯（Jürgen Haber-mas），《合法化危機》（*Legitimation Crisis*）。

不同的力量，成為一種獨特的力量，這就是統治的技術。如前所述，我們使用不同的技術，來達成不同的目的。但是，即使這些技術也都是被合理地建構出來的，而非任意為之的。讓我們以古代那些壓制、統一與控制這些不同力量的技術來做說明。在早期，這些技術都是一種統治的手段，即全面取得權力（或成為主人、dominus（羅馬帝國）、領主（法國君主專政）、君主或大人（納粹主義））的手段。古代的統治技術是基於三項假設：第一是對於其他力量的理性計算與評估；第二，理性計算手段的執行效果；第三是基於統治者的利益（軍事上的、經濟上的、文化上的）。只有在其力量較弱小、微不足道、或尚未產生威脅時，也唯有當它們的抵抗沒有造成傷害、或傷害最少、或甚至造成更大利益時，統治才有可能。這三項假設保證我們能成功地使用自己的力量（暴力）來制服對手。這也就是「大魚吃小魚」之手段。這種意義下的政治，其實就是征服、支配與鬥爭的技術。誰有更大的力量，誰就有獲得力量的工具，及最終的發言權。等到所有弱小力量均被制服後，政治人物則必須去思考控制的技術，而最好的控制手段，就是讓被統治者無法抵抗、反對與造反。

為此，一種政治學發明出來了，即一種轉化的技術，這種技術旨在將被統治者轉化成為主人的一部分。這種技術有雙重優點：第一，一旦被統治者被灌輸「新主人是真正的主人」的觀念時，他們就會樂意去服從這些統治者；其次，統治者也因為其所征服的力量站在他們這邊，因而擴張了自己的力量，我們可以在殖民政府的例子中看到這一點。轉化的技術包括：(1)灌輸有偏見的教育、扭曲的宗教、道德、經濟，甚至美學，以及(2)不斷地使用力量去毀滅統治者所無法轉化的那些人。我們將會在下一節中指出，這些統治者其實都很清楚：暴力不會帶來最好的結果，而唯有理性的方法才最有助於長期保護與維持權力。因此，幾乎所

有的統治者都會選擇思想灌輸的方法，因為那是保證權力可長久的最有效方式。只有在最糟的情況下，即對付那些不願受教的人時，才會訴諸暴力。思想灌輸的優點比訴諸暴力大得多：首先，統治者可以成功地將被統治者轉化為自己的次級團體或次級社會。如此可讓被統治者懷有一種幻覺，以為他們也是統治者的一部分，因而服從統治者就是一個神聖的義務，主人的國家才是他們的母國，也唯有主人才能賦予其幸福、繁榮與安全。第二，如此可將此想法深植於被統治者的腦海中，即：唯有模仿主人，他們才有機會去享有主人那種生活、並變成為主人（此可見於殖民主義）。大批的被統治者、殖民地人民及奴隸在被教導這種幻覺之後，就會同樣想要成為主人的（第一等）奴僕，因為他們希望能有機會享有主人的生活、或成為替偉大主人服務的那群同胞們的主人。[21]他們被迫服從主人的規定、遵循主人的生活方式（風

---

[21]殖民主義早在人們企圖擴張其領土之時就已開始。希臘人、中國人、羅馬人……擴張其帝國的方式，部分是藉由占領新的領土，部分則是使他們跟「母國」「結合」。現代殖民主義則是源於歐洲政權將貿易及征服擴張到全球。殖民政府對付被統治者的政策有：(1)用被統治者來治理被統治者。主人們因此得建立出一種由當地奴僕組成的階級，賦予特權使其成為其他被統治者的主人。採用此政策的成功例子有在印度及非洲的大英帝國、在臺灣的日本、在越南的法國等等。失敗的則有美國及後來的加拿大、澳大利亞、紐西蘭等。(2)主人們（以威脅利誘的方式）強迫被統治者把主人的語言、風俗、意識形態……當作他們自己的。這種思想灌輸（或說洗腦）產生出一種新的階級，即當地「次等的」統治者。這些當地統治者懷著（或著迷於）成為日本人（如在臺灣或韓國）、美國人（如在菲律賓）、英國人（如在香港、新加坡、印度、馬來西亞……）、法國人（在越南、柬埔寨）或荷蘭人（在印尼）這樣的想法，來為其「母國」服務。(3)藉由賦予當地統治者特權，「母國」遂能不需或花費甚少成本，來向被征服的人民徵收貢金、取得原料、擴張市場。參見：馬格朵夫（Harry Magdoff），《帝國主義：從殖民時代到今日》

俗、宗教、教育、語言）。這種思想灌輸成功地將所有被征服的主體轉化成一種同質的群體或統一體，進而產生出更大的力量。

　　第三，為了鞏固統治者的地位並維護其權力，第一、二種組織與轉化的技巧，就長期而言還是不夠的。主人發現到，若要奴隸絕對服從，除非他堅信㈠自己天生無法變成為主人，㈡沒有挑戰主人的權力，㈢他的義務就是服從主人，㈣命中注定要為主人服務。這些理由遂說服主人找出一種由宗教支持的意識形態：出自於優秀的種族（種族主義）、神授的本性（命運、天命）、神聖法與自然法（男性沙文主義）、社會……等意識形態。種族主義、精英主義、教權主義（clericalism）、忠君思想、沙文主義、帝國主義等等，所有這些都是基於這類的想法，即：在男人與女人間、種族之間、諸宗教間有一種天生的不平等。一旦有了這些意識形態的支持，奴僕們遂將其對主人的忠心、服從、勞役……都視為一種合法的事實、道德的義務和宗教上的信念。將其奴僕的身分視為是由上帝所賦予的命運。同樣地，統治者也確信自己天生較為優越，而且均受法律與上帝所保護。如我們所見，這種法律化及合法化的過程只是統治政策的一部分而已。它反映出其有偏見的形上學基礎，亦即某種基於種族主義、精英主義、沙文主義、帝國主義等等的意識形態。

　　（*Imperialism: From the Colonial Age to the Present*, 1978）；庫柏內（Harry Go-ulbourne），《第三世界的政治與國家》（*Politics and State in the Third Wor-ld*, 1979）。

理性的功用及政治哲學的角色

顯然地，政治就如其他人文社會科學一樣，必須遵循特定的邏輯。此邏輯掌控過程、決定方法，以有助於選擇達成目標的各式手段、然後去保存或發展它們。遵循這種邏輯乃是一種合理的行為。❷❷這裡所要強調的是，任何的邏輯都必須是基於理性（雖然理性已不再被理解為一種獨特的統合科學的理性）；不論是選擇哪一種邏輯，此選擇皆會反映出一種理性的行為。❷❸只有理性的方法才有助於達成這些目標。由於合理性不但是由目的之正當性、正確性及崇高性所決定，也由手段的正確性與效果來決定，❷❹所以任何值得稱述的政治都必須是合

---

❷❷Ludwig Wittgenstein, *Philosophical Investigations*, (London: Blackwell, 1953). 37: I, 237. 另可參見：Peter Winch, *The Idea of a Social Science and Its Relation to Philosophy* (London: Routledge & Kegan Paul, 1958), p. 25.

❷❸Alasdair MacIntyre, *Whose Justice? Which Rationality?* (Notre Dame University Press, 1988), p. 4.

❷❹前揭書，第9頁：「所以不論合理性是理論的還是實踐的，其自身均是個有歷史的概念；更確切地說，由於隨著諸歷史之差異，也會有多樣的探問的傳統，所以結果就會有諸多合理性（rationality）、而非一種合理性，正如同結果也有諸多正義、而非一種正義。」另請參見本人所

理的。

　　用最簡單具體的方式來說，如果理性被理解為那種可滿足人類需求、欲望、利益的理想狀態，如果理性能由效果來衡量，如果理性能精確地計算達成目的之手段的成效，那麼它必定得是決定政治的最重要要素。因此，理性的政治並非任意可行的，而是依照諸如生存、幸福等等人類的基本利益之邏輯而定的。它所遵循的是累積最大利益與損失降至最小的理性法則。作為一種理性的科學，從事政治就是一種精確地計算手段的執行成效，並作為指導我們正確選擇（正確的手段與目的）的原則。我們知道，人們時常利用各種組織形式、以及手段與目的（即戰略與策略）的方式，來評判理性政治。在本節中，我們將簡短地審視各種政治形式還有其手段與目標，藉此來廣泛地處理政治中的理性因素。

一、政治的各種理性形式：組織、機構及官僚化

　　我們曾提到，自馬基維利以來，政治的目的就已被極度限制在：追求權力、保護權力與擴張權力。因此，政治的主要議題就是：㈠如何掌握權力、㈡如何保護權力，及㈢如何增加權力。

　　我們知道，沒有經過設計的權力，就有如赤裸裸的物理性暴力。若沒有被一組織（機構）及其法律系統所保護，個體的物理性力量（權力）也不能維持長久，而且它的效果也有限。唯有結構性的、整體性的權力，才能產生、擴張和保存力量（能量）。因此，為了能更為持久地保存與擴張其力量，政治權力必須是經過設計與建構的。就此意義而言，政治就是一種設計、管理、保

　　著：Tran Van Doan, *Reason, Rationality and Reasonableness* (New York Lanham, 1989, Wachington, D.C.: The Council on Research in Values and Philosophy, 2001.)

存、執行、及擴張權力的技術。現在的問題是，要如何去設計、建構、保存、執行、與擴張權力到最佳狀態。這裡就得訴諸理性了。唯有當權力是依照群體（階級、社會、人民、國家……等等）的目標、需求、利益與品味而被合理地建構、設計、執行時，而且當它也符合外在與內在的條件之時，作為技術的政治才能成為政治科學。一個理性的設計、組織或一個結構性的機構會產生更好的結果。它們的價值是更普遍的；而且是訴諸於更廣大的群眾。「正確的人、正確的時間、正確的地點、正確的事情……」這種說法就是在說：一個人理性地設計和執行一個正確的政策以產生出想要的成果。

同樣地，最好的（即最有成效與最經濟的）技術，是能以較小的代價產生更多的成果。單單一個人確實是沒有辦法擁有這麼大量的能量（權力），當然也不能解決諸多唯有社會方能處理的問題。只有一群體、社會、或國家，亦即在特定空間的一個（由所有個體組成）組織，才可產生此巨大的力量，從而能夠有效地保護其利益（權利）並擴張其領土。

一旦了解到此事實，我們遂能說：理性政治的最佳展現，就在於合理的組織、科學的設計與有效的執行。因此，政治史是一部長期追尋最有效的統治管理、保存、擴張社會的歷史。政治史也反映出人類長期地為權力而奮戰及保護自身利益的渴望。馬克思以下這個出色的評論：「人類歷史就是一部階級社會的歷史」，事實上就是他從利益與權力的邏輯中推演出來的。

(一)組織（organization）

組織是一種依照有機的模式（或形式）來連結、控制與促進人民利益的形式。最佳的組織有如一種有機體般自我控制、自行運作、自行活動。亞里斯多德是第一位發現到機體式組織的必然

性。㉕「有機體是最好的形式」這種想法源自於「身體」的觀念以及一種素樸的機械結構。身體是由各種不同有機組織所構成的。這些組織均循著必然的生理秩序（頭、身體、四肢等等）而行。它們依照著機械物理的方式運作，且彼此依賴。最原始的組織形式就是家庭。家庭作為一種由家庭成員所構成的有機組織，依照著有機體法則活動著。頭部是由父親或母親來擔任，而不同重要程度的功能則分配給此家庭的諸成員。原始社會（部落、氏族）則是模仿家庭的形式——其事實上為家庭的擴張。君主制度、封建制度、教會制度……等等都是家庭形式的變形。就算是民主制度（在亞里斯多德那時）也難逃脫家庭的模式。這些組織形式服從著自然秩序的形上原則，即有個頭（最重要的有機組織）下命令、領導與管理，一些重要成員（或重要階級）擔任官員（或官僚），其他人民則是作為資源……等等。同樣地，政府、社群、社會、教會、社團等的形成亦服從同樣的原則或規則。因此，諸社會（政府、機構、教會、公司等）的差異就表現在其對於選擇與管理之看法上的差異，尤其是在於其對成員之評價上的差異。所以，「誰是頭」、「誰能承擔重要的功能」、「如何去挑選他們」……等等問題就是使他們有所差異、甚至有所衝突的因素。㉖

㉕ 亞里斯多德將"organon"理解為一種自足體。因此，他把 organon（工具）等同於邏輯（其包括範疇、詮釋、分析前論、分析後論、題論及辯證法）。在政治上，他則把國家當作是理想的有機體。對他而言，國家是「社會共同體的最高形式」，並且旨在追求「最高善」。《政治學》，1252a。

㉖ 對於政治中的組織與機構之進一步的說明，請參見：Fred I. Greenstein and Nelson W. Polsby eds., *Governmental Institution and Processes* (Reading-Massachusetts: Addison-Wesley, 1975.).

(二)機構（institutions）

「機構」原初是一種組織，是由一團體、階級，或者由一群有相同利益、需求、種族、文化、教育的人們所構成的。它是由法律（成文的或不成文的）、道德所規定的，或者單單是由習慣、習俗或契約來規定的。因此，機構最初是自然的，因為它遵循著自然形成的原理。但是，機構也是人造的，因為它是為了特定階級、成員（人民）的特殊利益而設立的。國家、教會及擁有特殊利益的社會，所有這些就其被法律、共識、習俗或契約所約束而言，均是某種機構。由於機構本身是一種組織，所以也採取了某種基本的組織形式，例如家庭的形式，或其他較為複雜的組織。但是，機構並不像個自然的組織，它在一定程度上是基於成員的需求與利益而被後天地建構出來的。因此，較其他任何的組織都要來得嚴格，所以機構是由特定的理想所指導、被特定的利益所決定，且被法律所限制。

(三)官僚化（bureauctratization）

如果「組織」與「機構」均是政治的合理形式，那麼「官僚化」主要就意指著規定與管理的合理手段，而任何的組織或機構若要保存或發展的話，都必須加以採用。事實上，官僚化是合理化的最有效形式之一，中國文化與希臘哲學皆曾對其加以闡述與開展。在漫長的歷史中，官僚化被賦予了為統治者（或統治階級）服務的任務。它幫助統治者有效地控制人民。現代科學在近代所向披靡，亦迫使政治在官僚化上採取了科學的模式。官僚化同時採取分析（細分部門）與綜合（中央集權）的取向。不論是工作的分配，或將政權分割成三種主要部門（如西方國家的行政、立法、司法）、或五個部門（如中華民國的行政、立法、司

法、考試與監察），所有這些都是官僚化的形式。中央集權、最後決定與政策執行，所有都掌握在官僚的手上，這些都同時顯示出：沒有人能夠不需官僚就可治理、管理與發展政治的。

我們將在下一節中稍加討論，政治中的合理化過程是個必然的步驟，沒有任何政治家能夠忽略掉它。

二、政治原則

我們曾提過，政治是由利益、需求和自然本能所引導的。對於生存、延長壽命、發展生命、幸福……等的關注，以及被了解、被愛、被保護……的欲望，所有這些都是政治的目的。因此，政治的基本原則可被總結為兩大終極目的：求生與維護生命，以及改善生活（藉由延長生命、享受生命……等等）。這些目的構成了兩個最基本的原則：如何生存，以及如何發展生命。為了生存，我們必須防衛，並且摧毀（或安撫）那些會威脅我們生命安全的東西。防衛的策略、以及追求與摧毀的策略，則可用保守主義（conservatism）和自由主義（liberalism）這兩個政治術語來解釋。[27]政治更常是要求人們兼採這兩種原則，並隨需求與狀況來決定如何做。通常當人們掌權，生活已無所求，無所匱乏時，會選擇保守主義。相反地，當人們依舊一無所有，無法滿足所需，或被限制去發展能力、被剝奪享受幸福的生活之時，就會選擇自由主義。下列簡述這兩個最重要的政治原則：保守主義與自由主義。

---

[27]參見：Fred I. Greenstein and Nelson W. Polsby ed., *Policies and Policymaking* (Reading, Massachusetts: Addison-Wesley, 1975.).

(一)保守主義

保存（conservation）是人類（或許也是所有物種）的基本本能，旨在維持現狀、保存能量（權力、資本）、或能力（知識、性）。簡言之，保守的態度來自於：害怕失去現狀、「聊勝於無」的想法、還有對確定性的評價——「未知的乃是不確定的」。從保存能量與維持現狀的原則來推演，我們可以推測出：富人，當權者，有（大）成就者，處在稱心、幸福、自足狀態的人們，都會較傾向於保守主義。政治家們因為害怕失去權力而固守現狀。在現實政治中，保守主義並非僅是反映出保存與維持實際狀態的態度，更是反映出害怕失去權力。

在此值得一提的是，保守主義不能從價值的觀點來判斷。事實上，對於保守主義的負面和正面的意見，都一樣充滿著偏見與幼稚。保守主義可以是好的或壞的，端賴於其生存、安定與穩定成長的目標是否成功達成而定。在一個混亂的、不穩定的、不確定的社會裡，保守的政策通常會奪得青睞：安定是必要的價值。然而，在一個競爭的世界中，保守的態度會減緩進步，因而使社會（國家）無法競爭與發展。保守的政治在現實政治中也許能成功維繫權力，但是卻無法去擴展權力，因此長期而言是不利的。那些支持封建制度、君主制度、寡頭政治、或階級社會的人們，通常在政治與道德上傾向保守。但是在經濟與藝術上，則並非一直是保守的。

(二)自由主義

就像我們已經知道的，自由主義是這樣的一種觀念：只有透過從「現狀」（現實的條件、現在的狀態、傳統的規則或道德、長久以來所接受的意識形態……）中解放出來，人們才有辦法獲

得發展，才能使我們的生命更加豐富與完善，亦即使生活得到幸福。自由主義者相信，生存並非生命的唯一目標。享受生命，使生命更有意義，「創造」新的生命……這些才是人類生命的真實目的。因此，在經過文藝復興和宗教改革之後，自由主義遂隨著自由之需求而出現。❷❽自我選擇的自由，表達的自由，政治的自由，宗教的自由，與上帝溝通的自由……等等，這些都成為最廣義政治生活的新目標。當然，這樣的觀念首先是從希臘哲學、羅馬法和基督宗教中滋生出來的。蘇格拉底首先不懈地對於自由和真理進行追尋，而由柏拉圖、亞里斯多德和耶穌基督加以捍衛著這樣的追尋。但是，只有到了達芬奇、米開朗基羅和但丁這些藝術家，人類才注意到了自我表現的自由。同樣情形，只有到了馬丁路德（1483-1546）、喀爾文、茲文禮，人類可以與不經由教會權威的中介而直接與上帝溝通的欲望，才得以實現。最後，在盧梭（1712-1778）和啟蒙時代哲學家那裡，對於自由的追尋才延伸到了政治生活和其他的人類活動上。在此我們發現，尋求自我實現的自由，這種欲望變成了自由主義的基礎。它超越了純粹思辨的層次。即使在盧梭之前，自由主義的觀念就已經隨著〈人權宣言〉的勝利而深植在知識份子的心中。它贏得了知識份子的同情，就像在英國的維新黨（Whigs）造成愈來愈大的影響一樣。而最後，它在歐洲社會的實現是在美國憲法（1787）、法國大革命（1789）、工業革命和科學革命上。民主的勝利，科學的進步（伽利略之後），現代哲學的誕生（笛卡兒和培根之後），資本主義的出現，這些都證實了自由主義實際上已經變成了人文

---

❷❽ John Stuart Mill, *On Liberty* (London, 1859); Alexis de Tocqueville, *De la demovratie en Amerique* (1835); Isaiah Berlin, *Four Essays on Liberty* (New York, 1968); R. D. Cumming, *Human Nature and History: A Study of the Development of Liberal Political Thought*, 2 vols. (Chicago, 1969).

和社會科學——甚至包括政治學和經濟學——的主要原則。

　　然而，這樣的自由主義也可能吊詭地導致一種自我毀滅。個人正因為他自身的自由，在同時就可能會否定了其他人所享受的相同自由。既然自由之為自由，是藉由排除掉那些限制和摧毀自由的行動才能達到，那麼在邏輯上它就蘊含了對於其他人的自由的一種反對。總而言之，以個人自由來表達的自由正背反了它自己的神聖目的——亦即每一個人的自由。為了要克服這樣的窘境，人們要不就接受自由這個概念是一種幻象，不然就是要建構一種新的理論，一方面可以讓自由保持下去另一方面又同時不會抵觸到其他人的自由。盧梭在他極具爭議性的《社約論》（*Social Contract*, 1762）中所構畫的社會契約理論，就是為了要達到這個目標而設計的。在一個社會中的人們，他們對於權利和義務的共識乃是保持自由的基礎。這樣的設計當然是不恰當的。首先，盧梭在自由和非自由之間無法畫出一條清楚的界線，因此他就無法界定權利和義務。其次，沒有共識是可以自由地達成的。盧梭否定了權力的因素，而這乃是一個決定契約式共識的重要因素。義務的概念似乎與個人自由的概念互相矛盾。義務蘊含著要求在某個方面要限制自由。因為意識到這個困難，彌爾（1806-1873）便主張一種新的共識基礎，只有將自由和義務的基本原則建立在權利（效益）和義務的公平分配上，一個社會契約才有可能建立起來。然而，彌爾效益原則的困難正在於它所提倡的東西，亦即「必須」分配原則（the principle of "must" distribution）上。彌爾所提議的分配乃是根據他的效益原則，這雖然在一個商業導向的社會可被接受為分配公共善的原則，但是卻會違反法國革命的自由主義的基本原則，亦即平等和博愛的原則，任何對於善的分配都不能根據這些原則來做。在彌爾之前，康德或許是法國大革命最熱情的讚頌者。但是他預先看到了過度自由所帶來的問題。

因此，對於康德和德國啟蒙主義者而言，任何宣稱要捍衛人類自由的自由都必須接受理性的指導。在康德的觀點，只有理性才能導致真正的自由。他指出，建立在平等概念——尤其是利益的公平分配——上的自由概念，將是不充足的，因為對於人類之間的需求和行為的平等並不存在著保證。類似情形，盧梭基於平等概念的自由也只是泛泛的空話，因為它還需要某個形上學的基礎——比如說上帝的意志。而這個基礎乃是我們無法檢證的。因此，康德用「自律」來理解自由，亦即：人們的行為是以工具——目的的理性原則為依歸，而不是因為個人的利益或是上帝的命令。將尊敬義務的行為視為理性的行為，並且將理性的行為與自律（自由）的行動等同起來，康德相信他已經解決了在自由與義務之間的二分法。㉙康德之後，自由主義就被理解為一種對於自由的理性進路理論。

(三)新自由主義

自從奎斯內（Quesnay）開始，尤其是從馬爾薩斯（Malthus）之後，經濟理論的發展證明了平等原則只是一個烏托邦，而且對於自由市場而言乃是不可能的。類似的情形，對於這些理想（博愛、平等、人類的基本權利）的信仰不是過分空想，就是在政治中不切實際，特別是對於現實政治而言。這都是在規勸政治哲學家們，要將任何只奠基於這些目的自由概念給拋棄。

科學家和哲學家們像波普（Karl Popper）、羅爾斯（John Rawls）和其他人，他們更進一步發展了盧梭、洛克和康德的自

㉙ 參閱拙文：〈自律的教育可能嗎？〉（"*Is Any Education for Autonomy Possible?*"）發表於〈國際教育會議〉（倫敦大學與國立臺灣師範大學合辦，臺北，1994）。

由概念，他們指出只有一種開放的態度，還有對於工具的進步的信念，才能夠保障自由。比如說波普便堅持要以批判的態度來作為一般科學的基礎。❸⓪他嘗試要結合笛卡兒方法懷疑論與康德的理性信念、笛卡兒的基礎論與培根的經驗主義，來建立所謂的理性的批判主義（rational criticism）。因此波普的新自由主義毋寧說是一種方法論的自由主義。❸①而羅爾斯❸②的自由概念是奠基在康德的自律概念❸③和盧梭的作為理性選擇的自由概念上。❸④

另外一種新自由主義的形式是反對康德的路線，那就是自然主義。它號稱取代了上帝的權力，也因此它變成了另外一種新的決定論。自然主義的追隨者爭取一種絕對的自由，就像在自然狀態中所看到的。部分的女性主義運動和性解放者都屬於自然主義，因為他們反對任何社會規範。

總括來說，自由主義和新自由主義都隱約地將自由與人類本性連結了起來：自由是人類生命的本質，而進步就是自由的原理。這種原理包含了對於保守力量——任何對生命產生威脅，和對進步產生障礙——的批判。在自由主義者的觀點看來，傳統的

---

❸⓪波普：《臆測與反駁》(London, 1961)。同時參閱他的《歷史主義的貧乏》（London: Routledge & Kegan Paul, 1957）。

❸①波普：《開放社會及其敵人》(London, 1950)。在《歷史主義的貧乏》中，波普將他的自由主義描述如下：「假如存在著成長的人類知識這樣的東西的話，那麼我們在今天就不能預測明天才能知道的東西了。」〈序言〉，vii。

❸②羅爾斯，《正義論》（*A Theory of Justice*. Cambridge: Harvard University Press, 1971），序言，viii。

❸③羅爾斯，頁 252：「我相信，康德的主張是這樣：當一個人選擇他的行動原則，來作為他本性——一個自由和平等理性存有者——的最適當表達時，那麼這個人便是自律地行動。」

❸④羅爾斯，頁 256。

價值、知識、道德、政治和經濟，在處理新的需求、新的利益關係、新的環境……等等已經不再具有效力。因此，為了滿足新的利益關係、需求……等等而對於新價值、新方法和新目標的不停歇追求，需要一種徹底的改變，或者至少是一種持續而溫和的改變。徹底的改變採取革命的進程，而溫和改變則採用演化的道路。

㈣革命（revolution）

革命意指對於結構、秩序、形式、甚至生活方式所採取的一種激進、突然、迅速且整體的改變。政治上的革命首先是指：舊形式（政權、政治結構、社會組織等等）改變形態，然後形成基於新觀念、新形式、新秩序的新結構。總之，革命改造了社會、政治結構與政治習俗。正如在法國大革命（1789）中所見，舊的形式（君主政治）、秩序（封建制度、階級社會）、結構（一人高高在上、一人作為基礎）皆被徹底推翻，並且替換上新形式（民主政治）、新秩序（人人平等）、以及新結構（議員、議會）。同樣地，辛亥革命（1911）及布爾什維克革命（Bolshevik Revolution,1917）也同樣徹底改造了中國與俄羅斯的舊有形式的、結構與秩序。

㈤演化（evolution）

演化所表現的是在形式與秩序（習俗）上的一種溫和、持續、緩慢的改變，而且是幾乎察覺不到的結構上的改變。正如達爾文所描述的，人類的演化經歷了漫長的幾十萬年的時間。而且即使是從直立人（homo erectus）轉變到靈智人（homo sapiens），也絕非是一種迅速的、突如其來的、或未被認出的轉形過程。在政治中，溫和的自由主義者選擇演化的路線是試圖去保存或以非常緩慢的節奏來改變基本的要素（形式、習俗、秩

序），以促進社會的發展。

三、政治哲學作為一種意識形態批判

　　政治哲學是哲學的一個分支，也是政治科學的一個分支。跟政治學不同，政治哲學的職責是去反省、批評、協助政治能更有效地處理人類與社會的問題、實際與新興的難題。因此，政治哲學不局限在任何領域中，或等同於任何一種政治。如果政治經濟學，在馬克思主義中，是處理資源分配及總體經濟行為的決策，❸那麼，馬克思對於政治經濟結構的批判，就可被視為一種政治哲學。如果政治經濟學被界定為市民社會的理論，那麼，政治哲學就是在質問此理論的正確性。❸這意味著，政治哲學必須面對實際政治活動所產生出來的難題，並嘗試去提出新的另類選擇。柏拉圖提出共和國作為理想的政治典範，原先就是為了修正希臘議會與寡頭政治的暴行。亞里斯多德描述君主制度、寡頭政治、無政府及早期民主制度的錯誤，則有助於人們尋求一種理想的政治典範，即現代的民主制度。同樣地，孟子提升人民的地位，以及基督教對人權的要求（見於早期基督教會），都是間接地批判獨裁的封建制度。諸如多瑪斯、霍布斯、盧梭、康德、和其他哲學家們，都常常反省、揭露政治的缺點。不過，若光是批評，而沒有任何新的建設性方案來修正過去的錯誤的話，還不能算是政治哲學。霍布斯、盧梭、馬克思都稱得上是政治哲學家，是因為他們都有提出新的政治模式。盧梭的民主制度

---

❸ Megnad Desai, *Marxian Economics.* 2nd ed. (Oxford: Basil Blackwell, 1979), pp. 207.

❸ Megnad Desai, *"Political Economy,"* in Tom Bottomore ed., *A Dictionary of Marxist Thought* (Cambridge: Harvard University Press, 1983), p.378.

觀念是基於階級平等與自由、霍布斯是基於共同財富、馬克思是基於民主社會主義，所有這些人都是將政治哲學視為政治的核心。

　　從他們的主要觀念來推斷，我們可以歸結出政治哲學所扮演的角色：㈠一種對意識形態政治的持續批判，亦即對過去的政治模式繼續批判；以及㈡對於新模式的一種無窮追尋。作為一種意識形態政治的批判，政治哲學試圖揭穿其偽科學的性質、無能處理新問題、以及負面效果或功效不完全。就此而言，政治哲學扮演著對政治作自我反省者的角色。它不會滿足於任何片面的、種族的、部落式的、局部的、不科學的……政治形式。馬克思對於資本主義政治的批評、盧梭對於封建制度的批評，以及當今哲學對於納粹主義、法西斯主義、極權主義、共產主義、帝國主義或極端主義……的批評，都展現出我們稱之為自我反省者的角色。作為一種無盡地追尋政治新模式以有效處理所發生的新問題，政治哲學則和科學一樣都是在努力建設更新的、更美好的世界。

結　論

　　在批評費爾巴哈（Ludwig Feuerbach, 1804-1872）的第十一個論題中，馬克思指責哲學家們都只滿足於詮釋世界。❸對於馬克思而言，哲學家的義務必須是改變這個世界。然而，馬克思也沒有比費爾巴哈好多少，因為他做的也只是純粹的批評。要等到馬克思提出「社會主義的新社會模式」之後（即 1848 年他跟恩格斯（Friedrich Engels, 1820-1895）共筆的《宣言》，❸和一八六一年的《資本論》（Capital）），才真正的改變了世界。馬克思的結論是，唯有社會主義的模式才能完全根絕異化、不平等與非人性的禍害，並且在無產階級的領導下建立出一個完美的社會。無疑地，馬克思是一位出類拔萃的政治哲學家。但是就如同我們所看到的，他並未貫徹他的邏輯，完成他的計畫。因此他也掉入到他所強烈批評的意識形態之圈套中。第一，當他試圖把權

---

❸馬克思（Karl Marx），《費爾巴哈論》（*Theses on Feuerbach*, 1845），首次出版是在其被恩格斯（Engels）當作他的《費爾巴哈與古典德國哲學之終結》（*Ludwig Feuerbach and the End of Classical German Philosophy*, 1888）一書的附錄之時。

❸馬克思與恩格斯，《共產黨宣言》（*Manifesto of the Communist Party*, 1848）。

力交予無產階級時，仍然認為政治是一種權力遊戲。第二，他輕易地就相信了某種完美的政治形態，因而必須放棄批判者的角色。第三，他無法忘懷那種將政治視為創造完美社會與地上天堂的工作的幻想。

　　跟馬克思不同的是，我們主張政治史是一條尋找最佳解決人類社會問題方式的漫長之路。我們能夠使用各種的手段（譬如力量、權力、智慧、共識、知識……）來解決這些問題；這種觀念在歷史的不同階段中一再出現。其次，自柏拉圖與孔子以來，政治哲學家們都苦惱於去找尋某種固定、永恆且完美的政治模式。然而，這樣的想法從未能如實實現，因為我們從未完全掌握住人類的本性，因而也無法掌握住人類的問題。那麼，我們又如何能解決它呢？

　　意識到所有的這些問題，政治哲學必須反省、批判這些政治原則。更重要的是，我們必須要尋求新的原理來幫助我們解決新發生的問題。一個好的社會不必然是一個完美的社會，因為根本就不存在這種完美、絕對的社會。這樣的烏托邦和人類社會的本質──一種不斷發展和進步中的人類組織──乃是相衝突。因此，只有在不斷地發現其問題以及追求更好解決方案的無盡過程，我們才看得到一個好的社會。同樣地，理想的政治並不是由上帝所預先決定好的，而是存在於為了要建設最好的可能生活狀態，不斷地追尋更好方法的永恆過程中。

參考文獻

Aristoile, Politics, in Barker E., ed. *The Political Thought of Plato and Aristotle*, Methuen, 1906.

Thomas Aquinas, *On Govemment, in Summa Theologica*, Vol. 1 and Vol. 2, Trans, by Fathers of the English Dominican Province, Benzinger Bros, 1981.

Niccolo Machiavelli, *The Prince*, Trans, George Bull, Penguin Classics, Revised edition, 1975.

Jean-Jacques Rousseau, *The Social Contract*, Trans, Maurice Cranston, Penguin, 1968.

Thomas Hobbes, *Leviathan, or The Matter, Forme and Power of a Commonwealth Ecclesiastical and Civil*. Fontana, 1962.

Karl Marx and Friedrich Engels, *The Communist Manifesto*, In *Selected Works in Two Volumes*. Lawrence and Wishart, 1958.

Friedrich Hayek, *The Constitution of Liberty*, Routledge & Kegan Paul, 1960.

John Rawls, *A Theroy of Justice*, Harvard University Press, 1973.

第九章

美學與藝術哲學

劉千美

第一節

美學的名稱

　　美學作為一門學問，其西文 aes-
thetics 源自希臘文 aisthesis。在希臘
文中 aisthesis 原指經由感官所獲得的
感覺的印象、或感受，而與 noesis 有
所不同，noesis 是指經由理智所掌握
的思想。aisthesis 與 noesis 均為名
詞，其形容詞分別為 aistheticus 與
noeticus 其意分別為「感覺的」與
「思想的」。基本上，在希臘文中
aisthesis 和 noesis 分指兩種不同的認
識方式。中世紀沿用此一區分，以拉
丁文 sensatio 與 intellectus，sensitivus
與 intellectivus 分別表述感覺的與理
性的認知，其中並未涉及美感的問
題。

　　無論在希臘時代或中世紀，有關
美或美感問題的討論，並未成為一門

正式的學問，而隸屬於存有學、倫理學、詩學或神學的範圍之下，當然也就沒有正式的名稱。直到十八世紀，德國哲學家鮑姆嘉頓（Alexander Gottlieb Baumgarten）致力於將討論美與美感的問題建立為一門獨立的科學，並將之命名為感性之學（aesthetics）（今通譯為「美學」），用以區別於邏輯學（logic）。鮑姆嘉頓主張邏輯學探討思想的法則、分析認識的能力，美學探討感知的完美，層次雖較知識為低，但卻獨立自主，且擁有本身獨特的法則。西元一七五〇年鮑姆嘉頓出版《Aesthetica》一書，書中將「美學」定義為感覺認知的科學（Aesthetics is "the science of sensory cognition"）。之後，康德在其《判斷力批判》一書中，接受以 aesthetics 稱呼討論美感判斷的學問。黑格爾雖曾考慮以 Kallistik 作為探討美之理念的學問的名稱，後因 aesthetics 在當時已經約定成俗、流行成風，便放棄而選用 Aesthetik 作為其「柏林授課錄」中有關美與藝術之授課內容的名稱。aesthetics 一詞沿用至今，成為哲學之中的一門學問，而與形上學、知識論、倫理學等並列，成為一門獨立的科學。

中文以「美學」一詞，作為 aesthetics 的譯名。「美學」一詞中的「美」字，雖然在中國藝術與中國語言中一向使用廣泛，但對於「美」字的起源與字義則無確切說法。一般是按照後漢許慎在 《說文解字》中的解法，來說明「美」字的含義，「羊大為美」，「美，甘也，從羊從大。羊在六畜主給膳也。」另外《說文解字》對「甘」字的解說則是：「甘，美也，從口含一。」按此解釋，許慎是從主觀的感受，尤其是口味的感覺來說明什麼是美。基本上，在先秦時代以感覺之愉悅與否來辨別美與不美，也是常見之事，如「口好味而臭味莫美焉」（《荀子‧王霸篇》）。《國語周語下》記載單穆公的話：「樂不過以聽耳，美不過以觀目」。《楚語上》伍舉亦有「以土木之崇高，彤鏤為

美」之語。不過，許慎在《說文解字》中解說「美，甘也，從羊
從大」後，接著又指出「美與善同義」。換言之，美雖起於感覺
但並不止於感覺層次，引申至舉凡一切美好之存在皆可謂之美。

美學研究的對象與範圍

　　美學以「美」為研究的對象，美字的英文為beautiful，法文beau，西班牙文 bello，德文 schon，希臘文 kalon，而拉丁文則為pulchrum。一般而言，美字的使用涉及抽象與具體兩個層面，一方面指美的觀念所隱含之抽象而普遍的特質，如和諧、光輝……等；另一方面則指具有美之特質的具體個別的事物，包括美的自然物與美的藝術作品。美學雖以 aesthetics 為名，但是 aesthetics的原意並不是美，而是感知，引申為對美感經驗的研究。經驗的形成不僅涉及主體，亦涉及客體，也就是說，具體的經驗除了主觀的感受，還牽涉所被感知之事物的存在方式。美學除了以美感經驗中之主體感受為研究對象外，也探討引起美感經驗之事物的存在方式，尤其是美的藝術作品的存在與本質。

　　法國哲學家祈爾松認為美學研究，或廣義的美學，按其研究對象的不同，可包括三大部分。第一，美的本體論calology，或ontology of beauty，以美的觀念（idea of beauty）作為研究對象，又可稱為哲學美學。第二，西方自十八世紀以來所謂的美學，以美感經驗（aesthetic experience）作為研究對象，也是狹義的美學。第三，藝術哲學，西方美學自黑格爾在柏林授課錄

中，把美學研究的範圍限定於藝術之美（the beauty of art）的研究，在其所講授之美學課程中，除了對美的理念加以探討外，主要從建築美的理念在建築、雕塑、繪畫、音樂、詩歌……等不同藝術領域的歷史發展。在此影響下，「美學」與「藝術哲學」有時成為可以互換的名稱。

第三節

美學的研究方法

一般來說，研究學問必有方法，我們甚至可以說一種學問就是一種方法，而且，沒有方法就沒有學問的探討，就像柯列士（Emerich Coreth）所說：「一種學問除非擁有自己的方法，而且覺察其方法的本質與特性、並能為其辯護，才能成為真正的學問。」❶美學作為一種學問，探尋有關美與藝術的知識，像所有的學問一樣，也有其獨特的方法。而尋求恰當的美學方法，以解析環繞於美與藝術的各種相關難題，正是當代美學得以蓬勃發展的動力之一。

關於美學研究的方法學問題，首先應該注意美學作為知識形式，其與自然科學知識之間的差異，及其相互之間的關係。消極而言，是為了了解近代美學何以陷入知識論的困境，何以美學研究與美感經驗之間呈現出異化的關係；積極而言，則是為了指出美學研究對整體學術發展的重要性，並為各種學科對美學問題的研究作恰當意義的定位。事實上，當代美學的蓬勃，除了前衛藝

---

❶ Emerich Coreth, *Metaphysics*,（New York: Herder and Herder, 1968）, p. 31.

術工作者戮力於走出傳統美學視藝術為科學知識的影像的陰影
外，有一部分的原因是來自社會科學理論、自然科學理論、文學
理論……等非美學理論的催迫與探問，詢問美學提供了什麼樣的
觀點、什麼樣的研究方法，可以供人類在自我理解時作為認知的
依據，亦即，詢問美學用什麼方法來回答美與藝術對人存在的意
義與價值。

　　因此，有關美學的方法論問題，除了追問應該使用什麼方法
研究美學問題之外，更應思考美學本身就其作為一種方法的意義
問題。換言之，美學的方法論包含兩個不同層次的問題，一是有
關美學研究所運用之恰當方法問題，一是有關美學本身作為一種
方法的問題。前者視美學為一門科學，針對美學理論所處理的各
種問題，如美的觀念、美感經驗、藝術的觀念、藝術創作、天
才、藝術作品的結構、藝術作品的存在……等問題，尋找恰當的
研究方法；後者則視美學為一種解析問題的方法，與其他研究方
法並列，成為一種揭露研究對象之真理的方法之一。兩種問題的
層次不同，所牽涉到的難題也各自有異，但兩者之間不但關係密
切，而且所面對的基本且關鍵性的方法問題都是共同一致的，例
如，為了解美學方法學的兩層意義的相關性，皆應先闡明何謂方
法，美學研究與其他學問的研究在方法學上有何相關之處，使得
美學研究可以借用其他學問的研究方法，而不喪失美學的基本特
質。

　　以下首先反省傳統美學的方法學進路及問題，其次介紹當代
不同美學理論的研究方法，再次討論美學本身作為一種方法的問
題。

一、古典美學的研究方法與困境

美學研究的對象是美與藝術,然而,關於什麼是美、什麼是藝術的問題,卻難以明言。早在古希臘時期,蘇格拉底與希比亞斯長篇大論地討論關於美是什麼的問題之後,蘇格拉底的結論是:「美是困難的」❷。在此蘇格拉底所追問的乃是美的本質與存在的問題,當然難以回答。簡言之,十八世紀之前的傳統美學,受傳統形上學之方法學進入的影響,以美的觀念、藝術的本質與存在的問題,作為哲學美學的重要問題。從古希臘文化開始,大部分的哲學家便都曾根據各自的哲學思想體系,對美與藝術的問題,提出不同的見解。例如,畢達哥拉斯學派視美為數字與形式的關係;柏拉圖認為美是永恆的理型,真正的藝術是觀念的模仿;亞里斯多德雖視藝術為模仿,卻認為悲劇作為一種藝術,是以人的行動作為模仿對象;中世紀的聖多瑪斯則從人與存有的關係討論美的存有特質,並認為美即是充實、和諧與光輝。

從文藝復興時期以後,科學精神興起,西方文化逐漸重視科學知識的研究與發展,而且成就斐然。加上哲學思想本身的發展,在笛卡爾之後,從傳統形上問題的優位,轉換為知識論問題的優位,也就是一般哲學史所謂之知識論轉向(epistemological turn)的思路。這種以知識考量為優先的情形,使得十八世紀以來所發展的美學,轉向從知識論的觀點來定位人的美感問題,例如從知識的真假,來論斷美感想像的真假;從科學知識的認知價值,來論述美感經驗的創作價值;從語言符號的指涉功能,來檢

---

❷ Platon, *Le Grand Hippias*, in Oeuvres Complètes, traduction nouvelle et notes par L. Robin, (Paris: NRF, Biblothèque de la Pleiade, 1950), p.56.

討藝術作品的傳達與溝通作用……等等。

　　鮑姆嘉頓之後，美被視為感性的特質，美學成為感性之學，並從知識論的方法討論美感的意義與價值；而康德則從認知主體的悟性四大範疇，論述美感判斷的認知特質。康德在其著名的美學經典《判斷力批判》一書中，雖然強調美感經驗對人的重要性，但也明白指出「美感判斷」不具有科學知識的價值，僅具有主觀的普遍性與必然性。而美感經驗的愉悅，也是主觀上擺脫私欲之後的滿足感。此外，康德解釋美感判斷的的普遍性與必然性之所以是主觀的，乃是因為建立於人性所具有之普遍共感上，而不是建立在先天的概念基礎上，因此不具有科學性的客觀的價值。弗洛依德從心理分析的觀點，把經由美感經驗轉化而成的藝術當作夢境一般地不真實。馬克斯主義的美學思潮，也一樣把美感與藝術視作幻想的產品，用以哄騙心靈。當代語言分析哲學家，更把詩人所創作的詩句視為情緒語言，詩因此不具有認知的意義與價值，也不值得作為研究對象。

　　無可否認，近代美學從知識論的進路來研究人的美感經驗，的確有助於人們對美感經驗之特質的認知、反省與了解。然而，儘管從十七世紀以來，歐陸學術界對美學的研究日益蓬勃，有關美學的著作日益增多，但是在知識論思維方式的影響下，自然會從主觀與客觀、真實與虛幻、確定與不確定……等，這些用以評價科學知識的觀點來處理美學的問題。

　　相對於科學知識的客觀、真實與確定等性質，美感經驗尤其顯得主觀、不真實、不確定……等等。而美感經驗的主觀與客觀、美感對象的真實與虛幻……等問題，也就成為美學爭論的主要焦點。而當代哲學充斥著各種針對美感經驗提出質疑與批判的理論與學說，也就不足為奇了。

　　就其而言，不管美感經驗能夠帶給人類多大的安慰、多大的

幸福感，最後仍然封閉於個人的個別的心靈之內，彷彿作夢一般。夢境雖美，終究還是會有清醒的時候。因此，美感愉悅也只能暫時擺脫生活中的痛苦與缺乏。

西方古典美學對美與藝術之問題的探討，基本上建立於傳統形上學與知識論的基礎上。在實體存有學以及主客對立的知識論觀點的影響下，藝術的世界通常被看作是與真實實在界（true reality）有所不同的世界，藝術或者被視為是對外在真實世界的模仿（模仿理論）、或者被視為是藝術家內在心靈的想像與表現（情緒理論、表現主義）。因此，從存在的真實性來說，相對於實在界的真實，藝術所揭示的只不過是一個逼真的（trompe-l'oeil）、或想像的、宛如夢境的虛構世界。只可暫時玩賞，切不可當真。就此而言，美與藝術不具有認知價值，也沒有真理可言。

此外，受知識論方法的影響，從柏拉圖、亞里斯多德以降，到康德、黑格爾、甚至當代的克羅齊（Benedetto Croce, 1866-1952）、柯靈烏（R. G. Collingwood, 1889-1943）、蘇珊朗格（Susanne K. Langer, 1895-1982）……等，哲學家一直把美與藝術當作抽象的觀念來思考問題，並如英嘉頓（Roman Ingarden, 1893-1970）所指出，始終搖擺於主觀與客觀的爭議之中。或是從認知主體的主觀感受，來討論美感經驗的價值；或是從藝術作品的客觀存在，來討論論述美與藝術的定義，並據以解釋什麼是美的藝術作品，什麼是美的創作，什麼叫偉大的藝術家……等問題。通常在一部美學著作中，都充滿了嚴謹的推論過程，閱讀起來有著極大的思辨趣味。美學研究成為合乎思想法則的推論過程與結果，然其最大的代價，就是失去美感。如何從枯燥且乾澀的抽象觀念返回活生生的經驗之中，便成為西方古典美學最大的困難之處了。

　　到底「什麼是美」、「什麼是藝術」的問題，歷經兩千多年的探索，西方文化面臨的卻是更多的質疑與不確定。前衛藝術創作者不僅不再遵從古典美學所提供的創作原則，連對傳統文化所認定的美與藝術的價值也提出了質疑。而許多當代美學家受分析語言哲學思維方式的影響，也都注意到美與藝術之本質的不可定義性，並指出對美與藝術作知識論之分析與闡述的枉然後果。例如肯尼克（William E. Kennick）在其《傳統美學是否建基於誤解》一文中，便認為傳統美學以下定義的方法探討美與藝術的本質，是不恰當的，因為美與藝術的語意與用語廣泛且複雜，簡單定義皆不足以表達其複雜的邏輯內容❸。在維根斯坦（Wittgenstein）之家族相似性（family resemblance）概念❹的影響下、懷茲（Morris Weitz）提出藝術屬於開放之概念（open concept）❺的想法，此外，西伯里（Frank Sibley）❻、迪基（George Dickie）❼……等人，皆有類似的看法。

---

❸ Cf. William E. Kennick, "*Does Traditional Aesthetics Rest Upon a Mistake*" in Contemporary Aesthetics , ed. by Matthew Lipman, (Boston: Allyn and Bacon, 1973), pp.219-234.

❹有關維根斯坦之家族相似性（family resemblance）概念，參閱： Wittgenstein, "*Lectures on Aesthetics*", in Lectures & Conversations on Aesthetics, Philosophy and Religious Belief, ed. by Cyril Barrett, (Los Angeles: University of California Press), pp.1-36.

❺懷茲所提出之開放之概念（open concept）參見：Morris Weitz, *The Role of Theory in Aesthetics*, in Problems in Aesthetics, ed. by M. Weitz, (New York: The Mcmillam Company, 1964), pp.144-145.

❻ Cf. Frank Sibley, "*Is Art an open concept？ Un Unsettled Question*" in Contemporary Aesthetics , pp.114-117.

❼ George Dickie 雖然批評把美與藝術視之為「開放觀念」的看法，並提出習俗說（art as institution）的解釋，認為藝術是隨著人類習俗規定而變化，基本上，人類習俗是隨著歷史環境變遷而改變，因此藝術的本質

不過，就像海德格所指出的，難以定義並不表示不可言說、不可討論、或不可知，相反的是，美與藝術雖因難以定義，而失去特殊可辨認的標記，但也因此得以恢復其存在的自主性，得以顯示其存在的豐富的可能性。這正是當代美學得以拓展研究空間、蓬勃發展的原因之一。

二、當代美學研究的理論與方法

當代各種美學理論不僅運用其他學科的研究方法，例如語言學、符號學、結構主義、心理學、現象學、心理分析、批判理論、社會學、甚至統計分析、實驗科學……等，形成各種美學理論爭奇鬥豔的局面，如符號學美學、分析美學、現象學美學、結構主義美學、藝術社會學、藝術心理學……等等，蔚為風潮，各種美學著作、書籍、期刊紛紛出版，美學相關議題不斷被提出討論。不過值得注意的是，即使美學研究借重其他學科之研究方法的結果，但不代表美學所關切的許多問題可以經由其他學科的研究途徑獲得解決；也不意味可以用其他學科的發展來替代美學的發展。相反地，有關美學所探尋的主題：如美是什麼、藝術是什麼……等問題，由於從符號、結構、形式、認知、社會、數字統計……等方面的探究，使得美學成為一門獨立的學科，甚至成為一門跨學科的研究領域。

美與藝術的概念雖然難以定義，然而鮮活的美感經驗依舊不容忽視，各型各類的藝術創作活動依然活躍於現代人的生活與文化之中。美感經驗與藝術實踐已然成為當代人文科學各學術領

也一樣隨之變動不已。Cf. George Dickie, *Aesthetic*, （New York: The Bobbs-Merrill Company, 1971）。

域，如歷史學、社會學、心理學、語言學、傳播學、人類學……
等，所關注的主要問題之一。

　　為此，當代美學家雖然不再執著於只從科學真理的角度研究
美與藝術的認知價值，但是有關藝術家的天才、創作、想像、表
現，藝術欣賞者的感知、體驗、批評、解釋，具體存在之藝術作
品如文學、音樂、電影、建築、城市……等之藝術形式、藝術風
格，以及活生生的美感經驗、美感品味、美感想像……等問題，
依然是當代美學研究的重要主題。此外，當代美學所研究的問題
顯然涉及各種不同的學術領域，如歷史學、社會學、心理學、符
號學、人類學、宗教學……等。為此，當代美學家從各種不同的
研究觀點，運用各種理論的思維方法，如現象學、詮釋學、結構
主義、解構主義、批判理論、心理分析、語言分析、閱讀理論、
比較研究……等方法，把美與藝術的問題放到歷史、社會、心
理、語言、符號……等脈絡之中，重構其存在的意義與價值，試
圖重新了解諸如美感經驗、藝術作品這些看來沒有什麼實際用途
的東西，究竟有何魅力，何以始終如影隨形糾纏於人類文化之
中、甚至被許多人視為是人類生命之中重要且不可或缺的部分。

　　基本上，當代美學所涉及之各種研究領域的問題與方法，並
不是各自獨立、毫不相關的封閉系統。相反的，各種研究方法其
實是彼此相互穿透、相互影響。以下分別從歷史、社會、心理、
語言與符號等方面介紹當代美學研究的理論與方法。

(一)歷史的研究方法

　　以歷史的研究方法為例，研究者可以從藝術史的觀點，把藝
術作品看作歷史文獻，從傳記、編年、或思想史的方法研究藝術
作品在歷史中的發展與變遷；也可以用巴諾夫斯基（Panofsky,
1892-1968）所創立之圖像學（iconology）、或運用結構分析方

法研究藝術風格的演變規律；或者像狄爾泰（W. Dilthey）般，試圖從藝術家生命力之創作與表現的活動中，為藝術的發展與變遷尋找理解與解釋意義的依據。

另外，社會學的方法也被運用在藝術史的研究中。例如，匈牙利學者安達爾（F. Antal, 1887-1954）在其著名之《翡冷翠的繪畫及其社會背景》（*Florentine Painting and its Social Background*）一書，從藝術創作與社會需求的關係來解釋繪畫藝術的存在與風格。安達爾認為在翡冷翠地區，同一時期（1425）之所以有兩種聖母像的畫風同時並存，一種是縟麗的西安納風格，一種則是古典主義的風格，主要就是因為訂購者不同社會背景的需求所致，針對貴族階級或新興資產階級的需要，畫家因創作出不同的風格❽。德國學者豪澤（A. Hausser）主張由社會演變解釋藝術風格的變化，在其著名的《藝術社會史》（*The Social History of Art*）一書中，豪澤認為，藝術形式不只是已被界定的觀念形式，且是受社會、政治因素影響的表現形式。

(二)社會學的研究方法

社會學的研究方法也運用歷史的方法，研究藝術作品的社會歷史意義，以了解藝術品作為溝通過去與現在之間不可避免的關聯結構，所具有之社會學的意含，例如藝術創作的社會背景、社會規範。就社會學方法而言，歷史上出現種種表現現實的新風格與新方式，不僅只是出自藝術形式的辯證，而更是出自社會歷史的必然性。例如被稱為是法國新藝術社會學之父的弗朗卡斯特（Pierre Francastel），便以社會學的方法建立起繪畫與社會之間

---

❽ Jean-Luc Chalumeau, *Lectures de l'art, Réflexion esthétique et création plastique en France aujourd'hui*, （Paris: Chêne/Hachette, 1981）. p.47.

的密切關係，他認為藝術作品並不是純粹的象徵符號，而是與社會群體生活密切相關的真實事物。而每一件藝術作品的製作，都是出於當時場所的需要而發明之符號所組成的整體❾。

不過，由於大部分的藝術作品在完成以後，便會進入市場成為具有經濟價值的標售物，運用社會經濟學的研究方法，作為評估藝術作品美感價值的方法，或建立藝術市場的社會學，研究藝術作品的經濟效益，儼然也成為美學研究的一種方法。例如，法國實證主義美學家蘇里奧（E. Souriau）便認為，從經濟學觀點評估某一特定社會的美感需求有其重要性。從經濟學觀點，可以把藝術界定為，在某一特定社會中，用以滿足此一社會各種美感需求的努力的總和。而一個社會美感教育的主要目的不應只在於培養有創造性的藝術家，而應該在於教導人們如何滿足各種美感需求。蘇里奧並且認為，可以藉由資金周轉估計藝術所創造之經濟資產年總值，和估計以藝術謀生的人口的方法，來評估藝術的社會地位及其經濟價值。

以社會經濟學的方法研究藝術，將建立起貨幣市場、甚至證券市場與藝術作品之間的價值關係，藝術活動因此也成為一種投資行為。此種研究與分析藝術的方式，雖然聽起來令人震驚，但也顯示眾人的藝術品味如何受到社會、經濟因素的影響。法國社會學家布迪厄（Pierre Bourdieu）在其《藝術之愛》（L'amour de l'art）一書中，便指出人們對藝術的愛好，其實並不是天生、自由而獨立的，而是在社會階層、制度影響下被教化而成的。布迪厄甚至認為：「藝術的主要功能在於建立社會秩序……。而文化實踐的用途則在於區辨階級與階層，並用以確認某一階級對其他

---

❾ Cf. Jean-Luc Chalumeau, *Lectures de l'art, Réflexion esthétique et création plastique en France aujourd'hui*, pp.49-60.

階層的宰制領導權。」❿

　　這種強調藝術與社會階級之間互動關係的研究方法，主要來自馬克斯主義的美學研究方法。就像馬庫色（H. Marcuse）所指出，官方馬克斯主義是以流通之生產關係整體來解釋藝術作品的性質與真理，並認為藝術作品社會階級的利益與世界觀的呈現。⓫影響所及，不必贅言。即使後來之批判理論美學家如盧卡其、阿多諾、馬庫色、本雅明、布洛赫⋯⋯，雖各有批判與修正，基本上，所運用的研究方法仍是屬於社會學的研究方法。

(三)心理學的方法

　　如果說當代美學運用歷史、社會、經濟、實證分析的方法研究藝術作品的存在價值。那麼心理學、心理分析的方法，便是當代美學研究術創作與藝術欣賞之美感經驗的重要途徑。除了傳統美學以心理學說解釋美感經驗，如李普斯（Lipps）的移情說、布洛（E. Bullough）的心理距離說之外，當代心理學的研究方法依舊是當代美學家研究藝術經驗的重要方法。例如著名的藝術史家貢布里奇（E. Gombrich）便認為：「由於藝術具有精神特質，因此一切有關藝術的科學研究都應建基於心理學。」⓬

　　當代法國藝術史家于格（René Huyghe），認為藝術心理學的方法之所以重要，是因為藝術心理學掌握住大多數人的行為的共同特質，揭露出外在因素、日常生活、其他團體對行為的影響力。于格不僅以心理學的方法研究藝術家的心理，同時探討欣賞

---

❿ Pierre Bourdieu & Alain Darbel, *L'amour de l'art: les musées d'art européens et leur public*, (Paris: Les Editions de Minuit, 1969).

⓫ Herbert Marcuse, *The Aesthetic Dimension, Toward a Critique of Marxist Aesthetics*, (Boston: Beacon Press,1977) p.ix.

⓬ Jean-Luc Chalumeau, *Lectures de l'art*, p.31.

者觀看與感受的心理。此外，于格並運用圖像學（iconogra-phie）的研究方法，探討藝術家如何藉由圖像（image）⓭來表達自我，觀賞者如何經由作品的圖像認識他人、認識世界，並在對他人的認識中，認出自我。

馬侯（André Malraux）與于格的看法類似，在其名著《沉默之聲》（Les voix du silence）中，馬侯把造形藝術世界比喻為想像的博物館（Le musée imaginaire）⓮，收藏著人類所創發之林林總總的想像形式。在想像的博物館中我們看到藝術家如何藉由藝術作品的想像形式，轉化對世界的感知、體驗生命的意義。同時藉由想像形式的創發，藝術家得以不斷重返變動不息的生活。而藝術創作必須不斷從想像的博物館中吸取靈感、體驗偉大的藝術家如何將人間事物轉化為作品的形式。馬侯認為藝術創作的動力不是來自童年的夢想，而是來自其他偉大的藝術家所創發之想像形式的衝擊與呼喚。博物館代表著傳統的延續，而遺棄傳統的代價將是藝術靈魂與生命的失落。而不斷從消逝的過往重生，正是藝術形式的存在意義。

此外，德裔美籍心理學家安海姆（Rudolf Arnheim）在所撰寫之《藝術與視覺感知》、《走向藝術心理學》等書中，提及「視覺心理學」的理論與方法，認為視覺經驗並不是機械式地被動接受外在世界的刺激，而是主動創造性地組構感覺材料。安海

⓭對于格來說，藝術家經由作品的圖像（image）呈現雙重存在特質，作品的圖像一方面代表客觀存在事物的形貌，另方面則顯露出隱藏於作者內心深處的欲望。

⓮《沉默之聲》（Les voix du silence）一書最早出版時即是以藝術心理學（Psychologie de l'art）為名，本書共分四個部分，第一部分即是以想像的博物館（Le musée imaginaire）為標題寫成。André Malraux, Les voix du silence,（Paris: La Galerie de la Pléiade. 1951）。

姆認為，感覺知覺的組構力量正是藝術創作與欣賞的主要因素。心理學方法在當代美學研究中，其應用的範圍十分廣泛，各種不同的心理學派所提出的方法，如完型（Gestalt）心理學、實驗心理學、結構心理學、心理分析……等方法，均成為當代美學研究家在研究藝術各種問題時參考的方法典範。

㈣語言學與符號學的研究方法

此外，受到二十世紀以來語言學蓬勃發展的影響，語言學思考與研究問題的方法，也就成為美學研究與思考的典範模式。在此影響下，當代美學傾向於把藝術視為語言、符號，並用語言學與符號學的研究方法，探討藝術語言的符號特質，藝術符徵與符旨之間的意義關係，比較藝術語言與一般日常語言、或科學語言有何異同之處，甚至詢問詩的語言功能有何特殊之處，藝術語言如何傳達信息……等等各種問題

有關語言符號的問題，可以上溯至希臘時期，早在柏拉圖《克拉提里斯》（Cratylus）篇，便已出現有關語言之文字與字義關係的爭辯。穿越時空兩千多年，語言符號的意義問題依舊複雜，二十世紀由於現象學、分析哲學、結構主義符號學、詮釋學、解構主義……等學說，對語言符號的多樣研究，而有豐富的研究成果，因此也就有著不同而多樣的語言學研究方法，影響著美學研究的導向。

以結構主義的研究方法來說，在索緒爾（F. de Saussure）的影響下，發展出藝術語言的符號學（semiology of art），例如法國學者羅蘭‧巴特（R. Barthes, 1915-1980），便把作為文本的藝術作品，視為獨立自主的符號系統，其符號旨意決定於傳統、習俗，文本是作者思維世界的方式，亦是承載意義的密碼，藝術批評就在於解讀文本密碼，以獲取意義。雅克慎（R. Jakobson）

則從語言傳播信息的結構論述詩的作用。雅克慎認為，語言傳播信息的結構有六項因素：發信者、收信者、信息、符碼、語境與管道，各項因素影響語言傳播信息之功能。語言行為即在於因素之選擇與結合關係的排列，而詩即是選擇與結合均衡，「詩的功能在於把均衡原則從選擇中線投射於結合中線。」雅克慎指出，詩學研究語言結構問題，就像圖畫分析圖像結構，而且詩學不僅涉及語言學，也涉及一般符號學

結構主義從符號與結構的層次來思考語言的問題，現象學與哲學詮釋學則從存有學的層次來思考語言的問題。例如海德格（M. Heidegger）早年在其《存有與時間》中，視語言為人存有的基礎存有的構成之一；晚期《通往語言之途》則視語言為存有的居所，而在其《論藝術作品的根源》中更把「詩」看作藝術的本質。詮釋學家高達美（H.-G. Gadamer）受海德格的影響，在其《真理與方法》一書中，則認為「藝術」與「語言」才是通往真理的方法。

總之，隨著人文科學各領域的多樣發展，當代美學的研究方法亦有著多元的變化途徑。無論如何，當代美學的研究與發展，顯出示美與藝術的問題，的確錯綜複雜，它同時涉及科技、心理、社會、政治、經濟、語言、宗教、道德、價值……等不同層面的問題。為此當代美學經由各種方法，除了本文涉及者，還包括語言分析、形式與結構的分析、心理分析、現象描述、文本詮釋與解讀……等方法，以便了解創作、想像、風格、結構、語言、欣賞、批評……等等諸多問題，當代美學的蓬勃發展與豐碩成就有目共睹。

但是，無論用何種方法研究美與藝術的問題，美學研究者最後同樣都必須面對一個問題，即研究美與藝術的方法，與美與藝術作為方法，二者之間的關係。也就是說，美學研究除了要問運

用何種研究方法才能明白地了解有關美與藝術的各種問題之外，還應該反過來問，如何從美與藝術的觀點來詢問作為歷史、作為語言符號、作為科學技術產品、作為商品或財產、作為心理事實……等等諸多事物，其美與藝術的價值問題？換言之，美學研究本身究竟能提供何種方法與途徑作為研究歷史、科學、語言、行為的方法呢？而這正是當代哲學美學必須面對的根本且基礎性的問題。美與藝術雖難以言明，美學家研究者依然不得不去思考有關美與藝術之存在與價值的問題，而這正是美學作為方法的根本意義之所在。

三、美學本身作為看待事物的方法

所謂方法，從字源學上來說，「方法」一辭，英文為「method」，法文為「méthode」，德文為「Methode」，拉丁文為「Methodus」，均源自希臘文 methodos，由 meta 與 odos 二字組合而成，按其原始的字義來說，meta 有「朝向」，odos 有「道路、途徑」之意，合而為言，則有依循道路來追尋與探索的意思❶。在中文對「方法」一辭中的使用中，「方」也含有道途之意，如〈論語・雍也〉：「可謂仁之方也矣。」「法」字則有典範、法則、規矩的意義，「方法」則有運用法則、規矩，以符合典範之意，如〈墨子・天志中〉有言「中吾矩者，謂之方；不中吾矩者，謂之不方。是以方與不方，皆可得而知之。此其故何？則方法明矣。」因此，從字源學上引申來看，方法意指達至理想所應遵循的「途徑」、「法則」，包括行為的法則、思維的

---

❶ Paul Foulquie, *Dictionnaire de la langue philosophique*，（Paris: Presses Universitaires de France, 1982）, p. 441.

邏輯法則、以及創作的法則。其中行為所應遵行的法則包含有倫理法則、法律規範……等。思維的邏輯法則，則是研究學問所使用的方法，亦是各種科學體系，因此科學的方法便是指以建立和論證真理為目標的合理程序與步驟，以科技與邏輯的程序與技術作為研究的途徑。至於創作的法則，則指各種藝術作品之創作所遵循的法則，一般指的是創作的技法、技術或技巧，亦是美學與藝術哲學的範圍。

　　簡言之，方法首先是指按照事先擬定之計畫而採取之行動步驟，或是指為確實達到某些目標或結果所使用的手段與辦法方法，例如，彈奏鋼琴的方法、學習語文的方法、實驗的方法、計算的方法……等。就此而言，方法與實際之操作的步驟和操作的技術有關。尋找方法就是尋找實際的操作系統，缺少方法就無法實際運作，例如，不懂得彈奏鋼琴的方法，就不可能真正的彈出一首鋼琴的曲子；缺乏運用毛筆、水墨、紙張的方法，就無法好好畫出一幅山水畫、寫出一筆好的書法。康德認為天才的意義與價值就在於新的方法、新的創作手法的提出。而在西方中世紀文化裡，藝術家其實只是一群工匠，要成為一名畫工、雕刻師、或玻璃匠，必須像所有的行業一樣，先從學徒作起，學習技術。有許多特殊美學，如繪畫美學、鋼琴音樂的美學、書法美學……等，便以技術操作為研究對象，探討各種藝術作品的創作技巧。

　　其次，一種方法即是一種觀點。知識必須建基於方法，並經由方法來獲得。但是方法並不只是一種操作的技術，任何方法的運用均已假定某種觀點，觀點未經反省，便會成為一種框架。就此而言，各種美學理論，不僅是一種方法，亦是一種觀點。

　　再者，一種方法亦是一種存在的方式，除了西方當代哲學家如海德格、高達美均曾提及藝術的存在方式外，中國哲人亦有「藝近乎道」的看法，如石濤在其《畫論》開宗明義指出「太古

無法，太朴不散，太朴一散，而法自立矣。」❶。

　　簡而言之，任何方法均包含技術操作的步驟、思維的觀點、存在的方式三層面，而美學作為一種方法，當然也包含技術操作、理論思維、返回真實存有這三個層面。

❶石濤，《石濤畫譜》，朱季海注釋（香港：中華書局，1973），頁1。

第四節

藝術創作與技術

　　藝術與技術密切相關，要成為偉大的藝術家，創作出不朽的藝術作品，就必須具備精良的技術。擁有技術才能表演，也才能創作。在一般人的印象中，優秀的藝術家，通常都是指具有特殊技術的天才；像音樂家、畫家、詩人、舞蹈家……都是擁有特殊技術的人，因此與眾不同。而學習某種藝術，開始的時候，通常指的就是學習某種技術的操作，例如，學鋼琴就是學習彈奏鋼琴的技術，學繪畫就是學習運用筆墨的技術，學建築就是學蓋房子的技術，學舞蹈就是學習跳舞的技術，學寫作也是學習用字遣詞的技巧。擁有技術，才能把大自然中的事物轉變成藝術作品。藝術家最大的挑戰之一，就是如何運用物質材料創造出藝術作品來。大部分的藝術家在創作出偉大的藝術作品之前，都曾致力於技術的雕琢與鑽研。許多藝術家窮盡一生的精力，鑽研各種創作的技法，開創的技術，創作出美好的藝術作品。今天我們欣賞藝術作品的偉大時，有的時候所讚嘆的，的確是藝術家鬼斧神工般的卓越技術。

　　如果單從物質層面來說，藝術作品與自然物其實並沒有什麼不同，藝術作品是物，自然物也是物。例如，音樂家演奏的歌曲

是聲音,大自然中的鳥鳴、風聲也是聲音;潘特農神殿中巨大的石雕神像是石頭,高山峻嶺之上崢嶸巨巖也是石頭,一樣都是物。但是,仔細想想,藝術作品與自然物仍然是有差別的,舉例來說,悠揚的笛聲與潺潺流水聲,貝多芬田園交響曲中的風雨雷鳴,與颱風天怒吼的風聲雨聲,雖然都是聲音,但是已經有所差別。群山之中的石塊,和被雕成維納斯像的大理石,同樣都是石頭,就像大自然的聲音不會自動按音律排列,成為音樂,大理石也不會無端地自動變成人像,成為藝術作品。除非經由音樂家的譜寫與演奏,聲音才能成為音樂;經由雕刻家巧奪天工的雕刻技術,石頭才會變成人像。換言之,藝術作品與自然物不同之處就在於,藝術作品除了是物之外,更是人為的技術產品。大英百科全書對藝術品的定義便是廣泛地指一切人為的產品。如何把聲音變成音樂、把顏色線調變成圖畫、把石頭變成雕像,正是藝術家從事創作活動時,所遭遇的一個技術問題。

　　文藝復興時代米開朗基羅雕刻了一座「大衛像」,這座雕像高達四公尺,矗立於義大利翡冷翠城。年輕的大衛,英姿煥發,強敵當前,神閒氣定,無所畏懼。聖經中描述的英勇少年大衛,彷彿穿越時空,以血肉之軀,翩然臨現世人的眼前,讓人忘卻眼前的英雄,不過是座大理石雕像。就像藝術史家詹生(H. W. Janson)所說,「對米開朗基羅而言,雕像是從大理石中解放出來的身體。」其實,在米開朗基羅著手雕刻之前,這塊巨石已經數度易手,許多雕刻家都曾嘗試雕出作品,均告失敗,輾轉到米開朗基羅手中時,已是一塊殘破的巨石,棄置於市政府工務局。一五〇〇年米開朗基羅取得這塊鑿痕累累的石頭,仔細衡量後,決定按石頭損毀後的形狀,雕刻人像,並選擇大衛像作為雕像的主題人物,以象徵斐冷翠城的自由、正義與勇敢的精神。一五〇四年,雕像完成矗立於廣場之上,米開朗基羅揭開覆蓋的布幔,一

座無與倫比的大衛雕像，展現眼前。人們驚嘆的不只是大衛像的栩栩如生，更讚嘆米開朗基羅精湛的創作技術，將原本形同廢物的棄石，幻化成如此神奇的藝術作品。任何一件藝術作品的完成，除了藝術家的巧思之外，最重要的是具體的創作活動，而任何創作活動，都要面臨技術的考驗。雖然米開朗基羅本人謙遜地表示，他只不過去除了石頭多餘的部分，但是，如果沒有超越群倫的技術，米開朗基羅怎能化腐朽為神奇，成功地雕刻出「聖母慟子像」「大衛像」「摩西像」……這些偉大的藝術作品呢？

簡單地說，藝術作品雖然與自然物一樣都是物，但卻與自然物有所不同。石雕雖然是石頭，卻不同於作為自然物的石頭。石雕除了展現出石頭的物質特質，更呈現出藝術家的巧思與技術。換言之，經過藝術家的創作技術形塑的石雕，已經不只是石頭，更是藝術。

把藝術視為技術，自古而然。考察藝術一詞的原始含意，就會發現藝術的詞意本來就含有技術的意思在內。例如，在古希臘文中，藝術與技術用的是同一個字：techne，而拉丁文 ars，無論在羅馬時代、中世紀、甚至文藝復興初期，都含有技術的意義在內。專門研究中世紀哲學思想的法國哲學家祁爾松（E. Gilson）便指出，在中世紀時代，ars 指的是「按照理性的法則恰當地製作」的意思。這種把藝術看做技術的思考方式，一直延續到當代。例如法國哲學家拉朗德（André Lalande）在其《哲學辭書》中，針對藝術（art）一詞提出的解釋是：「用以產生某種效果的整體方法」。而大英百科全書中對「藝術品」的定義就是「按技術製作的人為產品」。

一、技術作為知識的形式

藝術和技術有著密切的關係，就像希臘文中的 techne，是技術、也是藝術。不過希臘文 techne，雖然是英文 technique 的字源，中文一般譯為技術，指的是一種操作的方式、步驟與技巧。但是，希臘文 techne，除了具有具體操作的意義外，更是指一種知識的形式。換言之，藝術作為技術，簡單來說是製作事物時一種操作的技巧，但任何技術的操作都必須建立在與規則有關的知識基礎上，所謂「無規矩不能成方圓」。當然，不同的技術有不同的法則，例如建築的法則與音樂創作的法則，當然不同，但遵循法則從事創作活動的意義卻是相同的。因此，如果要會操作某種技術，首先必須具備與此種技術有關的知識。

由於任何技術都必須按規則操作，因此技術不僅是指具體操作的步驟，更是指有關操作規則的知識。希臘文 techne 不但是指操作的步驟，更是指知識的形式，依據此種知識的形式，人類的精神得以進行創作的活動。亞里斯多德曾說：「……沒有那一種藝術（techne）不具有合乎理性之創造力的特質，也沒有那一種合乎理性的創造力不是屬於某一種藝術的。藝術應同樣具有根據真理推論而出之創造力的特質。一切藝術均與生產活動有關，制定一種藝術，便是以思辨的途徑尋找各種方法，以產生出一樣原先不存在的東西，而使之存在的原因在於創造者的行動，而不在於被創造之物的本身之內。」

希臘文 techne（藝術或技術）作為知識的形式來說，不是指一般經驗主義意義下的認知經驗，因為一般經驗主義意義下的認知經驗，只能導引我們認識個別的事物，卻無法從中導引出法理原則（laws），而所謂法理原則指的是與事實相關之原理（principle），應該具有普遍性與恆常性。藝術或技術作為有關創作法則的知識，當然也具有普遍性與恆常性。

　　不過，亞里斯多德也指出，techne（藝術或技術）作為知識的形式而言，乃是一種與創作行為有關的生產之知。此一與生產有關的藝術之知，雖與理論之知、實踐之知同為知識的形式，但是三種知識的認知對象、認知目的與認知方法，卻各有不同。亞里斯多德認為，理論之知是經由理性思維能力，按照邏輯的程序，藉由概念的分析與綜合、論證的演繹、與歸納的推演，以便把握到事物普遍必然之特質的知識，這樣的知識亦是科學的知識，是有關經常不變的事物的知識。實踐之知與藝術或技術之知，則是那些可變動之事物的知識。實踐之知是有關人的行動的知識，是人據以做出正確行為抉擇的智慧。生產之知雖與理論之知和實踐之知相類似，但仍然有所不同。

　　首先，從理論之知來說，由於藝術或技術之知含有思辯性、和無所待於利的性質，不但與自然相抗、且與自然合作、完成自然，因此類似於理論之知。不過，由於理論之知乃是純理之知，其認知對象是本質，認知方法是思想，認知目的則是知識本身；而藝術之知 techne 作為生產之知而言，其認知對象是形式，認知方法是技藝，認知的目的則是為了生產藝術作品，因此藝術（techne）一詞也常與人的秉性能力（faculty）一詞相連，被認為是一種創造的能力，或是一種藉由藝術方法以導引創造的能力。

　　其次，藝術或技術之知和實踐之知一樣，都是有關行動的知識。不同的是，實踐之知是經驗的實踐，是在日常生活之中有關行為抉擇的一種實踐智慧；藝術或技術之知則是一種創造的行動，涉及具體作品的生產過程與結果。雖然藝術的創作活動並不是一種無中生有的生產方式，不過藝術卻是使得事物得以呈現其

真實存在的方式。

二、藝術不等於技術

由於藝術家必須憑藉精良的技術才能實現藝術創作的活動，因此許多人會以技術的好壞來評量藝術作品的價值。事實上，藝術與技術兩者之間，的確有許多相似之處。首先，從生產活動來說，無論是藝術作品的創作、或技術產品的製作，都是一種生產的活動與生產的過程；其次，從操作的意義來說，無論技師、工匠、或藝術家都需要熟練的技巧來從事生產與創作。第三，從存在來說，無論工匠製作、或藝術家的創作，都不是無中生有，都必須借用自然界的物質材料，才能發揮想像與技巧，即使最抽象的觀念藝術，也必須借用物質材料才能實現其存在。

不過，藝術終究不同於技術。而單憑熟練的技術，有時並不一定能創作出理想的藝術作品，甚至如果某一作品過分誇耀其技藝，反而被譏為匠氣十足，或不登大雅之堂。事實上，藝術和技術在許多方面，皆有所差異。不僅製作的目的不同，二者與物質材料的關係不同，而且就技藝的本意來說，也與藝術純粹製作的意義不盡相同。

(一)製作的目的不同

首先，從製作的目的來說，技術產品的製作目的，在於其可用性，例如，生產一部汽車，製作一張椅子、一雙鞋子，為的是實用；但是藝術作品的創作目的，卻不在於其可用性，例如畫中的豪宅，可以觀賞，卻不能居住；文學作品中所描繪的盛宴，只可以觀想，卻無法恭逢其會。當然，有的時候，藝術作品也可能會成為使用的工具，例如，作為藝術作品的一幢幢建築物，如巴

黎聖母院、索菲雅大教堂、凡爾賽宮……等。大教堂其本身既是藝術作品，但也是信眾們祈福、禮拜的聖所，而王宮不僅是君王的住所，同時也是君王炫耀威權的象徵。

海德格在其〈論藝術作品的根源〉一文中，曾經用一雙農人穿的鞋子和梵谷所繪之「一雙農鞋」的畫來作比較，以便說明一件以「可用性」為目的的「技術產品」，和一件「不以實用為目的」的「藝術作品」，兩者之間的差異。

海德格指出，一雙農人穿的鞋子和梵谷所繪之「一雙農鞋」之所以不同，就在於「農人穿的鞋」是技術產品、是工具，而梵谷所繪之「一雙農鞋」卻是藝術作品。農人穿的鞋子之所以是技術產品，而不是藝術品的原因，在於農人穿的鞋子在製作的時候，就是按照用途來設計的。一雙農人穿的鞋子像任何一隻鞋子一樣，在製作的時候，鞋匠都會根據不同的工具性用途，來選擇與決定鞋子的形式與質料。例如下雨天穿著的雨鞋、在田裡工作時穿的工作鞋，芭雷舞星表演時所穿的舞鞋，家居時穿的拖鞋，走路的便鞋，或正式宴會穿著的鞋子……等等，不同用途的鞋子，形式、材料當然不同。換言之，技術產品的形質組合，決定於其可用性的觀念。此外，鞋子的「可用性」是在鞋子被穿著時，而且是在不被覺察的穿著之時，呈現出來的。也就是說，在農人毫無所覺地穿、脫之間，鞋子的存在已盡在其中，等到穿鞋而發現鞋子的存在時，它可能已是一件壞了的工具了，例如脫線、裂口、破底……等。

梵谷所畫的這幅「鞋畫」卻有所不同，因為除了是一幅畫以外，別無所用。在梵谷所畫的這幅「一雙農鞋」中，觀賞者看不出這雙鞋子身在何處，因為沒有背景，它只是一雙鞋子，而且是一雙失去工具性的鞋子。不過，這樣一幅畫卻引人側目，透過梵谷的描繪，觀賞者看到的是一雙破舊的鞋子，粗造的裂口、濕厚

的皮面、斷了的鞋帶……等，而歪扭的鞋型讓人感受到穿鞋人的重量和工作疲憊的痕跡，鞋子顯然伴隨著穿鞋的人走過許許多多工作的歲月。

一般來說，鞋子壞了，不能穿了，就會被丟棄，或是堆放在角落裡。一雙破舊的壞鞋子，是沒有人會去注意它們的存在的。但是梵谷的畫，卻把先前在使用中已經被遺忘的鞋子，又帶回眼前。一個先前被使用、卻無人注意其存在的鞋子，在梵谷的畫中，雖然失去其可用性，但卻向人們展現了它存在的樣態，按照海德格的話來說，鞋子暫時由「可用之物」的身分返回到「呈現之物」的身分。海德格說：「是梵谷的畫在說話，在畫的面前，我們突然被帶到一個不同於我們日常所見之處。」

簡言之，從生產的目的來說，技術與藝術是有所不同的。技術產品因製作而存在，其製作的目的是為了實用，但是在被使用的過程中，人們只注意到技術產品可用的價值，至於技術產品本身的存在性卻被遺忘了。藝術作品也是因著創作而存在，但是藝術創作不以實用為目的，一幅繪畫就其作為藝術作品而言，除了是藝術作品之外，一無所用，但正由於其一無所用，因此得以顯現事物存在的真實面容。

(二)與物質材料的關係不同

其次，從與物質材料的關係來看，技術與藝術也有所不同。以技術產品來說，由於技術產品的製作目的，在於製成可以使用的工具，因此材料的選取決定於可使用的目的。材料一旦被製作成產品，便失去材料原本的存在價值，而成為可使用的工具。而且，材料愈好，便愈無法抗拒成為工具性的產品，甚至消失其本有的存在特質，例如，製成皮鞋的皮，不再是皮而是鞋；製成桌子的木材，不再是木材而是桌子。

　　但是，藝術創作卻有所不同，藝術作品在憑藉物質材料成為藝術作品時，不但不會使材料的特質消失，反而更能呈現出物質存在的特質，例如在神殿建築裡，石塊更形巨大、寬厚，木頭更形穩定厚重。繪畫作品呈現色彩的變化，金屬雕刻突顯出金屬堅硬光輝的特質；而在音樂作品中，藉由優美的旋律、豐富的和聲、動人的節奏，表現出聲音的存在之美；至於在詩詞歌賦中，文字因此擺脫工具性，並重獲其為存在事物命名的力量。

　　就此而言，技術不同於藝術，技術運用物質，使物質轉變成為可以使用的工具，而藝術雖然也借用物質以實現其存在，但藝術並不遮掩物質本有的特質，反而是藉著藝術作品的完成，物質更能呈現其本然的存在光華。簡言之，使作品存在的，不是技術的操作，而是藝術本身的存在方式。

(三)意義的層次不同

　　此外，我們也可以從「技藝」的意義本身，來看藝術與技術的關係。雖然藝術創作活動實現於作品的完成，因此藝術作品的創作行為也會被看成是製作產品的過程。以製作行為來看待藝術的思想，首先見於希臘。希臘人以「techne」一詞通稱技術與藝術，並以「technites」通稱技師與藝術家。此一想法流傳好幾個世紀，甚至影響中世紀士林哲學家對「ars」的看法。但是希臘文「techne」的意義，與今日科技意義下的技術（technical）有所不同。科技意義下的「技術」，指的是實際操作的技巧、純粹的製作行為。希臘人文的「techne」則是一種認知的模式，尤其是指行造之知。對希臘人來說，所謂知識，意指明白、知道，表示已經看見、已經理解已呈現之物的本然。因此希臘文所理解的藝術「techne」，作為一種認知的方式來說，並不只是一種純粹有關製作行為或操作步驟的知識；所謂藝術家「technites」也不僅是擁有

技術以從事製造活動的工匠。擁有藝術之知，不是指擁有技術操作之知，而是指擁有能把事物帶入存在的技能與知識。換言之，藝術之知，是指藝術家得以藉由創作的行為呈現出物之所以為物的本然。就像梵谷的畫，彰顯的是鞋子的存在一樣。

總而言之，使得一件藝術作品成為藝術作品的是不是技術，而是藝術。事實上，當一件技術產品脫離其可用性之後，也可以轉化為藝術作品，例如，為展示而製作的一雙鞋子，由於脫離其可用性，而突顯出上好的皮質與精良的手藝。反之，一件藝術作品如果被當作工具來使用，例如，用來當作保值的貨財、炫耀權力地位的象徵、獲取名利的手段……等，便會淪為技術產品，成為一般的事物。

簡言之，創作固然需要規矩與準繩，但是單憑規矩與準繩卻不一定能成為藝術。就像孟子說過的一句話：「大匠能與人規矩，而不能與人以巧」。這正是莫札特與宮廷樂師沙律耶里判然有別之處，沙律耶里苦學而成，辛勤地學習創作技巧，完成的作品，只在當時浪得虛名，走過歷史而不留痕跡；然而莫札特的曲調，自然天成，有法與無法之間怡然自得，所留下來的歌曲、樂章，從他替小貝多芬改寫的〈小星星變奏曲〉、到前衛性的歌劇如〈費加洛婚禮〉、〈魔笛〉、直到最後的〈安魂曲〉……，每一齣作品都是音樂創作技法的經典之作，也都是音樂藝術中的極品。尤其是〈安魂曲〉可以說是莫札特嘔心瀝血之作，穿越時空兩百多年，曲調至今依舊迴盪人間，令聽者肅然動容。

偉大的藝術作品之所以有魅力，並不只是因為作品表現出繁複的技巧，而更是因為藝術家憑藉著卓越的技術在作品中呈現出存在的光輝。技術並不單憑技術本身的精良而成為藝術，技術只有在成為展現事物存在的憑藉時，才能轉化成為藝術。莊子在其〈養生主〉描述庖丁為文惠王解牛，技藝之高超，刀聲聽起來像

音樂：「砉然嚮然，奏刀騞然，莫不中音」，姿態動作看起來像舞蹈，儼然就是一篇動人的樂章：「合於桑林之舞、乃中經首之會」❼，文惠王看了之後，歎為觀止，便問莊子：「譆，善哉，技蓋至此乎？」，庖丁收起刀，回答說：「臣之所好道也，進乎技矣。」解牛之道，對庖丁而言不再單純只是一般屠夫宰牛的技術性問題，而是通往大道的存在方式。

---

❼「桑林」是殷湯樂名、「經首」是堯樂、咸池樂章名。

美感經驗與人性存在

　　每個人天生都擁有美感的能力。藉此，人得以覺察自身存在情境，以及周遭存在事物的美好，因而興起讚美、頌謝之情，進而燃起願此美好永世存留的希望。充滿美感體驗的生活，能使一個人精神煥發、神采奕奕，生命充滿希望與活力。反之，失去美感的生活，則會令人心生困頓、厭倦之情，即使再多的財富、名位、或權力的簇擁，也將難以掩蓋失落之感。這種感受美好的能力與欲求，乃是人所天生本有，這種美感能力可能因為各種理由被掩蓋、被麻痺、被誤解、甚至被扭曲，但卻永遠不會消逝。換言之，在人的心靈深處永遠潛伏著對美好事物、和對美好存在情境的盼望。而這種對美的欲求，是存在的動力，也是無法抑制的天性。

一、美感能力與人性

　　心理學家佛朗克（Viktor E. Frankl）在其《活出意義來》一書裡，曾生動地描述在集中營裡的囚犯，如何即使身陷囹圄，也不肯錯失聆賞音樂的機會，即使放棄了一切希望，也不會失去那

人類天賦既與的美感能力的情形。

　　佛朗克談到，一次他和難友在被火車運往另一集中營的途中，經過一處風景優美的森林，儘管失去自由、旅途困頓、前途茫茫，然而面對大自然的美景，大家依然為之心醉情痴。甚至在美感經驗的陶醉中，剎時間幾乎暫時忘懷身處不幸的可怕遭遇。

　　還有一次，是在一處位於巴伐利亞森林中的集中營裡發生的事情。大家都知道，巴伐利亞森林之美，自古即頗負盛名，騷人雅客皆曾為之著墨形容其景色瑰麗，德國文藝復興繪畫之父杜瑞（Albert Dürer）所繪製的水彩畫尤其膾炙人口。佛朗克描述，有一天傍晚，正當難友們工作了一天，疲累萬分地坐在簡陋屋舍內的地板上休息之時，一位伙伴衝了進來，邀請大家一起出去看夕陽。大家來到屋外，只見西天一片絢爛的晚霞，朵朵雲彩千姿百態，燦爛奪目，與地面上破舊的茅舍形成強烈的對比。難友們屏息以對，良久，才聽到有人慨然而嘆：「多美的世界啊！」⓲

　　外在的財富、名利、地位，可以被豪取巧奪。努力經營的事業，可以在一場災難中化為烏有。但是每一個人天生本有之美感能力，卻是永不會消逝的恩賜。正是這種天生本有的美感能力，使人在困頓之中，依然充滿希望。

　　每個人天生本有的美感能力，雖然不會被外力剝奪，但是也無法強加給予。換言之，美感經驗取之不去，也強加不得。這種不可強迫性，正是美感經驗的自由特質。不管是美的創作，還是美的欣賞，都必須出於自願。任何強權，無論是政治霸權、或宗教權威，都無法強迫人們去欣賞或不欣賞藝術作品的偉大與美

⓲ 參見 Frankl, V.E., *Man's Search for Meaning: An Introduction to Logotheraphy*. 中譯本《活出意義來：從集中營說到存在主義》，趙可式、沈錦惠譯（臺北：光啟，1995），頁 59-61。

好，也無法強制人們去體會、或不去體會宇宙萬物盎然的生機與豐盈的變化。

就像禪宗裡的一個故事：一位禪師住在山下的破屋中，一貧如洗。一天夜裡，月光皎潔，來了一個小偷，想要偷點東西，卻發現破屋裡面沒有什麼值得偷取的東西，小偷十分失望。這時，禪師發現了這個偷不到東西的小偷，便脫下身上的衣物相贈，小偷取得衣物之後，溜之大吉。禪師赤身而坐，望著一輪明月嘆息：「可惜無法連月光也一起相贈。」美感經驗就像那一輪月光，在黑夜之中，照亮人間，任何人皆可享有，取與不取之間，任人自由抉擇。

人的美感經驗不只是被動的感受，充滿美感的生命亦將轉化為積極而主動的創造力。事實上，不僅美感是人的天性，而且創造力也是每個人都具有的天生本能。然而近代文化由於受到浪漫主義視藝術作品為天才之作的影響，許多人都以為只有天賦異秉的天才，才具有創造力，才有資格成為藝術家，而藝術家的創作行為，則通常是出自於無法解釋的靈感。這樣的想法甚至可以溯源自古希臘，例如柏拉圖在其《伊安篇》（*Ion*）中，便藉由詩人伊安與蘇格拉底的對話，指出藝術創作有如神來之筆，不是人的理性能力所能控制，書中並描述詩人伊安在詠唱詩歌時的失神情況，彷彿具有創造的藝術家都不是一般普通的凡人。近代更由於許多創作力豐富的知名藝術家都患有精神方面的疾病，因此人們便誤以為天才與瘋子有關。

不過，當代心理學家馬斯洛（A. H. Maslow）在研究人的自我實現的可能性時，卻發現凡是心理健康、能自我實現的人，其實都是具有創造力的人❶。換言之，創作的能力其實是不是少數

---

❶ Cf. A. H. Maslow, *Toward a Psychology of Being*, （New York: Van Norstand Reinhold, 1968）, pp.135-145。中譯本《存有心理學探微：自我實現與人格成熟》，劉千美譯（臺北：光啟，民77），頁181-196。

藝術家所特有的能力，而是屬於任何能自我實現的健康人的能力。馬斯洛以賢慧的家庭主婦理家的能力為例，說明平凡的家庭主婦利用有限資源營造溫暖居家生活的創造能力，與畫家用彩筆在畫布上畫出美麗景象的創造能力，其慧心巧思其實是一樣的，都是美感能力創造性的轉化。

二、美感經驗的哲學省思

美感與創造力是人的天性，與生俱來，無法強加，也奪之不去。人的美感能力有時也許會受到壓抑或扭曲，因而隱藏或變形，但卻不會消失，只不過暫時隱藏於心靈深處、伺機而動。人在美感經驗之中，幸福洋溢，生命充滿希望。任何人保有豐沛的美感能力，即使物質匱乏，也能無煩無惱，度個有美感的生活。美感能力充沛活躍的人，心靈豐富，常能在簡單平凡的事物中，感受其存在的美好。

許多哲學家都曾對美感經驗作過深刻的反省，並指出美感經驗對人性存在所具有的重要意義。康德在其《判斷力批判》中，便從知識論的角度解析與闡釋美感經驗的意義與價值，指出美感經驗一方面以人性結構為基礎，因此有其主觀的價值，另一方面則由於不受限於個人欲望與偏好，因此有其超越性。康德認為美感經驗的判斷屬於反省判斷，不同於具有科學認知價值的決定判斷，但是美感判斷對人性存在卻具有相當重要的意義。首先，美感經驗由於建基於人性存在結構的普遍性上，雖不像科學研究之判斷具有科學認知價值，不過由於在美感經驗的當下，人的心靈暫時得以擺脫個人欲望的束縛，不受任何感知以外的目的之限制，因而得以置身於存有之前，任存有顯容，人的生命力因而得以走出自我之外，獲得延伸。

　　康德之後的德國哲學家席勒，更在其《論人的美感教育書信》一書中指出，「美是理想人性實現的必要條件」，並認為只有透過美感教育，人的心靈才能獲得真正的自由與解放。《論人的美感教育書信》是席勒晚期以書信體所寫成之最具原創性的美學著作，也是席勒晚年反覆思索美學問題、思想成熟的著作。事實上，席勒在寫這二十七封信之時，不僅眼見法國大革命的悲劇，閱歷世事紛擾的動盪，而且個人生命也歷經雖享有盛名，但仍免不了病痛與貧困的遭遇。之後，席勒深知生命中的幸福愉悅不是向外追求而得，而是出自內心成熟穩健的怡然自得，是經由內在純美的心靈境界，而後獲得的理想成熟人格的實現。席勒因此撰寫這二十七封信，提出美感教育的理想，以便挽救十八世紀以來，西方文化由於科學知識分工的發展，所導致之人性分裂的局面。不過值得注意的是，對席勒而言，美感教育的目的並不在於培育與訓練創作與欣賞作品的個別能力，而在於美的心靈境界、亦即美感心境的培育與教化。因為只有當個別主體擁有美的心境時，才可能脫胎換骨，從原始自然生命的控制下解脫而擁有形式；並在從感性走向理性、從感覺走向意識、從個體走向普遍、從有限走向無限之際，讓感性與理性同時起作用、互相揚棄彼此的限定，而成為真正自由的人。

　　但是，什麼是美感經驗呢？美感經驗是否只是特殊的人所具有的特殊經驗？或者只有在特殊時空裡，才會出現的特殊經驗呢？其實不然，美感經驗與一般經驗並無不同，都是出自人天生本有的感受能力。法國當代美學家杜弗蘭（M. Dufrenne）在其《美感經驗的現象學》（*Phénoménologie de l'expérience esthétique*）一書中，以現象學的方法解析人的美感經驗的活動。杜弗蘭認為，美感經驗其實是人類感受自身存在與置身世界的最基本的經驗。像人的任何經驗一樣，美感經驗也築基於人的感受能力。而所謂

人的感受，乃是一種整體經驗。在感受的體驗中，自我首先是向自己、而不是向外在世界展現其自身。此外，在人的感受體驗中，世界隱然顯現，催促自我走出自身之外。由於在感受的經驗中，知覺先於任何抽象概念，直接指向事物本身。因此，人與世界平等對待，不受先入為主的思想框架束縛，萬物的存在以其本然面貌呈現於前。「在人的感知經驗中，事物直接現身於前，物我之間無所掛礙，物我同屬一氣。」❷⓿現象學家梅洛龐蒂在其《知覺現象學》中也指出，在感覺知覺中，自我以身體的存在迎向世界，朝向事物而開放，而物則直接現身於前，無所隱瞞。在理智尚未以理性概念認識事物之前，事物本然直接向我們的身體說話。而法國哲學家盧梭在其《懺悔錄》中，描述與父親一起讀書時的經驗則說：「在我對事物本身毫無了解之前，卻早已在實際的生活之中體會了各種情感。」盧梭的話一語道出感受體驗在人的經驗中的原始性。

　　從科學認知的角度來說，感覺知覺的活動的確不同於理智運用概念以認知事物表象的活動；但從人對存在的體悟來說，感受卻是人覺察自我、覺察他人、他物、覺察自我置身之世界的基礎。以此為基礎，才由於知覺態度的不同而升起所謂美感、道德感、宗教感……等等不同的感受，進而覺察萬物所內涵之美、善、神聖與超越……等向度，而有所謂美感經驗、道德經驗、或宗教經驗……等不同的生命經驗。簡言之，美感感受是由於美感態度而覺察萬物的美好，而興起讚賞之情；道德感受則是因道德態度，而覺察事物身可欲求之善，而興起對善之欲求的意志；宗教感受則因宗教態度而體悟凡俗之物中的超越性，而升起轉化的

---

❷⓿ M. Dufrenne, *Phénoménologie de l'expérience esthétique*, Paris: Presses Universitaires de France, 1967, p.423.

生命力量。而無論道德體驗或宗教體驗起初都可以說與美感體驗密切相連。值得注意的是，無論美感經驗、道德經驗或宗教經驗，雖以感受為基礎，但此一感受與傳統浪漫主義所謂個人主體的主觀感覺有所不同，主觀的感覺封閉於個別知覺主體之內，以此判斷事物的好壞，美感感受卻如同道德感受和宗教感受一般，是朝向事物的存在而開放的，任事物以其自身豐富的存在方式顯容，因而興起之感受與經驗。

正如海德格在其《論藝術作品的根源》一文中從存有學的觀點所指出，美感經驗並不是人在主觀上對事物的好壞的感覺，而是任存有開顯，真理來臨，油然而生之情。海德格認為，當人這一此有（Dasein）置身於存有的開顯之中，任存有是其所是，因著存有之光的照耀，真理臨現，美感經驗便油然而生。在此，海德格所謂之真理，並不是科學宰制意義之下的符應的真理（truth as correspondence），而是以自由為本質的解蔽的真理（truth as disclosedness）。此種任存有之真理臨現，任存有顯容的可能性，正是出於人所獨特具有之美感能力。接受美學理論的創始者姚斯（H. R. Jauss）稱之為美感的好奇，姚斯認為此一好奇不只是對於新鮮事物的驚訝，而是對原本已知事物不同往昔之面容的訝異，而驚喜於其昔所未覺之處。簡言之，美感經驗使人得以走出自我之外，任存有去蔽，置身於真理之中。

三、美感經驗中的自由與解放

在哲學思想的發展史中，美感經驗價並不一定得到所有哲學家的肯定，例如中國哲學家墨子便有所謂「非樂」的思想，西方中世紀哲學家伯爾納德批評美感經驗使得修士們無法專心研讀經文……等。美感經驗之所以受到不同哲學家的批判與質疑，其實

是因為雖然美感是每個人天生本有的能力，但卻可能因為誤解而遭到扭曲與變形。例如，把物質欲望獲得滿足後的愉快感覺誤為美感愉悅，結果在過多的物質與欲望的誘惑下，心靈逐漸失去簡單的感受能力，即使美景當前也無暇眷顧，任其錯身而過。就像前述故事裡的偷兒，一心只想盜物，無暇感受月夜下的月光之美了。

在日常生活中，人們之所以會與美的事物錯身而過，最常見的情形就是把快感誤為美感，主要是因為美感與快感的確有許多相似之處。首先，美感與快感一樣，都是一種幸福愉悅的感覺。這種幸福愉悅的感覺在生活中，隨處皆是，使我們弄不清楚什麼是美感，什麼是快感。因此常會由於沉溺於快感的滿足中，或盲目追逐能引起快感的事物，以致與美錯身而過。其次，則是因為在美感經驗與快感體驗中，同樣都會感受到事物的美好與迷人之處。這種迷人的感覺，無論是出自於美感或快感，同樣都會令人興起對事物的讚嘆之情與追求之意。因此許多人會用迷人的感覺作為美醜的判斷標準。

不過，即使美感與快感從主觀上來說，都有一種幸福愉悅的感受，但仔細分析起來，我們便會發現，美感與快感其實大不相同。康德在其《判斷力批判》一書中指出，雖然從愉悅感來說，美感與快感都有一種幸福愉悅的感覺，不同的是，美感愉悅是一種無所待於利的滿足感（disinterested satisfaction），而快感愉悅則是一種感官上的滿足感。簡言之，快感的愉悅來自於個人主觀偏好與欲望的滿足，欲望獲得滿足之後，個人欲望一旦獲得滿足，愉悅也會隨之消失。美感愉悅則是由於擺脫個人偏好於欲望之後，心靈獲得自由，因而得以覺察前所未見之美好，而心生歡喜。

美感經驗所感受到的事物的美好，與感覺經驗中所體會到的

迷人感覺，也有所不同的。一般來說，快感的滿足與個人本性傾向、或個人欲望有關，每個人按照感官滿足程度的不同，而有舒服、可愛、歡喜等不同的感覺。因此，在一般的快感經驗當中，多半都是以個人的需求、期待、或欲望為先決條件。從這點來說，人與動物其實是十分相似的，皆受制於動物性的本能欲望與生理衝動。這些本能欲望與生理衝動會經由身體對周遭環境的反應而表現出來。由於人的本能需求有其自然的原因，和無可避免的自然結果。因此，就康德美學思想而言，因著身體本能需求獲得的滿足感，並不是一種自由的快感。例如飽餐一頓的快感，其實是受著許多身體條件制約的。同樣的食物，飢餓的時候吃起來，覺得美味可口，肚子不餓的時候勉強吞食，就會覺得難吃無比。當然，進食的時候，如果氣氛和諧、心情輕鬆，吃的感覺也會覺得愉快；相反地，如果一邊吃、一邊挨罵，再好吃的山珍海味，大概也食難下嚥了。因此在感覺經驗中，事物是否具有迷人的感覺，決定於經驗主體的主觀感受與欲望；但是美感經驗所體會到的美好感受，卻是出自於事物本身存在的光輝，不受美感經驗主體個人私欲偏情的限制。

簡言之，美感與快感之所以常被混淆的原因，在於把美感體驗局限於感覺經驗的層次所導致的後果。從經驗的層次來說，美感體驗的確是一種感受事物存在的方式，因此美感感受與人對事物存在的感受能力有關。就此而言，美的感受，常會與感官知覺中迷人的感覺、動人的情緒相混淆。雖然迷人的感覺看起來好像是美感，但其實並不是真正的美感。任何人如果只停留在迷人的感覺上，而且只以迷人的感覺作為美感判斷的標準，則不但無助於真正的美感，反而會破壞純粹美感品味的能力。因為，停留於迷人感覺的結果，會使人迷戀於對感覺經驗滿足的追逐，流連忘返，結果反而失去了美感感受，成為醜感的來源。

　　莫扎特曾經寫過一部歌劇，劇名為唐璜（Don Giovani），這部歌劇的內容是描述一位風流男子唐璜，一輩子迷戀於追求女人的感覺愉悅、至死不悔的故事。歌劇中的主角唐璜，生性風流，到處留情，欠下許多風流債，傷了許多人的心。最後復仇之神出現，要求唐璜悔過，不要再到處拈花惹草，好好娶個妻子，負起婚姻生活的責任，否則將會遭受地獄永火的懲罰。然而唐璜無動於衷，堅持不願悔改，寧願被處死，也不願意放棄荒唐度日的浪蕩生活，最後終於難逃墮入地獄的下場。

　　對於唐璜的選擇與遭遇，大部分的人都認為，唐璜最後的命運乃咎由自取，怨不得任何人，並且勸勉眾人引以為戒，不可再重蹈覆轍。不過在實際的生活中，唐璜的故事卻一再上演，只不過劇中的主角換成了現實生活中的真實人物。我們常常可以看到，許多人在不知不覺中，競逐於聲色犬馬的場所，沉溺於感覺生活的享樂，無法自拔，最後受困於感覺的麻木、了無生趣的痛苦之中。唐璜這類的故事，不只是晚間電視節目中肥皂劇常見的情節，更是每天報紙社會版中常見的報導內容。如果說戲劇的藝術價值，在於揭示真實人生的意義，那麼唐璜的故事，除了重複生命中一再發生的悲劇外，還有什麼更深刻的啟示呢？

　　對於這點，丹麥哲學家祁克果提出了深刻的看法，祁克果認為，人的生命具有三個不同的階段，第一個階段是感覺生活的階段，第二個階段是道德生活的階段，第三個階段則是宗教生活的階段。感覺、道德、與宗教，並不是連續發生的階段，而是一種跳躍，與跳躍後的轉變。祁克果認為唐璜所代表的便是感覺階段的典型，一個人如果眷戀於感覺經驗的愉悅，而缺乏道德層次的跳躍，最後的下場必如唐璜一般，無可救藥。換句話說，對於感性生活的追逐，起初雖然能夠帶來歡悅，但是感性生活如果缺乏更高層次的提昇，便將失去意義，甚至成為致死之因。對於愛情

之感性愉悅的追尋，必須被婚姻生活的道德責任所取代，生命的意義才得以被延續。

同樣，在美感經驗中對美的感受，也是一個不斷跳躍的歷程。雖然美感經驗像感覺經驗一樣，有著令人愉悅的感受，但是美感經驗卻不停留於迷人的感覺之中，反而必須不斷超越迷人的感覺之外，才能持續體驗美的愉悅感。就像席勒所指出的，美感經驗其實是一個不斷超越與否定的辯證歷程。席勒認為，美是一種理想，而美感經驗是人性理想獲得實現時，對事物存在的美好感受；不過由於具體個別事物之美，受到時間與空間條件的限制，因此具體個別事物的美感經驗，雖然呈現出豐富多樣的面貌，但也會因著物質與形式之對立衝突，而流露出有所不足的現象。在一般感覺經驗中，事物的不足與缺陷，不但將使人失去迷人的感覺，甚至會令人產生嫌惡的情緒。唯有在美感經驗中，隨著不斷在對立衝突中尋求和諧與統一，人的理想人性逐漸獲得實現，才有能力從個別事物的具體存在中，體會事物本身源源不絕的存在之美，如山川之美、人物之美，與各種類型的藝術作品之美。

此外，值得注意的是，美感愉悅雖然由於無所待於利，因而得以擺脫個人私欲偏情之限制，獲得心靈的自由與解放。但是，正如史陀尼士（J. Stolnitz）所指出，美感經驗之無所待於利的自由，與看破紅塵的冷漠或絕望不同。美感經驗無私的自由使生命充滿創造的活力，冷漠的心靈卻是致使生命枯竭之源。

事實上，美感並不消解作為存在能量（energy to be）的欲望，卻與欲望並存。柏拉圖在其《饗宴》篇中，曾以愛神誕生的神話故事，象徵愛欲伴隨美而生滅的存在特質。當代批判理論哲學家馬庫色在其《愛欲與文明》中，雖也指出愛欲乃是人類創造文明的基本動力。但是他更警告，死亡伴隨愛欲如影隨形。不僅

死亡本身充滿誘惑，更重要的是欲望本身的饜足即是一種死亡。對馬庫色而言，解救之道無他，重建美感價值而已。一九七七年，馬庫色出版《美感向度》（*Aesthetic Dimension*）一書，一方面消極批評傳統美學理論和官方馬克思主義對美感經驗價值的誤解，前者視美感經驗為虛幻的存在，後者則視美感經驗為社會革命的利器，均造成美感能力的淪落與消亡；另一方面則積極指出，美感經驗的自由與解放的價值，在於其所隱含之革命與顛覆的力量，所謂革命與顛覆，不是指暴力與流血的政治鬥爭，而是不斷向已建制之實在界的僵化提出控訴，以重建真實存有的奮鬥。因此雖然美感隸屬於愛欲領域，但美感的價值不在於欲望的滿足，卻在於存在欲望的激起，包括對真實存有的認知欲求，和返回真實存有的欲求。馬庫色解釋，藝術與美感經驗之解放力量，其實來自於美感淨化所具有之救贖性格，「藝術的淨化作用根植於美感形式本身的力量，美感形式以其本身之名，召喚命運、拆解命運的神秘力量，為犧牲者說話。」[21]因此美感的淨化與解放，不只具有心理與道德層次的意義，同時更在於回返真實存有的存有學意義。

　　簡言之，美感經驗並不消解欲望，但卻轉化欲望，使欲望從個人一己之私的偏執狹隘中脫身而出，轉向存有本身的無私與開闊，生命因而自由自在，充滿創造的活力。

---

[21] H. Marcuse, *The Aesthetic Dimension*,（Boston: Beacon Press,1978）, p.10.

結　語

在現代人的生活世界裡，儘管充斥市場的各種作品琳瑯滿目，製造與尋求作品的欲望沸騰，堆陳於各展覽館中的各類作品形形色色，但由於藝術貧乏、美感失落，在繁華熱鬧的幻影裡，終究難逃批判理論美學家所謂的「藝術死亡」的厄運。而由於藝術精神的衰亡、美感經驗的闕如，使得身處二十世紀的文明人，雖然物質不虞匱乏，卻並未因此而手握幸福與美感。甚至即使在物質文明的繁華裡，也難以遮掩現代人處在這樣一個充滿虛無主義色彩的情境中，所深切感受到的荒謬、不安、虛空與寂聊。

大部分的人在第一次面對當代藝術的奇特時，都會忍不住要問，這些當代藝術家為什麼要以各種駭人聽聞的方式，花這麼多的時間與精力，去創作一堆毫不實用、且令人嫌惡的事物呢？只是為了寫實嗎？還是為了宣洩個人情緒？或者不過是為了標新立異、譁眾取寵呢？如果是為了寫實，則正如紀德（André Gide）所指出的，一個醜陋的世界已嫌多餘，實在不必多此一舉。如果是為了宣洩個人情緒，那麼托爾斯泰（Leo N. Tolstoy）也早已在其《何謂藝術》（What is Art）一書中加以批評並指出，宣洩個人情緒並不足以成為說明藝術創作何以令人感動的理由。至於

標新立異、譁眾取寵之不足為取，自不待贅言。事實上，此一問題反映著大部分現代人對於現代藝術探問有關什麼是藝術？什麼是美？什麼是醜？何謂美感經驗？甚至美感經驗對實際人生有何意義與價值等問題的困惑與不解。

　　現代藝術具有某種革命性，首先便表現於以素材為基礎的技術與風格之中，其次表現於美感意識的轉化作用之中。馬庫色在其《美感之向度》一書的序言中指出：「狹義而言，藝術如果在風格與技巧上呈現出一種徹底的變化則可以稱之為革命的。」廣義而言，革命的藝術作品則是指「一件藝術作品經由美感意識的轉化作用，而在典型化了的個人命運中，呈現出遍行於各處的不自由和不斷反抗的力量，並因此突破被神秘化了的（僵化了的）社會現實，以開啟變化（自由解放）的界域。」❷❷同樣阿多諾也指出，現代音樂之革命意義也不在於某一件音樂作品之內容與主題是否與政治革命有直接的關係，而首先在於其所使用之素材的形式與結構的改變。「……真正革新的一面在於音樂表現功能的轉變。創作不在是故作姿態的虛情假意，而是經由音樂的素材媒體記錄下真實不欺的潛意識、震驚與心靈創傷。」❷❸

　　因此，從批判理論的美學家如阿多諾、馬庫色的美學觀點來看，當代藝術所呈現出之令人厭惡的醜陋，並不是由於作品本身存在著令人不悅的缺陷與貧乏；而是由於藝術作品以其「美感形式」本身存在的革命，揭露出現實生活中的醜陋，這種醜陋來自於人與自然、人與他人之間所存在之不恰當的利益與宰制的關係。由於唯利是圖，由於宰制與壓迫，因而扭曲了真實存有在現實世界中的展現，致使現實世界充滿的是功利、虛假、暴力、僵化、與宰制，甚至進而導致宗教、道德與美感價值的扭曲與瓦

---

❷❷ Herbert Marcuse, *The Aesthetic Dimension*, pp.x-xi.

❷❸ Theodor W. Adorno, *Philosophie de la nouvelle musique.* p.50.

解。因此，醜陋的不是藝術作品本身，醜陋的是藝術作品以其本身特有的美感形式所欲批判、所欲顛覆之已僵化了的實在界。換言之，現代藝術以其真實的存在揭露現實世界的殘暴、荒謬、蒼白、與貧乏，卻反而被認為是醜陋的。醜陋並不是現代藝術存在的本質；事實上，現代藝術存在的本質在於淨化作用，在於希臘哲學家亞理斯多德所謂之「激起痛苦與悲憫之情以達致淨化的效果」。不過，在此所謂的淨化，不僅是指身體、情緒、或道德上的淨化，而且更是指存在上的淨化。也就是說，真正的藝術價值在於藝術作品以其本身真誠且獨特的存在，不斷呼喚、不斷要求藝術作品的觀賞者擺脫已建制之實在界的僵化與宰制，返回真實的自我、返回原始、樸拙的真實存有，藉以獲取真正的自由與解放。

當代人仍然需要美的事物，仍然需要加深其美感。許多當代藝術之所以令人不悅，之所以被視為是醜陋的，並不在於作為「美感形式」的藝術作品本身，而在於現代藝術以其強而有力的方式呈現出，藝術要求擺脫浮華、虛偽之現實世界的僵化與宰制、以返回真實自我的顛覆與革命的特質。正是此種顛覆與革命的特質，激起欣賞者的痛苦之情，而將作品視為醜陋，進而予以拒斥。但是，根據詮釋學家高達美的看法，現代藝術這種要求返回真實的自我，返回原始、樸拙的真實存有，以獲取真正的自由與解放的精神，不但不是醜陋，反而是藝術作品作為美感經驗之存在的真正特質。高達美指出，藝術作品之美感經驗的意義與價值並不只在於主體美學所謂之主觀上的感受，而在於藝術作品以不同於概念的方式揭露真實存有的轉化作用。我們可以說，經此轉化作用，美感經驗的主體才得以從既存現實的僵化與醜陋中脫身而出，重新獲取真實存有的豐富與美好，生命因此得以展現其源源不絕的創造活力。

參考文獻

今道友信主編，李心峰等譯，《美學的方法》，北京：文化藝術出版，
　　1990。

楊小濱，《否定的美學：法蘭克福學派的文藝理論和文化批評》，臺北：
　　麥田出版，1995。

姚一葦，《美的範疇論》，臺北：臺灣開明書店，1976。

戴行戊譯，《藝術觀賞之道》，臺北：臺灣商務印書館，民 82。

雨芸譯，《藝術的故事》，臺北：聯經出版。

張心龍譯，Robert Hughes, *The Shock of the New*,《新世界的震憾》，臺北：
　　遠流出版，民 81。

Adorno, Theodor W., *Aesthetic Theory*, translated by C. Lenhardt, ed. by Gretel
　　Adorno and Rolf Tiedemann, London and New York: Routledge & Kegan
　　Paul, 1984.

Aristotle, *Poetica*, in *The Complete Works of Aristotle*, the revised Oxford translation
　　ed. By J. Barnes, Princeton: Princeton University Press, 1984.

Beardsley, Monroe C., *Aesthetics*, From Classical Greece to the Present, 1966.

Collingwood, R. G., *The Principle of Art*, London: Oxford University Press, 1938.

Dickie, George, *Aesthetic*, New York: The Bobbs-Merrill Company, 1971.

Gadamer, Hans-Georg, *Truth and Method*, English translation ed. by Garrett Barden & John Cumming, New York: Continuum, 1975.

Heidegger, Martin *Poetry, Language, Thought*, translated by Albert Hofstadter, New York: Harper & Row, 1971.

Hughes, Robert, *The Shock of the New*, New York:A.Knopf, 1991.

Jauss,H. R., *Aesthetic Experience and Literary Hermeneutics*, translated by M. Shaw, Minneapolis: University of Minnesota Press, 1977.

Langer, Susanne K. *Feeling and Form*, London and Hanley: Routledge & Kegan Paul, 1953.

Marcuse, Herbert, *The Aesthetic Dimension* , Boston: Beacon Press, 1978.

Stolnitz, J. *Aesthetics and Philosophy of Art Criticism*, Boston: Houghton Mifflin Company, 1960.

Tatarkiewicz , W.*History of Aesthetics*, Warszawa: PWN-Polish Scientific Publishers,1970.

Wittgenstein, Ludwig, "Lectures on Aesthetics", in *Lectures & Conversations on Aesthetics, Philosophy and Religious Belief*, ed. by Cyril Barrett, Berkekey and Los Angeles: University of California Press, 1955.

第十章

向神聖接近──宗教哲學

陸達誠

第一節

引　言

　　柏拉圖（Plato, 427-347 BC）推斷在形上界有絕對的真美善。這是他的整個哲學的基石。他認為我們生活其中的世界是一個不完美的相對世界。吾人經驗到的真善美並非真實完美。柏拉圖沒有證明他的理論，只是清楚地陳述他的思想，而後以此為據，來說明其他道理。看來柏拉圖的形上世界不是思維的成果，更非純理性的發明。奇怪的是二千多年來，柏拉圖一直在以純理性為主流的西方哲學中不但站得穩，還與亞里斯多德（Aristotle, 384-322 BC）平分秋色，後人一再詮釋他的思想，設法為哲學找到新的靈感，無人質疑他立論的價值。可見智者早已領會理性的不足，而給超理性的另類真理留下一席位。

從而吾人亦可順著這條思路，藉柏拉圖的「絕對」切入有關「神聖」的討論了。

「神聖」顯然地與「神」不同。為有神論者，不論一神或多神，神是位格性的存有（personal being），即一位可與吾人發生我與你❶（I and Thou）關係的對象。對佛教來說，這樣的神是不存在的。可是，我們清楚知道佛教絕對是具有神聖含意的宗教。佛教徒尊崇的佛是達到最高神聖境界的人，後者使自己的神聖潛能充量實現，故被人尊為聖者。用「神聖」來討論宗教，可避免上述位格存有的困境。而一切宗教之共相之一，當為：崇敬神聖，嚮往神聖，並期望徹底體悟及實現神聖。

柏拉圖的「真美善」應有「聖」的含意。到達最高最完美境界的善應與聖同一。藉著善，聖與美、真亦同一。聖雖有其絕對極（absolute pole），但在有限的人世，只相對地體現，因此可有聖地，聖物，聖事、聖人之稱，後者絕非全聖，只是「聖自身」之部分體現而已。但此「聖自身」究為何物，究在何處，見仁見智，莫衷一是。上面提及的神聖，究為位格神或一卓越境界，即此「聖自身」之兩類詮釋。既為詮釋，已非原本自身，故有相對性，然從聖自身觀之，兩見應可兼容並蓄。這也是今日各大歷史宗教的共識，亦成為宗教對話的基礎和原則。下文會較仔細的交代此點。

雖然近年來佛教在亞洲不少國家中非常活躍，也向國際進軍，但該教只擁有三億一千多萬教徒，占世界人口百分之六而已。相反，在臺灣、日本等國擁用信徒不多的基督宗教，其全球信徒人數超過二十六億，占世界人口百分之三十三以上。一神論信仰，僅以基督宗教、伊斯蘭教、猶太教三教來說，人口已超過

❶馬丁布伯，《我與你》（基督教文藝出版社，1986）。

人類之一半❷。故一神論的宗教觀念在東方不應被忽略，它涉及的問題仍應為研究宗教哲學的現代人所關切。本章討論的宗教哲學的主題有靈魂學，神的存在，無神論、惡的問題，聖俗的辯證，宗教對話和生死學等。其中不少思考是以一神論的立論為依據的，但我們亦設法配合非一神論的觀點來作整體反省。

❷以上提及的各教人數，取自《心靈的殿堂》，Michael Tobias etc.編，薛絢譯（臺北：立緒出版，1997），四月版，頁 63, 96, 136。

第二節

靈魂學

人有沒有靈魂？人死後還存在嗎？這是大家關心的問題。唯物論者認為人沒有靈魂，人死燈滅❸。他們認為相信有來世和來生的人都是迷信者，因為科學不能證明有來世和來生。如果真的沒有靈魂，那麼當然沒有柏拉圖的形上世界，沒有絕對的真善美，更無神聖及所謂的上帝。吾人的切身經驗適得其反：大部分人在親人死後，都不會相信他們歸於虛無。從古到今，各種方式的祭祠在世界各地進行著。不論是祭「靈」如靈在，或深情厚意地以真情通幽冥❹。與亡者交通幾乎是人類普遍的經驗與需要，靈魂與靈魂的對話是無法用客觀方法證驗的另類真實。科學只能與形而下界的事物打交道，對生死邊際和彼界的事完全束手無策。

有宗教信仰的人占人類四分之三以上。其他未正式接受信仰者未必否定神聖或靈魂。這些未歸類的非信徒中，不知論者或不可知論者應占多數。真正確信無靈魂的大概為數極少吧！吾人認

---

❸王充「無鬼論」，參閱傳統先著《哲學與人生》（臺北：水牛出版，1994），頁 49-51。

❹唐君毅著《人生之體驗續編》（臺北：學生書局，1993），頁 97-107。

為就算靈魂之存在及永存無法用客觀的方式來明，但它既被絕大數人類企望及相信，應是理性無法忽視的資訊。

其實，體認理性之有限就因為它撞到了終極問題的堅牆。理性處理感官世界的問題還算稱職，但一碰到人類的終極問題，它就一籌莫展。那些是人類的終極問題呢？譬如：我們從何處來，到何處去？未得我的同意，我為何被「拋擲」❺於此世？為何人必須死？死後的情形是怎樣的？人既會死，為何要活著？惡和苦從何而來？何謂幸福？為何人永遠無法滿足？

孔子承認無法透悟宇宙終極奧秘，故說「子不語怪力亂神」，而致力於可知可行的道德教育。康德（E. Kant, 1724-1804）承認純粹理性無法透入「本體」的堂奧，搬出實踐理性來解危。動物不問問題，更不問終極問題。人問問題而人的理性無法回答，人生誠可悲耶！

東西賢哲束手之際，宗教挺身而出，取理性而代之。宗教跨越思維的門檻，進入信仰之門。「信」是人的另一個認知管道。藉著宗教的訓誨，人類的終極問題終於有了解答。因為每一個宗教都有涉及生死和超生死的教義。信教之後，人終於得「道」，而能安身立命，才可說：「朝聞道，夕死可矣！」

宗教給吾人的答覆中首先肯定人有永恆的生命，現世的生命並非吾人的唯一存在方式。肉體生命結束之後，「我」並未完全消滅。我的靈魂獨立存在起來，成為「鬼」或「鬼神」。唐君毅先生（1909-1978）通過對人生前有「精神超越肉體的行為」的描述和分析，肯定此超越肉體之精神絕不會與肉體同歸於盡。相反，精神與肉體分離之際，正是精神獲得解放之刻，成為不受肉體拘束的獨立主體。這種鬼神雖無法被吾人測知，但其存在可藉

---

❺ M. Heidegger, *Sein und Zeit*, (Tubingen: Max Niemeyer, 1927/1857), S.135, 2.

其關懷後死者之「情」測知。故唐先生認為祭祖之禮儀絕不可廢棄。❻唐先生此舉可補足孔子之「不語」，為新儒家對生死的看法提供獨到的見解。他的反省亦能代表不少未取宗教立場的中國哲學家的思考。這是當代儒學的突破性反省，極具哲學慧識。

接受靈魂存在者相信靈魂不死。靈魂不死即人不死，人不死而後可以談各宗教對終極問題提供的答案之可信性。亦即尋覓適合我人通往「終極世界──神聖」之路。

佛教主張「無我」，視「我」是五蘊之集之果。若然，佛教否認人有靈魂。但佛教主張業報，輪迴和終極的解脫，要說清楚這些道理，某種「延續因素」之假定似乎無法避免，不稱它為「我」或『靈魂』無妨，總得有個稱謂吧❼。何況大乘佛教對解脫境界尚有「常樂我淨」❽之說，似未避嫌。不過此時之「我」必非自私小我❾，應可理解。

柏拉圖用以追逐永恆王國之主體即靈魂。有永恆性的靈魂才可向無限的絕對真善美聖奔馳，才有終極圓滿可期。

---

❻見註❹，頁 107。亦可參考陸達誠著〈唐君毅的死亡哲學〉，《哲學與文化》XXI-7，1994, 7, pp. 608-619。

❼《人的宗教》的作者休斯頓·史密士用火焰和浪花來說靈魂的非實體性。該書由劉安雲翻譯，劉述先校對，立緒出版，英文 1958/1991，中文 1997，pp. 154-55。

❽見《原始佛教概論》，木村泰賢著，歐陽瀚存譯，商務，1958臺一版，p. 220。

❾達賴喇嘛語：「如果沒有自我，何來和諧和同情心？」《心靈的殿堂》，見註❷，p. 59。

第三節

神的存在

　　一神論的信徒，僅以基督宗教（包括天主教，東正教，新教各派）及伊斯蘭教來算，就佔全球人口一半以上。因此神的問題一直是宗教哲學主要論點之一。

　　一神論崇敬的對象不論叫：神，上帝，天主，安拉，耶和華……。名稱有異，內涵類似。這個神與希臘的哲學神（以亞里斯多德的「第一因」為代表）很不一樣。亞氏的第一因只是萬物的推動因，並無「創造」行為❿。它與世界中的人和物沒有親密關係，相似一個物理因。但上帝和安拉是創造宇宙的神，本身絕對完美並對祂所創造的萬物充滿關切之情，甚至以「慈父」或「母親」⓫的形象來表達自己。因此一神論的信徒大多以敬愛之情與神連結。另一方面，由於這些信徒自認是神的受造物，故對造物主表示絕對的順服。神對他們具有至高的權威。神即無限的他

❿《西洋哲學史》卷一，p. 395，F. Copleston 著，傅佩榮譯，黎明，1986。

⓫「婦女豈能忘掉自己的乳嬰？初為人母的，豈能忘掉初生的兒子？縱然她們能忘掉，我也不能忘掉你啊！」舊約：依 49:15（本文引用天主教思高版聖經）。

者。這與多神論的信仰絕對不同。後者之神往往先是人，由克修而成聖者，終於被別人尊為神明。他們是「人而神」，不是造物者，更與基督徒信從的「神而人」耶穌有異。。另一方面，上帝在一神論者的心目中不是無位格的「道」或「太極」。他們的上帝與人類具有「我與你」的位格際關係（personal relationship），與國人俗稱的「老天爺」相仿。這位「老天爺」，「天老爺」或「天」是國人自古即有的信仰對象：「獲罪於天，無所禱也」。只是國人沒有宣稱直接得到過天的啟示，與猶太──基督信仰（Judeo-Christian belief）和伊斯蘭教不同。孔子自承未曾聞道，故說：「朝聞道，夕死可矣！」孔子以開放的心情面對他未獲知的啟示，且願意接受已得啟示者傳佈的道。一神論宗教宣稱領受過上天的啟示，而這些啟示從口傳到成書，有猶太──基督宗教（Judeo-Christian tradition）信奉的新舊約聖經和伊斯蘭教的古蘭經等。這些宗教的教徒視這些經典為天書，兢兢遵奉。他們的教義，人生觀，價值觀，倫理準則完全依據這些經典而定。隨著年代的變遷，經典和教義可有新的詮釋，但其基本的信理絕對不容改變。如基督徒信仰的「三位一體」就是。此外，一神信仰要求其信徒敬天愛人，嚴禁崇拜假神和偶像，待人接物要公道正直。準此，規範行為的倫理有一形上基礎：將來上主要以人的現世行為來審斷他的永久命運。

天主的觀念為一神論者解釋了宇宙的發生、自然律的形成、良心的基礎、業報因果的來源……等重要終極問題。對民眾的教養大有裨助。隨著人類知識的增長和科學的進步，大體而論，神學家還應付得了各種挑戰，如與進化論與創造論協調。因此迄今馬克思（Karl Marx, 1818-1883）和尼采（Friedrich Nietzsche, 1884-1900）的預言都未兌現。前者宣布「宗教是人民的鴉片」，遲早要被淘汰掉；尼采則一再吶喊「上帝已死」。焉知百

年後，前面二人已經作古多年，一神信仰則繼續欣欣向榮，表示後者有可強可久的活力。

神的存在對虔誠的有神論者而言當然沒有證明的必要，但對不信一神者或信而不誠者，就不這麼簡單了。他們要求有神論者拿出證據來。中世紀哲學就慢慢發展出一套證明上帝存在的論證。今略舉數證如下。

最出名的上帝存在論證是由聖多瑪斯（Saint Thomas Acquinas, 1125-1274）提出的，叫「五路論證」。聖多瑪斯基本上採用柏拉圖和亞里斯多德的形上學，加以發揮。

第一路是第一動因。亞里斯多德用二套形上範疇：「潛能──實現」，「質料──形式」來說明萬物的共同本質。有限事物不能不是組合體，即不是純實現（pure act）和純形式（pure form）。組合體在其組合前，即實現（act）前，只有具潛能性格的純質料（pure matter），純潛能（pure potency）尚未進入實現之境，在存在層次而言，是「無」，「無」無法成為動因。不能自己組合，即不能使自己成為「有」，就需一已實現的外因促成組合，此外力即為其從純潛能走向實現的動力因。然而此動力因若本身亦為受另一外因推動而組合，則它不能成為終極動力因。這樣推理下去，必無法避免要設定一個本身非組合、故不需外因之助而能自我實現者。本身無因，但可成其他萬物的組合原理者，聖多瑪斯稱之為第一原動不動者（the first unmoved mover），簡稱「第一因」。純潛能經此第一因之第一推，獲得初步實現，而後能有某程度的自動可能了。第一因的功能是使無到有，或使純潛能（pure potency）到現實（act），使尚未有但可能有者（the possible）進入有（being）的世界。此「第一原動不動者」即神。

第二路指尚未存在者需要一個已存在者使自己存在。子女不能自生，故需已存在之父母生之。父母乃為其子女的形成因（efficient cause），簡稱「成因」。但父母本身亦由祖父母成之，有成因者不能成為事物的終極成因。如此可推至一本身自有，不需成因之終極成因，此即神也。

　　第三路從偶性存有物（contingent being）推及非偶性存有（或稱：必然性存有者 necessary being）。偶性存有指本身無存在的絕對性，指本身不是非存在不可之物，指它的本質不是存在。偶性存有不是常常存在之物，它有一個開始和一個結束，就像人有生有死。其生為有限之生。世物，包括太陽全都是偶性存有。偶性存有在開始有之前，絕對需要一已存在者為其因。而對方若仍為有限者，當然需要另一已存在者使其開始。如此，最後亦推及一本身為絕對存在者。此「絕對存在者」沒有始終，永遠地存在，它的本質（essence）就是存在（to be, being）。此絕對存在者具有存在的一切優質，且達到存在的圓滿極致，為永無盈虧的完美者。聖多瑪斯稱之為「必然存有」。此必然存有即神。

　　第四路從存在的完美等級來談終極完美。世界上的東西有不同程度的完美。有小美，大美等。聖多瑪斯認為我們所以能有這樣的稱述乃因有一「至美」存在。我人對美作的判斷源自將某物與至美比較而得。至美是絕對美，不變的美，故是一切美的終極根源，一切美都為至美的分享。其他形上品質，如善和真，亦可依同理類推。此論證的靈感取自柏拉圖的哲學。此終極完美者（美真善本身）即神。

　　第五路討論目的因：宇宙間種種事物，從至小到至大，都有定理定律，明顯地有被精心設計過的痕跡，因為定理和定律不會偶然發生，它們必為一大智慧精心設計的成果，演展至一個目的。而這大智慧不是物，亦非人，是為造物者。

　　這五路之前三路用因果律作後盾，從「果」推到「因」。為了說明「果」，不能不有「因」，雖然「因」不能被人類的感官

當下把握，但它在推理上有其合理性。其次是此「絕對有」與
「有」的性質關係問題。聖多瑪斯用類比（analogy）來說明。
所謂類比是指被比較的兩物部分相同，部分不同。神與人之同，
在於都是存有，不同由於其存在方式。神是絕對的，無限的存
有，而人不是。人的完美度，存在量，都不可與神同日而語。神
是無限地超越人，故哲人用否定語描述神：「神不是這……，不
是那……」，因二者太不同了，故稱其不同比同更近實況。

　　聖多瑪斯認為自己的證明穩定紮實，因為它們的出發點是實
際存在的東西，不是思想內的東西（概念）❷。但反對者仍可找
到許多疑點，爭議迄今未止❸。佛教是不接受第一因觀念的。其
因果非直線型，而是圓周式的互為因果。至於為何有因果，佛家
不作解釋❹，認為這不是吾人可以猜測的。

　　西方存在主義對「偶有性」❺的體認轉向生命實存方面，認
為無常感是人的偶有性的具體表徵。歐洲人在後現代的俗化氛圍
中，如存在主義描寫的現代人，放棄了信仰之後經驗到的孤獨、
虛無、焦慮和不安❻。這是人的偶存實況。可從這實況推論出人
需要存在基礎，才能安身立命，可謂偶有性論證的現代版。

---

❷聖安瑟莫（St. Anselm, 1033-1109）的「本體論證」是從思想物推至
　神，被聖多瑪斯批判。見曾仰如著《宗教哲學》（臺北：商務，
　1986），頁 428-437。

❸ Charles Taliaferro, *Contemporary Philosophy of Religion*, UK: Blackwell Publishers
　Ltd, 1998, see Chapter 10: "Thesim and Naturalism", pp. 350-393. 亦見 *Phil-
　osophy: Theory and Practice* BY Jacques P. Thiroux。中譯《哲學：理論與實
　踐》古平譯（北京：新華書局，1989），頁 377-380。

❹《人的宗教》，pp.128-9。

❺沈清松譯，contingence 為「適然性」，見沈譯《中世紀哲學精神》，
　E. Gilson 著，國立編譯館，1987，頁 92。

❻ Louis Dupre,《人的宗教向度》，傅佩榮譯（臺北：幼獅，1986），頁
　26-28。

馬賽爾（Gabriel Marcel, 1889-1973）是當代存在哲學大師之一。他曾批評包括聖多瑪斯在內的一切客觀論證。他認為基督徒的神不是一個客觀存在的神，不是一個「他」（he），而是一位願與我有深度關係的「你」（thou, you），是祈禱、崇拜、信望愛的對象。❶換言之，這位哲士並不很在意客觀論證的有效性，對經營這類論證的努力和辛苦，未給予高度評價。

馬氏此見有其背景，言之成理。但以宗教哲學角度來看，客觀論證為尚未相信而可能相信的方外人士不失為一助緣，使他們見到信仰的合理性而能開放自己，終或可得認識「絕對你」（the absolute thou）的契機。除了以上提及的五路論證外，尚有本體論證、倫理論證、奇蹟論證❶，以及康德的「福德合一」論證❶等，此處不予細述。

---

❶ 陸達誠著，《馬賽爾》（臺北：東大，1992），頁 195, 300。
❶ Taliaferro, *Contemporary Philosophy of Religion*, see no.12, pp. 370-380。
❶ 鄔昆如著，《西洋哲學史》（臺北：正中，1971），頁 448-50。

第四節

惡——無神論的王牌

唯物論當然是無神論，因為神非物也，非物即不存在。

有實證傾向的科學家取無神或不可知論的態度的不少，因為神非認知對象。

哲學家中有些取了無神的立場，比較出名的如：尼采，沙特（Jean-Paul Sartre, 1905-1980），馬克思，佛洛伊德（Sigmund Freud, 1856-1939），孔德（A. Comte, 1798-1857），涂爾幹（Emile Durkheim, 1858-1917）等。這些學者或用「意志」驅逐上帝，判祂死刑，或用理論來解構祂。前者有尼采和沙脫，後者則為其餘的幾位名人。前者已談過，後者主張解構神，略述一下。

馬克思是唯物論者，否定神是理所當然。佛洛伊德和涂爾幹把神看成是人虛構的東西。佛氏認為初民及幼童把對大自然和父親的懼怕投射到一個虛構的神身上。宗教認為他是一種集體精神病，是需要加以治療的。

至於涂爾幹用社會學的理論解構上帝。他認為人從小就依賴別人，長大後更依賴社會。神就是人把社會加以投射而得。神是人所製造出來的東西，神本身不存在。佛洛伊德和涂爾幹都把

「造」這個字的兩頭顛倒過來，不是神造人，而是人造神。❷⓪

孔德的看法大同小異。他認為人類思想的發展有三期：神學期、哲學期和實證期。神學期的想法來自幻覺，虛無縹緲，沒有價值❷①。孔德否定神學，即否定了神和宗教，當然是正牌的無神論了。其他的中外無神論大體上可歸入上面介紹的幾類中去。故不另贅。

不過用理論來解構，或用意志去驅逐上帝，其殺傷力都不及「惡」（evil）來得強烈。因為一神論相信的神是真善美的極致，是全能全知全善的天主，信徒確信神愛世人。在基督宗教裡，神還肯為人降世，忍受苦難一直到被釘十字架。如此一位全能和充滿慈愛的天父❷②居然無法改變人類遭遇苦難的命運，這才是徹頭徹尾的荒謬。如果神不是善的，祂容忍惡的跋扈就不足為奇。如果祂是弱者，則祂對惡無能為力，亦可諒解。全善的神以其全能應當可以達成除去諸惡的願望，為什麼祂還讓惡繼續存在，甚至跋扈到蹂躪眾生呢？很多人因此認為惡的事實無法與有神信仰配合，神的存在實是可懷疑的。

第二次世界大戰後，否定生命意義的哲學思潮大行其道，許多歐洲人放棄信仰。卡繆（Albert Camus, 1913-1960）的小說獲得極大的共鳴❷③，其來有自。惡的奧秘實是宗教哲學中最不易處

---

❷⓪ 曾仰如著，《宗教哲學》（臺北：商務，1989），頁 381-388。

❷① 《西洋哲學辭典》，布魯格編著，項退結編譯，國立編譯館，1976，頁 320。

❷② 耶穌描寫天父照顧人的程度：「就是你們的頭髮，也都一一數過了」（新約路加福音，10:30）。

❷③ 存在主義喜歡用文學表達理念。其中以卡繆和沙特最受歡迎。前者的《異鄉人》和《瘟疫》，後者的《嘔吐》一直高居排行榜榜首。見楊翠屏〈卡繆在九十年代〉（中國時報 1993.10.15），呂大明〈卡繆登上口袋書排行榜〉（中央日報 1994.8.27）。前文提及卡繆故鄉阿爾及利亞的博士生以他為研究對象的不少。

理的難題之一。世界各地每年有許多研究出版，希圖解釋
「惡」，但迄今未能給人徹底滿意的答案。惡對有信仰的人真是
揮走不去的夢魘。

公元初期出現一種摩尼教，相信宇宙間有兩個終極大神，一
善一惡，平分秋色。世間之惡來自惡神，善神則只行善。這樣
說，兩神均非法力無邊，因雙方均受對方制衡，這種二神論談的
神不是一神論的神。中古哲學巨擘聖奧古斯丁（St. Augustin,
354-430）曾迷戀於此說十多年，最後脫繭而出。使他開竅的因
素除了信仰的經驗以外，思想上的啟發主要來自新柏拉圖主義的
看法：「惡非實有」，「惡為善的闕如」❷❹。奧氏歸依基督後從
人的「自由」來探討惡的問題❷❺。

相信輪迴的佛教信徒，用業報來解謎。他們認為現世之苦既
不來自善神或惡神，也非由於無法解釋的命運的亨毒，只是自己
前世所作所為之業果。前世的惡業變成今世的惡命。天地間自有
公道。因此吾人要多多行善，廣積功德。如此不但可消惡業，還
可修得來世的幸福，甚至終得解脫輪迴，早入涅槃。這種信仰的
好處是碰到逆境，不怨天尤人，逆來忍受，等候轉機；它的缺點
是人遇大厄，無妄之災，如白冰冰家遭遇的悲劇時就很難用前世
之業來解釋了。所以因果業報的信仰或許只能適用在尋常狀況。
不過佛界一定有更好解釋，相信輪迴的確是相當被人們接受的解
釋惡的原則之一。❷❻

---

❷❹聖奧斯定著，《懺悔錄》，應楓譯（臺北：光啟，1981），頁 114-115。

❷❺同上，頁 103 etc。

❷❻華梵大學校長馬遜寫道：「這次的集集大地震，是每一位生活在臺灣的
　　人，一輩子都不能忘懷的事……。對於這場浩劫，若是根據佛教的說
　　法，是臺灣老百姓的共業……。業是一股力量，累積我們生生世世的習
　　氣所成，心中若是產生一個念頭，就發出一股能量，一個電磁波，該電

回到一神論吧！某些一神論者因無法調和信仰帶來的矛盾，改變了對神性的體認。他們宣稱：神造世後，離棄祂的受造物，讓世界自生自滅。現世發生的一切問題，包括惡，都與上帝無關。這種理論叫「原神論」或理神論（Deism）❷。

一般而論，一神論的信徒都隨聖奧古斯丁，用「自由」來解釋惡的來源問題。他們認為上主所造的一切東西原本都是好的，「天主看到祂造的一切，樣樣都很好」❷。惡第一次出現是初期人類（象徵地說以亞當和夏娃為代表）用其自由違抗上主開始。自由本是天主送給人的最大的禮物，現在反而因被人妄用而成為人的苦因。是「罪」扭曲了神人的和諧關係，也攪亂了宇宙間的和諧秩序，從而才有各式各類的自然惡（天災）和人為惡（人禍），生理惡（生老病死）和心靈的惡（罪業）的出現。惡和痛苦是罪之果。但是，一定有人要問：惡若為人妄用了自由而招致的，那麼更好上主未送此禮物，讓人像動物一樣依本能而活，沒有自決權，便不會抗命，也不會犯罪，豈不更好？

這個質問好像簡化了大問題，要回答它須從自由的本質來看。自由並非只叫人作惡。人若無自由，當然不會作惡，但因此

波的頻率隨著善惡各個不同，有些是發自善根福德因緣，有些則發自惡念禍殃。這種能量儲存在人的第八識田（阿賴耶識）中，一旦積集到臨界點，就會暴發出來，是禍是福，則與業力的根源有關。當然，似今如此大的天災，發生原因是相當複雜的。我們絕對不可以報應來解釋受災者所承受的苦難，但死者也未必都是菩薩，除非他在大災難中，犧牲自己生命去救別人，才可稱作菩薩化身。」〈大地震後的省思〉，中央日報副刊，民國 88. 11. 9。

❷ 希克《宗教哲學》（臺北：三民，1972/1991）。理神論的神指一已離席、已不在位的神，「很久以前開動了這個宇宙後，就不再插手過問它了。」P. 8。

❷ 創世紀 1：31。

而亦不再能行善。行善的條件是必須有真正的自由。缺乏自由的生物無法有倫理行為。為了使人能行善，上主甘冒大險，給了人這個能被人妄用而可闖大禍的自由。並且，人之所以可說是以神的肖像受造，就因為人與其他受造物之不同在於人有自由這個無價之寶。自由使人可行善而與神肖似。這裡講的自由是廣義的，包括思想及智慧。

還可以問下去：是否可能有不被妄用的自由？上帝能否及有否造過只能作好不會作惡的自由？從基督信仰的立場看，這個問題是有答案的。一些特殊的人如耶穌和他的母親瑪利亞即是。基督宗教內外不少大聖大賢在多年修德行善之後也許也達到過。孔子說過：七十從心所欲不逾距。孔子到七十歲時體味到可以不再作惡的大自由。這種後天修來的大自由，人人「可」及。事實上，中外不少賢聖都達到過此境界。可見上帝沒有白給人自由。

惡與痛苦雖然荒謬，可是吾人無法否認：世上有許多苦是對人非常有益的。有些麻瘋病患者，因腳底無痛覺，故走在火炭或破玻璃上而損傷自己的腳。運動員為鍛鍊身體，不惜忍受千辛萬苦。患病開刀，不顧劇痛。為通過聯考，年青學子付的代價，今過來人回想起來，猶有餘悸。孟子說：「天將降大任於斯民，必先勞其筋骨，苦其心志……」。真的，人間沒有白吃的午餐。肯付多大代價，受多少苦，才有多少收獲。因此苦並非一定不好。

問題是世上有許多苦是絕對無價值的。受這些苦的意義是什麼呢？為什麼許多無辜的人要受這些無妄之災呢？這些是無答案的問題。頂多用「命」或「業」的觀念來自我寬慰。受苦後的人可有兩種反應，一是變得堅強積極，痛苦把他們鍛鍊成鋼，另一類人相反，受苦之後變得更消極，更否定，更頑硬，甚至更殘忍……。可知苦不必生善果。那麼為何要苦呢？

對有深度信仰的人，面對無意義的荒謬，他亦可找到意義並

善用這些苦痛。首先他相信「神愛世人」，神在冥冥中安排的一切，一定是為自己最好的。現在我不了解，將來一切會真相大白。就像看壁毯的背面，只見一片雜亂，但把它反過來看，竟是一幅名畫。信徒相信有一天吾人會看到今日無法理解的荒繆另一面的真諦㉙。另一方面，他們相信痛苦賺來的「功勞」是可轉讓給別人的。他們願把所受的苦轉讓給需要的人，如傷心失望的人，罹患重病的人，並為解除經濟危機，戰爭威脅等奉獻祈禱。總之，他們不會白白受苦。他們也可以為自己的罪作補贖（expiation），此指可抵免或縮短死後在煉獄（purgatory）中要受的罪罰。煉獄的道理是天主教專有的，但丁（Dante, 1265-1321）在〈神曲〉中有提到。以上這些道理對無此信仰的人或許很陌生，但至少可以用作參考，俾了解有天主教信仰者為何活得比較輕鬆的原因。

㉙希克，《宗教哲學》，頁181。

聖俗的辨證關係

辯證是通過正反合的過程來找到整體的理解。消極地說，辯證否定片面的見解，認為真理有全面性，真理超出主觀和客觀的立場。此外，辯證也肯定進步：在正反合的過程中，事物和對事物的理解必會提升。萬物的動態辯證使宇宙充滿生機，不斷冒出嶄新的可能。而正反之對立恰好是這些變化的促成因素，沒有貌似的矛盾（quasi-contradiction）和對立的張力，「揚升」就不會發生。

聖與俗間即有此張力關係：聖非俗，聖俗互剋，各欲擴大自己的版圖。如果說，俗乃此實在界，聖就以與俗不同的方式出現。它要「出世」，要「隔離」，表示脫俗與反俗。俗似乎是低於聖的存在等級。僧侶和神職的身分好像高出平信徒（lay people）一等，因為他（她）們不與俗世相混。完美的聖界更不在人間。這些想法根深蒂固地植於人們的心地，大概永遠揮去不掉。然而二十世紀出現的哲學和神學使人對聖俗關係有了新的體認。

哲學上首推現象學。現象學由德藉胡賽爾教授（E. Husserl, 1859-1938）在二十世紀初建立。很快地蔚成新的哲學主流之一。胡賽爾的事物本質不是躲在現象背後不可知的某物，而是在

現象上直接自我陳示者。本質與現象同在同現。為把握本質，須先用存而不論的方法，把該物的次要部分放入括孤，再用直觀將本質扣住。而原與現象同在的本質就顯示其「本身」了❸。

如把上面一組「本質──現象」改成「聖──俗」，就使聖俗間的張力稍予化解。因聖與俗同在，且可與俗同顯。聖藉俗而可被覺知。聖透過俗而為人體認❸。如此俗已非純俗，聖亦非絕對超越，不再高不可攀了。一神論崇敬之神本來便是無所不在，處處都在的，只是祂顯不顯的問題。從現象學的角度看，世俗或俗界便是聖界之所。同類的問題在柏拉圖的理型世界究在何處中被討論過❸。柏拉圖的理型和宗教內的神聖應兼有內在與超越兩種性格。其內在性使它與吾人同在，其超越性保證它不被現象吞沒，保持它的「法力無邊」。而此「法力無邊」的超越者（從「道成肉身」❸的角度看）已真實地進入人世，參與人世。宗教家乃改變其出世方式：以出世的精神活入世的生活。近二三十年來吾人聽到宗教界的最愛說的是「人間佛教」❸，「人間基督」，「人間淨土」之謂。神聖深入人間，不單只是救人、渡人，聖者與俗人同甘共苦，一起建設「地國」。宗教乃與社會結合，這是宗教「俗化」的濫觴。宗教入世傾向不必受哲學引領，因為宗教一直關心人間疾苦，但宗教之世俗化似乎與現象學或廣義地說與二十世紀的學術轉向確有關係。

---

❸ Richard Schmitt, *Phenomenology* , *The Encyclopedia of Philosophy* VI, pp. 135-151。
鄔昆如著《現象學論文集》（臺北：先知，1975），頁 111-280。
❸ Louis Dupre，《人的宗教向度》，見註十五，頁 11-31。
❸ F. Copleston，《西洋哲學史》I，第二十九章。
❸ Louis Dupre, 同上，頁 20。
❸印順法師常用之說。

俗化（secularization）是什麼？是否宗教界的普遍現象？

俗化指神聖與俗世在一起，神聖化入俗世。在學禪的過程中，通過了「山不是山，水不是水」的階段之後到了「山又是山，水又是水」的層次時，放眼所見，一切皆禪。換言之，為得道者，沒有所謂非禪的純世俗。一切皆禪，一切皆聖。又吾人如能調整心態，對準焦距，清擦視鏡，則真如的形像自會呈現。當代的神秘家（或密契家）不是在離開，而是在投入這個世界中時獲得最高境界的密契經驗❸❺。印度的甘地和德蕾莎修女，臺灣的證嚴法師都是入世的宗教人物。一百年前被尼采斥為只嚮往天國，不關心地國的當日基督文化現象現今大有改觀。宗教與其信徒都有關懷社會的心。許多政府無法顧及的公益事業，宗教人士無怨無悔地取而代之，甚至作得更快更好。臺灣九二一大地震後的救災活動，慈濟首當其衝，一馬當先地帶動各界前往救助，大家記憶猶新。許多傳教士一生留居山地，為原住民服務，也是有目共睹的。歐洲在戰後興起的工人司鐸運動亦受俗化神學啟發。宗教也應進入人類共同努力的核心，參與改造世界的工程。許多神職人員換上俗服，進入工廠或蠻荒世界。從前使人辨識的法衣已非必要，這些都拜俗化神學之賜。所以基本上，俗化可以是一個積極的宗教改革行止，不必加以誤會。

---

❸❺德日進神父（ Pierre Teilhard de Chardin, S.J.） 為其中較著者，可參其代表作《人的現象》（臺北：聯經，1883），《神的氛圍》（臺北：光啟，1986）。

第六節

宗教對話（religious dialogue）

宗教一旦有關懷社會的共識，就不難了解宗教交談的現象了。

任何宗教都涉及皈依，而觸及人的價值核心。在那一宗教中得到這份恩澤，此教即成其皈依者的絕對價值。皈依後，皈依者對此信仰絕對依附，構成可共生死和血濃於水的關係。他會把自己所信的看成唯一真理，自己信從，也要使所有未信此教的人信從。因此他會不惜一切代價向別人宣揚他「找到了」的真理。其後果是可想而知的了：為爭取該教利益，他可以拋頭顱，灑熱血，與其他教徒爭到你死我活的程度。這是人類歷史上許多驚心動魄的戰爭的來源。後者是因信仰而達到的非理性的極致，也是人類的共同恥辱。這真是最不可思議和最愚蠢的弔詭。

由於交通便利，資訊發達，地球村在形成中的情況下，宗教人逐漸體認自己的愚昧，從自我中心和唯我獨尊的心態中解放出來。又由於大型國際組織的建立，人們學習從全球的利益看問題。宗教乃有了新的契機：不但關懷該教的教友，且關心全球眾生。上段討論的宗教俗化運動與宗教社會關懷已把宗教的愛心潛能開發出來。教義之不同並不影響交流。「如何使眾生幸福，使

眾生得到解脫」變成一切宗教的共業。由於社會服務主要靠心靠力，不涉教義（靠頭），因此比較少生爭議。再進一步，宗教人亦可以以誠意、尊敬、平等的態度進入教義和神學的交流。這種討論或許沒有多大效果，但在真誠的對話中雙方走近了，知道不必為不同的教義而爭，從口誅筆伐到「聖」戰。別人信的，我怎麼改也改不了的。改不了的就不必去改，尊重別人信的就是了。多元化原則的信念是成熟的宗教理性運作的原則。

　　宗教對話的精神有助於促進整個世界的和平，因為人類中大部分是有信仰的。信仰得到尊重的話，政治自然會改善。在許多地區，這並非實際情形，相反的情形倒更符合事實，表示理念與實際有距離。但宗教人有信心排除萬難，使這理想早早實現。

　　占近二十億人口的基督徒的信仰核心是耶穌基督。為這些信徒，基督不只是一個「人而神」的教主，祂還是「神而人」者。換言之，基督先是神，然後降生。祂原是三位一體中的第二位。為了助人與天主重新和好，祂甘願犧牲自己降生成人，即所謂的「道成肉身」。為此，基督徒敬耶穌如神。祂的話被看成啟示。該啟示對基督徒來說具有絕對權威。但如本文前面說過的，啟示本身固然具有絕對的權威，但為了正確了解啟示，尚須詮釋。詮釋是神學，不變的啟示真理藉神學的詮釋獲得新的解讀，而釋放出最深邃的具有時代意義的內容。基督宗教對耶穌的某些言語的詮釋在二十世紀有過驚人的發現。從前強調的是：耶穌是神人間的絕對唯一的中介㊱，沒有人可通過耶穌以外的媒介而到達「父」㊲，而只有聽過祂的道理又信從祂的人才能得救㊳。中世

㊱「天主只有一個，在天主與人之間的中保也只有一個，就是降生成人的基督耶穌」（新約弟前 2:5）。「除非經過我，誰也不能到父那裡去」（新約若望福音 14:6）。

㊲「我父將一切交給了我，除了父外，沒有人認識子；除了子和子所願

紀甚至有句名言說：「教會外無救恩」❸，教會就像在洪水中飄搖的那條幸運的「諾厄方舟」❹，只有側身舟中的幸運者可免滅頂。那是說：只有那些進入教會的人才能得救。很明顯的，堅持這樣的神學觀的人如何可能與其宗教徒對話呢？因為基督啟示中已有一切真理了。有這樣的想法的人，發動十字軍「聖」戰是絕對合乎邏輯的。

雖然以上介紹的是一教之見，但由於此教人數眾多、歷史悠久、文化影響深遠，故值得重點說明。也使吾人知道為何一旦基督徒覺悟，宗教對話的最大障礙就得以除去。也正為此故，基督徒一旦茅塞頓開，會變成非常積極地推動對話者。他們一方面被對話神學所吸引，另一方面大概為賠補往日的罪過吧！

那麼什麼是「對話神學」呢？究竟它有何妙訣能改變二千年來該教推行的「方舟」神學呢？

這裡牽涉到一個重要資訊，必須先行交代。

一九六二至一九六五年，天主教教宗若望二十三世召開了第二屆梵蒂岡大公會議。四次年會中，通過冗長的反省和思考，使與會二千多位主教在最後一次會議中通過了四個憲章，九個法令，三項宣言。與宗教對話直接有關的計有：〈教會對非基督宗教態度宣言〉，〈信仰自由宣言〉❹。這些文件給吾人提供了天

意啟示的人外，也沒有人認識父。」（新約瑪竇福音 11:27）

❸「除他以外，無論憑誰絕無救援，因為在天下人間沒有賜下別的名字，使我們賴以得救的」（新約宗 4:11）。「信而受洗的必要得救，但不信的必被判罪」（新約馬谷福音 16:16）。

❹這是拉丁教父聖西彼廉（St. Cyprianus，200-258）的名言，原為遇難變節的人說的。

❹方舟作為救恩的象徵，見新約伯前 3:20. 另見 Densiger（天主教大公會議文集）No. 1547。

❹《梵蒂岡第二屆大公會議文獻》（臺灣天主教主教團出版，1981），頁621-639，643-679。

主教對這個問題的官方立場。它們徹底改變了天主教幾近二千年方舟神學立場。

〈信仰自由宣言〉中明定信仰自由的原則如下：

> 本梵蒂岡公會議聲明人有信仰自由的權利。此種自由在乎人人不受強制，無論個人或團体，也無論任何人為的權力都不能強迫任何人在宗教信仰上，違反其良心行事，也不能阻撓任何人，在合理的範圍內，或私自，或公開，或單獨，或集體依照其良心行事……。
>
> 人人因其各有的人格，依其自有的尊嚴，即有理智及自由意志，所以應為人格負責，受其天性的驅使，負有道德責任去追求真理，尤其是有關宗教的真理。每人並且有責任依附已認識的真理，遵循真理的要求而處理其全部生活。人們除非享有心理自由，及不受外來強制，便不能在適合其天性的方式下，完成這一責任。信仰自由的權利不是奠基於人的主觀傾向，而是奠基於人的固有天性。所以那些對於追求真理，及依附真理不盡責任的人們，也仍保有不受強制的權利，只要不妨害真正的公共秩序，則不能阻止他們自由權的行使。❹

很明顯的，該宣言指出：人不單有信任何教的自由，還有不信教的權利。另一個〈教會對非基督宗教態度宣言〉說：

> 自古迄今，各民族都意識到，某種玄奧的能力，存在於事物的運行及人生的事故中，有時竟可體認此一

❹同上，頁 622-23。

「至高神明」或「天父」。此種意識與體認，以最深的
宗教情感貫徹到他們的生活中去。但是，與文化進步有
關聯的宗教，更以較精確的概念和較文明的言詞，設法
解答同樣的問題……。

天主公教絕不摒棄這些宗教裡的神聖因素，並懷著
誠懇的敬意，考慮他們的作事與生活方式，以及他們的
規誡與教理。這一切雖然在許多方面與天主公教所堅
持，所教導的有所不同，但往往反映了普照全人類的真
理之光。❹

如果十億天主教徒都能斬釘截鐵地遵奉這一宣言，怎麼可能
還發動「聖」戰呢？至少從天主教方面講，有如此尊重其他宗教
的信念，與其他宗教進行對話和合作舉辦慈善事業時就有了穩固
的理論基礎。事實上，梵二大公會議迄今，天主教在這方面的確
作了不少事。

其他宗教除了有基本教義主義❹（或譯原教旨主義）傾向的
宗派外，因大量的接觸而逐漸建立互諒互信的對話關係。聖嚴法
師於二〇〇〇年八月三十日在紐約由聯合國召開的「千禧年世界
宗教及精神領袖和平高峰會議」中發言說：「為了世界的永久和
平，如果發現你所信奉的教義，或有不能寬容其他的族群之點，
若有與促進世界和平牴觸之處，都應該對這些教義作出新的詮
釋」❹。誠哉斯言！宗教真理必是愛的真理。符合愛的教義才值

---

❹同上，頁 644。

❹ Fundamentalism：基要主義或譯原教旨主義。 該主義的奉行者以字面
意義解讀其教聖典，並堅持其解釋為唯一正確的解釋。見 William Ding-
es, *Fundamentalism*, *The New Dictionary of Theology* Saint Paul Publication,
1987/1991, pp. 411-414。

❹ 2000 年 8 月 31 日臺北各報。

得遵守。聖嚴法師要求信徒修改教義的詮釋（神學），為使教義符合人心的普遍願望，這是很有智慧的話。「如何改」則需更大的智慧。天主教的大公會議早在一九六五年提前作到了這個要求，是很幸運的事。

　　天主教的新詮釋同樣依據聖經，把聖經中有關天主仁愛的一面，匯合在一起，拼圖的結果，使天主的另一幅面容浮現，這是一幅真正神愛世人的面容，大公無私的面容，不是只愛猶太選民和基督徒的面容。因為神創造的一切「樣樣都好」⓸⑥，受造的一切都是他所嘉愛的。人類的罪過已被耶穌救贖。救恩是神賜予全人類的恩惠。祂的血是「為眾人傾流的」⓸⑦。因此天主教神學家再詮釋時，毫不猶豫地肯定：在「特殊的救恩史」外，還有「普遍的救恩史」⓸⑧，此史包含全人類，無論信從祂與否。通過特殊的救恩史神作的救恩事業亦通傳到普遍救恩史內的人類。不過，在神的愛和犧牲的因素外，人的得救也靠人自己的努力，包括他的一切善業。「凡主觀上無過失而未聆聽福音的善人都能得救」⓸⑨。從「小乘」轉成「大乘」，這是今日天主教神學的新方

⓸⑥舊約創世紀第一章第三十一節。

⓸⑦新約馬谷 14:24「他願意所有的人都得救」（弟前 2：4）。「天主也是外邦人的天主」（羅 3：29）。「天主是不看情面的，凡在各民族敬畏他而履行正義的人，都是他所中悅的。」（宗 10：34-35）。

⓸⑧陸達誠收集有關資料寫成〈今日天主教對非基督宗教的看法〉一文，《哲學與文化》V II-l，1980.1， pp. 22-28。該文指出所謂救恩史者，乃天主在人類歷史中安排了的一切為人得救而發生事故的總合。可知救恩史在人類開始出現時已開始了。其中包括了人類受誘跌倒，被罰，神給救恩許諾，洪水後神與人訂立的宇宙盟約，加上自然啟示，此指人類理性可由物推知造物主存在的天然能力，一切人均置身於普遍救恩史中，能用「特殊救恩史」以外的一般方法得到救恩。故可說，救恩史與人類史是並行的，兩者之間沒有絕對的分界。

⓸⑨H.R.Schlette, *Towards a Theology of Religions*, (London: Burns & Oates, 1966), p. 98.

向。稍後神學家再強調非基督宗教的救恩價值一面來自他們本身的教義及修行傳統，另一方面來自人本質上的的社會性。人的生命之出現，成長，成熟都絕對依賴社會。那麼對人永生有關的助緣一定亦有社會的向度。而自然宗教即是此助人得到整體生命成長的團體因素，是天主在特殊救恩史外為眾生安排得救恩的集體助緣❺⓪。非基督宗教乃成普遍救恩史中助人得救的常設機構。它們不但不是異端，還是神用來救人的一般性方法呢。至於如何鑑定某教之正偽，還是有判準的，一般而論，倫理的高要求常不能缺。

一八九三年全球宗教領袖在芝加哥召開了第一次「世界宗教會議」，有三十多位代表參加。一百年後（1993 年）在同一地點召開了第二次世界宗教會議時，計有二百個宗教組織，近八千位代表參加。宗教間的距離變得好近，好像「喊一聲就聽得見」那樣。三位記者訪問了二十八位代表，合撰一本〈心靈的殿堂〉❺①。每位被訪問的宗教領袖暢談其教對人類共同命運的關懷。訪問內容涉及：種族歧視，男女平等，戰爭與暴力，尊重生命，生態平衡及環保等。他們言談間顯出一片真誠，善良，謙虛和友愛的氣氛，他們真是成熟和圓融智慧的成果。該會議結束前，孔漢斯神父（Hans Kung）起草的〈全球倫理〉❺②，獲大會

❺⓪ Schlette（參上註）引用 Karl Rahner 的話說：「任何處在普遍救恩史平面上的宗教行為不可能是一純內心的、主觀的個人行為。除非相反的論點被確切證實，我們必須假定：在普遍救恩史內一切與天主結合的神秘經驗和隨之而來的得救可能，都是通過一社會方式促成的。這種社會方式便是所謂的（自然）宗教。」P.77. Rahner 的原文在 *Nature and Grace*,（London; Sheed & Ward, 1963）。

❺① 見註❷。

❺② Hans Kung《全球倫理》，（臺北：雅歌，1996）。劉述先著《全球倫理與宗教對話》，（臺北：立緒，2000）。

一致通過，成為大會留給世界各宗教今後進行倫理教育的共同手冊。這是世界倫理歷史性全球共識的記錄。倫理的匯合有助於心靈的合一。由是，我們可以預期未來的宗教對話必更會再上一層樓。

本節有關宗教對話的資料，內容幾乎全以天主教立場的轉變為主，實因天主教過去的「小乘」神學給世界帶來太多負面的影響，而該教又是世界宗教中人數最多，對文化影響最深的宗教，故它往日的排外性能滯礙全球宗教間的交流，而其他宗教的自我認定似乎均無天主教（包括某些基督新教）之強烈。今日天主教神學能有此改變，是全人類宗教界的一件大事。「人類一家」之理想乃更有實現之可能，故值得引起讀者更大的注意。

在結束本節宗教對話的討論前，我們尚可增補一些其他宗教對教義多元思考的資訊，為說明其他宗教本有的寬容，而在全球宗教氣氛改變時刻，不需作大幅度的調整。謹以印度教為代表簡述之。甘地曾說過：

> 一個宗教的跟隨者站出來說，自己的宗教是唯一真實的宗教，而其他的宗教都是錯誤的宗教，這樣的時代已經過去了。……各宗教乃是凝聚在同一點上的不同道路，只要可以抵達同一目的地，走上不同的道路又有什麼關係呢？我信仰一切世界主要宗教的基要真理。我相信它們都是上帝所賜予的，而且我相信它們對受啟示的那些人而言是必要的。……沒有一個信仰是完美的。所有的信仰對他們各自的信徒來說都是同等重要的。因此所要追求的是極力友善地與世界各主要宗教信徒來往，而不是無謂地嘗試在每一群體中顯示自己的信仰優於其

他的信仰，並造成衝突。❸

佛教界類以的反應，可自一行禪師的《生生基督世世佛》❺
一書可見一斑。

---

❸希克著《第五向度》，（臺北：商周，2001），頁 310-312。
❺《生生基督世世佛》，一行禪師著，薛絢譯，（臺北：立緒，1997）。

生死學

　　人死之後還存在嗎？人死之後去哪裡？這是人生之大惑和大謎。這是最狹義的終極關懷內容。宗教必然提供答案，而宗教哲學就隨著要討論一番。

　　所有的宗教都相信死後有生命的延續，都相信人死後不死，所以宗教人在面對死亡時，雖也有不可知因素帶來的不安，但不至於怕到不知所措的程度。佛教稱死為「往生」，基督宗教稱之為「回歸父家」。死亡為他們絕非生命的終點站，而為另一更好更久生命的開始。對宗教人來說，「生死學」應改成「生生學」，第二個「生」指此生之後的第二生。一九九三年美國一位助產女士 Kathy Kalina 寫了一本名叫《靈魂的助產師》（*midwife for souls*）⑤。她用她的專業知識告訴讀者：安寧療護工作很似助婦女生產。兩者都是要協助新生命經過一段迴迂曲折的過程而誕生出來。後者是第一生，前者是第二生。第一生完成時，眾人皆大歡喜，只嬰兒一人哭；後者相反，周圍的親人一般來說，都在傷痛哀哭，唯去世者一人可能在大喜大樂的情緒中。他的經驗無

---

⑤ Kathy Kalina, *Midwife For Souls*, (Boston: Pauline Books, 1993).

法與此界親友分享。這真是一個奇妙而有趣的對比❺❻！

雷蒙‧穆迪醫生（Dr. Raymondy Moody）研究了二千多個瀕死經驗的個案後，有了一些結論。他發現不同的文化和宗教的人都有類似的瀕死經驗。往往在急救的時候，瀕死者的靈魂從自己的身體中浮出去，作高空鳥瞰。稍後飛速穿過一條幽暗狹長的隧道。出口處看到一個大光體，給人溫和慈祥的感覺。剎那間，他回顧自己過去一生，包括每一細節。光中的人物會問他：那每一時刻你是否以愛心來度過的？這時許多去世的親人都出現了。喜悅的氣氛洋溢在大家的臉上，令他樂不思蜀，不要再回人世了。若不是還有未完的責任督促他，他一定不想回來的。等他被守護神推一下，幾乎被勉強地送回人世時，他又看到了自己的身體，及周圍的人。這些從彼界重回人世者都肯定有靈魂，有上帝。他們的人生觀完全改變。對金錢、名位、權勢都不再貪圖，只願為愛人而活。並且他們不再怕死❺❼。

穆迪以外尚有許多書籍❺❽也作了類似的報告。這類資訊並無宗教因素在內，但其結論與各宗教提供的頗為類同。這份資料告訴吾人死亡不是可怕的事。正如上文提到過的：人死時，周圍的人哭，而他一人在歡笑。

❺❻陸達誠：〈快樂得想死〉（臺北：恒毅雙月刊，1999.6）；〈走過「生」「生」的關卡〉，同前，2000.6。

❺❼參閱關永中〈瀕死──雷蒙‧穆迪《生後之生》的啟示〉，輔仁宗教研究 3，2001.6.，pp. 55-88. Raymond Moody, *Life After Life: the Investigation of a Phenomenon - Survival of Bodily Death.* (Covington: Mookingbird Books, 1975); (New York: Bantam Book, 4th printing, 1976).

❺❽李齊，《死亡九分鐘》，陳建民譯（臺北：中國主日協會，1988）。Angie Fenimore, *Beyond the Darkness: My Near-Death Journey to the Edge of Hell and Back* (New York: Bantan, 1996). Maurice Rowings *Beyond Death's Door* (New York: Bantan, 1978)。

　　宗教人面對死亡而不懼者，另有原因。宗教人由於信仰早與永恒界聯結。在其生時，因其深度的祈禱，與神聖契合，並如有過強烈的宗教經驗的話，死亡對他絕非是件可怕的事；相反，倒是可成為他夢寐以求的靈性經驗。這一刻，他要與其一生所信所愛的那一位面對面的相見了。這個會晤帶來的震撼是不可思議的。這是人生的最高峰❺❾，是人期望的愛及幸福的總滿足的片刻。

　　由上面的描述，吾人可知世上有些宗教人不單已超越死亡，可以不怕死，並且把死亡看成幸福生活的門檻，真實生命的開始。所以宗教人的生死學應改成「生生學」：第二生才是真生，不死之生，永福之生！

　　不過宗教人不因有此信念而厭生。就像胎兒未足月是不適合生下來一樣。生有定時，死亦然。我人在第二生時，都應是成熟者，而非稚童。那麼讓我們好好地修修自己吧！

---

❺❾陸達誠著，〈生死與價值〉，《輔仁宗教研究》3，2001.6,頁182, 184.
See also A. H. Maslow, *Value, and Peak-experiences* Arkana 1994, pp. 76, 280。
李安德著《超個人心理學》（臺北：桂冠圖書，1992），頁192。

第八節

結　語

　　本章標題是「向神聖靠近」。最後一節我們討論生死問題，結論竟是以生生學取代生死學，因在此生與永生的交界處，「神聖」隆重自顯，此「聖顯」把生命中最黑暗最荒謬的一刻徹底改造，使它變成充滿幸福的人生頂端。就在此刻，神聖終於取回祂的尊位，也讓一生忠於信仰的靈魂躍入永界，分享真善美聖及永不再死，亦不必再輪迴的極樂世界的幸福生活。這幸福是愛與被愛的幸福的極致。讓我們一起上路吧！

參考文獻

一行禪師，《生生基督世世佛》，臺北：立緒出版，1997。

唐君毅，《人生之體驗續編》，臺北：學生書局，1980。

木村泰賢，《原始佛教思想論》，臺北：商務印書館，1958。

莊嘉慶，《宗教交談的基礎》，臺北：雅歌出版，1997。

陸達誠，《馬賽爾》，臺北：東大書局，1992。

傅偉勳，《死亡的尊嚴與生命的尊嚴》，臺北：正中書局，1994。

鄭曉江，《中國死亡智慧》，臺北：東大書局，1994。

《梵蒂岡第二屆大公會議文獻》，臺北：臺灣天主教主教團秘書處，
　　1981。

Buber, M.,《我與你》，臺北：基督教文藝出版，1986。

Cousineau, Phil,《靈魂考》，宋偉航譯，臺北：立緒出版，1998。

De Chardin, P. Teilhard,《人的現象》，李弘祺譯，臺北：聯經出版，1983。

De Chardin, P. T.,《神的氛圍》，鄭聖譯，臺北：光啟文化，1986。

Dupre,Louis,《人的宗教向度》，傅佩榮譯，臺北：幼獅文化，1986。

Hick, John,《第五向度》，鄧元尉譯，臺北：商周文化，2001。

Hick, John,《宗教哲學》，錢永祥譯，臺北：三民書局，1991。

Kung, Hans,《全球倫理》，何麗霞譯，臺北：雅歌出版，1996。

St. Augustine,《懺悔錄》，應楓譯，臺北：光啟文化，1981。

Smith , Huston,《人的宗教》，劉安雲譯，臺北：立緒出版，1988。

Tobias M. etc.,《心靈的殿堂》，薛絢譯，臺北：立緒出版，1997。

Kalina , Kathy, *Midwife For Souls,* (Boston:PaulineBooks, 1993).

Lombardi, R., *The Salvation of the Unbeliever*, (London: Burns and Oates, 1959).

Moody, R., *Life after Lifer*, (NY: Bantam, 1975).

Rahner, K., *Nature and Grace*, (London: Sheed & Ward, 1963).

Schlette, H. R., *Towards a Theology of Religion*, (London: Burns & Oats, 1966).

Taliaferro, Charles, *Contemporary Philosophy of Religion*, (Oxford: Blackwell, 1998).

Van Straelen, H., *The Catholic Encounter with World Religions*, (London: Burns and Oates, 1966).

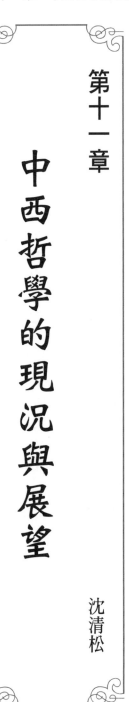

第十一章

中西哲學的現況與展望

沈清松

第一節

前　言

當前的國際哲學界基本上仍是以西方哲學為主流。雖說世稱有中、西、印三大哲學傳統，而西方哲學也出現許多困境，並向東方尋找資源，然而，無論印度哲學、中國哲學，或其他地區正興起的較小哲學傳統，仍未能和自古希臘以降發展的西方哲學一爭世界哲學主流的地位。目前哲學雖有多元化的趨勢，也因此各種哲學傳統都將擁有更多自主發展的可能性，但整體說來，西方哲學仍居世界哲學的主流地位。

大體說來，當前西方哲學仍可粗略區分為歐陸哲學和英美哲學，❶本

---

❶此一區分目前也已遭到質疑。The Monist 在 1999 年出版的 82 卷第 2 期對於兩者以專號討論，可供參考。

　　文將先對此加以評述並略論其值得注意的趨勢。其次，本文將探討當代中國哲學的發展，主要討論臺灣與大陸迄今融通中西哲學的大方向，與中西哲學會通的一些基本問題。

第二節

歐陸哲學

西方哲學可以大略分為四個發展階段：一、古希臘哲學，從先蘇時期的哲學家（Pre-Socratic philosophers）到蘇格拉底（Socrates）、柏拉圖（Plato）、到亞里斯多德（Aristotle），為其高峰，為整個西方哲學奠定了基礎，然至希臘化時期（Hellenistic period）漸趨衰微；二、中世紀哲學，始自教父（Church Fathers）的哲學，其後發展為士林哲學（Scholastic Philosophy）；三、近代西方哲學，包含歐陸的理性論（rationalism）、英國的經驗論（empiricism）和德國觀念論（German idealism）及其他哲學思潮；四、當代西方哲學，就此而言，歐陸自二十世紀初迄今，興起了許多豐富的哲學思潮，不一而足，大體上可分以下幾點討論。❷

---

❷ 沈清松〈當代哲學的思維方法〉（新竹：通識教育季刊，1996.3），第3卷第1期，頁 61-89。

一、結構主義與系統理論

在歐陸興起的哲學當中，比較重視研究對象的結構面並且透過結構面來對現象進行解釋的思想傾向，主要可見之於結構主義。結構主義（structuralism）是從日內瓦的語言學派索緒爾（Ferdinand de Saussure）的語言學結構主義開始，但是其後延伸到雷維・史陀（Claude Lévi-Strauss）的人類學結構主義，甚至發展為哲學的結構主義。也因此，它並不只是作為研究語言、文學或文章的研究策略，而且也被視為是分析社會和文化的方法，甚至是看待歷史的基本看法。它把歷史中出現的特定社會與文化視為是被基本結構所決定，而所謂基本的結構是則由一些對立的因素及其相互關係所構成。任何形態的社會和文化，及所有社會現象，都被視為是基本結構所允許的可能性的某種排列組合而已。大體說來，我們可以指出，結構主義有以下幾點預設：

(一)結構優先於人的主體

人及其生命的意義或主觀感受被視為不重要，甚至只是幻覺而已。有意義的行動無需訴諸主體的主觀經驗，唯有結構才能解釋意義的產生。結構被視為是優先於主體所感受到的意義。

(二)共時性優先於貫時性

結構本身是個系統，它是超越時間的，結構所決定的各個因素在時間裡是以共時的（synchronic）方式呈現的，至於時間裡不同階段、不同歷史時期貫時的（diachronic）面向，都可以用共時的結構加以解析，而且被認為只是共時性的結構因素不同的排列組合而已。總之，貫時性必須經由共時性的結構因素來分

析。

(三)無意識的原則

結構主義假設了一種無意識的原則，所有的行動主體都接受匿名結構的決定，任何人皆無法以有意識的努力來達致任何有意義的成果。因為所謂意義本身就是被結構以某種無意識的方式決定的。

由以上三點看來，結構主義所強調的是結構對於人文和社會現象的決定性。我們承認，必須重視結構，這點很重要。可是，人的感受、人文現象與社會活動的意義何在呢？不能只把意義化約為結構就算解決了。

在結構主義之外，系統理論（system theory）提供了系統的分析，類似於結構主義，但比較能照顧到結構主義所忽略的動態、發展的面向。一般系統理論（general system theory）的創始者貝塔蘭非（L.Bertalanffy）認為，系統是一套相互互動的因素，一方面系統裡面的因素彼此相互動，另外一方面諸因素也可以在時間中互動而產生變化。系統理論所提出的概念框架有助於我們分析生命與社會，因為它們也是由不同的因素相互互動而形成的，而且系統理論也注意到這些因素在時間中的變化發展。不過，系統理論仍然無法解決在社會與文化現象中至為重要的意義問題，雖然系統理論已經顧及時間因素，但就理論而言，仍然沒法兼顧人所重視的感受與意義。尤其對中國哲學而言，對意義的感受和了解是十分重要的，也必須兼顧對人的主體、生命意義和人性的完成的討論，當代中國哲學更注意這方面的問題。但這在結構主義和系統理論裡就相當缺乏。所幸，這在以下現象學、詮釋學和批判理論裡受到相當的重視。

二、現象學與詮釋學

　　現象學是二十世紀最具原創性的一個哲學思潮，其最關心的問題正是意義的問題，這是結構主義和系統理論所不及之處。結構主義和系統理論可以說是某種意義危機時代的產物，因此也沒有提出任何思想方向來克服意義危機的問題。在西方當代哲學中，現象學和詮釋學對意義的考量最值得參考。

　　現象學的奠立者胡塞爾（Edmund Husserl）主張「返回事物自身」，也就是返回主體對事物的體驗中事物本身最原初的呈現，此即現象。所謂現象學，就是研究如實呈現的現象的本質之科學。不過，此一呈現並不外乎人的意向性。胡塞爾認為，意向性正是每位認知主體指向意義並構成意義的原初動力。胡塞爾在成熟期的思想更重視還原到意義構成的源頭，稱之為「先驗主體」，再從先驗主體出發來徹底地構成意義。他在晚年則提出生活世界（Lebenswelt，life world）的概念❸，指出每個人都在生活世界裡，也就是在動感的經驗（kinesthetic experience）、人與他人的互動和先於科學的脈絡中，甚至是在整個歷史過程中形成意義。綜言之，若要了解意義，一方面必須顧及主體的意向性，另一方面也必須兼顧所居存的生活世界。

　　現象學從胡塞爾轉到海德格，不再停限於主體，而是超越主體，講求存有的開顯與人對於存有的原初理解。所謂意義，基本上是人在向存在的可能性投現的過程中的可理解性。譬如，理解某一文學作品、藝術品的意義，是了解其中所揭露出的人存在的

---

❸ E.Husserl. *The Crisis of European Sciences and Transcendental Phenomenology.* trans. by David Carr. (Evanston: Northwestern University Press, 1970).

可能性，而不是主體的意向性。當我們懂得一件作品時，不是懂得作者的原意或意向，而是理解作品所揭露出來的人存在的可能性。這一點使得現象學本身產生了轉折。

海德格所理解的現象學，不再是本質的科學，而是存有學。「現象」就是那能自行呈現者，而「學」也不再是科學的意思，而是一種揭露性的言說。換言之，現象學就是一種揭露性的言說，藉此使得存有能以它自己的方式自行揭露。其所採行的基本上是一種「詮釋」的方式，因此從此與詮釋學接枝。

現象學從海德格發展到梅洛・龐蒂（Maurice Merleau-Ponty），將海德格所言此有（Dasein）更具體化為「身體」；他談論己身（corps propre），肉身（le chair），認為是存有開顯之場域，主張「身體即主體」與「體現存有」。一方面更具體，一方面也鑽研到了谷底，如果不再進而與知識與文化中的表象（representation）相協調，現象學似乎已到體驗盡頭。今後，根源與表象之間的對比張力是哲學終究必須面對和解決的。

詮釋學給現象學帶來進一步的發展，原因之一是它注意到在文本、藝術品、行為……等等的意義詮釋問題。詮釋學從海德格的哲學詮釋學再經由高達美（H. -G. Gadamer）的發展，轉而更注意在經典、人文傳統、藝術的經驗和歷史意識，甚至整個語言中所揭露的真理。由海德格和高達美所形成的，可稱為「哲學的詮釋學」，其基本觀念就是存有及真理的開顯，並提防方法會趨向宰制的傾向。至於如何經由方法而與當代科學對談，提供經典詮釋的判準，尤其提供意識形態衝突的仲裁的標準，則發展出所謂「方法的詮釋學」，像貝諦（Emilio Betti）、特別是呂格爾（Paul Riceour），透過方法的迂迴，在存有理解中納入結構性解釋。經由方法的迂迴，吸納解釋的作用，使存有理解更為豐富，進而指向存有的開顯。不直接走存有學的捷徑，而是繞由方

法迂迴的遠路，來轉回到存有的開顯。方法的詮釋學對哲學的詮釋學有相當的補足作用，基本上呈現出解釋和理解之間的張力。

　　呂格爾晚年所撰《時間與敘述》（*Temps et Recit*），試圖接下海德格的《存有與時間》，轉向敘事文的研究，無論是歷史的敘事或文學虛構的敘事，可謂西洋哲學朝向「事上見理」的轉折，也可說是回到希伯萊和聖經說故事的傳統。然而，自從希臘哲學以來哲學做為「概念建構」的傳統，勢必還會繼續下去。究竟故事與概念如何協調？如何在兩者的對比張力之間找到哲學新的創造力泉源，也是哲學今後必須認真思考的問題。

三、批判理論與解構主義

　　以上現象學和詮釋學所注意到的基本上是有意識且有意義的層面。但就意義而論，不但有有意識的意義，也有無意識而仍有意義者，例如欲望或意識形態，在個體或集體的無意識中決定人的思想和行為。就此而言，意義也會受到無意識的扭曲和宰制。當代哲學中批判理論從霍開默（M. Horkheimer）、阿多諾（Th. Adorno）、馬庫色（H.Marcuse），到哈伯馬斯（J.Habermas）致力於批判，貢獻良多。

　　對哈伯馬斯而言，批判就是一種自我反省，一種有意識的努力，藉此把潛意識中的欲望或意識形態揭露出來成為有意識的，在自覺受到其影響的過程中，免於繼續再受其決定。人對潛意識的批判，可以擺脫其決定，不再繼續受其擺布，但並不一定可以取消掉它的存在。然而，由於不再繼續受到個體潛意識（欲望），或者集體潛意識（意識形態）的擺布，人才能夠和他人進行較為自由和負責的溝通，而不會繼續對意義進行扭曲。所以，批判理論所謂的批判，也就是對個體或集體潛意識的反省。批判

是一種自我的反省，也是一種啟蒙的過程，使人不再受到無意識的決定，這一點是現象學、詮釋學所沒做到的。也因此，對於意義的討論有必要加上批判理論，始能在無意識而仍有意義的層面，更深刻認清意義的整體性和動力。❹

然而，除了批判理論的「批判」以外，在後結構主義中還提出解構（de-construction），出自德希達（J. Derrida）的解構論。基本上，所謂的「解構」是把作品的結構加以顯豁，證明其完全無效，也因此解除其規定。解構主義對於理的中心論（logo-centralism），或歐洲中心主義（Euro-centralism）深加批判。其所批判的是西方文化或形上思想裡最深層的部分，認為西方形上思想都是受其語言所限制，而其語言基本上是以「理」為中心的語言，採二元論思考，在二元當中只偏於某一元，貶低或壓制另一元，所謂解構是要解除此種宰制的二元狀況，而進入兩者的難關（aporia）之中，類似沈清松所謂對比張力的處境。

對此，所謂的解構企畫，基本上就是要顛覆或解除這些二元對立，而創造出一個空間，足以容納更多的多元和差異，其中也包含不同文化或性別的差異。德希達提出一個所謂產生差異（différance）的概念，解除所有的差異偏好，產生更多的差異和多元，認為唯有如此才能克服西方的形上思維的二元性和差異性。在德希達看來，甚至連海德格對存有的看法，都仍然預設存有的中心性。因此，所謂解構就是要破除任何的終極性，而不斷的產生差異。當然，這種對差異的看法也會有把產生差異絕對化的傾向。在晚近的研究當中，也有學者對德希達做類似的批評。

❹參見沈清松，〈解釋、理解、批判——論釋學方法的原理及其運用〉，原收入《當代西方哲學與方法論》（臺北：東大，1988），頁 21-42。

四、後現代思潮

除了前面幾種思潮之外，還出現後現代思潮，德希達、傅柯
（Michael Foucault）、李歐塔（J.F.Lyotard）等人的思想，都被
列入其中，對於近現代哲學中的現代性加以反省。現代性（mo-
dernity）基本上是由理性的概念、主體性的強調，與表象思維所
形成。後現代思潮質疑、批判、否定現代性，並進一步提出更為
多元的遊戲性概念，宣稱主體的死亡，對於主體、自我多加批評
與超越，另外，由於傳播媒體的擴散，表象思維更加嚴重化，形
成由表象（representation）、向擬象（simulacre）的過渡。由於
德希達、傅柯、布希亞（Baudrillard）和李歐塔等人的思想，後
現代的思潮正方興未艾。對於先前崩毀的主流典範，又再進行更
極端的質疑、批判和否定的作用，使得哲學越來越脫離其學院派
作風，而進入文化與社會之中運作。❺

在後現代的風潮中，也興起了爭取性別尊嚴與平等的女性主
義哲學（feminist philosophy）以及更為具體與局部化的應用倫理
（applied ethics）研究。尤其女性主義哲學從原先對性別平等的
探討，到批判二元論（dualism）與普遍論（universalism），到
探討女性的情感、德行與理性，甚至個別女性的稟賦、個人歷史
與文化薰陶造成的差異……等，在情感現象學、實踐哲學（包含
倫理學與政治哲學）與知識論方面皆有新意。晚近更有幾套女性
哲學史的出現。這對先前太過以男哲學家為主的哲學史，將會有
所改觀。至於應用倫理在環保、族群、醫學、戰爭……等方面的

---

❺關於後現代主義，請參閱沈清松，〈從現代到後現代〉一文。沈清松
〈從現代到後現代〉《哲學雜誌》，第四期（臺北：哲學雜誌社，
1993/4），頁 4-25。

實踐關懷，也將促使哲學更走入生活世界、更強調實踐哲學。

五、建構實在論

除了後現代主義的批判與否定之外，在歐洲晚近也興起了建構實在論（Constructive Realism），是克服原先維也納學圈（Vienna Circle）的困境而興起的新維也納學派，成員包含哲學家華納（F.Wallner），物理學家皮西曼（H. Pietschmann），心理學家古特曼（G.Guttmann），歷史學家布魯納（Brunner），科學組識學者費雪（R. Ficher），國人沈清松亦為其成員之一。建構實在論關切科際整合的知識論策略。大體說來，其主要理論可歸結為以下三點：

㈠三層實在論

建構實在論原先主張有二層的實在，一是實在自身（Wirklichkeit, reality itself），一是建構的實在（Realität, constructed reality）。每一門科學皆因特殊的研究方法和知識內容，形成各自的微世界（microworlds），所謂構成的實在則是全體微世界的總稱。這個區分頗類似康德現象與物自身的分別，不過並不採取康德的先驗哲學假設。兩層實在論克服了邏輯實證論中反形上學的弊端，肯定了環境的實在性，但個別學科只能建構微世界，不同學科應彼此多相互動，共同形成更建全的構成的實在。但沈清松指出，為了避免為建構而建構，且越建構越破壞生活世界，應設置「實在自身」、「構成的實在」與「生活世界」三重實在，前兩者由生活世界中介。經由此一批評與重建，如今建構實在論已主張三重實在論。

(二)外推的策略

由於個別學科常封閉在自己的微世界裡，不適合進行科際整合，而波柏的否證論只適宜每一學科內部的研究，不適合當作學科彼此互動的知識論策略。至於費耶拉本的想法只能各學科各行其是，也不能達到科際整合。為此，建構實在論主張每門學科或研究方案應設法走出自己，把本學門的重要發現和主張翻譯為其他學科可以理解的語言。此外，不同學科或研究方案的發展往往立足於不同的社會組織，因此也應向其他社會組織外推。一個學科在從事這兩種外推時——語言外推和組織外推——所遭遇到的阻礙，往往顯示該學科在知識論原理與組織文化上的限制，並藉此反省進一步求得擴大。如果不懂得反省，那麼該學科最多只能說是有建構微世界的技術，還談不上是知識。

(三)實踐主義的科學觀

建構實在論主張科學哲學應該反省科學家的實際行動，而且其所提供的科學判準也是在於行動。建構實在論認為，如果一個科學建構不能為吾人展開新而有效的行動的可能性的話，便談不上是真的科學發明。

建構實在論上述要點中最可取的是它的外推論，不但可以採用為科際整合的知識論策略，而且可以擴大成為文化互動的策略。從不同學科之間的外推，擴大為不同文化之間的外推。這點正是沈清松對建構實在論的主要貢獻之一。❻

---

❻ Cf. Vincent Shen, *Confucianism, Taoism and Constructive Realism*, (Vienna: Vienna University Press, 1994).

第三節

英美分析哲學

　　一般而言，英美哲學界雖也有和歐陸哲學互通有無的地方，但大體上可以說是以分析哲學為主要潮流。基本上，分析哲學涉及意義分析的問題。雖然它可以追溯到古典經驗論，像洛克（John Locke）、柏克萊（George Berkeley）、休姆（David Hume）的哲學以及康德（Immanuel Kant）的思想。但基本上分析哲學是在十九世紀末和本世紀初出現，可以說是由佛列格（Gottlob Frege）、維根斯坦（Ludwig Wittgenstein）、羅素（Bertrand Russel），和摩爾（G. E. Moore），以及二、三十年代維也納學圈的邏輯實證主義者……等所奠定基礎。其中尤其以佛列格的工作具有奠基性，由於佛列格發明了現代的符號邏輯，從此發展出整套語言哲學，對於分析哲學具有奠基性的作用。無論是就其所發明的現代邏輯，其謂詞計算提供哲學分析以基本工具，或就他將語言哲學視為整個哲學工作的核心部分而言，都是十九世紀末分析哲學最重要的一個事件，為爾後的分析哲學奠定了基礎。以後再經由摩爾、維根斯坦，維也納學圈，以及一九五〇年代牛津日常語言學派的發展，作出了相當大而且重要的哲學貢獻。

　　原先,在西方近代的主流典範崩解之前,分析哲學可以說是該主流典範在上世紀末和本世紀初最明顯的一種表達方式之一,但在二十世紀六、七十年代主流典範崩解之下,也產生了變化。這變化在於㈠原分析哲學主張的基礎論科學觀的破滅,㈡有關綜合命題與分析命題、描述語詞與評價語詞兩個重要區分的打破。

　　所謂「基礎論的科學觀」認為,所有的語言或對於實在界的描述,可以化約到一個最基礎性的描述。例如,像卡納普所作,將社會、文化、歷史層面化約為心理層面,將心理層面化約為生理層面,將生理層面再化約為物理層面。基本上,所謂的基礎論的科學觀,就是一種化約論的科學觀。在這種科學觀之下,會把語言的豐富性化約為單一的語言。然而,自從維根斯坦的《哲學研究》(*Philosophical Investigations*)提出語言遊戲(language game)❼,認為「不同的語言遊戲對應著不同的生活形式」,而且語言的「意義」主要在於其「用法」;從此,對於語言的討論,再也不能把各種語言遊戲化約為只是「描述」,或把所有的「使用」化約為只是指涉(reference)。其實描述只是許多語言遊戲之一,而指涉也只是許多語言字詞的使用之一。如果說各種語言遊戲不需要另外有基礎,或是說,不能把某些語言遊戲化約為某一種遊戲的話,那麼語言本身就不再有必要追求一個基礎,也因此基礎論的科學觀逐漸被打破。

　　關於兩個重要的區分,一是「綜合」與「分析」的區分,一是「描述」與「評價」的區分,也都是在原先主流典範的思維下成立的。首先關於所謂分析與綜合的區分:分析的命題就如「所有的鰥夫都是未結婚的」、「二加二等於四」等等,這些命題的

---

❼ Wittgenstein, L.. *Philosophical Investigations*. trans. by G.E.M. Anscombe. (Oxford: Basil Blackwell. 1968).

真理完全依賴其中所含語詞的定義，也因此其真或假是可以先於經驗而知道的。至於綜合的命題，例如「臺灣的男性多於女性」或「未結婚的男人會比結婚的男人死亡率高」，這樣的命題則是屬於經驗事實，不能單靠定義決定其真假，稱為綜合的命題。這一區分十分明顯地區別了在科學或日常生活中有真假意義的命題，以及在形上學或神學或其他文學中無真假意義的命題。意義是僅視其真假而定，至於一個命題的真假則可用可檢證的原則來確立。甚至有一陣子流行說，一個命題的意義就是其檢證的方法。

然而，此一區分在奎因（Willard Quine）於一九五一年發表的〈經驗論的二大教條〉❽文中受到攻擊。他指出這種區分的不足，因為無論是分析命題或綜合命題都需不斷地再加以調整修改，沒有一個對修改免疫的命題。也因此，無論是先天的真或是經由經驗檢證而後真，兩種命題的區分是不能成立的。尤其是這種區分都是把語言或命題視為原子性的，一個個的命題皆需分別視其為分析性或綜合性來判別真假，並以此為檢證的方式。事實上，奎因指出，語言是整合在一個整體的網絡裡面，是我們所持有的許多命題作為一個整體來面對經驗，且需要不斷的調整，而不是單獨、個別的命題，因其分析性而視為先天的真，或因其為綜合命題而需視其檢驗結果來看是否在經驗上真。也因此，依照奎因，並沒有過去哲學家所明確分類的定義，而且那些被分類為分析命題者，事實上也很難被指認為具分析性而先天為真。

這樣說來，哲學的分析不能夠完全脫離其他個別的科學研究。原來在實證的主流典範之下所做的分析和綜合之區分，使得

---

❽ W.V.O. Quine. *Tow Dogmas of Empiricism*, in *The Philosophical Review,* vol. 60, 1951.

哲學和科學還是有別。哲學是在各種科學之外檢查後者語言的邏輯關係，並檢查語言和實在之間的關係。但如果把分析、綜合的區分消除，哲學就不能完全從其他特殊科學區分開來；相反地，哲學是跟其他的科學相銜接，甚至相重疊，必須不斷地調整以檢視其真理。這一點對於我們後面所要講的哲學學門與其他學門的關係，也頗有重要性。

另一個區分，是描述與評價的區分。這區分涉及到兩種命題。描述的命題是可以真可以假的，但是另有一些命題是只用來表達情感的。例如：「過去十年中竊盜率有相當程度的增高」，這是一個描述性的命題；但如果說「竊盜是惡的或是錯的」，則是一種評價性的命題。這種區分也是在實證的觀念框架之下做的，分析哲學基本上把自己限制在陳述真理上，而不是提供評價。哲學主要是在陳述分析性的真理，就是陳述我們的語言、各種概念之間的邏輯關係，哲學所從事的就是研究在各種科學或是日常生活中的語言結構，並對之加以邏輯性的探討。可是在奧斯汀（J. L. Austin）所提出來的語言理論中❾，不但排除了分析和綜合的區分，而且也排除了評價和描述的區分。他指出，在我們使用的許多語言中，並不只有用來作辨認或描述的，而且更有些是用來做事或行動的。比如在結婚典禮中說「我答應嫁給你」，或主婚人宣布說「我宣告你們兩人成為夫婦」，這樣的語言不只描述一個承認或結婚而已，而且它就是終身承諾或宣告結婚成立的行動本身。在這樣的情況下，語言哲學不再是哲學裡唯一的核心，它又重新回到了行動的領域，成為行動哲學的一部分，甚至成為心靈哲學的一部分。這裡又涉及說話者的意向等問題，使我

---

❾ 參見 J.L.Austin. *How to Do Things with Words*. (Cambridge: Harvard University Press, 1962).

們可以進一步把各種不同說話者的意向帶進來。在這種情況下，就不能單純地區分描述與評價，或只保留描述語句具有真假；相反地，在許多行動的語詞當中，同時也包含了真假的意味，但是除了真假以外，它還在行動當中顯示得體或不得體。

　　整體說來，由於維根斯坦的語言遊戲理論拆解了基礎論的科學觀，奎因對於兩個教條的批判拆解了分析和綜合的區分，奧斯汀的語言行動理論拆解了描述和評價的區分及其中隱含的化約傾向，使得分析哲學開始了各種的更為豐富的運動。再加上羅斯（John Rawls）的《正義論》（*A Theory of Justice*）對於政治和道德哲學的探討，使得原先的契約論在分析哲學的脈絡中獲得了相當大的發展。道德哲學或政治哲學不再像過去由於評價和描述的區分而受到忽視。羅斯的《正義論》把分析哲學擴大到道德和政治的領域。

　　在科學哲學方面，也由於實證論的動搖而產生了許多變化，由原先對於檢證原則轉向確認原則，再轉向波柏主張的可否證性原則。自從孔恩（Thomas Kuhn）的《科學革命的結構》出現之後，科學不再被視為是一個漸進的、穩定的知識累積，而是某一種間歇性的、階段性的革命現象，把先前的典範加以推翻，成立新的典範，在新的典範下出現新的正規科學的過程。孔恩的這種看法使得科學的圖像不再是一個穩定的知識累積的過程。至於費耶拉本（Paul Feyerabend）則更進一步挑戰「有一個唯一理性的科學方法」這種觀念，提倡所謂無政府主義式的（anarchistic）方法，方法只要行得通，就可以使用，並不一定僅限於某些方法，才是科學方法。這些歷史主義和相對主義進一步對原先分析哲學的主流性格或實證性格加以解構。

　　以下有幾個趨勢值得進一步來加以注意：

一、分析哲學與認知科學

認知科學基本上是科際整合性的，其中包含了心理學、語言學、知識論、電腦科學、人類學等等。分析哲學在這其中的參與，主要是在知識論方面的參與，然而，在排除原先邏輯的行為主義論調之後，分析哲學在這方面似乎比較接近於一種邏輯的或科學的唯物主義，譬如從電腦或人腦的場域來思考人的思想或知識的過程。原先分析哲學對於所謂「心靈」多少是視為非物質的，明顯地有心靈與物質的二元區分。如今在認知科學的研究上卻產生相當的轉折，將一種心物二元或者非物質性心靈的概念視為是不必要的。

二、意義的意向性考量

其次，就是對意義的探討也加入了意向性的考量，這一點也跟歐陸的現象學有異曲同工之妙。從奧斯汀《如何用語詞做事》（*How to Do Things with Words*）和色爾（John Searl）一九六九年出版的《語言行動理論》❿之後，有葛來士（Paul Grice）用對話、溝通的方式來理解意義，涉入了主觀的意義層面，而這種層面甚至可以延伸到非直接的語言行動，或一些隱喻性的語言使用。例如隱喻（metaphor）在日常溝通之中可以完全達成理解的作用，因為在溝通的情境當中的說話者與聽者，無需花任何努力就可以透過這些隱喻來達成相互的了解。這其中不但有語言的結構面問

❿ John R.Searle. *Speech Acts:An Essay in the Philosophy of Language*. (Cambridge: Cambridge University Press, 1969).

題或真理的條件問題，而且進一步還有溝通的意向，以及讓對方
了解我溝通的意向的因素包含在內。

在意義的研究中，除了考慮意義的意向層面之外，也還有繼
承塔斯基（Tarski）的真理理論以來的「真理條件論」，尤其是
奎恩和戴維森（Donald Davidson），主張必須考量一個語言的
真理條件，例如「S在L語言當中是真的，若且唯若P」（S is
true in L, if and only if P），如說「白雪是白的，若且唯若雪真是
白的」，這是所謂的真理條件。透過真理條件來確定語言的意
義，仍然在語言的意義理論裡繼續延伸。

三、其他研究趨向

除此以外，分析哲學在當前還繼續許多其他方向的研究，尤
其由維根斯坦晚年開出的許多研究面向，包含美學、數學、哲學
心理學，例如對信念、希望、恐懼、願望、需要、期待、感覺、
痛苦、看見……等等這些不同的概念的進一步的探討，或涉及所
謂「隱私語言」的問題。此外，人的心理現象和自然現象之間的
基本差別，人是不是按照規則來行動，或是遵循規則來行動的問
題，克里普克（Saul Kripke）有許多發揮。還有某些哲學的懷疑
論也在分析哲學裡繼續延伸，像克拉克（Tompson Clarke）和史
特勞德（Barry Stroud）對懷疑主義的進一步推展。另外，分析
哲學也繼承了羅斯等人的努力，在社會哲學、政治哲學方面進一
步加以延伸。心靈哲學的重要性也不斷升高，更整合了意向性的
心靈哲學，使傳統的心身問題重新獲得了不同的處理。這些可以
說是分析哲學的一些新的基本研究傾向。

第四節

當代中國哲學的省思

　　欲確認當前中國哲學研究的基本方向，首需略在中國哲學傳統中予以定位。中國哲學有其長遠傳統，本人曾把中國哲學的發展區分為四個時期：第一階段是先秦時期；第二階段從兩漢、魏晉南北朝一直到隋唐；第三階段是宋明哲學時期；與當前臺灣哲學最為相關的是第四時期，始於十六世紀末葉義大利天主教耶穌會士利瑪竇（Matteo Ricci）將西方的科學、哲學與宗教帶入中國。從此以後，整個近代中國哲學思想工作的最重要的課題，就是面對西方思想的挑戰，予以會通並創造新思想。可以說近代以來中國哲學的根本特性就是在面對西方哲學，再塑特色。

　　當前中國哲學的發展，大體上是第四時期問題的賡續與發展，面對西方挑戰，並加以會通；就像當初第二時期中國哲學面對佛學挑戰一樣。如果此一工作在臺灣、大陸及其他海外華人哲學工作者的努力下達致成功，中國哲學將有希望在嶄新脈絡中創造出新穎、具普世性價值的哲學思想。屆時中國哲學將可堂堂進入第五時期。

　　一九四九年大陸與臺灣分治的事實，對中國哲學的發展亦造成了重大的影響。在兩岸分別追求現代化與文化特色的過程中，

哲學發展的主旨仍在於結合中國哲學與西方文化。在大陸，主要形成了馬克思主義中國化或中國哲學馬克思化的融合途徑。在臺灣，則產生了更多元與豐富的結合中西哲學的體系，諸如有機主義的融合體系，當代新儒家的融合體系和中國新士林哲學的融合體系……等。

一、大陸地區哲學發展主線
──中國哲學與馬克思主義的結合

　　大陸地區在中共統治下，以緩慢的腳步追求現代化，並致力有中國特色社會主義的發展。自一九四九到一九五三年，是以「一化三改」為基本路線，一化是指「社會主義工業化」，「三改」是指「對農業、手工業和資本主義工商業的社會主義改造」。自一九五五年至一九七八年之間這段時間，究竟如何定期，雖難下定論，但在中共十三大以後，追認一九五六年之後的時期為社會主義初級階段。此後，自一九七八年迄今稱為「新時期」，按照鄧小平的話，「我們黨在現階段的政治路線，概括地說，就是一心一意地搞四個現代化。」⓫而這種追求現代化的方式，基本上被視為是形成有中國特色的社會主義的道路。鄧小平在中共十二大開幕時表示：「把馬克思主義的普遍真理同我國的具體實際結合起來，走自己的路，建設有中國特色的社會主義，這就是我們總結長期歷史經驗得出的基本結論。」⓬

⓫鄧小平，〈堅持黨的路線，改進工作方法〉，《鄧小平文選》（1975～1982）（北京：人民出版社，1983）。

⓬鄧小平，〈中國共產黨第十二次全國代表大會開幕詞〉，前揭書，頁372。

然而，欲形成有中國特色的社會主義，須在結合馬克思主義與中國哲學方面打下基礎。當代大陸地區的中國哲學發展，基本上可視為是結合馬克思哲學與中國哲學的努力。以下茲列述賀麟、朱光潛、馮友蘭三種融合中西哲學或中國哲學與馬克思哲學的方式：

(一)賀麟「新心學」的融合方案

賀麟極力強調吸取西方哲學與中國儒家思想相互融合的重要性。他在《儒家思想的新開展》一文中曾明確指出：「儒家思想的新開展，不是建立在排外西洋文化上面，而乃建築在徹底把握西洋文化上面。」「欲求儒家思想的新發展，在於融合吸收西洋文化的精華與長處。」❸

賀麟認為，儒家思想要旨有三，一是格物窮理，尋求智慧之理學；二是磨練意志，規範行為之禮教；三是陶冶性靈，美化生活之詩教。對此，賀麟主張首先吸納西洋正宗哲學以發揮儒家之理學；其次吸納基督教精華以充實儒家禮教；其三是領略西洋藝術以發揚儒家詩教。吸納之方式則在以儒家精神為體，西洋文化為用。

賀麟在哲學上的主張，則在結合黑格爾主義與陸王哲學，提出其所謂的「新心學」，而特與馮友蘭所主張的「新理學」迥異。尤其強調陸王「心即理」的命題中，心具「邏輯之心」、「邏輯主體」的意義。並認為「心有二義，一、心理意義的心；二、邏輯意義的心。邏輯的心即理，所謂『心即理』也。」可見其所主張的是一種邏輯主義的新心學。不過，賀麟此種以邏輯唯心主義結合儒家哲學和德國觀念論的作法，在唯物主義當道的中

❸賀麟，《近代唯心論簡釋》（重慶：獨立出版社，1944），頁1。

共政權下實難有所發展，以致賀麟後來多從事譯述工作，少有理論創作與突破，然其「新心學」特有別於馮友蘭的「新理學」，值得留意。

除了賀麟這種唯心論的融合方式之外，還有主張主客觀辯證統一的融合方式的朱光潛。

(二)朱光潛的主客觀辯證統一論

朱光潛主要的貢獻在於從美學的角度來致力融合中西的工作。他是由喜愛文學而走向心理學，再由心理學走向哲學。在起初的美學研究階段，他醉心於西方浪漫主義文學，康德——克羅齊形式主義美學，尼采的阿波羅精神與狄奧尼索斯精神，以及立普斯的心理學美學，基本上強調個人情感與想像自由伸展的精神，並先後出版了《給青年的十二封信》、《悲劇心理學》、《變態心理學》、《談美》等書，以及《文藝心理學》、《詩論》兩書初稿。及至《詩論》出版，才提出融合中西美學於一爐，思有以創造現代形態的中國美學。[14]基本上，初期的融合工作是以克羅齊的「直覺」與「表現」概念和尼采的悲劇思想來融合中國文學中的意象與境界之說。

一九四八年，朱光潛著有《克羅齊哲學述評》，對康德以來的唯心論作了一個總檢討，並批判克羅齊的哲學。之後，他逐漸致力於馬克思主義的研究，並在一九五六到一九六二年間的大陸美學大討論中批評自己過去信奉的尼采、克羅齊等人的美學是主觀唯心論，開始接受某種馬克思主義的美學詮釋，並提出自己對馬克思主義美學的看法。朱光潛認為，馬克思主義美學必須建立在四個基本原則的基礎上：一、感覺反映客觀存在；二、藝術是

---

[14]朱光潛，《詩學》（臺北：正中書局，1962），頁 1-2。

一種意識形態；三、藝術是一種生產勞動；四、客觀與主觀的對立統一。根據這些原則來看，美既不是主觀的，也不是客觀的，而是主客觀的統一，自然性和社會性的統一。這就是朱光潛所提出的主客觀辯證統一的美學理論，做為他綜合中國傳統美學和馬克思美學的一種主張。換言之，中國傳統美學所強調的意象與境界，與馬克思主義所強調的物質基礎與社會性，應在主客觀統一、自然性和社會性辯證統一中達致融合。

(三)馮友蘭的「新理學」融合體系

馮友蘭的思想發展經歷了多重階段，但基本上是一個協調新舊中西的思想。馮友蘭本人也是以「兼通新舊，融合中西」的協調性理念作為他一生中最重要的理想。馮友蘭曾將自己思想的發展分為下列四個時期：

第一時期：1919～1926 年，代表作是《人生哲學》。

第二時期：1926～1935 年，代表作是《中國哲學史》。

第三時期：1936～1948 年，代表作是《貞元六書》。

第四時期：1949 以後，主要工作是《中國哲學史新編》。

其中，較有體系性的綜合，要屬第三時期的新理學綜合體系，茲評述如下。

第三個時期馮友蘭所著的《貞元六書》，是指從一九三九年起一系列出版的六本書，其中包括了一九三九年商務印書館出版的《新理學》，一九四〇出版的《新事論》與《新世訓》，一九四三年出版的《新原人》，一九四四年出版的《新原道》，一九四六年的《新知言》。按照馮友蘭的構想，這一系列的書應該是他自己的思想體系的建構，換言之，不再是哲學史家的工作，只圖進行「照著講」；而是真正哲學家的工作，在於「接著講」，即接著前人發揮自己的體系。出版這些書的年代正值抗戰時期，

馮友蘭以為抗戰的困苦乃是中華民族復興的契機，因此此時所著之書，名之為《貞元六書》。實際上，在馮友蘭看來，六部書合起來只是一部書，只是分為六個章節而已，其內容是對中華民族傳統精神生活的反省，而其中多少懷藏著對傳統中國文化的眷戀。當中讓馮友蘭津津樂道者，是當抗日之時，他在西南顛沛流離著《新理學》之時，金岳霖正在撰寫《論道》，馮友蘭自謂其對金岳霖的影響是在發思古之幽情方面，而金岳霖所論的道，也是因為「道」字而有中國味。由這一點可以看出，在抗戰之時、民族文化正遭日本侵略摧殘之際，馮友蘭著「貞元六書」其目的亦是放置在調和新舊的角度上，希望從調和新舊、中西，開創中國哲學的新生命。

　　《貞元六書》的整個思想體系，馮友蘭稱之為「新理學」，以明白顯示其承接宋明理學一派而賦予新義的抱負。所以，他認為「新理學」一方面是指一九三九年的一部書，但同時也是他整個四〇年代的思想體系，而此一思想體系是以《新理學》一書為其總綱，事實上，他是以「共相和殊相」、「真際和實際」這些西方形上學語詞，來重新詮釋「理」、「氣」等中國哲學的概念。所謂「理」者，也就是「共相」是也、「真際」是也；所謂「氣」者，也就是「殊相」是也、「實際」是也。馮友蘭認為，從形上學的體系而言，「理在事先，事在理上」，這是新理學和程朱理學的共同主張；然而，就共相與殊相的正確關係而言，則應是「理在事中」，由此可見馮氏協調性思想思路的發展。而此一「理在事中」的思想，較為專門的在一九四〇年所著的《新事論》中加以發揮。所謂「事」，乃是針對「理」而言，因此，《新事論》可謂「新理學」運用在中西文化問題的討論上的結果。在這裡，他認為自己改變了對中西文化問題的看法，認為所謂中西文化的問題並不只是時代的問題，而是一種類型的問題。

東西的差別主要是城鄉的問題，也就是近代化與否的問題。換言之，東方是鄉村的文明，而西方則是城市、近代化的文明，主要差別在於近代化。然而，中國社會與西方社會的差別，在於西方是以社會為本位，中國則是以家為本位；這也就顯示了中國的殊相。就此而言，他認為中國走向自由之路，即在於不斷追求近代化和工業化，從以家為本位的社會，走向以社會為本位的社會。

然而，由於其後馮友蘭認為資本主義的近代化仍不是徹底以社會為本位的，在這裡，已經埋伏下他將馬克思主義引入、內化為他自己的思想的機緣，促使他後來認為馬克思主義是將人帶到真正以社會為本位的思想，是以集體所有制為前提，來進行工業化、近代化的一種努力，這個想法就是爾後《中國哲學史新編》為結合中國哲學與馬克思主義，為真正的近代化、為真正走向以社會為本位的工程，給予哲學養分的動機所在。

除此以外，《新知言》可以說是提出了一套新的哲學方法論，其目的也仍是在協調當時馮友蘭所認識的中國哲學與西方哲學，他當時所接受的是維也納學圈（Vienna Circle）的邏輯實證論（logical positivism），以及新實在論（new realism）的思想，其目的則是在重新闡揚中國的形上學。換言之，他的哲學方法就是在透過邏輯實證論和新實在論的邏輯分析觀點，來重建中國的形上學，這也是一種妥協性、協調性思想的表達方式。

至於《新原道》，也就是將中國傳統哲學中的理、氣、道體、大全等等概念，加以發揮，以闡釋中國形上學的基本精神，此一基本精神，在馮友蘭而言正是《中庸》所謂：「極高明而道中庸」。此種折衷高明與中庸之道也顯示出馮友蘭的妥協性、協調性的思考方式，即協調高明與中庸、形上與經驗是也。

二、臺灣地區的中國哲學發展
——中西融合體系的形成

　　一九四九年，國民政府遷臺。由於社會風氣崇尚功利與實效，中國哲學界在艱難中在臺灣發展。所幸，此一階段亦已產生某種程度的中西融合之哲學體系。例如方東美、唐君毅、牟宗三、羅光等人皆在一九四九年以後迄今之時期內完成其所致力融合之體系。臺灣學術界自一九四九年以來，以哲學界最有融合中西之自覺與努力。其餘若自然科學者，無論在理論、工程，與技術各方面，皆在西方科技典範的規定下從事研究，輸入西方科技，追趕西方科技。至於各種社會科學，亦無不愈來愈大量地輸入西方的理論與技術，其中如政治學、法學等，雖因涉及合法性傳統，而有中西並陳之勢，然亦未有自覺地從事中西之融合。總之，無論自然科學或社會科學皆承乾嘉學風、自強運動、五四運動以來逐層加深的西化與實證化之歷程，所謂「中國之自覺」由稀薄轉為荒謬。近年來雖有社會科學中國化或本土化之議，但未見成熟，且議論雜陳，接受的程度亦不一。就有自覺地融合中西而論，哲學界可謂率臺灣學界之先。

(一)方東美：機體主義的融合導向

　　方東美的哲學體系，是以美感經驗為其源起，並以之為融合中西之主要線索。美感經驗是其主要格調，尤其是方氏文字之美，典雅芳菲，足以凝聚思想，切中事理。方東美的哲學重視思想與存在的創新性、合理性和相攝性，並以形上學和人性論為其兩大骨幹，藉以架構起方氏所謂合乎機體主義、具有旁通性質的哲學體系。就形上學言，方氏肯定存在的多重性。他融合中國哲

學、希臘哲學和近世哲學的層級存在觀，指出存在界由物理、生物、心理（以上屬自然界）逐層上升至美感、道德、宗教（以上屬超越界），並認為下層可向上層演進，逐層提升，方氏稱為上迴向；而上層亦可向下層穿透，貫注力量，拯救現象，方氏稱為下迴向。

就人性論言，方氏採儒釋道皆同意的人性可完美（成聖成佛）之說，結合黑格爾的《精神現象學》，修改康德的人類才能三分（知情意）說，而成立一個動態發展的人性結構理論。認為人可由工匠人（homo faber）到創作人（homo creator）到靈智人（homo sapiens）——以上為自然人，進趨象徵人（homo symbolicus），到道德人（homo honaestatis），到宗教人（homo religiosus）——以上為超自然人。人性亦可由下往上發展（上迴向），亦可由上往下貫注（下迴向）。

以上人性與世界的各層級，兩相蟬聯呼應，形成諸種差別世界：物質世界、生命世界、心靈世界、藝術境界、道德境界、宗教境界，彼此亦各有上下迴向之關係。存在與人性相合於其頂峰——至人之境，後者更能超昇，達於神性，通於深微奧妙、不可思議，玄之又玄的境界。差別境界與不可思議境界有互動關係，因為諸差別境界可以秉持動力，次第發展，逐漸提升，攝入不可思議境界；而不可思議境界又為一切創造力之泉源，可循下迴向逐一貫注於存在與人性之各層次，而各差別境界復可持之以為動力，向上發展，誠李白所謂「援彼造化力，恃為我神通」。於是形成一個不斷發展，循環不息的宇宙觀。

總之，方東美的兼綜的融合導向，以藝術美感為源起，以生生哲學為總綱，以貫串諸差別境界和不可思議境界為主題，融合西方與中國各代各派各家，一口吸盡西江水，為今後中西之融合提供一兼綜而有機之藍圖，值得後人本其精神，彌補缺失，嚴整

方法，擴充體系，再將中西哲學之融合推進一步。

(二)當代新儒家的融合導向

當代新儒家一方面印證西方近代的康德與黑格爾，習取其哲學語言，用以重構中國哲學史，以明認識主體與道德主體的結構與動力；另一方面又試圖以此主體性做為民主與科學的先驗依據，以奠立現代化的主觀根基。以下分別敘述唐君毅與牟宗三在融合中西方面之要點。

1. 唐君毅（1908～1978）

唐氏一如其他當代新儒家，皆在重構中國哲學史的工作中從事哲學思想，一方面有以我註哲學史之意，另一方面亦有以哲學史註我之旨，其間有一種詮釋上的循環。唐氏重構中國哲學之作，總集為《中國哲學原論》，取《中庸》「天命之謂性，率性之謂道，修道之謂教」之旨，區分為導論篇（一冊），原性篇（一冊）、原道篇（三冊）、原教篇（二冊）。《原道篇》所述者為形上學之發展，偏重人之究極實現與人文世界所依據之道；《原性篇》所述者為人性論之發展；《原教篇》所論則為宋明理學之發展——如此看來，則原道、原性、原教之分類原則似不一致，但《原教篇》似亦可視為一道德哲學史。以上皆是「即哲學史以論哲學」之作。所謂「即哲學史以論哲學」，按照唐君毅的看法，是「即哲學義理之流行於世代中，以見其超越於任何特定之歷史時代之永恆普遍之哲學意義。」❺

唐君毅對當代新儒家的主體哲學運動的最大貢獻，在於他探索了主體性的結構與動力。一般認為唐氏所論之「道」具有實體義，因此以為他有實在論之傾向，殊不知他真正的貢獻在於探討

---

❺唐君毅，《中國哲學原論——原性篇》（香港：新亞研究所，1968），頁8。

主體性；正如同一般以為牟宗三明揭主體主義，並欲以主體性成立民主與科學，殊不知其對主體本身之探索並未如唐君毅詳盡徹底。唐君毅所著《生命存在與心靈境界》上下二巨冊，綜合中西哲學，提出他對主體性的動態發展與結構層次之理論，此書在結構與內容上十分類似黑格爾的《精神現象學》，亦是以哲學人類學為核心來融通人性論、形上學、知識論之作。

就形上學而言，唐氏以「存在」為「有生命之存在」；就知識論而言，唐氏認為境為心所感通，心境相互為用。「主體之心通於客體之境時，此境即自呈現其性相於此心。」在此心境互動之下突顯出人性不斷的自我實現之歷程。透過心靈由前向後、由內而外、由下而上，區分「客觀境界」、「主觀境界」與「超主客觀境界」，看心靈如何穿透九境而臻於實現，自謂遙契周濂溪的「立人極」之學。

唐氏所謂心靈九境中的前三境主要在步步確立「個體」、「概念」、「原理」之地位與內容，藉以說明「實體世界」之構成，並在主體性內奠立「科學」的超越依據。中三境則探討人的「知覺」、「語言」、「道德」之形成與發展，藉以說明「意義世間」之構成，並在主體性內奠立「人文」的超越依據。

最後三境，由主攝客，更超越主客對待，稱為絕對主體，實則為立人極之最後實現。其中第一境名「歸向一神境」，探討「神」的問題；第二境名「我法二空境」，探討「法」的問題；第三境名「天德流行境」，又名「盡性立命境」。唐氏說：「此要在論儒教之盡主觀之性，以立客觀之天命，而通主客，以成此性命之用之流行之大序，而使此性德之流行為天德之流行，而通主客、天人、物我，以超主客之分者，此為通于前所述之一般道德實踐境，而亦可稱為至極之道德實踐境，或立人極之境也。」

總之，此最後三境，初即神教境，二即佛教境，三即儒教

境。唐氏之論，不但以儒統佛耶，而且在哲學上成立了儒家的宗教性。

2.牟宗三（1909～1995）

牟宗三的融合導向，以知識心為源起，主旨在融攝以（新）儒家為主的中國哲學、和西方的康德哲學，藉以鋪陳主體性的先驗能力與合法性，並為民主與科學奠立超越依據。牟氏由於要嚴肅地面對康德的批判問題，並未如唐君毅在其《生命存在與心靈境界》之所為，直接鋪展主體性之動力與結構。然其主要論點在於：

(1)依擬康德的批判工作，對於邏輯與數學進行先驗反省，使科學——尤其是像數學與邏輯這類形式科學——有其先驗依據，而不致落入實證主義之窠臼。

(2)打破康德的局限，彰明「智的直覺」之必要，以為儒家「性理性智」、道家「玄理玄智」，佛家「空理空智」之先驗依據。

(3)提出無執的存有論，就本體義來詮解康德的自由意志，由此確立儒家的「良知」、道家的「虛靜道心」、佛家的「如來藏」、「清淨心」之存有論地位，並綜合提出「自由無限心」之實在性與能力。

(4)透過「良知的自我坎陷」、「一心開二門」等程序來說明如何由自由無限心開展並建立民主與科學。並提出以「對列原則」來替代「附屬原則」，做為現代化的根本原則。❶

---

❶就此而言，筆者認為牟宗三哲學有其政治哲學意涵，尤其他對現代化的看法，值得注意。扣緊民主與科學，牟宗三提出以對列原則來替代附屬原則，作為現代化的根本原則。不過整體說來，其問題意識仍屬於五四時代的問題意識，仍未對當前從現代到後現代社會的問題意識發言。

前兩點以「先驗主義」對治「實證主義」，以「傳統根源」對治「西化運動」；後兩點以良知或自由無限心及其創生力替代基督宗教的「上帝」，並賦予其與上帝同等之地位，使得新儒家具有宗教性，一如唐君毅之所為，其目的在為人類建立一「道德的宗教」。

(三)中國士林哲學的融合導向

所謂士林哲學（Scholastic Philosophy）原指歐洲中世紀在學院（Schola）中講授的哲學，主要承繼亞里斯多德——多瑪斯的的傳統，以發揚永恆哲學為職志，並系統性地探討形上學、知識論、哲學人類學、宗教哲學……等等各方面的哲學問題。士林哲學與中國哲學之融合，始自利瑪竇著《天主實義》。在該書中，利氏在形上學方面引進了「存有」、「實體」、「本質」、「存在」等觀念；在知識論方面，引進了亞里斯多德「抽象論」；在哲學人類學方面，提出「理性動物」、「理智求真」、「意志求善」等觀念來結合儒學的心性論；在宗教哲學方面以有位格之天主詮解儒家所謂「天」，除引進多瑪斯五路證明，並引孟子良知良能、盡心知性之說以證成之；在倫理學方面，主張克服肉欲，結合宋儒所謂「去人欲、存天理」，並更積極指出，一切道德總歸於愛天主於萬有之上並愛人如己，以發揚儒家仁愛之說。

利氏的融合方式為當代中國天主教學者所繼承，稱為中國士林哲學，吳經熊和羅光為其最有成就的融合者。

1. 吳經熊

吳經熊是世界知名的法律哲學家，著述甚多，如 *Fountain of Justice, Cases on Jurisprudence* 等書。然而，在〈孟子的人性論與自然法〉、〈我的法律哲學：在進化中的自然法〉、〈自然法哲學的比較研究〉等論文中，他融合了多瑪斯所代表的士林傳統與孔孟

所代表的儒家傳統。吳氏認為儒家的「道」指倫理的極則，相當於士林哲學所講的「自然法」。儒家和多瑪斯哲學在由存有論和目的論所架構而成的自然法觀上十分接近。就存有論言，吳氏認為，儒家「天命之謂性，率性之謂道，修道之謂教」與多瑪斯學說的立場，甚相接近。多瑪斯認為，自然法是人類理性對於永恆法的參與，而實證法則包含對於自然法不變之原則應用於不斷變遷的生活現況時之各種權宜措施。❶

　　人性既立基於人與天的存有學關係，便秉具目的性，傾向於邁向充量實現。吳氏認為「盡心知性以至於命」的儒家目的論，正與「你們應如天父一樣完美」的基督徒目的論不謀而合。吳氏認為：思辨理性（speculative reason）的首要對象為「存有」，實踐理性（practical reason）的首要對象為「善」。前者構成存有學，後者構成目的論，兩者乃自然法之哲學基礎所在。在兩者的張力下，自然法既守其恆常，復趨於變易。他在《我的法律哲學：在進化中的自然法》一文中道：「我的法律哲學，主要不外乎二點。第一點是：自然法是一切法律之基礎。第二點是：自然法不是死僵地一成不變的東西，而是與時俱進的有機體。」

　　就前者而言，永恆法、自然法、實證法雖各有不同卻又相互連續；一如天命、人性、教化雖各有異，卻仍一貫相接；就後者言，一與多相互融合，變與不變各得其所，正是多瑪斯哲學與儒家的共同優長。

　　總之，吳經熊的法律哲學是集多瑪斯的士林哲學與孔孟的儒家學說之優長，合存有學與目的論，陶鑄理論與實踐，恆常與變異之結果。吳經熊除了法律哲學之外，喜邀遊於藝術與密契之

---

❶收集於吳經熊，《內心悅樂之原泉》（臺北：東大圖書，1981），頁
　　93-116、165-204。

境，善體儒釋道與天主教的悅樂精神，並以之為另一融合中西之支點。嘗謂：「在本體上，天主就是不可道之道，……稱祂為道也好，天也好，神也好，上帝也好，都是無關宏旨。總而言之，祂是無限的，是不可思議的。因為這個天主，不僅是太極，而亦是無極。這個無極，是玄之又玄，妙之又妙，絕對不可稱道的。人類的一切語言或想像在無極的身上總不能通用。即使用一種名稱，也不過是假借的類比，用來象徵或暗示。這可說是知其不可道而道之，知其不可名而名之。」以上這段話以不可道之道來說天主，可謂士林哲學所謂否定之路（via negativa）的中國化。

2. 羅　光

羅光為天主教之總主教，亦曾任輔仁大學校長，原先在義大利教授哲學。返臺之後，著述愈勤，其融合成果亦較吳氏為完整而系統化。關於士林哲學，羅光早已著有《士林哲學——理論篇》、《士林哲學——實踐篇》二巨冊。關於中國哲學，羅光亦如方、唐、牟等一般，致力重構中國哲學史，已著有《中國哲學思想史》先奏篇、兩漢南北朝篇、魏晉隋唐佛學篇（二冊）、宋代篇（二冊）、元明篇、清代、當代篇。計已出版九巨冊，近五千頁。在諸家之中著述可謂數量最富，所涉及範圍亦最為完整。又著《生命哲學》一書，自許為「自己的哲學」，以比擬於唐君毅的《生命存在與心靈境界》和方東美的《中國哲學之精神及其發展》，但要求自己行文更為通俗易讀。其所謂生命哲學，不是以哲學講生命，而是以生命講哲學，並以此精神來承合儒家哲學與士林哲學。其書淺易中自有系統，分從知識論、本體論、宇宙論、理性心理學（即現稱哲學人類學）、倫理學、宗教哲學，層層轉論生命的體認、生命的本體、生命與宇宙、生命的創造、生

命的旋律、生命的超越。⓲綜合起來，羅光所提議的融合論點如下：

(1)以士林哲學的存有論，結合中國哲學的變易觀，達致「即存有即變易」之旨。存有乃一切萬物之根本。凡存有者、或屬自有、或屬依他有。就形上學言，太極為一切變易的存有學根基，不但是解釋性原理，而且是存有學原理。太極依陰陽兩種動力產生變易，創生萬物。在變易中，一方面有生發之歷程，另一方面亦形成穩定之結構。所謂「道」即為變易中的生發原理，屬動態；「理」則為變易中的結構原理，屬靜態。此一結構性原理在各存在物而言即成為各物之本質——為該物之「性」，萬物性各有異，於是乃群分類別，各從其類。

(2)太極創生萬物，是生生之首義；萬物變易，各發展其自性，亦為生生之義。太極為自有者，乃創生之根源，羅光以之為一有位格之天主；萬物為依他有者，亦皆自天主分受內在動力，自求發展。太極乃存有學根基，其根本活動在發顯其創造之力而化生萬物；所化生之萬物的根本活動及其存在之完成，則在於參與天地的創造活動。整個變易歷程乃按照互補互成、時位中庸、聯繫和諧等原理來進行；由生生的形上學便引伸出一套生生的宇宙論。人性論與倫理學更立基其上。

(3)生命哲學的主要概念便是仁。易曰：「天地有好生之德。」朱熹亦以天地之心為好生。人得天地之心為心，故仁。人一方面要發揮人性生命，另一方面亦要發揮萬物生命。盡己性，盡物性，始能贊天地化育與天地參。

(4)價值在存有及人性上皆有其根基。人有理智，追求真；有意志，追求善；有才情，追求美。人性可以不斷創新發展，擴充

⓲詳見羅光，《生命哲學》（臺北：學生書局，1985）。

自我之圓周，由己立立人，己達達人；到形成大同世界，到萬物一體，到天人合一，經歷此四圓周而實現自性。

(5)人雖可與天合一，但人不就是天。因此，羅光主張空虛自己、觀過、空虛自我意識，經過否定之路而後達到愛的圓融，既與天主圓融，又與萬物圓融；這點同於吳經熊，皆因與天主、與萬物在愛中之圓融來詮解儒家天人合一之說。但並不承認牟宗三所謂人有自由無限心，亦不同意康德的批判之路。中國士林哲學的批判性表現在其否定之路（via negativa）的使用。

綜上所述，中國士林哲學以有位格的天主為創生根源，以愛的圓滿為生命至境，這兩點洞識皆來自其宗教經驗與信仰。其存有學的基礎與形上學的架構可以補中國哲學之不足。但其知識論上缺乏康德意義的批判作用，因而有先於批判的實在論之傾向。因為存有學和宗教哲學上的否定之路，並不能替代知識論上之批判反省。

第五節

當前哲學研究的基本問題與未來展望

現階段的中國哲學研究的主調仍在於面對西方挑戰，進而創造新時代的中國哲學。西方現代思潮的引進，如果不經過一種消化的努力，也無法成為中國哲學本質性的因素。基本上，現階段中國哲學研究的基本問題就在於從傳統中國哲學資源出發，來對其他（西方）的哲學資源，進行吸收、對比與創新的工作。

然而，在今天，此一會通工作須面對來自孔恩（T. Kuhn）所提出的異準性（incommensurability）概念的挑戰⑲。此一概念從科學史往人文和社會科學，甚至在哲學中延伸，使許多學者意識到不同傳統的中國和西方的哲學學說，例如儒家哲學、道家哲學、佛家、德國觀念論、士林哲學……等等，很可能彼此沒有共同標準，也因此無法比較和會通。其原因一方面是它們在觀念和理路內在結構上的不同；另一方面也由於它們的外在關係，諸如所面對的時代問題，以及社會文化問題的差異。雖然如此，並不表示相互的了解也因此被排除。不過，在此所謂的相互了解要求

---

⑲ T. Kuhn, *The Structure of Scientific Revolution*, 2nd Edition, (Chicago: University of Chicago Press, 1969), pp. 148-150, 198-204.

我們將另一理論翻譯為自己可懂的語言，或將自己的理論翻譯為別人可懂的語言。就此而言，前述面對西方挑戰的方式可以視為一種語言獲取（language appropriation），也就是一種採取、適應、並擅長數種哲學語言的歷程，藉以使自己的哲學傳統能讓其他哲學傳統明白，並且使其他哲學傳統能被自己的傳統所理解。

此外，「異準性」的概念也不阻礙現代的哲學家去研究西方哲學。對於西方哲學的學習和會通的目的在於：㈠使用西方的哲學語言，作為翻譯和顯題化中國哲學觀念的一種工具。㈡使用不同的哲學語言，來顯豁並表達各種文化經驗。㈢採取當代的哲學語言，藉以表達從生活世界的脈絡中興起的哲學觀念。就此意義而言，所謂會通中西哲學，或是預備此種會通的哲學研究和教育的過程，本身就可以視為是一種語言獲取的過程，其目的不在於為會通而會通，而是為了創造新的思想形式。

因此，單單把哲學的會通，視為是數種哲學觀念彼此的會通是不夠的。所謂哲學的會通，是一種獲取數種語言以便向新的創造開放的歷程。透過新的語言，可以將吾人的哲學經驗翻譯成可理解的論題，也因此在歷史和文化的變遷當中，能夠達成自我理解，使自己讓別人理解並理解別人。

例如，牟宗三的哲學是立基於知識批判的經驗；唐君毅的哲學則立基於其道德經驗。他們所分別獲取的語言，無論是康德的或黑格爾的哲學語言，實際上可視為一種將傳統中國哲學現代化，並賦予科學和道德以先驗基礎的哲學思考方式。至於方東美，則是以美感經驗作為其哲學經驗的核心，其所採取的哲學語言雖不特定於任何中西學說，而是兼綜地融合於形上學和人性論兩支柱，其目的在於以整合性、有機性的視野來重構中國哲學的整體。至於羅光則是將其哲學奠立在其宗教的經驗上，過去此種經驗曾被士林哲學有系統地加以表達，而羅光從這個傳統出發，

回溯到中國哲學，尤其希望透過古典的儒家哲學來使其宗教信仰適應於本土化的需要。

　　以上數位哲學家雖都在大學裡進行哲學研究，但他們的哲學心靈仍是出自豐富的文化經驗，不像目前有些哲學研究者只顧專業研究，無視於文化與社會。話雖如此，以上數位哲學家的中西會通體系仍然只是在不同中西哲學體系中進行會通，而未在生活世界中進行會通。

　　總之，中國和西洋哲學的比較與會通，不能停留於前述幾位哲學家在觀念系統上的會通工作，此外，更應進行哲學語言豐富化的過程，終究目的則在於面對遽變中的「生活世界」，重振哲學的創造性❷。哲學家在今天面對了一個不斷變遷的生活世界，此變遷之烈遠甚於任何過去的時代，哲學亦應成為這個形成中的世界的建構性因素。為此，哲學家不但要能合乎專業的要求，而且要能保有對生活世界的關切與自發性、活潑性、參與性與前瞻性。尤其在後現代主義的挑戰下，當前哲學有返回康德把哲學變成大學哲學教授或高級研究員之專業之前，或中國哲學家非學院式的、活潑的哲學思索之趨勢，頗值哲學工作者注意。今後中西哲學的會通應在生活世界之中進行，而不僅止於觀念系統的綜合❹。在現代與後現代當中，中國人的心靈必須有自覺地，也就是有哲學思想為依據，來導向其未來。就此而言，當前

---

❷ Vincent Shen., 1993 *Creativity as Synthesis of Contrasting Wisdoms: An Interpretation of Chinese Philosophy in Taiwan since 1949, in Philosophy East and West,* Volume 43, Number 2, （Hawaii: University of Hawaii Press, April 1993), pp. 279-287

❹ 關於「生活世界」概念，吾人採用胡塞爾的見解。參閱拙著 Vincent Shen, *"Life--World and Reason in Husserl's Philisophy of Life", in Analecta Husserliana,* vol.17 ed.by A.T.Tymieniecka,（Holland: Reidel, 1984），pp. 105-116

中國哲學的研究和思考，必須意識到落實哲學的基本方向。落實的工作不只是在銜接傳統與現代，更要銜接哲學與社會、科技與人文。

第六節

結　論

　　展望哲學的未來，可以分兩部分來說，其一是世界哲學思潮，其二是中國哲學發展。首先，面對即將踏入二十一世紀的當前世界哲學潮流，整體說來有三點特別值得注意：㈠科技的突飛猛進，尤其是資訊科技❷，已到了帶動人類歷史的地步，哲學必須加以面對、反省和整合。㈡本世紀無論中西哲學都太以人為中心，反而造成人出路的瓶頸；然而，由於環保、生態、天文、生物與微粒物理的發展，今後必須更重視自然哲學，並在自然中定位人。㈢多元文化的視野與胸襟和文化際交談的必要，排除了過去歐洲中心、漢文化中……等單一文化中心的哲學觀，邁向多元文化的哲學。

　　歸結當前世界哲學界趨勢，有以下三點值得注意：㈠越來越嚴格的專業化，無論是英美哲學或是歐陸哲學，都有各自一套專業的語言，分析或論述的技術和視野，有專門的研究學群、專門的出版刊物和論述場域。哲學專業化仍然是一個不可避免的趨

---

❷像哈伯瑪斯便主張在科技發達，傳訊快速的現代社會中，應進行有組織的啟蒙。參見 J. Habermas, *Theory and Practice*, (London: Heineman. 1974), pp. 28-31。

勢。這一點對當前臺灣的哲學研究者也有非常重要的意義。因為如果不至少熟悉一種國際性的哲學趨勢，嫻熟其歷史、語言、方法，並能做精良的分析，就非常難以和國際學界相互溝通。專業化是目前臺灣哲學界急需加強的重要素養，也是非常重要的要求。為此，學習其中一個或數個方法、語言與歷史，將是與國際哲學界對話不可免的條件之一。

　　㈡哲學與哲學內部和外部的互動越來越密切。前面討論分析哲學時已指出哲學與其他科學有越來越密切的關係，也因此哲學與其他學門的思考越來越有整合的傾向。歐陸哲學也是一樣，現象學被廣泛的運用到人文和社會科學甚至自然科學的思考中。詮釋學對經典與藝術的詮釋也與各人文學科，無論文學、藝術、文化研究，皆有越來越密切的互動關係。就整個國際視野而言，哲學不能停留在本學科的領域當中，卻必須與其他學科保持越來越多的互動。哲學不能只關心自己的歷史、語言、技巧和方法，卻必須進一步關切其他學科，對其他學科關心的問題密切注意。這一點表示哲學工作者必須對一方面打破藩籬，更求擴大，另一方面越形專精，尋求特色的對比張力，要有更深刻的把握。

　　㈢哲學本身自我批判、質疑、否定，甚至越來越非學院化的趨勢。哲學的自我批判和質疑，一直是哲學本身所含的基本動力，在當前的分析哲學裡表現為懷疑主義（skepticism）的探討，在現象學、詮釋學、批判理論、結構主義、後現代主義中，也不斷對哲學自身進行更徹底的反省、質疑和批判。這並不是說哲學要動搖自己的根本或哲學有自毀的癖好，而是說哲學要尋求更大的徹底性，只有更大的徹底性才會帶來更大的希望和更多的可能性。

　　在後現代主義的推波助瀾下，哲學越來越從學院派的研究走出，走進各種行動、文化或社會的脈動之中。哲學的學院化在近

代西方哲學可說是從康德哲學開始，其後哲學基本上納入大學，成為大學的哲學（Philosophies of Universities），也因著制度化和學術分工而更專業化、學院化，變成一種專業的技能。但是，這種專業技能也逐漸失去其和生活世界的接觸，失去它本有的動力。後現代主義質疑的因素正包含這一點。其目是要返回更深刻的與生活世界的聯繫，也因此在後現代主義的推波助瀾下，哲學非學院化的趨勢日愈明顯。這一點是十分值得注意的現象，因為在哲學界逐漸越來越學院化、大學化、專業化的情況下，往往忽略與學院外和與生活世界的聯繫，忽視了對社會更多投入的需要。在整個國際哲學界言，這種趨勢也是與日俱增，越趨明顯的走向。這對中國哲學界而言，應該帶來更大的反省和刺激。

傳統中國哲學擁有十分豐富的寶藏，尤其在其所隱含的自然觀、倫理智慧和美感藝術的洞識。然而，中國哲學今天最大挑戰之一，是科技所帶領的現代化歷程。如何結合中國人的自然觀、倫理智慧、藝術美感和現代科技，既使哲學能落實於生活世界，也使科技不落於流俗、功利、破壞生態，是當前中國哲學的重要課題。換言之，中國哲學如何回應當前的科技世界，已經成為急迫的問題。《易經》所謂：「觀乎天文，以察時變；觀乎人文，以化成天下。」前者是針對自然，後者則是針對人文。然而中國哲學心靈的最後關懷，總在於提升人文精神以轉化生活世界。在過去其所要轉化的是自然世界，而在今天所需要轉化的則是科技世界，甚至在未來任何可能的世界，都需要人文精神的轉化，尤其需要人發揮倫理的智慧和藝術的情懷進行轉化，使其成為適宜人居的生活世界。就此而言，如何一方面在科技中找到倫理和藝術的新法則；另一方面又發揮原有的倫理和藝術原則，來轉化並提升科技的結構，將是今後中國哲學研究的一個十分重要的方向。

　　中國哲學今後的發展必須放到世界的脈絡，視為世界哲學重要傳統之一。為此，西洋哲學的繼續研究是有必要的。其目的不在為西方人解決問題——中國人對西洋哲學的研究也不可能超越西洋人——而在於援用其他的哲學資源，進而創造新時代的中國哲學。

　　哲學是文化的核心所在，今後中國文化的發展顯然必須一方面面對多元文化的情境，另方面攝取世界文化資源，發揮自家文化優長，創造嶄新的文化面貌。❷這工作需要哲學作基礎性、批判性、統合性的反省與檢討。哲學在未來的中華文化前景上面應扮演極為重要的角色。此外，哲學在社會發展上亦應扮演重要的角色。對哲學教育和研究不夠重視，會造成社會上觀念不清，價值不明，頓失本源。今後如何將哲學思想應用於解決社會問題，並在研究過程當中發掘問題、思考問題，尤其致力於釐清基本的觀念與價值觀，使哲學與社會互蒙其益，是十分重要的發展方向。

---

❷本人在 *Confucianism, Taoism and Constructive Realism* 一書中加入文化際的解析及中國哲學的看法，藉對儒家、道家哲學相關要點的創造性詮釋，對建構實在論加以轉化並擴大至文化層面，以連結科學、文化與中國哲學，對此，維也納大學教授 F. Wallner 認為是 a milestone in the development of Constructive Realism. It does not only encourage interculturality as an important aspect of Constructive Realism, but it also develops its main concepts and strategies. (F. Wallner, Preface to Shen, 1994, 6).

外文人名索引

中文人名索引

國家圖書館出版品預行編目資料

哲學概論／孫效智 等合著.
—初版.—臺北市：五南, 2002 [民91]
面；　公分.
ＩＳＢＮ　978-957-11-3061-3（平裝）
1. 哲學
100　　　　　　　　　91018437

1BM6
哲學概論

主　　編 — 沈清松
作　　者 — 沈清松　孫效智　關永中　苑舉正　汪文聖
　　　　　　楊世雄　陳文團　劉千美　陸達誠
發 行 人 — 楊榮川
企劃主編 — 陳姿穎
責任編輯 — 王兆仙　文采工作坊
出 版 者 — 五南圖書出版股份有限公司
地　　址：106台北市大安區和平東路二段339號4樓
電　　話：(02)2705-5066　　傳　　真：(02)2706-6100
網　　址：http://www.wunan.com.tw
電子郵件：wunan@wunan.com.tw
劃撥帳號：01068953
戶　　名：五南圖書出版股份有限公司
法律顧問　林勝安律師事務所　林勝安律師
出版日期　2002年11月初版一刷
　　　　　2016年10月初版五刷
定　　價　新臺幣580元